DIETMAR KIENAST

RÖMISCHE KAISERTABELLE

DIETMAR KIENAST

RÖMISCHE KAISERTABELLE

Grundzüge einer
römischen Kaiserchronologie

WISSENSCHAFTLICHE BUCHGESELLSCHAFT
DARMSTADT

1. Auflage 1990

Die Deutsche Bibliothek – CIP-Einheitsaufnahme

Kienast, Dietmar:
Römische Kaisertabelle: Grundzüge einer römischen Kaiserchronologie / Dietmar Kienast. – Studienausg. (2., durchges. und erw. Aufl.). – Darmstadt: Wiss. Buchges., 1996
ISBN 3-534-13289-0
NE: HST

Bestellnummer 13289-0

Studienausgabe (= 2., durchgesehene und erweiterte Auflage)

Gedruckt auf säurefreiem und alterungsbeständigem Offsetpapier
Satz: Fotosatz Janß, Pfungstadt
Druck und Einband: VDD – Darmstadt
Printed in Germany
Schrift: Linotype Times, 9.5/11

ISBN 3-534-13289-0

INHALT

Stammtafeln

ABKÜRZUNGSVERZEICHNIS

(Für die Zeitschriften vgl. auch das Verzeichnis in der ›L'année philologique‹.)

AE	L'année épigraphique 1 ff., Paris 1888 ff.
AfA	Acta fratrum Arvalium quae supersunt, ed. W. Henzen, Berlin 1874
AFLC	Annali della Facoltà di Lettere, Filosofia e Magistero della Università di Cagliari
Alföldi, Studien zur Weltkrise	A. Alföldi, Studien zur Geschichte der Weltkrise des 3. Jahrhunderts nach Christus, Darmstadt 1967
Alföldy, Legionslegaten	G. Alföldy, Die Legionslegaten der römischen Rheinarmeen, Epigraphische Studien 3, Köln–Graz 1967
Alföldy, Fasti Hispanienses	G. Alföldy, Fasti Hispanienses, Wiesbaden 1969
Alföldy, Konsulat und Senatorenstand	G. Alföldy, Konsulat und Senatorenstand unter den Antoninen, Bonn 1977
ANRW	Aufstieg und Niedergang der Römischen Welt, hrsg. von H. Temporini, II 1 ff., Berlin–New York 1974 ff.
ASNP	Annali della Scuola Normale Superiore di Pisa, Classe di Lettere e Filosofia
Bagnall, Consuls	R. S. Bagnall–A. Cameron–S. R. Schwartz–K. A. Worp, Consuls of the Later Roman Empire, Atlanta, Georgia, 1987
Barceló, Roms auswärtige Beziehungen	P. A. Barceló, Roms auswärtige Beziehungen unter der Constantinischen Dynastie (306–363), Regensburg 1981
Barnes, New Empire	T. D. Barnes, The New Empire of Diocletian and Constantine, Cambridge, Mass.–London 1982
Berchem, Les distributions de blé	D. van Berchem, Les distributions de blé et d'argent à la plèbe romaine sous l'empire, Genf 1939 (ND 1975)

BGU	Berliner Griechische Urkunden = Ägyptische Urkunden aus den königlichen (ab Bd. 5 = staatlichen) Museen zu Berlin, Berlin 1919ff.
Birley, Fasti	A. R. Birley, The Fasti of Roman Britain, Oxford 1981
BMC Rep.	Coins of the Roman Republic in the British Museum, by H. A. Grueber, Oxford 1910
Buttrey, Documentary Evidence	T. V. Buttrey, Documentary Evidence for the Chronology of the Flavian Titulature, Meisenheim 1980
Calza, Iconografia rom. imp. III	R. Calza, Iconografia romana imperiale III. Da Carausio a Giuliano (287–363 d. C.), Rom 1972
Cassiod. Chron.	Cassiodorus, Chronica = Chron. Min. II 109ff.
Castritius, Prinzipat	H. Castritius, Der Römische Prinzipat als Republik, Husum 1982
Chron. Min.	Chronica Minora saec. IV, V, VI, VII, 3 Bde., hrsg. von Th. Mommsen (Monumenta Germaniae Historica, Auctores Antiquissimi IX, XI, XII), Berlin 1892ff.
Chron. Pasch.	Chronicon Paschale
CIL	Corpus Inscriptionum Latinarum 1ff., Berlin 1863ff.
Cohen	H. Cohen, Description historique des monnaies frappées sous l'empire romain I–VIII, Paris ^{2}1880ff.
Comm. lud. saec. V. bzw. VII.	Commentarii ludorum saecularium quintorum bzw. septimorum in: I. B. Pighi, De ludis saecularibus, Amsterdam ^{2}1965, 107ff. und 137ff.
Cons. Const.	Consularia Constantinopolitana, Chron. Min. I 197ff.
Degrassi	A. Degrassi, Commentarii diurni, in: Inscr. Ital. XIII 2, Rom 1963, 388ff.
Degrassi, Fasti	A. Degrassi, I Fasti consolari dell'impero Romano dal 30 avanti Cristo al 613 dopo Cristo, Rom 1952
Deroux, Studies	C. Deroux, Studies in Latin Literature and Roman History I–VI, Brüssel 1979ff.

Dessau	H. Dessau, Inscriptiones Latinae Selectae, 3 Bde., Berlin 1892–1916 (ND 1962)
Devijver	H. Devijver, Prosopographia militiarum equestrium quae fuerunt ab Augusto ad Gallienum, 5 Bde., Löwen 1976–1993
Diehl	Inscriptiones Latinae Christianae veteres, 3 Bde., Berlin 1925–1931, ed. E. Diehl
Diz. Epigr.	Dizionario epigrafico di antichità Romane, hrsg. von E. de Ruggiero, I ff., Rom 1895 ff.
Eck, Statthalter	W. Eck, Die Statthalter der germanischen Provinzen vom 1.–3. Jahrh., Bonn 1985
Elbern, Usurpationen	S. Elbern, Usurpationen im spätrömischen Reich, Bonn 1984
Ephem. epigr.	Ephemeris epigraphica I–IX, 1872–1913
FAmit	Fasti Amiternini, Inscr. Ital. XIII 2, 185 ff.
FAntMin	Fasti Antiates Ministrorum Domus Augustae, Inscr. Ital. XIII 2, 201 ff.
FArv	Fasti fratrum Arvalium, Inscr. Ital. XIII 2, 29 ff.
FCum	Feriale Cumanum, Inscr. Ital. XIII 2, 278 ff.
FD(ur)	Feriale Duranum
FFarn	Fasti Farnesiani, Inscr. Ital. XIII 2, 224 ff.
FMaff	Fasti Maffeiani, Inscr. Ital. XIII 2, 70 ff.
FOst	Fasti Ostienses, ed. L. Vidman, Prag ²1982
FPhiloc	Fasti Philocali, Inscr. Ital. XIII 2, 237 ff., Nr. 42
FPraen	Fasti Praenestini, Inscr. Ital. XIII 2, 107 ff.
FTriumph	Fasti Triumphales Capitolini, ed. A. Degrassi, Inscr. Ital. XIII 1, 1947, 65 ff.
FVall	Fasti Vallenses, Inscr. Ital. XIII 2, 146 ff.
FVerul	Fasti Verulani, Inscr. Ital. XIII 2, 157 ff.
FVen	Fasti Venusini, Inscr. Ital. XIII 2, 55 ff.
FVindob	Fasti Vindobonenses = Chron. Min. I 274 ff.
Felletti Maj, Iconografia rom. imp. II	B. M. Felletti Maj, Iconografia romana imperiale II, Rom 1958
FIRA	Fontes Iuris Romani Anteiustiniani, 3 Bde., ed. S. Riccobono, Florenz 1941 ff.
Fittschen-Zanker, Katalog	K. Fittschen–P. Zanker, Katalog der römischen Porträts in den kapitolinischen Museen, I. Kaiser- und Prinzenbildnisse, Mainz 1985; III. Kaiserinnen- und Prinzessinnenbildnisse, Mainz 1983

Grenier, Titulatures	J.-C. Grenier, Les titulatures des empereurs romains dans les documents en langue Egyptienne, Brüssel 1989.
HA	Historia Augusta
Haehling, Religionszugehörigkeit	R. von Haehling, Die Religionszugehörigkeit der hohen Amtsträger des Römischen Reiches, Bonn 1978
Hahn, Frauen	U. Hahn, Die Frauen des röm. Kaiserhauses und ihre Ehrungen im griech. Osten, Saarbrücken 1994.
Halfmann, Itinera Principum	H. Halfmann, Itinera principum. Geschichte und Typologie der Kaiserreisen im Römischen Reich, Stuttgart 1986
Hammond, Antonine Monarchy	H. Hammond, The Antonine Monarchy, Papers and Monographs of the American Academy in Rome, vol. XIX, Rom 1959
Hartmann, Herrscherwechsel und Reichskrise	F. Hartmann, Herrscherwechsel und Reichskrise, Untersuchungen zu den Ursachen und Konsequenzen der Herrscherwechsel im Imperium Romanum der Soldatenkaiserzeit (3. Jahrh. n. Chr.), Frankfurt a. M. 1982
Herrscherbild	Das römische Herrscherbild, hrsg. von M. Wegner, Berlin 1939ff.
Herz, Untersuchungen	P. Herz, Untersuchungen zum Festkalender der röm. Kaiserzeit nach datierten Weih- und Ehreninschriften, Diss. Mainz 1975
Herz, Kaiserfeste	P. Herz, Kaiserfeste der Prinzipatszeit, ANRW II 16, 2, 1978, 1135ff.
Hieron. Chron.	Hieronymus, Chronicon, zitiert nach R. Helm, Eusebius: Werke, Bd. VII. Die Chronik des Hieronymus, Berlin 1956
Hist. aceph.	Athanasius, Historia acephala, zitiert nach A. Martin–M. Albert, Histoire «Acéphale» et Index Syriaque des lettres festales d'Athanase d'Alexandrie, Paris 1985
IGRR	Inscriptiones Graecae ad res Romanas pertinentes I, III und IV (alles Erschienene), hrsg. von R. Cagnat, Paris 1911–1927
ILAlg	Inscriptions Latines de l'Algérie, 2 Bde. in 3 Bden. hrsg. von St. Gsell–H.-G. Pflaum, Rom 1965 – Algier 1976

IRT	The Inscriptions of Roman Tripolitania, ed. by J. M. Reynolds – J. B. Ward Perkins, Rom–London 1952
Kettenhofen, Die syrischen Augustae	E. Kettenhofen, Die syrischen Augustae in der historischen Überlieferung, Bonn 1979
Kiss, L'iconographie des princes Julio-Claudiens	Z. Kiss, L'iconographie des princes Julio-Claudiens au temps d'Auguste et de Tibère, Warschau 1975
Kl P	Der Kleine Pauly, hrsg. von W. Sontheimer, 5 Bde., München 1964ff.
Kneissl, Siegestitulatur	P. Kneissl, Die Siegestitulatur der römischen Kaiser, Göttingen 1969
König, Die gallischen Usurpatoren	I. König, Die gallischen Usurpatoren von Postumus bis Tetricus, München 1981
König, Origo	I. König, Origo Constantini. Anonymus Valesianus. 1. Text u. Kommentar, Trier 1987
MEFR(A)	Mélanges d'Archéologie et d'Histoire de l'École Française de Rome
Meischner, Frauenporträt	J. Meischner, Das Frauenporträt der Severerzeit, Diss. Bonn o. J.
OGIS	Orientis Graeci inscriptiones selectae, ed. W. Dittenberger, 2 Bde., Leipzig 1903/05
M. Peachin, Titulature,	M. Peachin, Roman Imperial Titulature and Chronology, A. D. 235–284, Amsterdam 1990
Pflaum, Carrières	H.-G. Pflaum, Les carrières procuratoriennes équestres sous le Haut-Empire romain, 4 Bde., Paris 1960/61, Suppl. Bd. 1982
PIR^1	Prosopographia Imperii Romani saeculi I, II, III, pars III, P–Z, hrsg. von P. von Rohden und H. Dessau, Berlin 1898 (ND 1978)
PIR^2	Prosopographia imperii Romani saeculi I, II, III, 2. Aufl., hrsg. von E. Groag, A. Stein, L. Petersen, pars I–V, A–O, Berlin–Leipzig 1933ff.
PLRE	The Prosopography of the Later Roman Empire, hrsg. von A. H. M. Jones, J. R. Martindale, J. Morris, I–II, Cambridge 1971–1980 (soweit nicht anders angegeben verweist das Zitat auf den ersten Band)

Polem. Silv.	Polemius Silvius, Laterculus, Inscriptiones Italiae XIII 2, 263ff., Nr. 43
Pond, Inscriptional Evidence	E. A. Pond, The Inscriptional Evidence for the Illyrian Emperors: Claudius Gothicus through Carinus (268–284 A.D.), Diss. Univ. of Minnesota 1970
POxy	The Oxyrhynchus Papyri, ed. B. P. Grenfell, A. S. Hunt etc., London 1898ff.
R.-Ch.	M.-Th. Raepsaet-Charlier, Prosopographie des femmes de l'ordre sénatorial Ier–IIe siècles, 2 Bde., Löwen 1987
RAC	Reallexikon für Antike und Christentum Iff., Stuttgart 1950ff.
RE	Pauly's Real-Encyclopädie der classischen Altertumswissenschaft, Stuttgart 1893ff.
RIC	The Roman Imperial Coinage, hrsg. von H. Mattingly, E. A. Sydenham u. a., I–IX, London 1923ff., I^{2} London 1984
Scheid	J. Scheid, Le Collège des Frères Arvales, Rom 1990
Seeck, Regesten	O. Seeck, Regesten der Kaiser und Päpste für die Jahre 311 bis 476 n. Chr., Stuttgart 1919 (ND 1964)
SHA	Scriptores Historiae Augustae
Stern, Calendrier	H. Stern, Le Calendrier de 354. Étude de son texte et ses illustrations, Paris 1953
Stichel, Die röm. Kaiserstatue	R. H. W. Stichel, Die römische Kaiserstatue am Ausgang der Antike (seit Valentinian I. 364–375 n. Chr.), Rom 1982
Temporini, Frauen	H. Temporini, Die Frauen am Hofe Trajans, Berlin–New York 1979
Thomasson, Statthalter	B. E. Thomasson, Die Statthalter der römischen Provinzen Nordafrikas von Augustus bis Diocletianus, 2 Bde., Lund 1960
Vogel-Weidemann, Statthalter	U. Vogel-Weidemann, Die Statthalter von Africa und Asia in den Jahren 14–68 n. Chr., Bonn 1982
Wallinger	E. Wallinger, Die Frauen in der Historia Augusta, Wien 1990

Lateinische Abkürzungen

coh.	cohors
cos.	consul
cos. suff.	consul suffectus
d. n.	dominus noster
f.	filius bzw. filia
Fl.	Flavius
HA	Historia Augusta
imp.	imperator
inv.	invictus
leg.	legatus bzw. legio
nob. Caes.	nobilissimus Caesar
nob. fem.	nobilissima femina
p. f.	pius felix
p. m.	pontifex maximus
p. p.	pater patriae
praef.	praefectus
procos.	proconsul
pro praet.	pro praetore

VORWORT ZUR ERSTEN AUFLAGE

> Geist, Entwicklungsgang und Fatum:
> Ihr Geheimnis ist das Datum,
> Die Geschichte ist Kalender,
> Leb' er hoch der Einsichtspender
> Und sein Segen, die Notiz!
> (F. Th. Vischer: Faust. Der Tragödie Dritter Teil, Nachspiel, Zweiter Auftritt. Gesang der Stoffhuber)

Eine bequeme Übersicht über die wichtigsten Daten der römischen Kaiserchronologie stellt seit langem ein Desiderat dar. Die nützliche Übersicht von U. Schillinger-Häfele [1] reicht nur bis zu Constantin I. und beschränkt sich weitgehend auf die regulären Kaiser. Die übrigen verfügbaren Hilfsmittel sind alle älteren Datums.[2] Aber gerade in den letzten Jahrzehnten sind für verschiedene Epochen oder einzelne Aspekte der Kaiserchronologie wichtige Untersuchungen erschienen, die der Nicht-Spezialist allerdings nur schwer überblicken kann. In dem vorliegenden Band sollen daher nach einer Übersicht über die Quellen und einer knappen Diskussion einzelner Elemente der Kaiserchronologie die wichtigsten Kaiserdaten von Augustus bis Theodosius I. aufgelistet werden. Der Tod Theodosius' I. wurde als Enddatum gewählt, weil er faktisch die definitive Teilung des römischen Imperium besiegelte. Das Jahr 395 schien als Enddatum aber auch insofern sinnvoll zu sein, weil bis dahin die meisten Elemente der alten Kaisertitulatur endgültig verschwunden waren und sich mit Theodosius I. bereits das römische Kaisertum in seiner neuen byzantinischen Ausformung fest etabliert hatte.

Die Kaiserdaten werden nach einem festen Schema aufgelistet, das

[1] U. Schillinger-Häfele, Consules, Augusti, Caesares. Datierung von römischen Inschriften und Münzen, Stuttgart 1986, 51ff.

[2] Genannt seien die Kaiserliste im Anhang von W. Liebenam, Fasti consulares imperii Romani von 30 v. Chr. bis 565 n. Chr., Bonn 1909; die entsprechenden Listen bei R. Cagnat, Cours d'épigraphie latine, Paris [4]1914, und bei M. Bernhart, Handbuch zur Münzkunde der römischen Kaiserzeit, 2 Bde., Halle 1926; sowie die Angaben bei H. Dessau, Inscriptiones Latinae Selectae III 1, Berlin 1914 (1955), 257ff.

zumindest für die regierenden Kaiser nach Möglichkeit streng eingehalten wurde, um auch die Lücken unserer Kenntnisse sofort sichtbar zu machen. Nach dem Geburtsdatum und der Herkunft eines Kaisers wird im allgemeinen zunächst der ursprüngliche Name angegeben, zumindest dann, wenn er von dem späteren Kaisernamen abweicht. Es folgt in Stichworten die Laufbahn, soweit sie uns bekannt ist, und dann die Erhebung zum Caesar bzw. zum Augustus, wobei jeweils die offizielle Titulatur angegeben ist, wie sie auf den Urkunden oder den Reichsmünzen erscheint. Mit der offiziellen Titulatur wird auch vermerkt, ob ein Kaiser die Titel *pontifex maximus, pater patriae* und *proconsul* geführt hat. Nur wenn sich für die Annahme von *pontifex maximus*- und *pater patriae*-Titel genauere Daten angeben lassen, werden diese Titel gesondert in ihrem chronologischen Kontext aufgeführt. Es folgen die wichtigsten Einzeldaten aus der Regierungszeit des jeweiligen Kaisers, wobei zur Orientierung auch Angaben zum Itinerar aus den Werken von Halfmann und Seeck übernommen wurden.[3] Am Schluß dieses Teiles findet man Angaben über Zeit und Ort des Todes sowie der Beisetzung des Kaisers (soweit bekannt) und gegebenenfalls zu seiner Consecration bzw. zur *damnatio memoriae*. Es folgen in Listenform Angaben über die Kaiserconsulate, die *tribuniciae potestates,* die imperatorischen Akklamationen, die Siegestitel und die *congiaria* bzw. die *liberalitates.* Notiert werden ferner die von einem Kaiser bekleideten Archontate in Athen und Delphi, während die übrigen lokalen Ämter nicht berücksichtigt wurden. Auch die Indiktionszyklen, die wegen ihres festen Charakters eher zur allgemeinen Chronologie gehören, wurden nicht berücksichtigt.[4] Zum Schluß findet man Hinweise auf die Familie des jeweiligen Kaisers.

Die Literaturangaben enthalten regelmäßig Verweise auf die einschlägigen Handbuchartikel, auf die Zusammenstellung der kaiserlichen Reichsmünzen in der ›Roman Imperial Coinage‹[5] und auf die Kaiserikonographien (die oft auch Datierungsangaben enthalten). Dazu werden wichtige neuere Einzeluntersuchungen zu Fragen der Chronologie und der Titulatur aufgeführt. Darstellungen und Kaiserbiographien allgemeiner Art, die auf chronologische Fragen nicht

[3] H. Halfmann, Itinera principum, Stuttgart 1986. O. Seeck, Regesten der Kaiser und Päpste für die Jahre 311 bis 476 n. Chr., Stuttgart 1919.

[4] S. dazu jetzt R. S. Bagnall–K. A. Worp, The chronological Systems of Byzantine Egypt, Zutphen 1978, 1ff. und K. A. Worp, ZPap 33, 1987, 91ff.

[5] H. Mattingly–E. A. Sydenham u. a., The Roman Imperial Coinage I–IX, London 1923ff., I^2 London 1984.

näher eingehen, werden dagegen in der Regel nicht aufgeführt. Eine vollständige Bibliographie für jeden einzelnen Kaiser zu geben war nicht beabsichtigt. Analog werden auch die Angaben für die Caesares, für die kaiserlichen Frauen und für die Usurpatoren, soweit sie namentlich bekannt sind, aufgelistet. Um das Buch nicht zu sehr zu belasten, wurden die Quellenangaben auf ein Minimum beschränkt, vor allem soweit diese in den angegebenen Nachschlagewerken aufgeführt und über diese leicht aufzufinden sind. Nach Möglichkeit wurden jedoch neue oder abweichend überlieferte bzw. kontroverse Daten mit einem kurzen Quellenhinweis versehen. Dabei werden die Fasti und die Chroniken sowie die Arvalakten und die Commentarii der Saecularspiele in der Regel ohne genaue Stellenangaben zitiert, da die Stellen über das angegebene Kalenderdatum meist schnell zu finden sind. Für das ›Chronicon Paschale‹ wird nur für diejenigen Partien, die nicht in Mommsens ›Chronica Minora‹ abgedruckt sind, auf die Ausgabe von L. Dindorf zurückgegriffen.[6] Bei den fiktiven Angaben der ›Historia Augusta‹ (und gelegentlich auch der spätantiken Breviarien) wird durch entsprechende Hinweise auf die Fragwürdigkeit dieser Überlieferung aufmerksam gemacht.

Um die Benutzung zu erleichtern, geben laufende Seitentitel die effektiven Daten des regierenden Herrschers – ebenso die entsprechenden Überschriften und das Inhaltsverzeichnis –, also z. B. für Commodus die Zeit seiner Alleinherrschaft, für Gallienus aber auch die Zeit der Samtherrschaft mit seinem Vater, für Constantius, Galerius und andere Herrscher der Tetrarchie schon die Zeit seit der Caesarerhebung. An entsprechender Stelle der Kaisertabelle wurde eine synchrone Übersicht über die Herrscher der Tetrarchie eingeschaltet.

Ein Kalendarium der römischen Kaiserdaten und -feste soll schließlich die entsprechenden Übersichten bei G. Wissowa, K. Latte und A. Degrassi um dort nicht aufgenommene bzw. inzwischen neu bekannt gewordene Daten erweitern und ergänzen.[7] Eine weitere Übersicht erlauben die am Schluß des Bandes beigegebenen Stammtafeln der wichtigsten Herrscherfamilien.

Wegen der Übersichtlichkeit der Gestaltung wurde im zentralen

[6] Vgl. unten S. 9, Anm. 36.

[7] Vgl. G. Wissowa, Religion und Kultus der Römer, München 1912, Anhang. K. Latte, Römische Religionsgeschichte, München 1960, Anhang (z. T. fehlerhaft). A. Degrassi, Commentarii diurni, in: Inscriptiones Italiae XIII 2, Rom 1963, 388ff.

Teil des Bandes, der Kaisertabelle, auf die sonst durchgeführte Kursivierung der lateinischen Texte verzichtet.

Für wertvolle Hinweise dankt der Verfasser Herrn Dr. Hans Roland Baldus, Herrn Dr. Johannes Nollé und Herrn Dr. Ruprecht Ziegler sowie besonders seinem Kollegen, Herrn Prof. Dr. Werner Eck, der sich trotz vielfacher Belastungen der Mühe unterzog, das Manuskript zu überprüfen. Für das Lesen der Korrekturen und ebenfalls für wertvolle Hinweise ist der Verfasser Herrn Dr. Raban von Haehling und Herrn Dr. Otfried von Vacano sowie Herrn Bernd Graf und Herrn Joachim Lehnen zu großem Dank verpflichtet. Sein besonderer Dank gilt wieder Frau Herta vom Bovert, die mit nie ermüdender Geduld und Ausdauer das schwierige Manuskript in eine übersichtliche Form brachte. Schließlich gilt der Dank des Verfassers nicht zuletzt auch Herrn Peter Heitmann, der das Manuskript für den Druck hergerichtet hat.

Düsseldorf, Sommer 1989 Dietmar Kienast

VORWORT ZUR ZWEITEN AUFLAGE

Für die Neuauflage wurde die ›Kaisertabelle‹ nochmals durchgesehen; zutagegetretene Fehler und Versehen konnten korrigiert werden. Das Entgegenkommen des Verlages hat es dem Verfasser darüber hinaus ermöglicht, dem Buch einen Index nominum beizugeben und den Inhalt dem gegenwärtigen Stand der Forschung anzupassen. Dabei mußte, um die Paginierung und die Ökonomie des Werkes nicht zu sprengen, bei der neuerschienenen Literatur eine Auswahl getroffen werden. Durch Ausnutzung von Leerstellen und an einigen Stellen durch Kürzung der Literaturzitate war es jedoch möglich, die wichtigsten Neuerscheinungen zu berücksichtigen. Wo es ging, wurde außerdem ältere durch neuere Literatur ersetzt. Dem Benutzer wird aber über diese auch weiterhin die ältere Literatur erschlossen bleiben. Bei der im Fluß befindlichen Diskussion über die schwierige Chronologie des 3. und 4. Jahrhunderts konnte auf neue Datierungsvorschläge z. T. nur bei den Literaturzitaten summarisch hingewiesen werden, auf die daher nachdrücklich aufmerksam gemacht sei.

Für wichtige Hinweise fühlt sich der Verfasser seinen Kollegen Géza Alföldy, Hans Roland Baldus, Manfred Clauss, Werner Eck, Robert Göbl, Teofil Ivanov, Erich Kettenhofen, Johannes Nollé und Hans A. Pohlsander zu großem Dank verpflichtet. Für die Beschaffung von Literatur sei auch an dieser Stelle den Herren Armin U. Stylow, Stephan Lücke und Klaus Zimmermann aufrichtig gedankt. Ein besonderer Dank gilt wieder Frau Herta vom Bovert für das Schreiben und Herrn Peter Heitmann für das Einrichten des Manuskripts.

Neu-Esting, November 1995 — Dietmar Kienast

EINLEITUNG

Zur Überlieferung

Für die Kaiserchronologie steht uns eine vielfältige und sehr unterschiedliche Überlieferung zur Verfügung. Die Grundlage der römischen Zeitrechnung bildeten auch in der Kaiserzeit die Consularfasten. Die auf Stein aufgezeichneten Fasti Capitolini der Republik reichen bis zum J. 13 n. Chr. und enthalten als Nachtrag Notizen über die *ludi saeculares* von 236 und 17 v. Chr. sowie 88 n. Chr. Die ebenfalls auf Stein aufgezeichneten Fasti Triumphales reichen bis zum J. 19 v. Chr.[1] Auch die kaiserzeitlichen Consularfasten[2] waren offenbar in Rom auf Stein aufgezeichnet gewesen. Fragmente solcher Fasti kamen sowohl in Rom wie in mehreren italischen Städten zutage[3]. Am wichtigsten sind die Fasti Ostienses, die von 49 v. Chr. bis in die

[1] Die ältere Ausgabe von Th. Mommsen (CIL I 1, Berlin ²1893) ist heute ersetzt durch die Ausgabe von A. Degrassi, Inscriptiones Italiae XIII 1, Fasti consulares et triumphales, Rom 1947.

[2] Maßgebliche Ausgabe von A. Degrassi, I fasti consolari dell'impero Romano dal 30 avanti Cristo al 613 dopo Cristo, Rom 1952. Eine Neuausgabe von W. Eck ist in Vorbereitung. – Für die Zeit ab 284 s. R. S. Bagnall–A. Cameron-S. R. Schwartz-K. A. Worp, Consuls of the Later Roman Empire, Atlanta, Georgia 1987. – Dazu die Beiträge in: Epigrafia. Actes en memoire de A. Degrassi, Rom 1991.

[3] Außer den Fasti Ostienses (s. nächste Anm.) sind zu nennen die Fasti Amiternini (63–28 v. Chr.), Amerini (47–42 v. Chr.), Cuprenses aus Cupra Maritima (47–11 v. Chr., 4–14 n. Chr.), Venusini (35–28 v. Chr.), Gabini (27 bis 22 v. Chr., 2–6 n. Chr.), Lucerini (6–4 v. Chr.), Praenestini (5–7 und 18 bis 19 n. Chr.), Nolani (29–33 n. Chr.), Volsinienses (37–38 n. Chr.), Teanenses (45–46 n. Chr.), Interamnates (67–75 n. Chr.) und die Fasti Caleni (288 und 289 n. Chr.). Dazu kommen ferner die Fasti der *magistri vici Forensis* aus Pompei (47–46 v. Chr.), die Fasti Colotiani, gefunden im Haus oder Garten des Angelus Colotius, jetzt im Capitolin. Museum (45–12 v. Chr.), Reste eines Kalendarium und einer Consulnliste (45, 39 und 34 v. Chr.) vom Monte Pincio (Fasti Pinciani), die Consularfasten der römischen Vicomagistri (43 v. Chr.–3 n. Chr.), das von A. Biondi kurz vor 1834 gefundene Marmorfragment (Fasti Biondiani, 40–12 v. Chr.), die beiden 1902 auf dem *mons Caelius* gefundenen Tafeln (Fasti Caelimontani, 25–23 v. Chr. und 3–6 n. Chr.), die Consulnliste eines stadtrömischen Begräbnisvereins (5–1 v. Chr.), die Fasti

2. H. des 2. Jh. n. Chr. offenbar fortlaufend geführt wurden und neben den römischen Consuln auch die höchsten Jahresbeamten von Ostia sowie wichtige Kaiserdaten enthalten.[4] Für die Auffüllung der Lücken der inschriftlichen Überlieferung und für die spätere Zeit ist man jedoch auf die literarische Überlieferung angewiesen, vor allem auf die vollständige Liste der ordentlichen Consuln von 44 v. Chr. bis 354 n. Chr. in dem nach dem Kalligraphen des Titelblatts so genannten Kalender des Philocalus von 354.[5] Daneben ist für den hier erfaßten Zeitraum noch das Werk des spanischen Klerikers Hydatius zu nennen, das seinerseits im ersten Teil eine Bearbeitung einer in Constantinopel entstandenen Consulnliste darstellt, der sogenannten Consularia Constantinopolitana, die auch wichtige Gedenktage enthielt und die Hydatius für die Zeit von 390 bis 468 weitergeführt hat.[6]

Außer den Consulnlisten wurden in der Antike möglicherweise auch Verzeichnisse anderer Beamter und der wichtigsten Staatspriester[7] geführt, die uns jedoch verloren sind. Zu nennen sind vor allem die

der Arvalbrüder (2 v. Chr.–37 n. Chr.), die Fasti aus Tusculum (7–8 n. Chr.) und Antium (9–18 n. Chr.) sowie aus Luna (22–20 v. Chr.), die von St. Pighius überlieferte Consulnliste der *scribae quaestoriae* (12–81 n. Chr.), die Fasten der *sodales Augustales Claudiales* (17–18, 136–138, 213–215 n. Chr.), die Fasten eines unbekannten Collegium kaiserlicher Sklaven und Freigelassener mit Consulatsangaben (47–69 n. Chr.) sowie eines weiteren unbekannten städtischen Collegium (129–133 n. Chr.) und die Fasti vom Palatin (209–212), schließlich die Fasti Vallenses und die Fasti Antiates ministrorum domus Augustae (dazu s. unten S. 5f.). Vgl. Nachtrag S. 58.

[4] Fasti Ostienses, ed. L. Vidman, Prag [2]1982. Dazu C. Nicolet, in Epigrafia (o. Anm. 2) 121ff.

[5] Th. Mommsen, Chron. Min. I 50ff. Vgl. O. Seeck, RE III 2, 1899, 2477ff.

[6] Th. Mommsen, Chron. Min. I 197ff. The 'Chronicle' of Hydatius and the 'Consularia Constantinopolitana', ed. by R. W. Burgess, Oxford 1993. Dazu O. Seeck RE III 2, 1899, 2454ff. Bagnall, Consuls 47ff. St. Muhlberger, The Fifth Century Chroniclers, Prosper, Hydatius, and the Gallic Chronicler of 452, Leeds 1990. Vgl. Anm. 34. Die Angaben der Consularia Constantinopolitana sind unten in der Kaisertabelle aufgenommen worden, auch wenn sie z. T. keine Kaiserdaten in strengerem Sinne darstellen. – Zu den Consularfasten treten jetzt die sog. *fasti imperiales,* Zusammenstellungen der „guten" Kaiser und ihrer männlichen Angehörigen mit Angabe der *tribunicia potestas*. Vgl. M. G. A. Bertinelli, MEFRA 100, 1988, 103ff. (Luna), und G. Di Vita-Evrard, Epigrafia (o. Anm. 2) 93ff. (Brescia).

[7] Vgl. M. Hoffman Lewis, The official Priests of Rome under the Julio-Claudians, Rom 1955. J. Scheid, Les Frères Arvales, Paris 1975, und ANRW

Listen der Statthalter, die ebenfalls nicht erhalten sind, sich aber für die wichtigsten Provinzen z. T. recht vollständig rekonstruieren lassen.[8]

Besonders für die frühere Kaiserzeit sind ferner die mit Lücken bis zum J. 241 reichenden Protokolle der Arvalbrüder von großer Bedeutung, die neben dem Kult der *dea Dia* vor allem Gelübde und Opfer für den Kaiser und sein Haus darzubringen hatten und zahlreiche Kaiserdaten bewahrt haben.[9] Bei der Interpretation der Angaben in den Acta ist allerdings zu beachten, daß die Opfer der Arvalbrüder nicht unbedingt mit den Ereignissen, auf die sie sich beziehen, zeitgleich sein müssen. So opfern die Fratres Arvales am 28. März 38 wegen des *adventus* Caligulas in Rom im Vorjahr.[10] Die *vota pro reditu*

II 16, 1, 1978, 610ff., und L. Schumacher, ebda. 655ff. (für die hohen Priesterkollegien in jul.-claud. Zeit und für 69–235 n. Chr.). I. Paladino, Fratres Arvales, Rom 1988. R. Syme, Some Arval Brethren, Oxford 1980.

[8] Genannt seien die neueren Arbeiten von B. Remy, Les Fastes sénatoriaux des provinces romaines d'Anatolie au Haut-Empire (31 avant J.-C. – 284 après J.-C.). Pont-Bithynie, Galatie, Cappadoce, Lycie – Pamphylie et Cilicie, Paris 1988; von G. Alföldy: Die Legionslegaten der römischen Rheinarmeen, Köln–Graz 1967; Fasti Hispanienses, Wiesbaden 1969; Konsulat und Senatorenstand, Bonn 1977. Dazu A. R. Birley, The Fasti of Roman Britain, Oxford 1981. W. Eck, Die Statthalter der germanischen Provinzen vom 1.–3. Jahrhundert, Bonn 1985. B. E. Thomasson, Die Statthalter der römischen Provinzen Nordafrikas von Augustus bis Diocletianus, 2 Bde., Lund 1960, und Laterculi praesidum I, Göteborg 1984. U. Vogel-Weidemann, Die Statthalter von Africa und Asia in den Jahren 14–68 n. Chr., Bonn 1982. W. Eck, Jahres- und Provinzialfasten der senatorischen Statthalter von 69/70 bis 138/139, Chiron 12, 1982, 281ff., und 13, 1983, 147ff. P. M. M. Leunissen, Konsuln und Konsulare in der Zeit von Commodus bis Severus Alexander (180–235 v. Chr.), Amsterdam 1989. Für die Spätantike vgl. die Beamtenlisten bei R. v. Haehling, Religionszugehörigkeit, 51ff..

[9] Maßgebliche Ausgabe mit knappem Kommentar: W. Henzen, Acta fratrum Arvalium quae supersunt, Berlin 1874. Dazu J. Scheid, ZPap 43, 1981, 343ff., und in: Epigrafia (o. Anm. 2) 75ff. P. Arnaud, Epigraphica 51, 1989, 9ff. Dazu die neuen Fragmente bei E. Pasoli, Acta fratrum Arvalium quae post annum MDCCCLXXIV reperta sunt, Bologna 1950, und das neue von P. Arnaud, MEFRA 98, 1986, 401ff., edierte Bruchstück. Zum Kult vgl. E. Olshausen, ANRW II 16, 1, 1978, 820ff. Zur Auswertung s. V. R. Lawson, The "Acta Fratrum Arvalium" as a Source for Roman Imperial History 23 B. C. to A. D. 243, Phil. Diss. Univ. of Minnesota 1980.

[10] Dies ergibt ein Vergleich mit Dio 59, 6, 1. Zu Unrecht denkt daher P. Herz, ZPap 17, 1975, 186, an einen *adventus* Caligulas im Jahr 38 nach einer Reise des Kaisers nach Campanien.

müssen nicht unmittelbar bei der *profectio* eines Kaisers abgelegt,[11] und Dankopfer für einen Sieg können nicht vor dem Eintreffen der Siegesnachricht in Rom dargebracht worden sein.[12] Der *dies natalis,* der *dies imperii* und ähnliche Ereignisse wurden aber zweifellos jährlich am genauen Jahrestag gefeiert.

Neben den Arvalakten sind noch die Commentarii der Quindecimvirn über die Säcularspiele zu nennen.[13] Inschriftlich erhalten sind große Teile der augusteischen Commentarii zur Feier des J. 17 v. Chr. mit zahlreichen Datierungsangaben und der severischen Commentarii zur Feier des J. 204 n. Chr. Ein Inschriftfragment, das früher auf die claudischen Spiele bezogen wurde, gehört wohl ebenfalls zu den Commentarii des J. 17 v. Chr.[14] Die augusteischen Spiele galten nach der Berechnung der Quindecimvirn als die fünften, die severischen als die siebenten (als die sechsten zählte man die Spiele Domitians). Die claudischen Säcularspiele wurden in dieser Zählung ebensowenig berücksichtigt wie die aus Anlaß der 900-Jahr-Feier Roms von Antoninus Pius veranstalteten Spiele. Doch wurden wohl auch die claudischen Säcularspiele und diejenigen Domitians ebenso wie die severischen Spiele vom 1.–3. Juni gefeiert so wie die Spiele des Augustus.[15]

Alle bisher genannten Quellen, die Consulnliste wie die Arvalakten und die Commentarii der Säcularspiele sind als offizielle Dokumente von großer Zuverlässigkeit. Neben gelegentlichen Schreib- bzw.

[11] Vgl. dazu K. R. Bradley, Latomus 37, 1978, 63, dessen Überlegungen Gültigkeit behalten unabhängig von der von ihm vertretenen These.

[12] Vgl. dazu Z. Rubin, Chiron 5, 1975, 431ff., wonach Septimius Severus seinen Parthersieg bewußt am 28. Januar, dem *dies imperii* Trajans, feiern ließ.

[13] I. B. Pighi, De ludis saecularibus, Amsterdam ²1965. Dazu das von L. Moretti, RPAA 55/6, 1982/4, 361ff., edierte neue Fragment. Vgl. Th. Mommsen, Gesammelte Schriften VIII, Berlin 1913, 567ff. M. P. Nilsson, RE I A2, 1920, 1696ff. H. Erkell, Eranos 67, 1969, 166ff. I. B. Pighi, Diz. epigr. IV, 1975, 2106ff. P. Brind'Amour, ANRW II 16, 2, 1978, 1334ff.

[14] Vgl. M. E. Cavallaro, Rh. Mus. 122, 1979, 49ff.

[15] Daß die claudischen Spiele echte Saecularspiele waren, betont mit Recht O. Hirschfeld, Kleine Schriften, Berlin 1913, 442ff. Vgl. A. Momigliano, Claudius, Cambridge ²1961, 27 und 89f. Anm. 14, gegen M. P. Nilsson a. O. 1717f. und E. Groag, RE III 2, 1899, 2802. Zu den Spielen Domitians vgl. P. V. Hill, Atti Congr. int. Num. 1961, Rom 1965, 275ff. (mit Zusammenstellung der Münzzeugnisse). Erst die Errichtung des Romatempels durch Hadrian scheint die Saecularspiele des Antoninus Pius und des Philippus am Natalis urbis evoziert zu haben. Später verband sich der Saeculargedanke mit den kaiserlichen Regierungsjubiläen, vgl. dazu S. 48.

Steinmetzfehlern enthält nur die Lesung und besonders die Ergänzung der fragmentarisch erhaltenen Texte einen gewissen Unsicherheitsfaktor. Das gleiche gilt auch für die Tages- und Festkalender, die neben den Consularfasten für die Kaiserchronologie am wichtigsten sind. Schon im J. 44 v. Chr. waren Caesars Geburtstag und dessen Siege in den offiziellen Kalender aufgenommen worden. Augustus hat ebenfalls bedeutende Ereignisse, die ihn und sein Haus betrafen, in den Kalender aufnehmen lassen.[16] Nach der Kalenderreform des J. 8 v. Chr. wurden dann überall in den Munizipien große steinerne Kalendarien aufgestellt, von denen uns noch mehr oder minder große Fragmente erhalten sind. Die wichtigsten seien hier kurz vorgestellt.[17] Es handelt sich um die Fasti fratrum Arvalium, mehrere Marmorfragmente, die im Hain der Arvalbrüder in Rom gefunden wurden (abgefaßt zwischen 36 und 21 v. Chr.); die Fasti Pinciani, ein auf dem Monte Pincio gefundenes Marmorfragment (abgefaßt nach 30 v. Chr.); die Fasti Venusini, ein Marmorfragment aus Venusia (abgefaßt zwischen 16 v. Chr. und 4 n. Chr.); die Fasti Caeretani, ein 1873 gefundenes Marmorfragment aus Caere (abgefaßt ca. 12 v. Chr.); die Fasti Maffeiani, eine Marmortafel, die sich eine Zeitlang im Besitz des römischen Bischofs Hieronymus Maffaeus, des Sekretärs des Kardinals Alessandro Farnese, befand (abgefaßt ca. 8 v. Chr.); die Fasti Praenestini, mehrere Fragmente eines großen Kalenders aus Praeneste, der auf den Fasten des Grammatikers und Prinzenerziehers M. Verrius Flaccus basierte (abgefaßt zwischen 6 und 9 n. Chr.); die Fasti Vallenses, die sich im 16. Jh. im Hause des Bernardino della Valle befanden und daher ihren Namen haben (abgefaßt nach 7 n. Chr. Neben den Kalenderfragmenten fanden sich auch Bruchstücke einer Consulnliste); die Fasti Verulani, mehrere in Verulae im Hernikerland gefundene Fragmente einer Marmortafel (abgefaßt zwischen 14 und 37 n. Chr.); die Fasti Vaticani, zwei heute in den Vatikanischen Museen befindliche Fragmente derselben (?) Marmortafel unbekannter Herkunft (abgefaßt zwischen 15 und 37 n. Chr.); die Fasti Allifani, drei Fragmente einer 1750 in Allifae in Samnium gefundenen Marmortafel (abgefaßt 17 n. Chr.); die Fasti Amiternini, zwei

16 Vgl. dazu allgemein D. Kienast, Augustus, Darmstadt 1982, 189f.

17 Die Zeugnisse sind zusammengestellt von Th. Mommsen, CIL I 1^2, Berlin 1893, 204ff. (Fasti anni Iuliani), und von A. Degrassi, Inscr. Ital. XIII 2, Fasti anni Numani et Iuliani, accedunt ferialia, menologia rustica, parapegmata, Rom 1963. Zu den Fasti der Sodales Augustales s. G. di Vita-Evrard, in: Religio deorum, ed. M. Mayer, Sabadell (Barcelona) 1992, 471ff.

in Amiternum im Sabinerland gefundene Marmortafeln (abgefaßt 20 n. Chr.); die Fasti Viae dei Serpenti, eine 1894 auf dem mons Oppius in Rom gefundene Marmortafel (abgefaßt nach 23 n. Chr.); die Fasti Pighiani, Fragmente eines Kalenders mit den Monaten Juli bis Oktober, die der niederländische Humanist Stephen Pigge (Pighius) 1599 veröffentlicht hat (der Fundort ist unbekannt, das Original verschollen); die Fasti Farnesiani, eine Marmortafel aus der Villa Farnese in Rom (abgefaßt in der frühen Kaiserzeit) und die Fasti Antiates ministrorum domus Augustae, eine Marmortafel, die 1712 in den Ruinen des antiken Theaters von Antium gefunden wurde.[18] Ihr erster Teil enthält die Jahresfasten des Collegium der Freigelassenen und Sklaven der kaiserlichen Villa in Antium für die Jahre von 31 bis 51 n. Chr. mit Angabe der Jahresconsuln. Der zweite Teil besteht aus Tagesfasten, die bereits zwischen 23 und 37 n. Chr. abgefaßt wurden. Schließlich wurde außerhalb Italiens in Taormina ein Marmorfragment mit Fasten entdeckt, die wohl zwischen 21 und 19 v. Chr. abgefaßt wurden, nachdem Taormina 21 v. Chr. römische Kolonie geworden war.[19]

Zu diesen inschriftlichen Zeugnissen treten für die augusteische Zeit als literarische Überlieferung die ›Fasten‹ des Ovid, der sein Material ebenso wie die oben erwähnten Fasti Praenestini vor allem dem Verrius Flaccus verdankt.[20] Die von Ovid mitgeteilten Daten haben denn auch den gleichen offiziellen Charakter wie die übrigen oben genannten Zeugnisse.

Für die spätere Zeit ist noch auf das Fragment eines gemalten Kalenders hinzuweisen, der in den Jahren 1966–1971 unter der Kirche Sta. Maria Maggiore in Rom freigelegt wurde. Von M. R. Salzmann wird dieser Kalender in die Zeit zwischen 176 und 224/275 datiert, während der Herausgeber F. Magi eine Entstehung in der 1. Hälfte

[18] Zu diesen vgl. M. A. Cavallaro, Spese e spettacoli, Bonn 1984, 220ff.

[19] Vgl. O. Salomies, ZPap 86, 1991, 187ff. Aus republikanischer Zeit stammen nur die Fasti Antiates Maiores, etwa 30 Stuckfragmente (also kein Marmor!) mit Eintragungen in schwarzer und roter Farbe, die in Antium gefunden wurden (abgefaßt zwischen 84 und 55 v. Chr.). – Aus der mittleren Kaiserzeit (2./3. Jh. n. Chr.) stammen zwei Fragmente eines Kalenders aus Viterbo für die Zeit vom 23. September bis 5. Oktober und vom 16. bis 20. November (G. Colonna, Not. Scav. 1975, 37ff. AE 1977 Nr. 252 und 253). Vgl. S. 58.

[20] Vgl. B. Bömer, P. Ovidius Naso. Die Fasten, Text, Übers. und Kommentar, 2 Bde., Heidelberg 1957f. G. Herbert-Brown, Ovid and the "Fasti", Oxford 1994.

des 4. Jahrhunderts angenommen hatte.[21] Neben ländlichen Szenen enthielt das Werk einen Text mit dem Tageskalender und mit der Angabe öffentlicher Feiertage.

Nach den Tageskalendern sind die sogenannten Ferialia zu erwähnen, d. h. Festkalender mit den Verzeichnissen der wichtigsten Jahresfeste und der Kaisergedenktage. Zu nennen sind hier drei Marmorfragmente eines solchen Festkalenders aus Cumae (abgefaßt zwischen 4 und 14 n. Chr.)[22] sowie das Fragment eines steinernen Feriale aus Hispellum aus claudischer Zeit.[23] Außer den Gemeinden hatten auch die Truppenkörper solche Festkalender. Im Archiv der 20. Palmyrenerkohorte in Dura-Europos wurde ein Papyrus mit einer Liste der offiziellen Feste und Jahrestage gefunden, die offenbar amtlichen Charakter hatte und in den Jahren 223–227 n. Chr. geschrieben worden sein muß.[24] Ähnlichen Charakter wie dieses Feriale Duranum hatte wohl ein Kalender aus Tebtunis (aus der Zeit Marc Aurels), der wohl aus dem Besitz eines Oberpriesters des lokalen Kaiserkultes stammte[25] und ein weiteres Kalenderfragment aus Oxyrhynchus (aus dem Ende des 2. oder Anfang des 3. Jh. n. Chr.).[26]

Zu den offiziellen Festkalendern treten noch lokale und private Festverzeichnisse. So hat N. Ehrhardt das Fragment eines mile-

[21] F. Magi, Il calendario dipinto sotto Santa Maria Maggiore, Rom 1972. M. R. Salzman, TAPA 111, 1981, 215ff.; I. Levine, AJA 86, 1982, 429ff. Zu einem gemalten Kalender aus Ostia s. A. Piganiol, Recherches sur les jeux romains, Straßburg 1923, 44ff.

[22] Nr. 44 bei A. Degrassi, Inscriptiones Italiae XIII 2, 278ff. Dazu kommen die kleineren Fragmente aus Ameria (Nr. 45, S. 281) und Campanien (Nr. 46, S. 282).

[23] L. Sensi, Athenaeum 55, 1977, 329ff. St. Priuli, Tituli 2, 1980, 47ff.

[24] R. O.Fink–A. S. Hoey–W. F. Snyder, YCS 7, 1940, 1ff. mit Kommentar. R. O. Fink, Roman Military Records on Papyrus, London 1971, 422ff., Nr. 117. Danach J. Helgeland, ANRW II 16, 2, 1978, 1481ff. (Text mit englischer Übersetzung). – Terminus post quem ist die wohl 224 erfolgte *consecratio* der Maesa, die col. II 7 bereits als *diva Maesa* bezeichnet wird. – Vgl. auch J. F. Gilliam, HThR 47, 1954, 183ff.

[25] Pap Osl. III, 1936, Nr. 77.

[26] POxy 31, 1966, Nr. 2553. Dazu P. J. Sijpesteijn, Historia 18, 1969, 112ff. – Keine Kaiserdaten enthalten das in Guidizzolo gefundene Feriale augusteischer Zeit (Dessau 4917) und das Feriale Capuanum aus dem J. 387 (Dessau 4918). – Auch das Feriale aus Theveste, die Liste der *dies gymnasiorum*, die dem Testament des C. Cornelius Egrilianus beigefügt ist (ILAlg I 3040f.), kann hier außer Betracht bleiben. Vgl. dazu W. F. Snyder, YCS 7, 1940, 297ff.

sischen Festkalenders aus severischer Zeit bekanntgemacht,[27] der neben den Gedenktagen für private Wohltäter auch die Kaisergedenktage (darunter solche rein lokaler Bedeutung) enthielt. Für die privaten Wohltäter sollten an ihren Gedenktagen Geldsummen aus einem Stiftungsvermögen, an den Kaisergedenktagen Gelder aus der Gemeindekasse verteilt werden. Aus Gortyn auf Kreta ist ferner die private Stiftung eines T. Flavius Xenion inschriftlich festgehalten worden, aus dessen Nachlaß sowohl Familien- wie Kaiserfeste gefeiert werden sollten.[28]

Eine besondere Bedeutung gewannen das Kalenderwesen und die Zeitrechnung erneut in der Spätantike. Die Fixierung der religiösen Gedenktage im Kalender des Philocalus stellte einen der letzten Versuche des Heidentums dar, sich der traditionellen Feste und ihrer Riten zu versichern.[29] Auf der anderen Seite hat Constantin I. wie einst Augustus den Kalender ganz in den Dienst seiner dynastischen Bestrebungen gestellt. Im Kalender dominieren jetzt die Gedenktage des constantinischen Hauses. Auch die im Kalender des Philocalus aufgeführten Siegesspiele gehen in ihrer Mehrzahl auf Constantin zurück.[30] Im Kalender des Polemius Silvius aus der Mitte des 5. Jahrhunderts n. Chr. sind dann die heidnischen Feste bis auf wenige, möglicherweise in ihrer Bedeutung gar nicht mehr verstandene Reste verschwunden. An ihre Stelle sind christliche Feste, Märtyrergedenktage und Wettervorhersagen getreten. Die Kaiserfeste behielten jedoch auch in diesem Kalender ihren Platz.[31]

Das Bedürfnis, die Überlegenheit des Christentums über das Heidentum auch durch sein höheres Alter zu erweisen, hat ferner zu einer neuen Literaturgattung, der christlichen Weltchronik, geführt. Das älteste Werk, die bis zum Jahr 217 n. Chr. reichenden ›Chronographiai‹ in 5 Büchern des Sex. Iulius Africanus, ist verloren.[32] Erhal-

[27] N. Ehrhardt, Istanb. Mitt. 34, 1984, 371ff.

[28] IGRR I 1509 = ICret IV, 1950, 333ff. Nr. 300.

[29] Text bei A. Degrassi, Inscr. Italiae XIII 2, 237ff. Nr. 42. Vgl. H. Stern, Le Calendrier de 354, Paris 1953, 7ff. Der gesamte Text des Chrogr. von 354 in den Chron. Min. I 13ff. Dazu M. R. Salzman, On Roman Time. The Codex-Calendar of 354 and the Rhythms of Urban Life in Late-Antiquity, Berkeley 1990, und R. Herzog, Hdb. der Lat. Lit, der Antike, München 1989, 178ff.

[30] Vgl. H. Stern a. O. 70ff., bes. 79ff.

[31] Text bei A. Degrassi, Inscr. Italiae XIII 2, 263ff., Nr. 43.

[32] Vgl. H. Gelzer, Sextus Iulius Africanus und die Byzantinische Chronographie, Leipzig 1898. Vgl. allgemein L. Koep, RAC III, 1957, 52ff.

ten ist die bis zum Jahr 234 n. Chr. reichende Chronik des Bischofs Hippolytus von Rom.[33] Wichtiger als dieses knappe Werk ist jedoch die griechische Weltchronik des Eusebios von Caesarea, die ursprünglich bis zum Jahr 325 reichte. Sie wurde später von Hieronymus ins Lateinische übersetzt und bis zum Jahr 378 fortgesetzt.[34] Die für uns wichtigen chronologischen Tafeln des zweiten Buches der Chronik enthalten nebeneinander in mehreren Kolumnen die Olympiadenjahre, die Jahre *ab urbe condita* und die Jahre der römischen Kaiser sowie eine Kolumne mit historischen Daten. Da in den Abschriften bei der Zuordnung dieser Daten zu den zugehörigen Jahren zum Teil eine heillose Verwirrung eingetreten ist, sind allerdings die Angaben des Hieronymus mit einer gewissen Vorsicht zu benutzen.[35]

Neben der Chronik des Eusebius bzw. seines Bearbeiters Hieronymus ist vor allem das sogenannte ›Chronicon Paschale‹ zu nennen, eine Weltchronik, die ursprünglich von Adam bis zum 20. Regierungsjahr des Heraklios (629/30) reichte.[36] Durch Blattausfall ist jedoch der Schluß mit den letzten anderthalb Jahren verlorengegangen. Als Beginn seiner Weltära hat der wohl in Constantinopel lebende Verfasser den 21. März 5509 v. Chr. errechnet. Das Werk enthielt eine Liste von Patriarchen, Richtern, Königen und Kaisern mit ihren Regierungsjahren, deren letztes jeweils mit einem Jahr der Weltära gleichgesetzt wird. Damit kombiniert sind die Olympiaden und die Indiktionsjahre und eine Consulnliste, die offenbar auf die gleiche Quelle wie die Consularia Constantinopolitana zurückgeht.[37] Angereichert ist das Werk ferner durch historische Nachrichten, Notizen über Ereignisse der Kirchengeschichte, Märtyrerberichte u. ä. Älter als

[33] Der griechische Urtext ist nur z. T. erhalten, doch existieren drei voneinander unabhängige lateinische Bearbeitungen und eine armenische Übersetzung: S. A. Bauer–R. Helm, Die Chronik des Hippolytos, Berlin ^{2}1955. Th. Mommsen, Chron. Min. I 535ff.

[34] R. Helm, Eusebius: Werke Bd. VII. Die Chronik des Hieronymus, Berlin 1956. Vgl. A. A. Mosshammer, The Chronicle of Eusebius and Greek Chronographic Tradition, London 1979. – Zur Fortsetzung durch Hydatius s. C. Cardelle de Hartmann, Philologische Studien zur Chronik des Hydatius von Chaves, Stuttgart 1994.

[35] Vgl. E. Bickerman, Chronology of the Ancient World, London 1980, 88f.

[36] Chronicon Paschale, ed. Dindorf, 2 Bde., Bonn 1832. Dazu Ed. Schwartz, RE III 2, 1899, 2460ff., und H. Hunger, Die hochsprachliche profane Lit. der Byzantiner I, München 1978, 328ff., sowie Bagnall, Consuls 56.

[37] Vgl. Th. Mommsen, Chron. Min. I 203f.

das ›Chronicon Paschale‹ ist die Weltchronik des Ioannes Malalas aus Antiochia in 18 Büchern, die bis zum Ende Iustinians I. (565), vielleicht sogar bis zum Jahr 574 reichte, heute aber wegen Blattausfalls mit dem Jahr 563 endet.[38] Auch der Anfang (Buch 1 und Anfang von Buch 2) ist verloren. Wichtig ist das Werk vor allem deshalb, weil in den Büchern 1–17 auch die Stadtchronik von Antiochia verarbeitet ist mit guten Nachrichten, die uns sonst verloren wären. Genannt sei schließlich noch der Ausschreiber und Fortsetzer des Malalas Ioannes von Antiochia, der eine Weltchronik bis zur Thronbesteigung des Heraklios (610) verfaßte.[39] Der Verfasser ist vielleicht mit dem Patriarchen Ioannes von Antiochia (631–649) identisch.

Neben der kalendarischen und chronographischen Überlieferung existiert für die Kaiserchronologie in den einschlägigen Inschriften, Münzen und Papyri ein reiches Quellenmaterial. Von den epigraphischen Quellen sind neben den inschriftlich überlieferten Kaiserurkunden vor allem die Militärdiplome für Datierungsfragen wichtig, die zwar nicht immer frei von Fehlern sind, aber insgesamt für die Kaisertitulatur ein gutes und reiches Material bieten.[40] Da für die Ausstellung der Diplome möglicherweise besondere Festtage (so z. B. im 3. Jahrhundert sicher der 7. Januar, der *dies imperii* des Augustus) gewählt wurden, können jene Urkunden außerdem die Bedeutung solcher Festtage auch in späterer Zeit erhellen.[41] Daneben sind die zahlreichen Weih- und Ehreninschriften, besonders die senatorischen und ritterlichen Laufbahninschriften sowie die Bauinschriften zu nennen, die alle wertvolle Datierungshinweise enthalten können.[42] Zu beachten ist jedoch, daß in den nicht aus Rom stammenden

[38] Ioannes Malalas, ed. L. Dindorf, Bonn 1831. A. Schenk von Stauffenberg. Die röm. Kaisergeschichte bei Malalas, Stuttgart 1931. E. Jeffreys–M. Jeffreys–R. Scott, The Chronicle of John Malalas. A Translation, Melbourne 1986. Vgl. H. Gärtner, Der Kl. Pauly III 1969, 925f., und H. Hunger a. O. 319ff.

[39] Die Bruchstücke sind gesammelt in den Fragmenta Historicorum Graecorum IV, ed. C. Müller, Paris 1868, 535ff. Dazu H. Hunger a. O. 326ff.

[40] Die Militärdiplome sind gesammelt von H. Nesselhauf in CIL XVI (1936) und CIL XVI Suppl. (1955). Die seitdem gefundenen Bruchstücke hat M. Roxan zusammengestellt (Roman Military Diplomas 1954–1977, London 1978, und Roman Military Diplomas 1978–1984, London 1985). Auf Fehler in den Diplomen weist M. Festy, RIDA 29, 1982, 204, Anm. 25, hin.

[41] Vgl. dazu S. Dušanic, in: Römische Geschichte, Altertumskunde und Epigraphik (Festschrift A. Betz), Wien 1985, 233ff. (z. T. sehr spekulativ).

[42] Vgl. allgemein zur Inschriftendatierung die Literatur bei M. Clauss,

Inschriften auch veraltete Daten begegnen, und zwar auch auf offiziellen Inschriften. Auf inoffiziellen Inschriften findet man außerdem aus adulatorischen Gründen oft Ehrentitel, die ein Kaiser erst später oder gar nicht offiziell angenommen hat. Die Weihinschriften können dagegen oft literarische Angaben über Kaiserfeste wie den *dies natalis,* den *dies imperii* usw. bestätigen, da an solchen Tagen gerne Weihungen für den Kaiser und sein Haus vorgenommen wurden.[43] Für alle Inschriften gilt jedoch (ebenso wie für die Papyri), daß bei der Übermittlung zahlreiche Fehler auftreten können (falsche Lesungen, falsche Ergänzungen, fehlerhafte Datierungen und sinnentstellende Druckfehler).

Eine sehr wichtige Quelle stellen die so gut wie vollständig erfaßten Reichsmünzen der Kaiserzeit dar, welche stets die offizielle Titulatur und oft auch die Jahre der tribunicia potestas sowie die Zahl der Consulate und der imperatorischen Akklamationen angeben.[44] Aller-

ANRW II 1, 1974, 813ff. Zur senatorischen Laufbahn s. W. Eck, ebd. 158ff. und G. Alföldy, Konsulat und Senatorenstand unter den Antoninen, Bonn 1977, 33ff. Zur ritterlichen Laufbahn vgl. O. Hirschfeld, Die kaiserlichen Verwaltungsbeamten bis auf Diokletian, Berlin ^{2}1905, 410ff. H.-G. Pflaum, Les procurateurs équestres sous le Haut-Empire romain, Paris 1950; Les carrières équestres sous le Haut-Empire romain, 4 Bde., Paris 1960/61; RE XXIII 1, 1957, 1240ff. A. N. Sherwin-White, PBS Rome 15, 1939, 11ff. B. Dobson, Die Primipilares, Bonn/Köln 1987.

[43] Vgl. dazu P. Herz, Untersuchungen zum Festkalender der römischen Kaiserzeit nach datierten Weih- und Ehreninschriften, Diss. Mainz 1975, und: Kaiserfeste der Prinzipatszeit, ANRW II 16, 2, 1978, 1135ff. (der allerdings das Material teilweise überinterpretiert).

[44] Das Material ist gesammelt von H. Mattingly, E. A. Sydenham u. a., The Roman Imperial Coinage I–IX, London 1923ff., I^{2} 1984. Vgl. auch die von W. Szaivert bearbeiteten Hefte der Reihe Moneta Imperii Romani, Nr. 2 und 3 (ein Heft): Die Münzprägung der Kaiser Tiberius und Caius (Caligula), Wien 1984; Nr. 18: Die Münzprägung der Kaiser Marcus Aurelius, L. Verus und Commodus, Wien 1986; sowie das von M. Alram besorgte Heft Nr. 27: Die Münzprägung des Kaisers Maximinus I. Thrax, Wien 1989. Für das 3. Jahrhundert sei auch auf die Datierungen von K. Pink und R. Göbl im ›Aufbau der römischen Münzprägung in der Kaiserzeit‹ hingeweisen (NumZ 66, 1933, 17ff.; 67, 1934, 1ff.; 68, 1935, 12ff.; 69, 1936, 10ff.; 73, 1949, 13ff.; 74, 1951, 8ff.; 75, 1953, 5ff.; 79, 1961, 5ff. und 80, 1963, 5ff.), die allerdings teilweise hypothetisch sind. Wegen der ausführlichen Einleitungen immer noch wichtig ist das Werk von H. Mattingly und R. A. G. Carson, Coins of the Roman Empire in the British Museum I–VI (Augustus to Balbinus and Pupienus), London 1923–1962. Das Material der wichtigen Münzstätte Lug-

dings erscheint aus Raumgründen die Titulatur auf den Münzen meist abgekürzt und gelegentlich auch verkürzt. Die Angaben sind jedoch für die ersten beiden Jahrhunderte der Kaiserzeit von großer Zuverlässigkeit. Später wird ihr Wert durch die Münzgeldinflation allerdings stark beeinträchtigt. Die raschen Herrscherwechsel im 3. Jahrhundert und die Massenprägung in zahlreichen über das ganze Imperium verteilten Münzstätten ließen die Qualität der Reichsmünzen schnell absinken. Die oft rasch und nachlässig gearbeiteten, zum Teil mehr oder minder stark barbarisierten Stücke können daher als Zeugnisse für die Kaiserchronologie nur mit Vorsicht benutzt werden. Wie bei den außerstadtrömischen Inschriften muß man auch bei Münzen aus entfernteren Münzämtern damit rechnen, daß sie nicht den aktuellen Stand der kaiserlichen Titulatur wiedergeben. Die Weiter- bzw. Wiederverwendung älterer Münzstempel für die Stücke eines neuen Kaisers, die Prägung hybrider Münzen, bei denen Vorder- und Rückseitenstempel nicht zusammengehören, und die Nachprägung älterer Münzen stellen weitere mögliche Fehlerquellen dar. Erst die Münzreform Aurelians brachte in dieser Hinsicht eine deutliche Besserung.[45] Die reformierten Bronzemünzen Diocletians, die sogenannten Folles, gestatten dann noch genauere Datierungen, da

dunum ist von P. Bastien und J.-P. Giard in 7 Bänden monographisch behandelt worden (Wetteren 1972–1987): J.-P. Giard, Le monnayage de l'atelier de Lyon des origines au règne de Caligula (1983). P. Bastien, Le monnayage ... de Lyon de la réouverte de l'atelier par Aurélien à la mort de Carin (1976), Dioclétien et ses corégents avant la réforme monétaire (1972), De la réforme monétaire de Dioclétien à la fermeture temporaire de l'atelier en 316 (1980), De la réouverture de l'atelier en 318 à la mort de Constantin (1982), De la mort de Constantin à la mort de Julien (1985), Du règne de Jovien à la mort de Jovin (1987). – Für die Medaillons s. F. Gnecchi, I medaglioni Romani, 3 Bde., Mailand 1912, und H. Dressel, Die römischen Medaillone des Münzkabinetts der staatlichen Museen zu Berlin, 2 Bde., Dublin–Zürich 1983. Dazu C. L. Clay, in: Proceedings of the 8th Intern. Congr. of Num. New York 1973, Paris 1976, 253ff. – Die von M. Grant in seinem gleichnamigen Buch auf Grund von Typeninterpretationen postulierten "Roman Anniversary Issues" (Cambridge 1950) stießen in der Forschung überwiegend auf Skepsis (vgl. nur A. R. Bellinger, AJPh 74, 1953, 174ff.). Die Typendeutungen bieten jedenfalls keine sichere Grundlage für die Kaiserchronologie. – Vgl. allgemein die Bibliographie bei M. R. Alföldi, Antike Numismatik II, Mainz 1978, 305ff.

[45] Zur Münzreform Aurelians vgl. D. Kienast, Kleine Schriften 575ff. mit der im Anhang aufgeführten Literatur.

sich für die einzelnen Münzstätten die Serien dieser Folles durch ihre Beizeichen verhältnismäßig leicht konstituieren lassen. Die Abfolge der Beizeichen von einfacheren zu komplizierteren Zeichen erlaubt es, in vielen Fällen eine sichere Abfolge der Serien zu erschließen. Der Brauch, den Kaiser, wenn er das Consulat bekleidete, in Consular- bzw. Triumphaltracht darzustellen,[46] sowie Caesarenerhebungen, Herrscherwechsel und die Reduktion des Münzstandards ermöglichen eine ungefähre zeitliche Einordnung der einzelnen Serien und erlauben damit oft auch eine genauere Datierung der Gold- und Silberprägung. Dennoch bleibt hier der Interpretation ein gewisser Spielraum, und auch die Angaben der Handbücher dürfen nicht in jedem Fall ungeprüft übernommen werden. Das gilt auch für die späteren Prägungen des 4. Jahrhunderts, deren Beitrag zur Kaiserchronologie allerdings weniger bedeutsam ist als jener der diocletianisch-constantinischen Zeit.

Neben den Reichsmünzen sind auch die Provinzial- und die Lokalprägungen zu nennen, so z. B. die Silbermünzen von Caesarea in Kappadokien,[47] die syrische Provinzialprägung[48] und die alexandrinischen Münzen (zu diesen s. unten). Für den Balkan stellen die Münzen von Viminacium[49] und für den griechischen Osten die Stadtmünzen, die sogenannten 'Greek Imperials', wichtige Zeugnisse dar. Allerdings ist die Städteprägung des griechischen Ostens noch lange nicht vollständig erfaßt, und ihre Auswertung steht erst in den Anfängen.[50] Dabei ist zu berücksichtigen, daß die Vorderseitenstempel mit dem Kaiserbild oft für mehrere Städte von einer einzigen Werkstatt

[46] Vgl. dazu A. Alföldi, Die monarchische Repräsentation im römischen Kaiserreich, Darmstadt 1970, 150ff.

[47] Dazu E. A. Sydenham, The Coinage of Caesarea in Cappadocia, London 1933. – Allg. A. Burnett–M. Amandry–P. R. Ripollès, Roman Provincial Coinage I, London–Paris 1992.

[48] Dazu W. Wruck, Die syrische Provinzialprägung von Augustus bis Trajan, Stuttgart 1931. A. R. Bellinger, The Syrian Tetradrachms of Caracalla and Macrinus, New York 1940.

[49] Gesammelt von B. Pick, Die antiken Münzen von Dacien und Moesien I 1, Berlin 1898, 21ff.

[50] Nützlich ist der Index zur Sylloge Nummorum Graecorum Deutschland, Sammlung von Aulock, bearb. von P. R. Franke, W. Leschhorn, A. U. Stylow, Berlin 1981 (vgl. dazu P. Weiß, JbNum 33, 1983, 93ff.). Die Münz-Typen sind jetzt bequem zusammengestellt von O. von Vacano, Typenkatalog der antiken Münzen Kleinasiens, Berlin 1986. – Vgl. auch C. Bosch, Kaiserdaten auf kleinasiatischen Münzen, Numismatik 2, 1933, 33f.

gefertigt wurden.[51] Dennoch können die Städtemünzen Aufschlüsse über die Kaisertitulatur, über Kaiserbesuche in einzelnen Städten, über vom Kaiser übernommene lokale Ämter, über Kaiserfeste usw. liefern.

Für die lokalen Münzen und Inschriften des Ostens sind dabei die vom römischen Kalender abweichenden Datierungen zu berücksichtigen. So führte die kaiserliche Regierung das julianische Jahr allmählich in allen östlichen Provinzen ein, aber in der Weise, daß der dort bestehende Kalender dem julianischen angepaßt wurde, wodurch sich bei der Umrechnung der julianischen in lokale Daten (bzw. umgekehrt) gelegentlich Fehler einschleichen konnten.[52] In Syrien und einigen anderen östlichen Provinzen wurde außerdem wie in Ägypten nach Herrscherjahren gerechnet.[53] Für die Datierung der lokalen Zeugnisse sind ferner die lokalen Eponymenlisten wichtig, die zum Teil inschriftlich erhalten sind, zum Teil besonders an Hand der lokalen Münzen rekonstruiert werden müssen, wobei Überprägungen und der Aufweis von Stempelverbindungen eine wesentliche Hilfe sein können.[54] Schließlich werden viele lokale Dokumente

[51] Vgl. K. Kraft, Das System der kaiserzeitlichen Münzprägung in Kleinasien, Berlin 1972.

[52] Vgl. A. E. Samuel, Greek and Roman Chronology, München 1972, 186ff. Zu den lokalen Kalendern s. ebd. 57ff. und 171ff. (dazu J. und L. Robert, Bull. épigr. 1973, Nr. 77). Dazu S. Follet, Athènes au IIe et au IIIe siècle, Paris 1976, 351ff. Chr. Börker, ZPap 31, 1978, 193ff. (zum rhodischen Kalender). R. Merkelbach, ZPap 36, 1979, 157ff. (zum Kalender von Ephesos, dazu Bull. épigr. 1980, Nr. 450). L. Robert, Arch. Ephem. 1979 (1981), Mel. 231 (zum bithynischen Kalender). J. R. Rey-Coquais, Akten des VI. int. Kongr. für griech. und lat. Epigraphik, München 1972, 564ff., und W. van Rengen, ANRW II 8, 1977, 35f. (zum syrischen Kalender). Th. Pekáry, Ist. Mitt. 15, 1965, 124f., Nr. 6 (zum Monat Tiberios in Kleinasien). C. Balconi, ZPap 59, 1985, 84ff. (zu den ägyptischen Monatsnamen). Zum jüdischen Kalender (und zur Chronologie des Josephos) s. E. Schürer, The History of the Jewish People I, Edinburgh ^{2}1973, 587ff.

[53] Vgl. W. Leschhorn, Antike Ären, Stuttgart 1993, 19ff. Ebenso rechnete man in Arabien, Bithynien und Pontus, Kappadokien, Kypros und Palästina nach Herrscherjahren, vgl. IGRR III 1063f., 1133, 1146f., 1171, 1176ff., 1184ff. (Syrien), 1, 3, 17, 23f., 36, 50f. (Bithynien und Pontus), 128 (Kappadokien), 933 und 967 (Kypros). Vgl. J. A. Goldstein, Journ. of Near Eastern Stud. 25, 1966, 8f. mit Anm. 24. Y. E. Meimaris, Chronological Systems in Roman-Byzantine Palestine and Arabia, Athen 1992.

[54] Vgl. E. Bickerman, a. O. 67ff. Inschriftlich erhalten ist die Stephanephorenliste von Milet (A. Rehm, Milet I 3, Berlin 1914, 230 [106] ff.), die nach

nach städtischen oder provinzialen Ären datiert, deren Anfangsdaten nicht in allen Fällen völlig gesichert sind.[55] Diese Überlieferungslage bedingt, daß viele lokale Daten noch nicht sicher festgelegt werden können. Der ständige Materialzuwachs besonders bei den kaiserzeitlichen Städtemünzen ermöglicht aber immer wieder weitere Präzisierungen, die zum Teil auch der Kaiserchronologie zugute kommen werden.

Von besonderer Bedeutung für die Kaiserchronologie sind die Zeugnisse aus Ägypten. Zu nennen sind da einmal die Bau- und Stiftungsinschriften der ägyptischen Tempel, die bis in die Tetrarchenzeit zum Teil in Hieroglyphen abgefaßt waren.[56] – Die bis Diocletian

der Chronologie von Rehm von 525 v. Chr. bis 20 n. Chr. reicht. Zur attischen Archontenliste in römischer Zeit s. A. E. Samuel, Chronology 223ff. – Zur methodischen Auswertung von Stempelverbindungen s. M. R. Alföldi, Antike Numismatik I, Mainz 1978, 47ff. und 236; sowie R. Göbl, Antike Numismatik I, München 1978, 220ff. – Unsicher sind dagegen die Folgerungen, die aus postulierten Prägerhythmen gezogen werden.

[55] Zu den Ären s. E. Bickerman, Chronology 70ff. A. E. Samuel, Chronology 246ff. W. Leschhorn (o. Anm. 53: Kleinasien und Schwarzes Meer). Y. E. Meimaris (o. Anm. 53: Palestina und Arabien). Ch. Marek, Stadt, Ära und Territorium in Pontus-Bithynia und Nord-Galatien, Tübingen 1993. R. Ziegler, Tyche 8, 1993, 203ff. (Kilikien). E. Schwertheim, EA 6, 1985, 37ff. (Hadrianopolis). M. Whitby, C&M 43, 1992, 179ff. (Ära des Philipp Arrhidaios). H. Nicolet, in: Coins, Culture and History in the Ancient World (Festschrift B. Trell), Detroit 1981, 51ff. (Ära von Pella). M. L. Chaumont, REArm 18, 1984, 397ff. (Ära vonArtaxata). R. C. Kapp, Epigraphica 48, 1986, 115ff. (spanische Ära). Zur Ära Diocletians und zu den Ären von Oxyrhynchos s. R. S. Bagnall–K. A. Worp, The chronological Systems of Byzantine Egypt, Zutphen 1978. Besonders umstritten ist der Charakter (lokal oder provinzial?) und der Beginn der Ära von Viminacium, vgl. G. Elmer, NumZ 28, 1935, 35ff.; S. Dušanic, in: Frappe et Ateliers monétaires de l'Antiquité et Moyen Age, ed. V. Kondic, Belgrad 1976, 53ff., und Chiron 6, 1976, 429f.; und B. Miklos, Numizmatikai Közlöny 84/85, 1985/6, 27ff. Vgl. auch R. Ziegler, Städtisches Prestige und Kaiserliche Politik, Düsseldorf 1985, 131f. Anm. 5. – Umrechnungstabellen hellenistischer Kalender und verschiedener Ären bei P. G. Neugebauer, Hilfstafeln zur technischen Chronologie, Kiel 1937 (dazu Ernst Meyer, Gnomon 14, 1938, 521f.).

[56] S. dazu W. Otto, Priester und Tempel im hellenistischen Ägypten I, Leipzig–Berlin 1905, 387f. H. Gauthier, Livre des Rois d'Égypte, 5 Bde., Kairo 1907–1917 (mit Angabe aller Datierungen nach ägyptischen Herrschern von der ersten Dynastie bis auf den Kaiser Decius). Für Otto und Gauthier stammten die letzten Hieroglypheninschriften von Decius (aus dem Tempel des Chnum von Esne-Latopolis). Inzwischen sind auch Hieroglypheninschrif-

reichenden alexandrinischen Münzen sind durch die immer noch grundlegende Arbeit von J. Vogt erschlossen worden.[57] Zu den griechischen Ostraka ist das Werk von U. Wilcken heranzuziehen.[58] Für das ständig wachsende Material der Papyrusurkunden liegen für einzelne Zeiträume und für verschiedene Themen zusammenfassende Behandlungen neueren Datums vor.[59] Grundlage der Datierung der alexandrinischen Münzen und der Papyri ist das von Augustus geschaffene fixe Jahr, dessen Neujahrstag auf den 29. August festgelegt worden war. In den alle vier Jahre eingeschalteten Schaltjahren fiel das Neujahr auf den 30. August. Die Einführung des Schalttages fiel nach U. Wilcken vielleicht in das Jahr 26/25 v. Chr. Schaltjahre waren danach die Jahre 22, 18, 14, 10, 6 und 2 v. Chr. sowie 3, 7, 11 usw. nach

ten von Diocletian und von Maximinus Daia gefunden worden. Vgl. E. Hornung, Einführung in die Ägyptologie, Darmstadt 1967, 137f., der auf R. Mond–O. H. Myers, The Bucheum, London 1934, II 34, Nr. 19 und III, Taf. 46, Nr. 19 (Diocletian), sowie J. Capart und H. Gregoire, Chron. d'Egypt 29, 1940, 45ff. und 119f. (Maximinus Daia) verweist. Vgl. J.-C. Grenier, Le protocole pharaonique des empereurs romains, RdE 38, 1987, 81ff., und: Les Titulatures des empereurs romains (o. S. XVII).

[57] J. Vogt, Die alexandrinischen Münzen, 2 Bde., Stuttgart 1924 (ND 1976). Dazu A. Geissen, Katalog Alexandrinischer Kaisermünzen der Sammlung des Instituts für Altertumskunde zu Köln, 4 Bde., Opladen 1974ff. G. Förschner, Die Münzen der römischen Kaiser in Alexandrien, Historisches Museum Frankfurt am Main, Melsungen o. J. (1987). E. Christiansen, The Roman Coins of Alexandria, 2 Bde., Rom 1988.

[58] U. Wilcken, Griechische Ostraka, 2 Bde., München 1899 (dort S. 786ff. zur Chronologie).

[59] Vgl. P. W. Pestman, Chronologie Égyptienne d'après les textes démotiques (332 av. J.-C.–453 après J.-C.), Leiden 1967. D. W. Rathbone, The Dates of the Recognition in Egypt of the Emperors from Caracalla to Diocletianus, ZPap 62, 1986, 101ff. R. S. Bagnall–K. A. Worp, The chronological Systems of Byzantine Egypt, Zutphen 1978. R. S. Bagnall–K. A. Worp, Regnal Formulas in Byzantine Egypt, Missoula/Montana 1979. K. A. Worp, APF 33, 1987, 91f. (Indictions and Dating Formulas). Z. M. Packman, ZPap 91, 1992, 61ff. (Datierungsformeln und Kaisereid). Zu den Präfekten Ägyptens von 30 v. Chr. bis 299 n. Chr. s. B. Bastianini, ZPap 17, 1975, 263ff. und 38, 1980, 75ff., und für die Spätantike R. v. Haehling (o. Anm. 8) 189ff. Vgl. J. Modrzejewski, Archiv für Pap. 32, 1986, 105ff. und auch E. van't Dack, Anc. Soc. 6, 1975, 129ff. (zur Chronologie), und ANRW II 1, 1974, 857ff. (zur Titulatur und zur *damnatio memoriae*), sowie O. Montevecchi und P. Bureth, ANRW II 10, 1, 1988, 412ff. und 472ff., mit einem Nachtrag von G. Bastianini a. O. 503ff. (zur Verwaltung und zu den *praefecti Aegypti*).

Christus. In nachchristlicher Zeit fallen also die Schalttage in die Jahre, die durch 4 dividiert den Rest 3 ergeben.[60] Datiert wurde nach den Regierungsjahren der Kaiser, wobei das Jahr 1 vom Regierungsantritt bis zum 28. (bzw. 29.) August, das Jahr 2 und die folgenden Jahre vom 29. (bzw. 30.) August ab gerechnet wurden. Commodus und Caracalla setzten nach dem Tode ihres Vaters jeweils dessen Jahrzählung fort. Carinus und Numerianus zählten ebenso wie Constantin und Galerius ihre Herrscherjahre von ihrer Caesarerhebung an.[61] Die Ära der Καίσαρος κράτησις begann wohl ursprünglich am 1. August, dem Tag der Einnahme Alexandrias, wurde aber später ebenfalls auf den 29. August umgestellt.[62] In byzantinischer Zeit wurde nach Indiktionen, nach der Ära Diocletians und verschiedenen lokalen Ären datiert.[63]

Die Papyrusurkunden bieten oft – besonders im 3. Jahrhundert – die einzige Möglichkeit, die Regierungszeit eines Kaisers genauer einzugrenzen. Dabei muß man berücksichtigen, daß eine Nachricht von Rom nach Alexandria im allgemeinen 20–25 Tage, nach Arsinoe und Oxyrhynchus 30 Tage, nach Theben sogar 50 Tage brauchte.[64] Für Nachrichten aus einer Provinz nach Ägypten ist die Laufzeit schwerer zu berechnen, da dafür das Vergleichsmaterial geringer ist. In Ausnahmefällen konnte es auch sehr lange dauern, bis die Nachricht von einem Herrscherwechsel überall in Ägypten bekannt war. So datierte man in Theben noch drei Monate nach der Ermordung Caracallas nach diesem Kaiser.[65] Obwohl außerdem gelegentlich Irr-

60 Vgl. U. Wilcken, in L. Mitteis–U. Wilcken, Grundzüge und Chrestomathie der Papyruskunde I 1, Leipzig–Berlin 1912, p. LV. – Für den julianischen Kalender gilt bekanntlich die Regel, daß diejenigen Jahre Schaltjahre sind, für welche bei der Division durch 4 kein Rest bleibt.

61 Vgl. J. Vogt, Die alex. Münzen I, 3. Auf den alexandrinischen Münzen tragen die Prägungen für die kaiserlichen Frauen und für die kaiserlichen Prinzen jeweils die Jahreszahlen des regierenden Kaisers, so z. B. die Münzen der Faustina II. erst die (höheren) Jahresdaten des Antoninus Pius, dann die (niederen) Jahresdaten des Marc Aurel. – In der Kaisertabelle werden die ägypt. Herrscherjahre nur dann eigens aufgeführt, wenn ihre Zählung von der üblichen Zählung der ägyptischen Herrscherjahre abweicht.

62 Vgl. T. F. Skeat, ZPap 53, 1983, 241 ff. J.-C. Grenier, CE 63, 1988, 71 ff.

63 Vgl. R. S. Bagnall–K. A. Worp, The chronological Systems (oben Anm. 59) 67 ff. mit synchronoptischer Tabelle der Julianischen Jahre, der Consulate, der Indiktionszahlen, der Oxyrhynchus-Ären und der Diocletian. Ära.

64 Vgl. E. van't Dack a. O. (Anm. 59) 883. J. R. Rea, ZPap 9, 1972, 1 ff. D. W. Rathbone, ZPap 62, 1986, 102 ff.

65 Vgl. J. Sijpesteijn, ZPap 31, 1974, 224.

tümer, Schreibfehler und fiktive Daten vorkommen, läßt sich aus den Papyrusurkunden insgesamt doch ein recht zuverlässiges Datengerüst gewinnen, da sich Fehler und Irrtümer oft durch das Vergleichsmaterial eliminieren lassen. Die in den Papyri mit Σεβαστή bezeichneten Tage, die sich auf Kaisergedenktage beziehen müssen, können durch andere Angaben präzisiert werden und diese ihrerseits bestätigen.[66]

Selbstverständlich enthält auch die literarische Überlieferung im weiteren Sinne zahlreiche Kaiserdaten. Das gilt besonders für die Werke der Historiker und der Biographen. Von ihnen hatten sicherlich Tacitus und Sueton, vielleicht auch Cassius Dio und Marius Maximus Zugang zu originalen Urkunden. Auch sonst dürften diese Quellen – von Schreib- und Überlieferungsfehlern abgesehen – im allgemeinen zuverlässig sein. Noch bei den byzantinischen Ausschreibern Zosimos und Zonaras findet man gute Angaben.[67] Dies gilt nicht in gleichem Maße für die spätantiken Breviarien, wo sich oft schon durch die Verkürzung des Stoffes Fehler einschleichen konnten und wo man gelegentlich auch fiktive Daten findet. Solche fiktiven Daten überwiegen in dem Werk der sogenannten Scriptores Historiae Augustae, besonders in den späteren Viten und den sogenannten Nebenviten der Mitregenten und Usurpatoren, deren Angaben daher stets nur mit Vorsicht verwendet werden können, auch dort, wo sie nicht von vornherein als unrichtig zu erkennen sind.[68] Von größerer Zuverlässigkeit sind dagegen die Kirchenhistoriker, von denen Eusebios, Sokrates und Sozomenos auch Urkunden im Wortlaut in ihre Werke

[66] Vgl. W. F. Snyder, Aegyptus 18, 1938, 197ff., und 44, 1964, 145ff. J. Schwartz, REA 46, 1944, 266ff. Als solche ἡμέραι Σεβασταί konnten nachgewiesen bzw. wahrscheinlich gemacht werden verschiedene *dies natales* und *imperii*, der *dies adoptionis* Hadrians, Livias Heirat mit Augustus, das Datum der Verleihung des *nomen Augusti* an Oktavian und der *consecratio* des Augustus sowie der Termin der Augustalia. Vgl. Nachtrag S. 58.

[67] Vgl. F. Millar, A Study of Cassius Dio, Oxford 1964, 37f. B. Bleckmann, Die Reichskrise des III. Jahrh. in der spätantiken und byzantin. Geschichtsschreibung, München 1992 (zu Zonaras). – Zu den Daten bei Ammian s. unten Anm. 212. – Vgl. Nachtrag S. 58.

[68] Vgl. dazu A. Chastagnol, Recherches sur l'Histoire Auguste avec un rapport sur les progrès de la Historia Augusta Forschung depuis 1963, Bonn 1970. K.-P. Johne, Kaiserbiographie und Senatsaristokratie, Berlin 1974. R. Syme, Historia Augusta Papers, Oxford 1983. – Speziell zu den Daten der HA s. J. Schwartz, Bonner HA Colloquium 1964/65 (1966), 197ff. – Zu Eutrop s. H. van Oosten, AClass 32, 1989, 59ff.

übernommen haben. Auch Lactantius hat in seine polemische Schrift über die Todesarten der Verfolgerkaiser Urkunden eingefügt. Zuverlässig sind im allgemeinen auch die Daten der in den sogenannten ›Panegyrici Latini‹ gesammelten lateinischen Kaiserreden sowie der entsprechenden griechischen Reden etwa des Libanios oder des Themistios.

Von großer Wichtigkeit vor allem für die spätere Zeit sind die Angaben der Rechtsquellen, die allerdings mit Vorsicht benutzt werden müssen, da sie nicht selten interpoliert worden sind. Das gilt besonders für die Digesten und die übrigen Teile des Corpus Iuris.[69] Aber auch die Kaiserkonstitutionen des Codex Theodosianus weisen zahlreiche Irrtümer und Interpolationen auf, die ihren Wert gerade in chronologischen Fragen mitunter stark beeinträchtigen.[70]

Schließlich sind für die Kaiserchronologie auch die Märtyrerakten und -berichte sowie die Märtyrerverzeichnisse von einer gewissen Bedeutung, vor allem die älteren, noch nicht von der Legende überwucherten Texte dieser Art.[71] Denn viele Martyrien fanden gerade an Kaiserfesten statt, so daß mit den Berichten und Protokollen über sie zugleich die Daten jener Feste überliefert werden.[72]

Allgemeine Bemerkungen

Die Kaiserchronologie setzt sich aus zahlreichen, recht verschiedenen Elementen zusammen. Einen allgemeinen zeitlichen Rahmen liefert bereits die Regierungszeit eines Herrschers, wobei in der frühen Kaiserzeit der Regierungsbeginn *(dies imperii)* verschieden gerechnet wurde, indem anfangs die Anerkennung durch den Senat, dann

69 Vgl. dazu W. Kunkel, Römische Rechtsgeschichte, Köln ^{5}1967, 147ff. und 204ff., sowie T. Honoré, Emperors and Lawyers, London 1981.

70 Vgl. O. Seeck, ZSR 10, 1889, 1ff. und 177ff.; Regesten der Kaiser und Päpste für die Jahre 311 bis 476 n. Chr., Stuttgart 1919, 1ff. C. Zaccaria, Quad. di storia antica 2, 1978, 102ff. – Allgemein zu den Rechtsquellen s. Bagnall, Consuls 71ff., und R. Herzog (wie Anm. 29) 55ff.

71 Zu den Märtyrerakten und zu den Märtyrerberichten s. B. Altaner–A. Stuiber, Patrologie, Freiburg ^{8}1978, 90ff. Zu den Märtyrerverzeichnissen und zu den Märtyrerlegenden s. ebd. 235ff. Das Material ist zusammengestellt in der von J. Bolland begründeten, nach Festtagen vom 1. Januar bis 10. November geordneten Sammlung der Acta Sanctorum, 65 Bde., Amsterdam 1643ff. Vgl. jetzt auch R. Herzog a. O. 517ff.

72 S. dazu J. Colin, in: Mélanges A. Piganiol III, Paris 1966, 1565ff.

die imperatorische Akklamation durch die Prätorianer oder andere Truppenteile als Fixpunkte gewählt wurden.[73] Sehr wichtig für die Datierung sind die ägyptischen Königsjahre, die am 29. (bzw. in Schaltjahren am 30.) August begannen (s. oben). Da die Jahre der *tribunicia potestas* gezählt wurden und da die Zahl der Kaiserconsulate und der *liberalitates* (bzw. *congiaria*) auf Inschriften und Münzen vermerkt wurden, haben diese ebenso wie die imperatorischen Akklamationen und die nach einem Sieg angenommenen Siegesbeinamen datierenden Charakter. Auch die periodischen Kaiserfeste, neben dem *dies imperii* vor allem der *dies natalis* und der *dies Caesaris,* ferner die Jubilarfeiern (Decennalien, Vicennalien usw.), die Kaisertriumphe und die Säkularfeiern sind für Datierungsfragen von Bedeutung. Das gleiche gilt selbstverständlich wie für den Tod eines Kaisers so auch für seine *consecratio* bzw. seine *damnatio memoriae.* Kein Datierungselement sind dagegen die *supplicationes,* da diese nicht gezählt wurden. Sie sind deswegen im folgenden nicht berücksichtigt.[74] Dagegen können auch die Daten der kaiserlichen Prinzen sowie der Frauen und anderer Angehöriger des Kaiserhauses für die Kaiserchronologie von Bedeutung sein. Bei den kaiserlichen Damen verdienen neben dem Augustatitel auch Ehrenepitheta wie *mater castrorum, mater senatus* usw. Beachtung. Allerdings sind für Datierungsfragen im allgemeinen nur die offiziellen Beinamen der Kaiser und Kaiserinnen von Bedeutung, nicht dagegen die oft willkürlich und in adulatorischer Absicht verwendeten inoffiziellen Beinamen und Titel.[75] Eine sichere Unterscheidung zwischen offizieller und

[73] Vgl. L. Schumacher, Index 15, 1987, 315ff.

[74] Zu den *supplicationes* in der Kaiserzeit s. G. Freyburger, ANRW II 16, 2, 1978, 1423ff. Nicht aufgenommen wurden ferner die Indiktionszyklen; zu diesen s. jetzt R. S. Bagnall–K. A. Worp, The Chronological Systems of Byzantine Egypt, Zutphen 1978. Vgl. auch O. Seeck, RE IX 2, 1916, 1327ff., und E. J. Bickerman, Chronology of the Ancient World, London 1968, 78f.

[75] Vgl. allg. zur Kaisertitulatur die Literatur bei P. Herz, ANRW II 16, 2, 1978, 868ff., und bei M.Clauss ebd. II 1, 1974, 819ff. Zur inoffiziellen Titulatur s. L. Berlinger, Beiträge zur inoffiziellen Titulatur der römischen Kaiser, Diss. Breslau 1935, und R. Frei-Stolba, Mus. Helv. 26, 1969, 18ff. Zur Titulatur der Spätantike s. G. Rösch, Onoma Basileias, Wien 1978. Zu den Kaisertiteln auf den Inschriften s. D. A. Musca, Le denominazioni dei principi nei documenti epigrafici romani, Bari 1979. Zur Kaisertitulatur in den ägyptischen Denkmälern und Texten vgl. außer den in Anm. 58 und 59 genannten Arbeiten: P. Bureth, Les titulatures impériales dans les papyrus, les ostraca et les inscriptions d'Égypte 30a. C.–284p. C., Brüssel 1964. Dazu die Beiträge von

inoffizieller Titulatur ist jedoch bisweilen nicht möglich. Dies gilt besonders für die ephemeren Kaiser des dritten Jahrhunderts und dann wieder für die Herrscher des späteren vierten Jahrhunderts. Im allgemeinen darf man aber davon ausgehen, daß die Urkunden und die Münzen der römischen Reichsprägung die offizielle Titulatur wiedergeben, während inoffizielle Titel auf lokalen Inschriften und Münzen sowie zum Teil auch in den Papyri begegnen. Man muß ferner betonen, daß alle die eben genannten, für die Datierung wichtigen Elemente primär einen politischen Charakter tragen und ihre chronologische Bedeutung meist erst sekundärer Natur ist. Daraus erklärt sich auch, daß alle Elemente der Kaisertitulatur manipuliert werden konnten und oft auch manipuliert wurden. Zu den mehr oder weniger großen Lücken der Überlieferung und zu den Fehlern der Quellen tritt also als weiteres Erschwernis die bewußte Manipulation einzelner Angaben. Daraus ergibt sich weiter, daß die einzelnen Elemente der Kaiserchronologie von unterschiedlicher Zuverlässigkeit sind und daß man mit einem festen chronologischen System über einen längeren Zeitraum hinweg nicht ohne weiteres rechnen darf. Es lag weitgehend im Belieben eines Kaisers, wann er seinen *dies im-*

J. Sijpesteijn, ZPap 40, 1980, 130ff.; 45, 1982, 177ff.; 49, 1982, 97ff.; 54, 1984, 65ff.; 63, 1986, 281ff. D. Hagedorn–K. A. Worp, ZPap 39, 1980, 165ff. K. Worp, ZPap 45, 1982, 199ff. (zur byzantin. Titulatur). Zur Kaisertitulatur auf den Münzen s. F. Barbieri, Formule laudative imperiali nelle monete da Valentiniano a Teodosio (364–395), in: Settima Miscellanea Greca e Romana, Rom 1980, 525ff. – Dazu ferner A. Arnaldi, Riv. it. Num. 80, 1978, 113ff. (zu *aeternus* und *perpetuus*), und Epigraphica 43, 1981, 165ff. *(beatissimus)*. H.-G. Pflaum, in: Recherches sur les structures sociales dans l'antiquité classique, Paris 1970, 159ff. *(nobilissimus)*. S. Asino Velis, Saguntum 20, 1986, 279ff. (*d. n.* auf Münzen der Tetrachie). D. Hagedorn–K. A. Worp, ZPap 39, 1980, 165ff. (κύριος und δεσπότης). M. R. Alföldi, Nobilitas Augusti – nobilissimus Caesar, in: Festschr. der Wiss. Ges. an der Universität Frankfurt a. M., Wiesbaden 1981, 337ff. A. Chastagnol, Latomus 25, 1966, 543ff., und C. T. H. R. Ehrhardt, ZPap 38, 1980, 177ff. (zu den Epitheta *victor* und *invictus*). V. Cicala, Riv. stor. ant. 16, 1986, 183ff. *(optimus princeps rerum humanarum)*. J. P. Callu, Bull. soc. fr. num. 40, 1985, 616ff. (zu *dominus noster* in der Münztitulatur). A. Scheithauer, ZPap 72, 1988, 155ff. (zur Formel *super omnes retro principes* in Verbindung mit verschiedenen Ehrenepitheta). A. Mastino, Epigraphica 50, 1988, 143ff. *(florentissimus)*. F. Mitthof, ZPap 99, 1993, 97ff. (Ehrentitel der Caesares). E. van't Dack, CE 68, 1993, 234ff. (εὐσεβής/*pius*). W. Kuhoff, Klio 75, 1993, 244ff. (Titulatur der Kaiserinnen). Z. M. Packman, ZPap 90, 1992, 251ff. (δεσπότης).

perii ansetzte, wie er seine *tribuniciae potestates* zählte, wann er seine Jubilarfeier ausrichten oder Säkularspiele ansagen ließ. Gewiß bildeten sich gewisse Regeln heraus, die kein Kaiser ohne besonderen Grund verletzt haben wird. Bei der Lage unserer Überlieferung besonders für das 3. und 4. Jahrhundert können wir aber nicht sicher sein, ob es nicht für einen Kaiser uns heute nicht mehr bekannte Gründe gab, von jenen Regeln abzuweichen. Solchen Abweichungen zuliebe die Existenz jener Regeln zu leugnen kann ebenso in die Irre führen, wie wenn man umgekehrt jede Abweichung um der Konstituierung eines festen Systems willen als fehlerhaft verwirft. Eine Entscheidung ist daher im Einzelfall oft schwierig und bleibt häufig dem subjektiven Urteil des einzelnen Forschers überlassen.

Zum Geburtsdatum: Das Tages- und Monatsdatum des kaiserlichen Geburtstages wurde in den offiziellen Festkalender aufgenommen.[76] Ebenso verfuhr man mit dem Geburtsdatum der Kaiserin und anderer Angehöriger des Kaiserhauses. Die entsprechenden Daten in den erhaltenen Kalendern sind meist korrekt. Literarische Daten können oft durch epigraphische und papyrologische Nachweise von Kaiserfesten an jenen Tagen gestützt werden, da der *dies natalis* ebenso wie der *dies adoptionis,* der *dies imperii* und ähnliche Ereignisse im ganzen Reich durch Kaiserfeste und -opfer feierlich begangen wurden.[77] In Ägypten wurden solche ἡμέραι Σεβασταί oft sogar monatlich gefeiert.[78] Zu beachten ist jedoch, daß in der Spätantike auch der Tag der Thronerhebung oder der Ernennung zum Caesar als *dies natalis (imperii* bzw. *Caesaris)* bezeichnet werden konnten.[79] Das Geburtsjahr ist oft wesentlich schlechter überliefert oder sogar nur indirekt zu erschließen. So geben die Historiker und die Biographen zum Teil die Lebensjahre der Kaiser an. Daraus kann dann für einen

[76] Vgl. allgemein W. Schmidt, Der Geburtstag im Altertum, Gießen 1908, und RE VII 1, 1910, 1135ff. s.v. Γενέθλιος ἡμέρα, sowie A. Stuiber, RAC IX, 1973, 217ff. (Geburtstag). Das Thema ist in der Antike von Censorinus in seinem Werk ›De die natali‹ in anthropologischen und kosmischen Zusammenhängen monographisch behandelt worden. Die Schrift läßt sich in das Jahr 238 n. Chr. datieren. Vgl. K. Sallmann, Hermes 111, 1983, 233ff., und: Censorinus. Betrachtungen zum Tag der Geburt, Weinheim 1988.

[77] Dazu W. F. Snyder, Yale Class. Stud. 7, 1940, 225ff. und P. Herz, ANRW II 16, 2, 1978, 1135ff.

[78] Vgl. W. F. Snyder, Aegyptus 18, 1938, 197ff., und 44, 1964, 145ff. J. Schwartz, REA 46, 1944, 266ff. H. W. Pleket, Harv. Theol. Rev. 58, 1965, 331ff.

[79] Vgl. H. Stern, Calendrier 74ff.

Kaiser, wenn der Zeitpunkt seines Todes feststeht, das Geburtsjahr errechnet oder ein anderswo angegebenes Geburtsdatum korrigiert werden.[80] In einigen Fällen läßt sich das ungefähre Geburtsjahr auch aus der Ämterlaufbahn eines Kaisers erschließen.[81] Beim Fehlen aller anderen Anhaltspunkte hat man gelegentlich auch aus den Münzporträts eines Kaisers oder einer Kaiserin das Alter des oder der Dargestellten zu erschließen gesucht, doch sind die so gewonnenen Daten ganz unsicher.[82]

Zum Namen: Ein wichtiges Datierungselement ist der Name eines Kaisers, der mit seinem Geburtsnamen nicht immer identisch ist. So wurde nach einer Adoption der Geburtsname oft abgelegt oder verändert.[83] Häufig wurde der Name auch nach der Erhebung zum Caesar oder zum Augustus verändert. Dabei läßt sich aus einer Namensänderung allein nicht mit Sicherheit auf eine voraufgegangene Adoption schließen. Im 4. Jahrhundert sind die Kaisergentilicia Valerius und Flavius auch von Usurpatoren angenommen worden und wurden darüber hinaus zu einer Statusbezeichnung militärischer und ziviler Funktionäre.[84] Auch das *praenomen* oder das *cognomen* wurden aus politischen Gründen gelegentlich gewechselt (z. B. von Commodus), so daß ihr Vorkommen bzw. Fehlen Datierungshinweise liefert. Allerdings braucht in diesem Zusammenhang nur die offizielle Namengebung berücksichtigt zu werden, wie sie sich etwa in den Militärdiplomen oder auf den Münzen der Reichsprägung findet. Die zahllosen regionalen oder lokalen Abweichungen von der offiziellen Nomenklatur bieten meist keine Datierungsanhalte und können daher außer Betracht bleiben.

80 Vgl. G. V. Sumner, Latomus 26, 1967, 413ff.

81 Dabei ist zu beachten, daß die senatorischen Laufbahnen eine unterschiedliche Länge haben konnten, da die Patrizier sich nach der Quästur gleich um die Prätur bewerben durften, ohne die Ädilität oder den Volkstribunat bekleidet zu haben. Vgl. zu den Beförderungskriterien im einzelnen W. Eck, ANRW II 1, 1974, 158ff. Wie die Nichtbeachtung dieser Kriterien in die Irre führen kann, hat kürzlich R. Syme, Bonner HAColloquium 1984/85 (1987) 209f. am Beispiel des Avidius Cassius gezeigt.

82 Vgl. etwa für Plotina M. Wegner, Herrscherbild II 3, 1956, 75. Als zusätzliches Argument wurde das Porträt zur Altersbestimmung des Decius von C. Wittig, RE XV 1, 1931, 1250 herangezogen.

83 Vgl. M.-H. Prévost, Les adoptions politiques à Rome sous la République et le Principat, Paris 1949. L. Wickert, RE XXII 2, 1954, 2187ff., und ANRW II 1, 1974, 52f.

84 Vgl. J. G. Keenan, ZPap 11, 1973, 33ff., und 13, 1974, 283ff., sowie Bagnall, Consuls 36ff.

Zum Caesartitel[85]: Als Adoptivsohn und Erbe Caesars hat Oktavian sich noch vor der offiziell erklärten Adoption Caesar nennen lassen und diesen Namen als Familiencognomen auch später seinen Adoptivsöhnen C. und L. Caesar, Agrippa Postumus und Tiberius zu führen erlaubt. Ebenso verfuhr Tiberius mit seinem leiblichen Sohn Drusus und mit seinem Adoptivsohn Germanicus, der seit dem Jahre 4 n. Chr. Germanicus (Iulius) Caesar hieß. Dessen Sohn Caligula nannte sich daher C. Caesar Germanicus. Unter Claudius und Nero, die beide nicht zur *gens Iulia* gehörten, wurde dann das *cognomen* Caesar zum festen Bestandteil des Herrschernamens. Galba verlieh auch seinem Adoptivsohn Piso den Caesarnamen. Damit wurde der Caesarname auch zu einer Bezeichnung des Thronerben,[86] wie schon unter den Flaviern deutlich zu erkennen ist. Seit den Antoninen war der Caesarname auf den oder die Thronerben beschränkt, wie sich besonders an den Söhnen Marc Aurels zeigt, von denen nur Commodus und M. Annius Verus den Caesartitel erhalten haben. Dieser Titel wurde daher als Vorstufe zum Augustustitel verstanden, der seit Marc Aurel dem Thronerben noch zu Lebzeiten seines kaiserlichen Vaters verliehen werden konnte. Das hat im 3. Jahrhundert dazu geführt, daß den Caesares gelegentlich ehrenhalber der Name Augustus beigelegt wurde, obwohl sie offiziell noch nicht zum Augustus erhoben waren (was gelegentlich zu Fehldatierungen geführt hat).[87] Während unter Vespasian Titus (nicht aber Domitian), unter Hadrian L. Aelius Caesar und Antoninus Pius, unter Antoninus Pius Marc Aurel (nicht aber L. Verus) schon als Caesares die *tribunicia potestas* erhalten hatten, bekam Commodus diese erst nach seiner ersten imperatorischen Akklamation, aber noch vor seiner Erhebung zum Augustus. Im 3. Jahrhundert erhielten dann die Caesares in der Regel nicht die *tri-*

[85] Zur Entwicklung des Caesartitels vgl. Th. Mommsen, RStR II 2, 770f. B. Parsi, Désignation et investiture de l'empereur romain, Paris 1963, 53ff. – Zur Repräsentation der Caesares auf den Münzen vgl. H. Chantraine, in: Herrscherporträts in der Numismatik. Festschr. z. Dtsch. Numismatikertag, hrsg. von R. Albert, Speyer 1985, 15ff.

[86] So L. Lesuisse, Les études class. 29, 1961, 271ff., und J. Straub, in: Regeneratio imperii I, Darmstadt 1972, 36ff., gegen Th. Mommsen a. O., der gestützt auf die SHA Vita Aelii 2, 1f. annahm, daß erst unter Hadrian der Name Caesar zum Titel des Thronfolgers wurde. Wie Mommsen auch H. Castritius, Der römische Prinzipat als Republik, Husum 1982, 71ff. Vgl. auch D. Musti, Index 15, 1987, 333ff.

[87] H. G. Pflaum, Afrique Romaine, Scripta Varia I, Paris 1978, 178ff. C. Zaccaria, Labeo 22, 1976, 343ff.

bunicia potestas.[88] Unter Diocletian wurden die Caesares jedoch weitgehend selbständige Teilherrscher und bekamen als solche bei ihrer Erhebung auch die *tribunicia potestas.*[89] Von den Constantinssöhnen führte Constantius II. bereits als Caesar die *tribunicia potestas.* Für die übrigen Söhne Constantins liegen keine Angaben vor. Constantius II. erhob erst den Constantius Gallus zum Caesar, den er später wegen schwerer Verfehlungen hinrichten ließ, und dann den Julian, der im Februar 360 von seinen Truppen zum Augustus ausgerufen wurde. Diese Vorgänge waren wohl der Grund, warum die Kaiser in der Folgezeit ganz auf das Caesariat verzichtet haben. Die Mitregenten und Thronerben erhielten nun gleich den Augustustitel, ohne vorher das Caesariat bekleidet zu haben.[90]

Zum Augustustitel: Der Ehrenname Augustus, den Oktavian am 16. Januar 27 v. Chr. erhalten hat, wurde von diesem zu seinen Lebzeiten nicht mit seinen Adoptivsöhnen geteilt. Auch nach dem Tode des ersten Prinzeps soll dessen Adoptivsohn und Erbe Tiberius den ihm im Testament übertragenen Augustusnamen nur zögernd akzeptiert haben, hat ihn aber in den offiziellen Dokumenten stets geführt.[91] Der Name wurde schon damals mehr und mehr als kaiserlicher Titel verstanden, ohne doch bis ins 3. Jahrhundert den Namenscharakter ganz zu verlieren.[92] Jedenfalls wurde der Augustustitel nach Tiberius allen Kaisern bei ihrer Erhebung erst vom Senat, später dann vom Heer übertragen. Im Griechischen wurde Augustus offiziell mit Σεβαστός wiedergegeben. Daneben findet sich inoffiziell schon früh der Titel Βασιλεύς, der jedoch auch im 4. Jahrhundert in offiziellen Dokumenten noch sorgfältig vermieden wird.[93] Der monarchische Charakter des Prinzipats zeigte sich u. a. auch darin, daß bis ins 2. Jahrhundert der Augustusname dem einen regierenden Kaiser vorbehalten blieb. Erst Marc Aurel ließ auch seinem Adoptivbruder L. Verus und später seinem Sohn Commodus den Augustus-

88 R. E. Smith, Latomus 31, 1972, 1064. C. Zaccaria, Quad. di storia antica 2, 1978, 126ff.

89 Vgl. dazu A. Pabst, Divisio Regni, Bonn 1986, 44ff.

90 Vgl. A. Pabst a. O. 56ff. Eine Ausnahme bildet nur Valentinian III., der 424 Caesar und erst 425 Augustus wurde (PLRE II 1138 Nr. 4).

91 Suet. Tib. 26, 2. Dio 57, 2, 1 u. 8, 1f. Vgl. dazu A. Stein, PIR^2 II, p. 225.

92 Vgl. dazu A. Pabst, Divisio Regni, Bonn 1986, 66ff.

93 Vgl. L. Bréhier, Byz. Ztschr. 15, 1906, 165ff. A. Wifstrand, in: Dragma M. P. Nilsson dedicatum, Lund 1939, 529ff. L. Wickert, RE XXII 2, 1954, 2108ff. H. J. Mason, Greek Terms for Roman Institutions, Toronto 1974, 120f. G. Rösch, Onoma Basileias, Wien 1978, 37ff.

namen übertragen. Obwohl beide auch die *tribunicia potestas* erhielten, blieb doch die eigentliche Regierungsgewalt bei Marc Aurel.[94] Verus war de facto ein *collega minor* des Marc Aurel und besaß z. B. keinen eigenen Verwaltungsapparat.[95] Das gleiche gilt erst recht für Commodus zu Lebzeiten seines Vaters. Der *pontifex maximus*-Titel blieb bis 238 auf den ranghöchsten Augustus beschränkt. Auch in der Folgezeit blieben aber die Mitregenten, soweit wir sehen können, zumeist 'Titularaugusti'.[96] Dies änderte sich erst in der Tetrarchie, als neben Diocletian auch Maximian zum Augustus erhoben und mit einem eigenen Verwaltungsapparat ausgestattet wurde.[97] Doch behielt sich Diocletian als ältester Augustus wohl das Recht der Gesetzgebung vor.[98] Der *titulus primi nominis* war offenbar seitdem ein erstrebenswertes Vorrecht, das nach dem Tode des Galerius erst Maximinus Daia für sich beansprucht hatte und das nach dem Sieg an der Milvischen Brücke vom Senat dem Constantin übertragen wurde.[99] Seinen Ausdruck fand dieses Vorrecht offenbar auch in dem *maximus*-Titel, den Constantin seit 312 geführt hat und den nach 337 auch Constantinus Junior, Constans und Constantius II. für sich in Anspruch genommen haben.[100] Nach dem Tode des Iovianus hat dann Valentinian I. nach seiner Thronerhebung seinen Bruder Valens zum Augustus, d. h. zum Mitregenten, pari iure gemacht und damit eine Entwicklung eingeleitet, die nach dem Ende Theodosius' I. schließlich zur definitiven Reichsteilung geführt hat.[101]

[94] Wenn Eutrop 8, 9, 2 betont, daß damals das römische Gemeinwesen zum ersten Mal *duobus aequo iure imperium administrantibus paruit,* so scheint er damit Vorstellungen der diocletianischen Zeit auf die Regierung des Marc Aurel und des L. Verus zu übertragen; s. A. Pabst a. O. 59ff., vgl. auch 24ff.

[95] Vgl. H. G. Pflaum, Les procurateurs équestres, Paris 1950, 69, und A. Pabst a. O. 302, Anm. 241.

[96] Vgl. J. Bleicken, Verfassungs- und Sozialgeschichte des römischen Kaiserreiches I, Paderborn ^{4}1995, 68, gegen Mommsen RStR II 2, 1169ff. Der Ausdruck 'Titularaugusti' findet sich bei A. Pabst a. O. 63. – Größere Rechte besaß dagegen offenbar Gallienus als Mitregent seines Vaters.

[97] Vgl. O. Seeck, Geschichte des Untergangs der antiken Welt I, Stuttgart ^{4}1921, 26f. T. D. Barnes, New Empire 123ff. und 195ff. W. Seston, Dioclétien et la Tétrarchie, Paris 1946, 231ff. A. Pabst a. O. 74ff., die wie Seston die Vorrangstellung Diocletians betont.

[98] Vgl. O. Seeck, ZSR 10, 1889, 179, und W. Seston a. O. 234 m. Anm. 4.

[99] Lact., De mort. pers. 44, 11. Dazu A. Pabst, Divisio regni 80ff.

[100] Vgl. P. Bruun, in: Mélanges P. Bastien, Wetteren 1987, 187ff.

[101] Dazu s. A. Pabst a. O. 82ff.

Zum *pontifex maximus*-Titel[102]: Augustus hat sich bekanntlich erst nach dem Tode des Lepidus am 6. März 12 v. Chr. zum *pontifex maximus* wählen lassen. Schon von ihm wurde dann, wie es in der frühen Kaiserzeit zur Regel wurde, *pontifex maximus* als erster Titel geführt. Die Wahlen zum Oberpontifikat fanden in der frühen Kaiserzeit wohl meist im März durch eigens einberufene Wahlcomitien statt. Noch Domitian wurde durch solche Comitien – allerdings nicht im März – die Würde des *pontifex maximus* übertragen. Seit Nerva wurde aber dann in der Regel der Titel des *pontifex maximus* sogleich am *dies imperii* angenommen. Bis zum Jahre 238 hielt man offiziell daran fest, daß es in Rom nur einen *pontifex maximus* geben könne. Doch erhielten schon Titus als Caesar und auch L. Verus gelegentlich auf provinzialen Inschriften den *pontifex maximus*-Titel. Ebenso ist für Caracalla schon vor dem Tode des Septimius Severus der *pontifex maximus*-Titel irregulär gebraucht worden und sogar für Geta, der diesen Titel offiziell niemals geführt hat. Aber erst Pupienus und Balbinus führten offiziell beide den *pontifex maximus*-Titel. Seitdem hat, wenn zwei oder mehr Augusti nebeneinander regierten, jeder von ihnen den Titel geführt, bis Gratian wohl im Winter 382/83 den Oberpontifikat niedergelegt hat.[103]

Zum *pater patriae*-Titel[104]: Augustus hat im Jahr 2 v. Chr. den *pater patriae*-Titel angenommen, mit dem ihn *senatus et equester ordo populusque Romanus universus* begrüßt hatten, nachdem vor ihm schon Cicero und Caesar mit dieser Bezeichnung geehrt worden waren. Des Augustus Nachfolger Tiberius hat den *pater patriae*-Titel dagegen abgelehnt. Nur inoffiziell erscheint dieser Titel gelegentlich auf Inschriften. Die späteren Kaiser haben aber dann den Titel regelmäßig geführt. Doch blieb es bis ins 3. Jahrhundert üblich, den Titel zunächst abzulehnen und erst nach einer gewissen Frist anzunehmen.

[102] Vgl. zum Folgenden Th. Mommsen, RStR II 2, 780f. M. Hammond, Antonine Monarchy 63ff. und 95ff. C. L. Clay, NumZ 96, 1982, 17f.

[103] S. unten unter Gratian. – Obwohl das Wort *pontifex* seit dem 4. Jahrh. auch den christlichen Bischof bezeichnen konnte, wurde der Titel *pontifex maximus* für den Papst erst in der Renaissance verwendet, s. I. Kajanto, Arctos 15, 1981, 37ff., und P. Stockmeier, in: Konzil und Papst. Festgabe f. H. Tüchle, München–Paderborn–Wien 1975, 75ff.

[104] Vgl. zum Folgenden Th. Mommsen, RStR II 2, 779f. M. Hammond, Antonine Monarchy 87ff. C. L. Clay, NumZ 96, 1982, 20. Zur Vorgeschichte und zur Bedeutung des Titels s. A. Alföldi, Der Vater des Vaterlandes im römischen Denken, Darmstadt ^{3}1980.

Noch für Macrinus und Elagabal ist dieser Brauch bezeugt. So erklärt es sich, daß wegen ihrer kurzen Regierung Otho und anscheinend auch Vitellius den Titel nicht angenommen haben. Auch für die Gegenkaiser Pescennius Niger und Clodius Albinus ist der Titel nicht bezeugt. Die Caesares wurden verständlicherweise nicht mit dem *pater patriae*-Titel geehrt. Dagegen erhielten die kaiserlichen Mitregenten seit L. Verus diesen Titel.[105] Noch in der Bauinschrift vom *pons Cestius* führen sowohl Valentinian I. wie Valens und Gratian den Titel *pater patriae*. Seitdem wird der Titel aber nur noch selten erwähnt.[106]

Zum Consulat[107]: Durch die Fasti Consulares sind die ordentlichen Consulate aufs Jahr genau festgelegt. Die Kaiser nahmen das Consulat gewöhnlich am 1. Januar nach ihrem Regierungsantritt an, haben jedoch im 1. und 2. Jahrhundert das Amt in der Regel nur wenige Monate oder sogar nur bis zum 13. Januar bekleidet.[108] Soweit noch feststellbar, wurde daher in der Kaisertabelle auch die Dauer der Kaiserconsulate angegeben. Weniger sicher überliefert sind die von den späteren Kaisern gelegentlich vor ihrem Herrschaftsantritt bekleideten Suffektconsulate, die in den literarisch überlieferten Consularfasten nicht mitaufgeführt, jedoch teilweise inschriftlich gesichert sind (z. B. durch die Fasti Ostienses).[109] Größere Unsicherheit herrscht bei den Consulaten der Gegenkaiser und der Usurpatoren. Besonders in der Tetrarchenzeit brachten die politischen Verhältnisse auch die Consularlisten in Verwirrung. Maxentius führte z. B. vom Januar bis April 307 den Galerius als *consul VII*, erkannte ihm aber dann das Consulat ab und datierte nach den Consuln des Vorjahres.[110] Galerius seinerseits hat das ihm im Jahre 307 beschlossene Consulat nicht anerkannt und sein siebentes Consulat erst im Jahr 308 angetreten. Außerhalb des Machtbereiches des Maxentius wurde daher das siebente Consulat des Galerius auf 308 gelegt und das Jahr nach Diocletian (X) und Galerius (VII) benannt. – Vorsicht ist bei

[105] Anders irrtümlich Mommsen. Vgl. jedoch bereits M. Hammond a. O.

[106] S. dazu G. Rösch, Onoma Basileias 47f.

[107] Vgl. allgemein M. Hammond, Antonine Monarchy 79ff., und Bagnall, Consuls 1ff.

[108] Vgl. dazu G. Alföldy, Konsulat und Senatorenstand unter den Antoninen, Bonn 1977, 21.

[109] In den Militärdiplomen wurde spätestens seit dem Jahre 203 n. Chr. nur noch nach *consules ordinarii* und nicht mehr nach Suffektconsuln datiert, vgl. W. Eck, in: Heer und Integrationspolitik, Köln–Wien 1986, 561ff., und Festschrift A. Degrassi, hrsg. von S. Panciera, Mailand 1989.

[110] Vgl. Th. Mommsen, Chron. Min. I 66f.

der Numerierung der Consulate auch sonst geboten. Eine fehlende Numerierung bei Consulatsangaben auf Inschriften und Münzen muß nicht besagen, daß das Amt zum ersten Mal geführt wurde (das gleiche gilt für die *tribunicia potestas* und für die imperatorischen Akklamationen). Eine Consulatsangabe (mit oder ohne Numerierung) beweist auch nicht, daß das Consulat zum Zeitpunkt der Abfassung der Inschrift oder der Ausgabe der Münze wirklich bekleidet wurde. Besonders auf Inschriften und Münzen findet sich für das Consulat, aber auch für die Censur, häufig die sogenannte commemorative Verwendung.[111] Bei einigen Kaisern rühren Unregelmäßigkeiten bei der Zählung der Consulate offenbar daher, daß in der Öffentlichkeit Ungewißheit darüber bestand, wie die *ornamenta consularia* zu bewerten seien. Der Gardepräfekt Plautianus erhielt nach Cassius Dio[112] von Septimius Severus die Erlaubnis, seine *ornamenta consularia* als erstes Consulat zu rechnen und sein erstes echtes Consulat als zweites Consulat zu zählen. Anders verfuhr dagegen dann Macrinus, dessen erstes echtes Consulat jedoch auf einigen Inschriften und Münzen ebenfalls als zweites Consulat gezählt wurde.[113] Möglicherweise resultieren auch die Unregelmäßigkeiten bei der Zählung der Consulate des Claudius II., des Aurelian und des Tacitus aus einer Ungewißheit über die Bewertung der *ornamenta consularia.*[114] – Aus einer Notiz Suetons entnimmt man im allgemeinen, daß sich Vitellius zum *consul perpetuus* gemacht habe.[115] Eine römische Inschrift scheint das zu bestätigen.[116] Doch ist diese Inschrift nur aus Abschriften bekannt, von denen einige *cos. perp.*, andere dagegen *cos. p. p.* bieten. Es ist daher möglich, daß das inschriftliche *p. p.* von den Abschreibern nach Sueton zu *perp.* verändert wurde. Da Sueton offenbar von der flavischen, antivitellianischen Propaganda beeinflußt ist, muß es

[111] Vgl. R. Wiegels. HZ 238, 1984, 677.

[112] Dio 46, 46, 4.

[113] Dio 78, 18, 1. Vgl. C. L. Clay, NumZ 93, 1979, 26ff.

[114] Vgl. J. R. Rea. POxy XL, London 1972, 27f. Dagegen betont A. Chastagnol, Recherches sur l'Histoire Auguste, Bonn 1970, 51ff., daß nach Severus Alexander keine *ornamenta consularia* mehr bezeugt sind.

[115] Suet. Vitellius 11: *Vitellius comitia in decem annos ordinavit seque perpetuum consulem.* Ob Sueton damit sagen will, daß Vitellius den Titel *consul perpetuus* angenommen habe, scheint übrigens keineswegs sicher. Der Kaiser konnte auch eine jährliche Iterierung seines Consulats vorgesehen haben, wie sie dann auch die Flavier praktiziert haben. Vitellius wäre dadurch zwar nicht de iure, aber doch de facto ein *consul perpetuus* geworden.

[116] Dessau 242 (Nr. 243 ist *perp.* ergänzt).

fraglich bleiben, ob Vitellius wirklich den Titel *consul perpetuus* angenommen hat.[117] Einen Datierungsanhalt können auch die Designationen zum Consulat bieten. In julisch-claudischer Zeit wurden die Kaiser gewöhnlich bald nach der Niederlegung ihres Consulats für das nächste Consulat designiert. Die Designation scheint sonst in der Regel Mitte des Jahres (im Juli?) erfolgt zu sein. Unter den Flaviern wurde die Designation meist schon Mitte März vorgenommen. In nachflavischer Zeit haben die Designationstermine offenbar sehr stark gewechselt.[118] Die Designation muß im übrigen in der Titulatur nicht immer angegeben sein. Ihr Fehlen kann daher auch kein argumentum e silentio liefern. Da eine Zusammenstellung aller Zeugnisse für die Designation zum Consulat nach wie vor ein Desiderat darstellt, werden in der Kaisertabelle die Designationstermine nur in Einzelfällen angegeben.

Zum Titel *proconsul*: Während nach Meinung der älteren Forschung der Titel *proconsul* erst ab Trajan auf außeritalischen Inschriften geführt wurde, konnte I. König zeigen, daß der Titel schon vor Trajan auf offiziellen Dokumenten zu belegen ist, und zwar auch dann, wenn der Kaiser in Rom weilte. Solche Dokumente beziehen sich entweder auf die Provinzen oder nehmen Bezug auf die proconsulare Tätigkeit des Kaisers (z. B. Neros Frieden mit den Parthern).[119] Von den Mitregenten haben L. Aelius Caesar, L. Verus, Caracalla zu Lebzeiten seines Vaters und die Söhne des Carus noch als Caesares ebenfalls den Titel *proconsul* geführt. Vielleicht hat ihn auch Valerian II. besessen.[120]

Zur *tribunicia potestas*: Zu den immer noch offenen Problemen der Kaiserchronologie gehört die genaue Datierung der *tribunicia potestas* der einzelnen Kaiser, da hierfür die Quellenlage meist sehr ungünstig ist.[121] In der literarischen Überlieferung finden sich

117 Gegen die Angabe spricht, daß sich Vitellius sichtlich um ein gutes Verhältnis zum Senat bemüht hat (Tac. hist. 2, 91, 2f.) und deswegen auch den Caesartitel abgelehnt hat (Tac. a. O. 1, 62, 2. Suet. Vit. 8).

118 Vgl. Th. Mommsen, RStR I 580ff., bes. 584f. mit Anm. 5. T. V. Buttrey, Documentary Evidence 6ff. M. Hammond, Antonine Monarchy 82ff. X. Loriot, Bull. Soc. fr. num. 1970, 558ff. (für Gordian III. und Philippus Arabs). – Für die Spätantike s. Bagnall, Consuls 18ff.

119 I. König, SchwMbll. 21, 1971, 42ff. (mit der älteren Literatur).

120 Ephem. Epigr. 8, 1893, S. 179, Nr. 797 (ergänzt). Vgl. allg. Th. Mommsen, RStR II 2, 1151ff.

121 Vgl. Th. Mommsen, RStR II 2, 796ff. M. Hammond, The tribunician day during the Early Empire, Mem. Am. Acad. Rome 15, 1938, 23ff.; The

nur wenige, meist mehr allgemeine Hinweise. Die Angaben auf den Münzen und besonders auf den Inschriften sind zwar zahlreich, aber nicht frei von Fehlern, die als solche allerdings oft nicht eindeutig zu erkennen sind. Eine Berechnung muß daher in den meisten Fällen hypothetisch bleiben. Die von einem angenommenen Berechnungssystem abweichenden Angaben der Überlieferung muß man, um das angenommene System halten zu können, als Fehler interpretieren. Die abweichenden Angaben können aber in vielen Fällen auch zur Grundlage einer anderen ebenfalls hypothetischen Berechnung dienen, wobei dann eventuell andere Zeugnisse als fehlerhaft ausgeschieden werden müssen. Erschwerend kommt hinzu, daß einzelne Kaiser aus politischen Gründen während ihrer Regierungszeit die Berechnung ihrer *tribunicia potestas* geändert haben müssen, wie aus dem erhaltenen numismatischen und epigraphischen Material eindeutig hervorgeht. Auch in solchen Fällen sind aber oft mehrere Rekonstruktionsversuche möglich.

Augustus hat die volle *tribunicia potestas* bekanntlich im Jahr 23 v. Chr. übernommen und seitdem die Jahre seiner *tribunicia potestas* gezählt. Der genaue Zeitpunkt, zu dem Augustus die *tribunicia potestas* erhielt, ist jedoch nicht überliefert. Der erste Prinzeps hat am Latinerfest des Jahres 23 zwischen dem 14. Juni und dem 15. Juli das Consulat niedergelegt und dafür als Kompensation auf Senatsbeschluß die volle *tribunicia potestas* auf Lebenszeit erhalten.[122] Dieser Beschluß des Senats wurde durch ein Gesetz, d. h. ein Plebiszit, bestätigt.[123] Man darf annehmen, daß Augustus seine *tribunicia potestas* vom Tage der Übertragung durch das *consilium plebis* an gezählt hat. Mommsen nahm an, daß dieser Tag identisch war mit dem Amtsantrittstag der subrogierten Consuln, d. h. dem 1. Juli,[124] während O. Hirschfeld den 26. Juni annahm, den Tag also, an dem im Jahr 4

tribunician day from Domitian through Antoninus, ebd. 19, 1949, 37 ff.; Antonine Monarchy, Rome 1959, 72 ff. H. Mattingly, 'Tribunicia potestate', JRS 20, 1930, 78 ff. S. Follet, Athènes au IIe et au IIIe siècle, Paris 1976, 43 ff. Allg. vgl. B. Parsi, Désignation et investiture de l'empereur romain, Paris 1963, 115 ff.; J. Béranger, Bonner HAColloquium 1977/78 (1980) 1 ff. (zur *tribunicia potestas* in der ›Historia Augusta‹); und G. Rösch, Onoma Basileias, Wien 1978, 33 (für die Spätantike).

122 Vgl. O. Hirschfeld, Kleine Schriften, Berlin 1913, 438 ff.

123 RgdA 10. Vgl. allgemein zur *tribunicia potestas* unter Augustus W. K. Lacey, JRS 69, 1979, 28 ff., und H. Castritius, Der römische Prinzipat als Republik, Husum 1982, 22 ff.

124 RStR II 2, 797, Anm. 3.

n. Chr. die Adoption des Tiberius erfolgte, weil nämlich die tribunizischen Jahre des Augustus und des Tiberius völlig parallel verlaufen.[125] Dieses letzte Argument erkannte auch Mommsen an, betonte jedoch, daß „Gleichzeitigkeit der Adoption und der Übertragung der Mitregentschaft nicht gerade die Identität des Tages fordert". Hirschfelds Ansatz erhielt jedoch eine Stütze, als A. Degrassi zeigen konnte, daß Tiberius seine Decennalien noch vor dem 1. Juli 34 gefeiert haben muß.[126] Festzuhalten bleibt jedenfalls, daß die *comitia tribuniciae potestatis* erst nach den *feriae Latinae* (an denen alle Rechtsgeschäfte ruhten) stattgefunden haben können. Man wird sie aber auch nicht allzu lange danach ansetzen dürfen, da ja die *tribunicia potestas* den Augustus für seinen Verzicht auf das Consulat entschädigen sollte. Die jährliche Erneuerung der *tribunicia potestas* wird aber jedenfalls am Jahrestag ihrer Übertragung durch das Volk erfolgt sein. Die These, wonach die Erneuerung von dem beweglichen Datum des Latinerfestes abhängig gewesen sei,[127] ist wenig wahrscheinlich und läßt sich nicht stützen.

Tiberius scheint sich mit seiner *tribunicia potestas* nach dem augusteischen Datum gerichtet zu haben. Auch Caligula und Claudius müssen ihre *tribunicia potestas* vom Tage der Verleihung durch die Comitien an gerechnet haben, der jedoch für beide Kaiser nicht überliefert ist. Neros tribunizischer Jahrestag ist dagegen durch die Arvalakten als der 4. Dezember 54 gesichert. Ob die Berechnung der *tribunicia potestas* über die ganze Regierungszeit Neros nach diesem Datum erfolgt ist, muß offenbleiben. Entgegenstehende Zeugnisse lassen auch die Vermutung zu, daß Nero später die *tribunicia potestas* an seinem *dies imperii* erneuert hat.[128] Fest steht, daß Galba, Otho und Vitellius von ihren *comitia tribuniciae potestatis* ab rechneten. Auch die Flavier begannen ihre Rechnung am Tage der Übertragung durch die Comitien, scheinen aber ihre *tribunicia potestas* jeweils an ihrem *dies imperii* erneuert zu haben.[129] Nerva ging dann – offenbar

[125] O. Hirschfeld a. O. (Anm. 122).

[126] A. Degrassi, Inscriptiones Italiae XIII 1, 1947, 157 (z. J. 23) und 218 (z. J. 34).

[127] A. Bernecker, Das Adoptionsdatum des Tiberius und die Nundinalschaltung 26. oder 27. 6. 4 n. Chr., Bonn 1980, 7ff. Die These wurde übernommen von P. Schrömbges, Tiberius und die res publica Romana, Bonn 1986, 42.

[128] Vgl. C. L. Clay, NumZ 96, 1982, 7ff.

[129] So T. V. Buttrey, Decomentary Evidence for the Chronology of the Fla-

um sich von dem absolutistischen Regiment der Flavier abzuheben – dazu über, seine *tribunicia potestas* am 10. Dezember, dem Amtsantrittstag der Volkstribunen, zu erneuern.[130] Die folgenden Kaiser scheinen dann ebenfalls ihre *tribunicia potestas* jeweils am 10. Dezember erneuert zu haben. Dies gilt offenbar auch für Commodus, der seine erste *tribunicia potestas* erst Anfang 177 erhalten zu haben scheint, dann aber bei seiner Erhebung zum Augustus eine zweite *tribunicia potestas* bekam. Damals hat er möglicherweise seine erste *tribunicia potestas* auf seinen *dies imperii,* den 27. November 176, zurückdatiert.[131] Die dritte und alle folgenden *tribuniciae potestates* hat Commodus aber offenbar regulär vom 10. Dezember ab gerechnet. Pertinax und Didius Iulianus haben die *tribunicia potestas* bei Antritt ihrer Herrschaft übernommen, während Pescennius Niger und Clodius Albinus die tribunizische Gewalt offenbar niemals besessen haben. Auch Septimius Severus übernahm die *tribunicia potestas* bei seinem Regierungsantritt und erneuerte sie offenbar wie die Kaiser des 2. Jahrhunderts am 10. Dezember, wie eine Stelle bei Cassius Dio nahelegt. Die Vermutung von H. Mattingly und R. P. Hock, wonach seit Severus die Erneuerung am 1. Januar erfolgte, scheint nicht zwingend, kann aber auch nicht völlig ausgeschlossen werden.[132] Wie die Severer so scheinen auch Maximinus Thrax und Gordian III. ihre tribunizische Gewalt jeweils am 10. Dezember erneuert zu haben. Philippus Arabs dagegen erneuerte seine *tribunicia potestas* offenbar am 1. Januar – vielleicht um das tribunizische Jahr mit dem Kalender-

vian Titulature, Meisenheim 1980, passim. Vgl. jedoch dagegen S. Follet, Athènes 45.

130 Dies hat A. Chastagnol, REL 62, 1984, 282ff. nachweisen können, während H. Mattingly, JRS 20, 1930, 78ff., und S. Follet, Athènes 48ff., einen Wechsel unter Antoninus Pius annahmen und M. Hammond, Mem. Am. Acad. Rome 19, 1949, 45ff. eine Änderung unter Trajan vermutet hat.

131 Vgl. M. R. Kaiser-Raiß, Die stadtrömische Münzprägung während der Alleinherrschaft des Commodus, Frankfurt a. M. 1980, 16. R. Marino, Studi E. Manni, Rom 1976, 223ff.

132 H. Mattingly, JRS 20, 1930, 85. R. P. Hock, Symbolae Osloenses 59, 1984, 115ff. Die zahlreichen Unregelmäßigkeiten in den Inschriften des Septimius Severus und des Caracalla wurden von W. F. Snyder, Mem. Am. Acad. Rome 15, 1938, 62ff., mit Versehen der Steinmetzen oder Irrtümern der lokalen Auftraggeber erklärt. E. Manni, Epigraphica 12, 1950, 60ff., und M. Greco, Archivio stor. sicil. 4, 1978, 5ff., vermuten dagegen, daß es unter Severus für die *tribunicia potestas* mehrere Berechnungssysteme nebeneinander gegeben habe. Vgl. dagegen A. Mastino, AFLC 37, 1974/5, 7ff.

jahr in Übereinstimmung zu bringen.[133] Ganz irregulär war die Zählung des Decius, der offenbar die Caesarerhebung erst des Herennius Etruscus und dann des Hostilianus dazu benutzt hat, die Zahl seiner *tribuniciae potestates* jeweils um eine zu erhöhen. Der Wechsel von seiner 3. zu seiner 4. *tribunicia potestas* erfolgte möglicherweise wie bei Philippus Arabs am 1. Januar.[134] Auch Trebonianus Gallus hat seine *tribunicia potestas* vielleicht am 1. Januar erneuert. Doch sind die Zeugnisse dafür nicht eindeutig.

Besondere Schwierigkeiten bereitet die Berechnung der *tribuniciae potestates* des Valerian und des Gallienus. Mit A. Alföldi nimmt man im allgemeinen für beide Kaiser eine Erneuerung der *tribunicia potestas* am 10. Dezember an, muß dabei jedoch einen großen Teil der Zeugnisse als falsch verwerfen.[135] D. Armstrong hat daher, um möglichst viele Angaben der Überlieferung zu retten, vorgeschlagen, die erste *tribunicia potestas* beider Kaiser von ihrer Thronbesteigung – nach Armstrong Juni/Juli 253 – bis zur Anerkennung in Rom – nach Armstrong August/September 253 – zu rechnen und ihre zweite *tribunicia potestas* von Aug./Sept. 253 bis Aug./Sept. 254.[136] Ein Grund, warum die *tribunicia potestas* nach der Anerkennung des Valerian in Rom erneuert worden sein soll, ist jedoch nicht ersichtlich. Vor allem aber muß Armstrong, um seine These halten zu können, die gut bezeugte Tatsache verwerfen, daß Gallienus erst in Rom und zunächst auch nur zum Caesar erhoben wurde. Er kann daher nicht vor dem Spätherbst 253 seine erste *tribunicia potestas* erhalten haben. Eine wirklich befriedigende Erklärung für die von Armstrong zu Recht betonten Anomalien und Widersprüche der Überlieferung steht allerdings noch aus. Für die übrigen Kaiser des 3. Jahrhunderts rechnen im Gefolge von Mommsen auch J. Lafaurie, L. Polverini, S. Follet und U. Schillinger-Häfele mit einer Erneuerung der *tribunicia potestas* am 10. Dezember,[137] während I. F. Kramer und T. B. Jones

[133] Vgl. X. Loriot, ANRW II 2, 1975, 790. Anders Th. Mommsen, RStR II 2, 800ff., und U. Schillinger-Häfele, Consules–Augusti–Caesares, Stuttgart 1986, 16f.

[134] Vgl. C. Wittig, RE XV 1, 1931, 1257ff. Etwas anders L. Fronza, Annali Triestini 21, 1951, 238ff., der folgende Ansätze vorschlägt: *tribunicia potestas I* = Juni 249–Juni 250, *II* = Juni–9. Dez. 250, *III* = 10. Dez. 250–Mai 251, *IV* = Mai–Juli 251.

[135] A. Alföldi, Studien zur Weltkrise des 3. Jahrhunderts n. Chr., Darmstadt 1967, 210ff.

[136] D. Armstrong, ZPap 67, 1987, 215ff.

[137] J. Lafaurie, Bull. Soc. nat. Ant. de France 1965, 139ff. L. Polverini,

glaubten, daß die Kaiser von Aurelian bis Carinus mit Ausnahme des Tacitus ihre *tribunicia potestas* jeweils an ihrem *dies imperii* erneuert hätten.[138] Während G. Sotgiu diese These für Aurelian zurückwies,[139] wurde sie für Probus von G. Vitucci[140] und für Carus und seine Söhne von P. Wuilleumier übernommen, während P. Meloni für Carus, Carinus und Numerianus einen Wechsel der *tribunicia potestas* am 1. Januar vermutet.[141]

Die Tetrarchen scheinen ihre *tribunicia potestas* jedenfalls wieder am 10. Dezember erneuert zu haben.[142] Aus den Zeugnissen ergibt sich, daß Maximianus Herculius die Zahl seiner *tribuniciae potestates* um eine erhöht haben muß – vielleicht anläßlich der Erhebung des Constantius und des Galerius zu Caesares.[143] Auch diese Herrscher haben vielleicht nach ihrer Erhebung zu Augusti die Zahl ihrer *tribuniciae potestates* um eine erhöht. Im Toleranzedikt des Galerius im Jahr 311 erscheint nämlich die 20. statt der erwarteten 19. tribunizischen Gewalt. Und Constantius erscheint auf einer Inschrift aus dem Jahre 306 mit der Angabe *tribuniciae potestatis XV.* Allerdings steht die Zahl auf einer Rasur und ist nicht sicher gelesen. Nach einer neueren Lesung lautet die Zahl vielmehr *XIIII,* so daß Constantius seine *tribuniciae potestates* nicht willkürlich vermehrt und Galerius die Erhöhung der Zahl seiner tribunizischen Gewalten erst nach dem Tode des Constantius vorgenommen hätte – wenn die Angabe bei Eusebios korrekt ist.[144]

Maxentius besaß, wie seine Meilensteine bezeugen, die *tribunicia potestas.* Wie er rechnete, läßt sich den Zeugnissen jedoch nicht entnehmen.

Umstritten ist die Zählung der *tribuniciae potestates* bei Constan-

ANRW II 2, 1975, 1019f. S. Follet, Athènes 51f. U. Schillinger-Häfele, Consules – Augusti – Caesares 17.

138 I. F. Kramer–T. B. Jones, AJPh 64, 1943, 80ff.

139 G. Sotgiu, Studi sull'epigrafia di Aureliano, Univ. di Cagliari 1961, 11ff. Vgl. H.-G. Pflaum, REL 40, 1962, 408.

140 G. Vitucci, L'imperatore Probo, Rom 1952, 132.

141 P. Wuilleumier, REA 47, 1945, 119. P. Meloni, AFLC 15, 2, 1948, 33f.

142 Vgl. W. Seston, Dioclétien et la Tétrarchie I, Paris 1946, 357ff. (für Erneuerung am 10. Dezember oder am 1. Januar), und A. Chastagnol, RevNum 1967, 54ff.

143 So T. D. Barnes, The New Empire of Diocletian and Constantine, London 1982, 26. Vgl. unten S. 274f.

144 Vgl. Dessau 651 und Euseb. Hist. eccl. 8, 17, 3. Dazu M. Festy, RIDA 29, 1982, 202ff.

tin, der offenbar ebenfalls – wohl im Jahr 307 – die Zahl seiner tribunizischen Gewalten um eine erhöht hat. P. Callu und M. Festy nehmen darüber hinaus an, daß Constantin seit 325 bzw. 314 die *tribunicia potestas* jährlich von seinem *dies imperii* (dem 25. Juli) ab gerechnet habe.[145] Callu postuliert außerdem für 325 eine erneute Erhöhung der Zahl der *tribuniciae potestates* um eine. Zwangloser erscheint jedoch die Annahme von T. D. Barnes, wonach die Erhöhung der Zahl der tribunizischen Gewalten durch Constantin im Jahr 307 nicht überall rezipiert und neben der neuen die alte Zählung weiter angewandt wurde.[146] Mit dieser Annahme lassen sich die Zeugnisse tatsächlich am besten vereinbaren.

Unstimmigkeiten gibt es auch bei den tribunizischen Gewalten des Licinius. M. Festy vermutet daher, Licinius habe seine 7. *tribunicia potestas* nicht wie üblich am 10. Dezember 313, sondern erst an seinem *dies imperii,* dem 11. November 314 angetreten. Festy kann sich dafür jedoch nur auf eine einzige, möglicherweise verderbte Inschrift stützen.[147]

Festy vermutet weiter, daß wie schon Constantin so auch Constantius II. und ebenso noch Valentinian I., Valens und Gratian ihre *tribunicia potestas* am *dies imperii* Constantins (25. Juli) erneuert hätten. Diese These gestattet es ihm, die Brückenbauinschrift des Valentinian und seiner Kollegen vom *pons Cestius* in Rom in ihrer überlieferten Form zu halten.[148] Dennoch muß man betonen, daß die Grundlage für Festys Annahme, nämlich die Erneuerung der *tribunicia potestas* unter Constantin an dessen *dies imperii,* nicht bewiesen ist, so daß alle weiteren Folgerungen in der Luft hängen.[149]

Es muß außerdem betont werden, daß gerade die Manipulationen, die mit der *tribunicia potestas* im 3. Jahrhundert und in der Tetrarchenzeit vorgenommen wurden, zeigen, daß schon damals die *tribunicia potestas* nicht mehr war als eine traditionelle Formel, zumal Rom längst aufgehört hatte, ständige Residenz der Kaiser zu sein. Als sich dann nach der Gründung von Constantinopel das Schwergewicht des Reiches nach dem Osten verlagerte, verlor die *tribunicia potestas* vollends jeden realen Inhalt und begegnet daher auch in Inschriften und Urkunden nur noch ganz selten (meist in Dokumen-

[145] J. P. Callu, Genio populi Romani, Paris 1960, 77f. M. Festy a. O. 205ff.
[146] T. D. Barnes a. O. 26 und 253, Table 3.
[147] M. Festy a. O.
[148] Dessau 731.
[149] M. Festy a. O. 216ff.

ten, die die alte Hauptstadt betreffen), um nach Valentinian I. ganz zu verschwinden. (Vereinzelt taucht sie später auf Münzen des Theodosius II. noch einmal auf.)[150] Da auch imperatorische Akklamationen nach 369 nicht mehr bezeugt sind, bleiben seitdem als Datierungsmittel nur noch die Consulatsangaben und die Indiktionen.

Zu den imperatorischen Akklamationen: Der Brauch, den siegreichen Feldherren als Imperator zu akklamieren, geht wohl auf das Ende des 3. Jahrhunderts v. Chr. zurück.[151] Seit Sulla wurde es dann üblich, mehrere imperatorische Akklamationen zu empfangen und diese zu zählen.[152] Dieser Brauch wurde von Oktavian/Augustus auch beibehalten, nachdem er wohl im Jahr 40 anläßlich seiner *ovatio* wegen des Friedens von Brundisium das *praenomen Imperatoris* angenommen hatte.[153] Die Annahme dieses *praenomen Imperatoris* scheint entweder nach einer imperatorischen Akklamation erfolgt oder von Oktavian gleichzeitig als solche gerechnet worden zu sein. Seit Claudius zählte man dann die Ausrufung zum Kaiser als erste und die nächste imperatorische Akklamation als zweite imperatorische Akklamation usw.

Der Zeitansatz der echten imperatorischen Akklamationen läßt sich in vielen Fällen durch ihre Verbindung mit anderen Elementen der Kaisertitulatur, wie Consulat, *tribunicia potestas,* Siegestiteln usw., in Zusammenhang mit literarischen Nachrichten über Feldzüge und Siege des Kaisers einigermaßen eingrenzen. In anderen Fällen muß jedoch aus Mangel an entsprechenden Zeugnissen auf eine genauere Datierung verzichtet werden.

Nach einer Vermutung von X. Loriot[154] sei bereits Severus Alexander dazu übergegangen, seine imperatorischen Akklamationen jährlich durchzuzählen, weil auf drei Meilensteinen jenes Kaisers die Zahl der imperatorischen Akklamationen mit der Zahl der *tribuniciae potestates* identisch ist. Loriot nimmt an, daß Severus Alexander

[150] H. Goodacre, A Handbook of the Coinage of the Byzantine Empire I, London 1928, 30f.

[151] Vgl. D. Kienast, Kleine Schriften, Aalen 1994, 247ff., und allgemein R. Combès, Imperator, Paris 1966.

[152] Vgl. D. Kienast, ebda. 269ff.

[153] Inscr. Ital. XIII 1, p. 343. Dazu R. Combès a. O. 134ff. Vgl. allgemein M. Hammond, Antonine Monarchy, Rom 1959, 76ff. D. McFayden, The History of the Titel Imperator under the Roman Empire, Diss. Chicago, Illinois 1920. L. Lesuisse, L'Ant. Class. 30, 1961, 415ff.

[154] X. Loriot, ZPap 43, 1981, 225ff. Vgl. dazu allg. A. U. Stylow, Chiron 19, 1989, 387ff., bes. 393ff.

schon bei seiner Caesarerhebung seine erste Akklamation empfing und daß das im Feriale Duranum erwähnte Opfer auf die zweite imperatorische Akklamation zu beziehen und der Text entsprechend zu ergänzen sei. Die These bedarf aber wohl noch weiterer Absicherung. Die Akklamationen der beiden folgenden Kaiser, des Maximinus Thrax und des Gordian III., waren jedenfalls echte imperatorische Akklamationen. Für Decius ist bisher nur eine imperatorische Akklamation erwähnt, die man wohl als echte Akklamation aufzufassen hat. Für Philippus Arabs, Trebonianus Gallus und Valerian sind keine imperatorischen Akklamationen bezeugt. Dagegen haben Gallienus und Postumus offenbar ihre imperatorischen Akklamationen in herkömmlicher Weise gezählt, wenn auch die Zeugnisse dafür spärlich sind.[155] Für die Zeit von Claudius Gothicus bis Carinus liegen keine Zeugnisse für imperatorische Akklamationen vor. Die Restaurationspolitik Diocletians hat auch hier einen Wandel geschaffen. Die Tetrarchen zählten jedoch (wie vielleicht schon Severus Alexander) ihre imperatorischen Akklamationen jährlich, wobei der Wechsel offenbar jeweils am *dies imperii* erfolgte.[156] Da somit die Zählung der imperatorischen Akklamationen ebenso wie die Zählung der *tribuniciae potestates* zur Berechnung der Länge der Regierungszeit dienen konnte, unterlag jene auch wie diese mitunter der Manipulation. So hat Maximian offenbar im Jahr 293, als Constantius zum Caesar erhoben wurde, die Zahl seiner imperatorischen Akklamationen um eine erhöht. Unklar bleibt dabei, ob er einfach ab 1. März 293 (dem Datum der Caesarerhebung des Constantius) eine weitere imperatorische Akklamation rechnete, ohne von dem bisherigen *dies imperii* abzugehen, oder ob er seit 293 von seinem *dies Caesaris* (der nicht sicher feststeht, aber wohl in den Oktober/November 285 zu datieren ist) oder vom *dies Augusti* des Diocletian (20. November) ab rechnete (um seine Regierungsjahre mit denen des Diocletian zu harmonisieren).[157] Constantius I. hat seine Akklamationen von seinem *dies*

[155] H. Dessau, Ephem. Epigr. 7, 1892, 432ff., glaubte, daß bereits Gallienus und Postumus ihre imperatorischen Akklamationen wie später die Tetrarchen jährlich gezählt hatten. Für Gallienus läßt sich jedoch diese Annahme durch neue Zeugnisse ausschließen (s. dort).

[156] Vgl. H. Dessau a. O. 429ff. Die Ansicht von O. Seeck, Rh. Mus. 48, 1893, 196ff., wonach erst Constantin mit der jährlichen Zählung der imperatorischen Akklamation begonnen habe, darf als überholt gelten.

[157] Für eine einfache Erhöhung der Zahl der imperatorischen Akklamationen am 1. März 297 tritt T. D. Barnes, The New Empire of Diocletian and Constantine 26, ein. Diese Annahme erscheint tatsächlich am zwanglosesten,

Augusti ab gezählt.[158] Ähnlich scheint Galerius verfahren zu sein. Spätestens nach dem Tode des Constantius und der Erhebung des Severus zum Augustus dürfte aber Galerius dann – wohl um seine Anciennität zu betonen – seine imperatorischen Akklamationen von seinem offiziellen *dies Caesaris* (1. März 293) ab gerechnet haben.[159] Auch Severus und Maximinus Daia scheinen später ihre imperatorischen Akklamationen vom *dies Caesaris* (1. Mai 305) ab gezählt zu haben.[160] Constantin hat seine Akklamationen von seiner Erhebung (25. Juli 306) ab gerechnet und die Zahl seiner Akklamationen nach seiner Anerkennung als Augustus durch Maximian um eine erhöht. Doch wurde diese Änderung in der Zählweise offenbar wie bei seinen *tribuniciae potestates* nicht überall rezipiert.[161] Für Constantin II. und für Constans sind keine imperatorischen Akklamationen bezeugt. Constantius II. rechnete seine imperatorischen Akklamatio-

auch wenn man dabei die römische Weihinschrift CIL VI 1124 als fehlerhaft verwerfen muß, auf der schon vor 293 Maximian als *imp(erator) VIII* erscheint. Wenn Barnes allerdings aus den Daten der ägyptischen Königsjahre beweisen will, daß Maximian erst 303 seinen *dies imperii* auf den *dies Caesaris* verlegt habe, so hängt seine Argumentation von der Annahme ab, daß Maximian schon am 21. Juli 285 zum Caesar erhoben worden sei, was sicherlich zu früh ist. Für eine Rückverlegung des *dies imperii* auf den *dies Caesaris* in oder vor dem Jahr 292 spricht sich M. Festy, RIDA 29, 1982, 198ff. aus, der den *dies Caesaris* wohl zutreffend in den Oktober/November 285 datiert. R. E. Smith, Latomus 31, 1972, 1058ff., nimmt dagegen eine Rückdatierung auf den *dies imperii* des Diocletian an wie ähnlich schon W. Seston, Dioclétien et la Tetrarchie I, Paris 1946, 360ff. (mit einem inzwischen als falsch erwiesenen Ansatz des *dies Augusti* Diocletians). A. Chastagnol, Rev. Num. 1967, 54ff., und F. Kolb, Diocletian und die erste Tetrarchie, Berlin–New York 1987, 22ff. vermuten eine Zählung vom *dies Caesaris* Maximians ab, den sie in den Dezember 285 datieren wollen.

158 Dessau 651.

159 Vgl. Euseb, hist. eccl. 8, 17, 3ff. Dazu W. Seston a. O. 362f. und M. Festy a. O. 202f. T. D. Barnes glaubt dagegen offenbar, daß Galerius von Anfang an seine imperatorischen Akklamationen von seinem *dies Caesaris* rechnete (New Empire 252). Politisch dürfte dies jedoch Schwierigkeiten gemacht haben.

160 M. Festy a. O. 203f. mit Verweis auf Lact., De mort. pers. 46, 8f.

161 Vgl. Barnes, New Empire 253, Table 3. P. Bruun, Arctos 9, 1974, 11ff., und Num. Chron. 1969, 177ff., nahm dagegen einen zweimaligen Wechsel des *dies imperii* Constantins an. Dieser habe zuerst ab 25. Juli 306, dann ab 25. Dezember 307 (dem von Bruun mit Lafaurie vermuteten *dies Augusti*) und seit seinen Decennalien 315 wieder nach dem 25. Juli 306 gerechnet.

nen offenbar von seinen *dies Caesaris* (8. November 324) ab und nahm bei seiner Erhebung zum Augustus am 9. September 337 eine zusätzliche imperatorische Akklamation an.[162] Valentinian, Valens und Gratian zählten wie üblich vom *dies imperii* ab.[163] Seit 369 sind dann imperatorische Akklamationen auf Inschriften und Münzen nicht mehr bezeugt.[164]

Zu den Siegesbeinamen: Wie der Augustustitel haben sich auch die kaiserlichen Siegestitel aus ursprünglichen Beinamen entwickelt. So wurde für den älteren Drusus postum der Beiname Germanicus als erbliches Cognomen beschlossen.[165] Deshalb wurde sein ältester Sohn Germanicus genannt und deshalb führten auch dessen Sohn Caligula und dessen Bruder Claudius sowie dessen Adoptivsohn Nero den Beinamen Germanicus. Im gleichen Sinne wurde auch von Vitellius 'Germanicus' als Beiname angenommen und auf seinen jüngeren Sohn vererbt.[166] Auch Domitian scheint seinem Namen 'Germanicus' als Cognomen beigefügt zu haben. Im Gegensatz zu Vitellius hat Domitian den Namen Germanicus jedoch auf Grund eines wirklichen Sieges angenommen und zu einer intensiven Siegespropaganda benutzt. Auch Nerva nahm – wohl nach einem Sieg der römischen Truppen in Pannonien – den Siegesnamen Germanicus an und vererbte ihn auf seinen Adoptivsohn Trajan. Eine weitere Änderung trat dann mit Trajan ein. Schon daß dieser Kaiser gleich drei *cognomina ex virtute* annahm, mußte den Wert jedes einzelnen dieser Cognomina verringern, wurde doch der frühere durch den jeweils folgenden Namen noch übertrumpft. Dadurch, daß es Hadrian ablehnte, die Siegesbeinamen seines Vorgängers zu übernehmen, verloren diese vollends den Charakter echter erblicher Cognomina und wandelten sich zu individuellen Titeln. Als solche wurden die Siegesbeinamen sicherlich von L. Verus betrachtet, der erstmals auch für Teilerfolge auf kleineren Territorien solche Siegestitel annahm und der außerdem als erster einen seiner Siegesnamen durch *maximus* steigerte, indem er

[162] M. Festy, RIDA 29, 1982, 216f.

[163] M. Festy a. O. 217f.

[164] Nur auf den Münzen des Theodosius II. taucht neben der *tribunicia potestas* auch die imperatorische Akklamation noch einmal auf. Vgl. H. Goodacre, A Handbook of the Coinage of the Byzantine Empire I, London 1928, 30f.

[165] Vgl. zum Folgenden allgemein P. Kneissl, Die Siegestitulatur der römischen Kaiser, Göttingen 1969. Dazu W. Eck, Gnomon 44, 1972, 171ff.

[166] Vgl. dazu M. Hammond, Antonine Monarchy 61f.

sich nicht mit dem bloßen Titel Parthicus begnügte, sondern sich gleich *Parthicus maximus* nannte. Commodus führte zunächst wie sein Vater den Beinamen Germanicus, den er 182 zu *Germanicus maximus* steigerte. Ebenso erhielt Septimius Severus zuerst den Beinamen Parthicus, den er 198 zu *Parthicus maximus* steigerte. Seit Caracalla haben dann die meisten Kaiser die Siegesnamen gleich in der Form *Germanicus maximus, Parthicus maximus*[167] usw. angenommen. Wie wenig man diese Siegestitel noch als Namen empfand, zeigt die Tatsache, daß man sie zu zählen begann, wie dies bereits Valerian und Gallienus, vielleicht auch Postumus, sicher aber die Tetrarchen getan haben. Eine weitere Steigerung war allerdings nicht mehr möglich, so daß nach Valentinian I. diese Siegestitel verschwanden, um erst unter Justinian und Mauricius vorübergehend wieder aufzutauchen.[168]

Gerade die Entwicklung vom erblichen Beinamen zum Siegestitel machte aber das *cognomen ex virtute* erst zu einem Datierungselement. Allerdings läßt sich für die einzelnen Siegestitel nur selten ein konkretes Datum ermitteln. Ähnlich wie bei den imperatorischen Akklamationen läßt sich aus den epigraphischen und den numismatischen Zeugnissen ein relatives Datum gewinnen und erlaubt in einigen Fällen die literarische Überlieferung eine genauere zeitliche Einordnung. Gewisse Schwierigkeiten ergeben sich bei der Ermittlung der offiziellen Siegesbeinamen. Seit dem 2. Jahrhundert kam es immer wieder vor, daß dem fern von Rom weilenden Prinzeps Siegesbeinamen beschlossen wurden, die auch sogleich in die offiziellen Dokumente aufgenommen wurden. Sie wurden erst wieder fallengelassen, wenn der Kaiser verbindlich erklärt hatte, daß er die Titel nicht führen wollte.[169] Dennoch begegnen abgelehnte oder inoffizielle Siegestitel aus adulatorischen Gründen nicht selten in Weih-

[167] Zur Verwendung des Namens *Parthicus,* der auch nach 227 n. Chr. neben dem neuen Siegesnamen *Persicus* in Gebrauch blieb, s. E. van't Dack, in: Zetesis, Festschrift E. de Strycker, Antwerpen/Utrecht 1973, 569ff.

[168] Iustinian, Constitutio Imperatoriam und Constitutio Tanta. MHG Epistulae III Epist. Merov. et Karol. Aevi I 3, 42 S. 148, 19ff. Vgl. P. Kneissl a. O. 179f. – Zur Zählung s. A. U. Stylow, Chiron 19, 1989, 387ff.

[169] So begegnet *Dacicus* und *Parthicus* zuerst noch auf den Münzen Hadrians, bis dessen Ablehnung dieser Siegestitel in Rom bekannt wurde, vgl. zuletzt W. Kierdorf, Tyche 1, 1986, 149ff. Ebenso erscheint auf afrikanischen Meilensteinen des Macrinus der *Parthicus maximus*-Titel, der diesem vom Senat angeboten, aber von Macrinus abgelehnt worden war. Vgl. C. L. Clay, NumZ 93, 1979, 29.

und Ehreninschriften sowie in den Papyri.[170] Besondere Probleme bereitet die Siegestitulatur der diocletianisch-constantinischen Zeit.[171] Aus den offiziellen Dokumenten der Tetrarchie geht hervor, daß jeder der Tetrarchen nur dann einen Siegestitel annahm, wenn er selbst oder einer seiner Kollegen an dem siegreichen Feldzug persönlich teilgenommen hatte. Die Siegestitel erscheinen dann stets in der Reihenfolge, in der sie zuerst angenommen wurden. Nach Erfolgen über den gleichen Gegner wurde dem Siegestitel eine Iterationsziffer beigefügt. Die Annahme eines Siegestitels durch alle vier Tetrarchen zugleich sollte offenbar zum Ausdruck bringen, daß der durch den Titel gekrönte Sieg der gemeinsamen Anstrengung aller vier Herrscher verdankt wurde. Folgerichtig wurden die Siegestitel Diocletians vor der Erhebung Maximians von diesem nicht geführt. Ebensowenig führten die Caesares die Siegestitel, welche die Augusti vor 293 erhalten hatten. In den unruhigen Jahren nach der Abdankung der Altkaiser Diocletian und Maximian wurden jene Regeln dann allerdings nicht mehr so streng beachtet, wobei neben anderen vor allem auch politische Gründe eine Rolle gespielt haben dürften. Für die Jahre nach 305 ist daher die zeitliche Einordnung der Siegestitel und ihre Zuordnung zu konkreten Aktionen der einzelnen Herrscher besonders schwierig und in der Forschung entsprechend umstritten. Dies gilt besonders für die Siegestitel Constantins I.[172] Vor 313 sind für ihn keine Siegestitel bezeugt. T. D. Barnes möchte zwar die später auftauchenden Siegestitel *Germanicus maximus* und *Germanicus maximus II* den Jahren 307 und 308 zuweisen.[173] Es scheint jedoch so, als habe Constantin vor 313 tatsächlich keine Siegestitel geführt. Auf einem Meilenstein der Narbonensis, der zwischen 307 und 310 gesetzt wurde (Dessau 684), fehlen solche Titel ebenso wie auf den nicht wenigen Dedikationen, die unmittelbar nach Constantins Sieg über Maxentius dem Sieger geweiht wurden.[174] Die Gründe für das

[170] So scheint der Titel *Dacicus maximus* den Kaisern Decius, Gallienus und Aurelianus auf einigen Inschriften zu Unrecht beigelegt worden zu sein, vgl. N. Gostar, in: Actes de la XIIe Conférence int. d'études class. Eirene 1972, Bukarest–Amsterdam 1975, 645f.

[171] Vgl. A. Arnaldi, Rendiconti dell'Ist. Lombardo, cl. di Lettere, 106, 1972, 28ff. T. D. Barnes, New Empire 27. Zu den Prinzipien s. T. D. Barnes, ZPap 20, 1976, 149.

[172] Vgl. das von A. Arnaldi, in: Contributi A. Garzetti, Genua 1976, 175ff., zusammengestellte Material.

[173] T. D. Barnes, New Empire 258, Table 8.

[174] Vgl. Dessau 687–694.

Fehlen der Siegesbeinamen bei Constantin sind leicht zu erraten. Constantin war ein Usurpator. Seine Erhebung zum Augustus 307 geschah gegen den Willen des Galerius, der ihn im November 308 erneut nur als Caesar bestätigen ließ und ihm Anfang 309 nur den Titel eines filius Augustorum zugestand. Constantin hat diese 'Degradierung' nicht anerkannt. Es wäre aber verständlich, wenn er sich angesichts seiner prekären Situation zurückgehalten und den Galerius nicht durch die Annahme auftrumpfender Siegestitel noch zusätzlich gereizt hätte. Die ersten Siegesbeinamen Constantins begegnen Ende 313 auf einem Meilenstein in Africa, wo Constantin zusammen mit Maximinus Daia die Titel *Germanicus, Sarmaticus* und *Persicus* führt – ohne den Zusatz *maximus.*[175] Die Titel Germanicus und Sarmaticus hat Constantin offenbar 313 erworben, vielleicht schon in der Form *Germanicus maximus* und *Sarmaticus maximus.* Da auch später auf den Meilensteinen bei den Siegestiteln (wohl aus Raumgründen) gelegentlich das Epitheton *maximus* weggelassen wurde,[176] läßt sich hier eine ganz sichere Entscheidung nicht fällen. Der Titel Persicus wurde anscheinend von Maximinus Daia nach seinem Armenienfeldzug angenommen.[177] Ob Maximinus damals nur den Siegestitel Persicus führte oder ob aus seiner Siegestitulatur in Africa nur der offenbar von Maximinus selbst erworbene Siegesname Persicus ausgewählt, weitere Titel aber weggelassen wurden, muß ebenfalls offenbleiben. 315 heißt Constantin dann auf einer afrikanischen Inschrift *Germanicus maximus, Sarmaticus maximus, Britannicus maximus, Persicus maximus, Aiab(enicus)* (!) *maximus, Medicus maximus* und *Goticus* (!) *maximus*[178] und 318 oder 319 ebenfalls in Africa *Germanicus maximus III, Sarmaticus maximus, Britannicus maximus, Cappadocicus* (oder *Carpicus*) *maximus, Arabicus maximus, Medicus maximus, Armenicus maximus* und *Gothicus* (!) *maximus.*[179] Von diesen Titeln hat Constantin selbst den Siegesnamen *Britannicus maximus* 313/14 erworben, den Titel *Goticus maximus* und eventuell auch *Sar-*

[175] ILAlg 3956.

[176] ILAlg 3898. CIL VIII 22176 und 22246. X 6966. Dessau 705.

[177] H. Castritius, JbAC 11/12, 1968/69, 97, Anm. 34, glaubt, daß Maximinus Daia den Titel *Armenicus* angenommen habe, der dann später als *Armenicus maximus* bei Constantin begegnet (Dessau 696 vom Jahr 318 oder 319). Die algerische Inschrift erwähnt Castritius in Anm. 33, ohne näher auf sie einzugehen.

[178] Dessau 8942.

[179] Dessau 696, der *Ca(r)p(icus)* liest.

maticus maximus 315.[180] Auch die Titel *Germanicus maximus I–III* müssen in den Jahren 313 bzw. 315 bis 318 von Constantin erworben worden sein. Die östlichen Siegestitel sind dagegen der Titulatur des Galerius (so Arnaldi) oder des Licinius (so Barnes) entlehnt.[181] Die Inschriften lassen das Bestreben erkennen, Constantin durch die große Zahl seiner Siegestitel aufzuwerten oder mit einer entsprechenden Siegestitulatur des Licinius Schritt zu halten. Leider besitzt man infolge der *damnatio memoriae* für Licinius keine Inschriften, die darüber Auskunft geben könnten. Nach 324 hat Constantin aber die nicht von ihm errungenen östlichen Siege nicht mehr in seiner Titulatur geführt.[182] Von den Constantinssöhnen führte offenbar jeder seine eigenen Siegestitel. Die Siegesepitheta waren also damals nicht mehr wie in der Tetrarchenzeit allen Herrschern gemeinsam. Erst Valentinian I., Valens und Gratian haben wieder gemeinsame Siegestitel geführt. Nach ihnen verschwanden, wie schon oben bemerkt, die Siegestitel aus der kaiserlichen Titulatur.

Zu den *liberalitates*: Weniger wichtig als Datierungselement sind die *congiaria* bzw. die *liberalitates,* die auf den Münzen gezählt wurden.[183] *Congiarium* bezeichnete als Spende ursprünglich eine bestimmte Menge Wein oder Öl, seit Augustus immer eine außerordentliche Geldspende,[184] die als solche Ausfluß der kaiserlichen *liberalitas* ist und daher auch mit diesem Namen bezeichnet werden kann.[185]

[180] Vgl. D. Kienast, Kleine Schriften, Aalen 1994, 622f. Zum Titel *Britannicus maximus* s. J. Casey, in: Collectanea Londinensia, Studies R. Mersfield, London 1978, 181ff.

[181] Vgl. A. Arnaldi, in: Contributi A. Garzetti (wie Anm. 172) 182f. T. D. Barnes, New Empire 81, Anm. 145 und 236. N. Gostar (oben Anm. 170) 648 denkt an eine Übernahme der Siegestitel des Constantius I.

[182] Eine Ausnahme bildet nur das noch in den Herbst 324 gehörende Edikt Constantins (POxy 889), in dem Crispus und Constantinus Junior als *Sarmatici maximi, Germanici maximi* erscheinen, also mit den Siegestiteln ihres Vaters (allerdings sind die Namen der Caesares ergänzt). Vgl. dazu T. D. Barnes, New Empire 234ff. Constantinus Junior hat aber später offenbar den Titel *Sarmaticus maximus* nicht mehr geführt, vgl. Dessau 724 mit addit. Bd. III 2, p. CLXXII.

[183] Zusammengestellt von D. van Berchem, Les distributions de blé et d'argent à la plebe romaine sous l'empire, Genf 1939, 141ff. (bis Severus Alexander) und von G. Barbieri, Dizionario epigrafico IV, 1942, 838ff. (bis Valentinian II.).

[184] E. Espérandieu, Dizion. epigr. II, 1900, 599ff. M. Rostovtzeff, RE IV 1, 1900, 875ff. G. Spinola, Il 'congiarium' in età imperiale, Rom 1990.

[185] Vgl. allgemein H. Kloft, Liberalitas principis, Köln–Wien 1970.

Schon Augustus hat in seinen ›Res gestae‹ seine *congiaria* an das Volk und an die Veteranen genau aufgeführt. In den Fasti Ostienses werden die *congiaria* mit ihren Tagesdaten verzeichnet. Und noch in den Chronica urbis Romae beim Chronographen von 354 sind die *congiaria* der Kaiser in ihrer Höhe genau vermerkt. Von Galba und von Quintillus wird sogar festgehalten: *congiarium promisit, sed non dedit.*[186]

Zu den Jubilarfeiern: Dem Augustus wurde bekanntlich das *imperium proconsulare* auf 10 Jahre befristet übertragen und dann jeweils um 5 bzw. 10 Jahre verlängert, so daß er bis an sein Lebensende ununterbrochen im Besitz der proconsularischen Gewalt war.[187] Ob Augustus die periodische Erneuerung des *imperium proconsulare* feiern ließ, muß offenbleiben. Das Fehlen aller einschlägigen Nachrichten läßt eher an das Gegenteil denken.[188] Außerdem galt für Augustus nicht der 16. Januar 27, sondern der 7. Januar 43 als *dies imperii.* Und in den ›Res gestae‹ verschweigt Augustus absichtsvoll die periodische Erneuerung seiner proconsularen Gewalt.[189] Von Tiberius erfahren wir dagegen, daß im Jahr 24 sein zehnjähriges Regierungsjubiläum festlich begangen wurde und im Jahr 34 auch die zweite Dekade seiner Herrschaft mit einem Fest gefeiert wurde.[190] Ähnlich dürften es auch die folgenden Kaiser, sofern sie lange genug regierten, gehalten haben.[191] Diese Jubilarfeiern scheinen jedoch

[186] Chron. Min. I 146 und 148. Vgl. allg. P. Bastien, Monnaie et donativa au Bas-Empire, Wetteren 1988.

[187] Vgl. Dio 53, 13, 1 und 16, 2–3. 54, 12, 5. 55, 6, 1 und 12, 3. 56, 28, 1.

[188] Die von Dio 54, 19, 8 zum Jahre 16 v. Chr. erwähnten Quinquennalien können sich nicht auf ein Regierungsjubiläum beziehen. Auch die RgdA 9 genannten *vota pro valetudine Augusti* haben nichts mit den Jubilarfeiern zu tun. Vgl. Th. Mommsen, Res gestae divi Augusti, Berlin ²1883, 41ff., und V. Gardthausen, Augustus und seine Zeit I, Leipzig 1891, 598 mit Anm. 43.

[189] Dazu D. Kienast, Augustus, Darmstadt 1982, 74f. mit Anm. 32 und 125 mit Anm. 235.

[190] Dio 57, 24, 1 und 58, 24, 1. Die Feier der zweiten Decennalien ist durch die Angabe der Consuln eindeutig in das Jahr 34 datiert. Damit sind die Zeitansätze A. Chastagnols, in: Crise et redressement dans les provinces européennes de l'Empire, Straßburg 1983, 12 mit Anm. 5, in die Jahre 23 und 33 hinfällig.

[191] Aus den alexandrinischen Münzen, die im 10. Jahr Domitians neue Typen bringen, die den Kaiser verherrlichen, haben L. Schwabe, Die kaiserlichen Decennalien und die alexandrinischen Münzen, Tübingen 1896, 35ff., und J. Vogt, Die alexandrinischen Münzen I, Stuttgart 1924, 51 eine Decennalienfeier unter Domitian in Alexandria erschlossen.

noch nicht mit der Einlösung bzw. Gelobung besonderer *vota decennalia* verbunden gewesen zu sein.[192] Gesicherte Zeugnisse für solche *vota decennalia* liegen erst aus dem 2. Jahrhundert n. Chr. vor. Schon unter Hadrian wurden nach Ausweis der Fasti Ostienses seit dem 20. Oktober 127 zehntägige *ludi votivi decennales pro salute Augusti* veranstaltet. Es ist jedoch fraglich, ob diese Votivspiele mit der Feier des zehnjährigen Regierungsjubiläums in Verbindung gebracht werden dürfen.[193] Den Abschluß der zweiten Regierungsdekade Hadrians hat man dann in Ägypten am 13. Dezember 137 festlich begangen.[194] Reichsmünzen mit der Legende *vota publica* bzw. *vota suscepta* wohl aus dem Jahr 137 lassen vermuten, daß spätestens damals die Gelobung regulärer *vota decennalia* erfolgt ist.[195] Unter Antoninus Pius und den folgenden Kaisern erscheinen dann regelmäßig *vota decennalia* oder *vicennalia* auf den Reichsmünzen, wobei die Einlösung der gelobten Opfer mit der Aufnahme neuer *vota* für die nächste Dekade der Regierung verbunden wurde.[196] Daher hat man sorgfältig zwischen den *vota soluta* und den *vota suscepta* unterschieden. Münzlegenden bezeugen *primi decennales* sowie *vota sol(uta) decennalia II* und *vota susc(epta) decennalia III.* Für die zweiten Decennalien bür-

[192] Vgl. dazu schon Th. Mommsen, RStR II 811f. mit Anm. 5, der besonders darauf hinweist, daß in den Arvalakten die Gelübde für Otho und für Domitian bei deren Regierungsantritt einfach *in annum proximum* gelobt wurden.

[193] L. Schwabe a. O. (oben Anm. 191) möchte das Anschwellen der alexandrinischen Prägung im 11. Jahr Trajans und im 10. und 11. Jahr Hadrians mit deren Decennalien in Verbindung bringen.

[194] POslo III 77 p. 45: ὑπὲρ τοῦ τὸν θεὸν ʽΑδρ(ι)ανὸν δευτέραν τῆς ἀρχῆς [δεκετηρίδα] πεπληρωκέναι πάροδος. A. Chastagnol, RevNum 1984, 106, Anm. 9, möchte in der Lücke ἐπίβασιν ergänzen, was jedoch schlecht zu πεπληρωκέναι paßt. Chastagnol will auch für das zweite Jahrhundert die Jubilarfeiern wie später seit Septimius Severus inklusive berechnet wissen. Er muß dafür das Zeugnis der Fasti Ostienses und des Papyrus aus Oslo verwerfen und für die Angaben auf den Münzen eine kommemorative Verwendung postulieren. Vgl. dagegen jedoch M. Rachet, REA 82, 1980, 208ff.

[195] RIC II Hadrian Nr. 288ff. (datiert in die Zeit 134–138 n. Chr.). Dazu P. L. Strack, Die Reichsprägung zur Zeit des Hadrian, Stuttgart 1933, 184ff. Vgl. M. Hammond, Antonine Monarchy 31ff., der vermutet, daß die Sitte, *vota decennalia* zu geloben, sich unter Hadrian und Pius in Anlehnung an einen ägyptischen Brauch entwickelt hätte.

[196] Grundlegend H. Mattingly, The Imperial Vota, Proceedings of the British Academy 1950, 155ff.; 1951, 219ff. Dazu A. Chastagnol, in: Crise et redressement (oben Anm. 190) 12ff., und P. Bastien (oben Anm. 186).

gerte sich dann bald der Terminus Vicennalien ein. *Vota soluta* und *vota suscepta* werden ferner häufig zusammen in abgekürzter Form als *vot. X et XX, vot. X m(ult.) XX, sic X sic XX* u. ä. auf Inschriften und Münzen erwähnt. Seit auch die Quinquennalien regelmäßig gefeiert wurden, findet man analog die Formel *vot. V et X*. Zu beachten ist jedoch, daß diese und ähnliche Formeln nicht immer *vota soluta* und *vota suscepta* bezeichnen, sondern gelegentlich auch bloße *vota suscepta* meinen können. So finden sich schon für die Kaiser Tacitus und Probus Münzen mit *votis X et XX*. Da beide Kaiser ihre Decennalien nicht erleben durften, kann das nur bedeuten, daß schon bei deren Regierungsantritt Gelübde für ein erhofftes 10jähriges und ein erwünschtes 20jähriges Jubiläum dargebracht wurden.[197] Ähnlich verfuhr man gelegentlich auch im 4. Jahrhundert.[198] Offenbar hoffte man (meist vergeblich), mit derartigen Gelübden das Schicksal zu seinen Gunsten zu beeinflussen. – Durch Vota-Prägungen mit Angabe der *tribunicia potestas* sind die Decennalien des Antoninus Pius in das Jahr 148, seine Vicennalien in das Jahr 158 datiert. Genauso rechnete Marc Aurel, der seine Decennalien im Jahr 171 feierte, nachdem er anscheinend auch seine Quinquennalien mit der Einlösung und Aufnahme von Gelübden gefeiert hatte.[199] Commodus hat dann seine Decennalien zweimal gefeiert, indem er zunächst von seinem *dies imperii* ab rechnete, dann vom Antritt seiner Alleinherrschaft, so daß die Feiern in die Jahre 186 und 190 fielen. Eine Änderung führte auch Septimius Severus ein, der seine Decennalien zwar an ihrem genauen Tagesdatum, aber schon zu Beginn seines Decennalienjahres im April 202 feiern ließ, zusammen mit der Hochzeit seines ältesten Sohnes Caracalla.[200] Auch dieser hat dann seine Jubilarfeiern wie sein Vater gerechnet und im Januar 207 seine Decennalien, 217 seine Vicennalien gefeiert. Severus Alexander hat seine Decennalien nach Ausweis der Münzen im Jahr 230 gefeiert, wobei er offenbar nicht

[197] H. Mattingly, The Imperial Vota Nr. 45 und 47. Für die Lebendigkeit derartiger Gedanken im 4. Jahrhundert vgl. Paneg. VI (VII) 21, 4.

[198] Zu Unrecht schließt daher J. P. C. Kent, RIC VIII, London 1981, 54, aus Münzen Julians mit der Legende *vot X mult XX*, der Kaiser habe im Jahre 362 oder 363 vorgezogene Decennalien gefeiert.

[199] Das legen Münzen mit der Legende *vota dec. ann. susc. tr. p. XX imp IIII cos III SC* aus dem Jahre 166 nahe, vgl. H. Mattingly, The Imperial Vota (o. Anm. 196) Nr. 11.

[200] Dazu A. Chastagnol, Bull. soc. nat. ant. de France 1984, 91ff., der allerdings die Decennalien schon seit Augustus zu Beginn des Jubeljahres gefeiert werden läßt. Dagegen s. oben S. 45, Anm. 190.

von seinem *dies imperii,* sondern vom *dies Caesaris* ab gerechnet hat. Obwohl fast alle folgenden Kaiser auf ihren Münzen *vota decennalia suscepta* verkünden ließen, war es bis auf Gallienus keinem Herrscher vergönnt, diese *vota* auch einzulösen. Gallienus hat seine Decennalien im Jahr 262 gefeiert, wenn er – wie anzunehmen ist – nach derselben Weise wie die Severer gerechnet hat.[201] Postumus feierte auch seine Quinquennalien durch eine Münzemission – wohl 264 – und ebenso – wohl 269 – seine Decennalien. Reichere Zeugnisse liegen dann wieder für das vierte Jahrhundert vor, wobei allerdings die Münzen meist nicht mehr wie im 2. und noch zu Anfang des 3. Jahrhunderts durch Angabe der *tribunicia potestas* oder der imperatorischen Akklamation zusätzlich datiert sind. Doch treten vor allem in diocletianisch-constantinischer Zeit zu den Münzen nicht bloß Angaben auf Largitionsschalen, Metallbarren, Fibeln und Tonmodeln, sondern auch Aussagen der Panegyriker, Kalendernotizen usw.[202] Wie schon unter Postumus wurden jetzt auch die Quinquennalien festlich begangen. Zu den Decennalien wurden Münzen für Diocletian und Maximian gemeinsam geprägt. Ob bei der Decennalienfeier Diocletians auch gleichzeitig der etwas späteren Decennalien Maximians gedacht wurde oder ob dieser seine Decennalien gesondert feierte, muß wohl offenbleiben.[203] Münzen zeigen außerdem, daß die Decennalien des Diocletian und des Maximian mit dem Saeculargedanken verbunden und wohl als Saecularfest gefeiert wurden.[204] Die gemeinsame Feier der Vicennalien Diocletians und Maximians in

[201] Zur Decennalienfeier des Gallienus vgl. E. W. Merten, Zwei Herrscherfeste in der Historia Augusta, Bonn 1968, 4ff.

[202] Vgl. dazu und zum Folgenden A. Chastagnol, in: Crise et redressement (o. Anm. 190) 14ff., und in: Atti dell'Accad. rom. Costantiniana VII Convegno intern., Neapel 1988, 501ff.

[203] Für eine gesonderte Feier tritt A. Chastagnol a. O. 15 ein. An eine gemeinsame Feier denkt H. Mattingly, The Imperial Vota I (wie Anm. 196) 193, Anm. 67.

[204] Aus Münzen Diocletians und Maximians (RIC V 2 Nr. 78 und Nr. 415) geht hervor, daß damals die Decennalien als Saecularfest begangen wurden. P. Bastien, Le monnayage de l'atelier de Lyon. Diocletien et ses corégents avant la réforme monétaire, Wetteren 1972, 70ff., vermutet daher, daß die Decennalien am *natalis urbis,* d. h. am 21. April 294 gefeiert wurden. Ebenso wie Diocletian und Maximian hat offenbar schon Gallienus seine Decennalien als Saecularfest gefeiert (RIC Gallienus Nr. 273 und 656) und dann Carausius wohl seine Quinquennalien (RIC Nr. 391ff.). Vgl. A. Chastagnol, in: Crise et redressement 15.

Rom ist gut bezeugt.[205] Auch die Quinquennalia der Caesares Constantius und Galerius wurden am 1. März 297 gleichzeitig gefeiert. Gelegentlich wurden in diocletianisch-constantinischer Zeit die Jubilarfeste doppelt, am Anfang und am Ende des Jubeljahres gefeiert. Es ist jedoch sehr fraglich, ob man diese Fälle verallgemeinern darf.[206]

Was die einzelnen Jubilarfeiern betrifft, so dauerte das Quinquennalienjahr des Maxentius zweifellos vom 28. Oktober 310 bis zum 28. Oktober 311. Die Angabe des Lactantius, wonach die Quinquennalien erst am 28. Oktober 312 endeten, beruht offenbar auf einem Irrtum.[207] Licinius scheint seine Quinquennalien und seine Decennalien *suo anno,* d. h. am 11. Nov. 312 und am 11. Nov. 317 gefeiert zu haben.[208] Sein Sohn wurde zusammen mit den Constantinssöhnen Crispus und Constantinus Junior am 1. März 317 zum Caesar erhoben. Die drei Caesares sollten jedoch ihre Quinquennalien 321 nicht gemeinsam feiern. Licinius hat die Jubilarfeiern der Constantinssöhne in seinem Reichsteil nicht verkündet, während im Reichsteil Constantins der Quinquennalien des Licinius Junior nicht gedacht wurde.[209] Die Fünfjahrfeier des Crispus und des Constantinus Junior wurde da-

205 POxy 2187 Z. 21. Paneg. VII (VI) 8, 8. Zum damals veranstalteten Triumph beider Kaiser in Rom s. Eutrop 9, 27. Diese Zeugnisse widerlegen die These von P. Bastien, Quad. Tic. di num. 5, 1976, 253ff., wonach nur Diocletian bei den Vicennalien in Rom gewesen sei. Die Tatsache, daß aus Anlaß der Vicennalien Goldmünzen für beide Kaiser nur in Ticinum und Aquileia geprägt wurden, genügt nicht zur Stütze jener These, zumal Ticinum später auch unter Constantin die Hauptprägestätte für Goldmünzen war. Möglich ist jedoch, daß Diocletian, wie Bastien annimmt, seine Vicennalien auch in Mailand und Nikomedeia feiern ließ. Vgl. auch P. Bastien–C. Metzger, Trésor de Beaurains (dit d'Arras), Wetteren 1977, 195ff.

206 Sicher hat Constantin seine Vicennalien zweimal, 325 in Nikomedeia und 326 in Rom, feiern lassen. Möglicherweise hat auch Eusebios seine Tricennalienrede am Ende des Jubeljahres gehalten, was ebenfalls eine doppelte Feier implizieren würde, vgl. H. A. Drake, Historia 24, 1975, 345ff. Die Quinquennalien Constantins wurden jedoch, wie damals üblich, zu Beginn des Jubeljahres am 25. Juli 310 gefeiert und anscheinend nur in lokalem Rahmen 311 in Autun wiederholt [Paneg. V (VIII) 13, 1–2]. Vgl. auch die vorige Anmerkung.

207 Gegen Lactantius, De mort. pers. 44, 4 s. Paneg. XII (IX) 16, 2.

208 Vgl. A. Chastagnol, in: Mosaique (Festschrift H. Stern), Paris 1983, 97ff. bes. 101, gegen M. R. Alföldi, BoJbb 176, 1976, 183ff.

209 Vgl. A. Chastagnol, in: Romanitas–Christianitas (Festschrift J. Straub), Berlin–New York 1982, 367ff.

gegen zusammen mit den Quindecennalien des Kaisers Constantin gefeiert, wie Nazarius am Anfang seines Panegyricus bezeugt.[210] Da dessen 15. Jahr von Juli 320 bis Juli 321 reichte, ließ sich seine Feier gut mit der Feier für die Caesares vereinen, deren 5. Jahr vom 1. März 321 bis 28. Februar 322 lief. Die Vicennalien des Kaisers wurden dann wohl 326 gemeinsam mit den Decennalien der beiden genannten Caesares gefeiert. Eine gemeinsame Feier der Tricennalien Constantins mit den Vicennalien des Constantinus Junior ist dagegen nicht bezeugt, auch wenn die Münzen selbstverständlich die Vicennalien des Jüngeren Constantin nicht vergessen. Fraglich bleiben muß erst recht, ob die Jubilarjahre des Constantius II. und des Constans mit denen des Kaisers Constantin harmonisiert wurden.[211] Constantius II. hat dann als Augustus seine Regierungsjubiläen offenbar *suo anno* gefeiert, wie eine Notiz Ammians zu seinen Tricennalien im Jahre 353 nahelegt.[212] Sein Decennalienjahr wäre danach 333/34, sein 15. Jahr 338/39, sein Vicennalienjahr 343/44 und sein 25. Jahr 348/49 gewesen.[213] Es ist möglich, aber nicht beweisbar, daß mit diesen eben genannten drei Jubeljahren die Quinquennalien, die Decennalien und die Quindecennalien des Constans, die in die Jahre 337/38, 342/43 und 347/48 fielen, harmonisiert wurden. Julian feierte

[210] Paneg. IV (X) 1, 1 und 2, 2–3.

[211] Das nimmt J. P. C. Kent, RIC VIII 50ff., an. Vgl. dagegen jetzt R. Burgess, Num. Chron. 1988, 77ff.

[212] Vgl. Ammian 14, 5, 1, der von *diem sextum idus Octobres, qui imperii eius annum tricensimum terminabat,* spricht. Da nach den Consularia Constantinopolitana der *dies Caesaris* des Constantius der 8. November 324 war, muß dem Ammian ein Irrtum unterlaufen sein. Das 30. Jahr der Regierung des Constantius endete danach nicht am 10. Oktober 353, sondern begann am 8. November 353 (d. h. *diem sextum idus Novembres*). Ebenso liest man bei Ammian (21, 15, 3) als Todesdatum des Constantius fälschlich *tertium nonarum Octobrium* (statt des richtigen *Novembrium*). Auch sonst begegnen bei Ammian verschiedentlich chronologische Irrtümer, vgl. dazu O. Seeck, Hermes 41, 1906, 481ff. Der Ammiantext verbietet jedoch den Ausweg Seecks (a. O. 495f.), das inkorrekte Datum mit der einmonatigen Dauer der Tricennalienfeier (die übrigens nirgends belegt ist) zu erklären.

[213] So auch M. Thirion, SchwNumR 44, 1965, 5ff. Anders dagegen J. P. C. Kent a. O. (oben Anm. 211). Thirion plädiert jedoch für eine Verschiebung der Tricennalien, um auch die 40-Jahr-Feier des Constantius noch in dessen Regierungszeit unterzubringen. Er verkennt, daß die *vota XXXX* auf den Münzen des Constantius *vota suscepta* bezeichnen und anläßlich der 35-Jahr-Feiern gelobt worden sind, wie Kent richtig gesehen hat.

seine Quinquennalien nach seiner Usurpation Ende 360 in Vienna.[214] Die Kaiser der valentinianischen und der theodosischen Dynastie haben dann offenbar ihre Jubilarfeste *suo anno* gefeiert.[215]

Tod, Beisetzung, *consecratio* und *damnatio memoriae*[216]: In den Handbüchern wird die Behandlung der einzelnen Kaiser im allgemeinen nur bis zu deren Tod durchgeführt. Der Ort ihrer Beisetzung und das Schicksal ihres Andenkens werden dagegen oft nicht mehr mitgeteilt. Dabei waren gerade die Beisetzung und die weitere Behandlung des toten Vorgängers wichtige Elemente in der Politik seines Nachfolgers. Zeitpunkt und Dauer der *consecratio* bzw. der *damnatio memoriae* können daher oft gute Datierungshinweise geben. Wie die *consecratio* konnte auch das Kaisergrab selbst in den Dienst der dynastischen Propaganda gestellt werden.[217] Das hat schon Augustus klar erkannt. Sein Mausoleum war als Denkmal der von ihm begründeten Dynastie konzipiert[218] und diente bis auf Nerva als Grablege der römischen Kaiser. Nero sowie Galba, Otho und Vitellius fanden allerdings im Augustusmausoleum keine Aufnahme. Und die Flavier wurden, nachdem anscheinend Vespasian und Titus zuerst im *mausoleum Augusti* bestattet worden waren, später im *templum gentis Flaviae* beigesetzt. Nach der Säulenbestattung Trajans errichtete dann Hadrian sein neues Mausoleum,[219] das bis auf Caracalla als kaiserliche Begräbnisstätte genutzt wurde. Für die folgende Zeit hat man nur spärliche Nachrichten. Nur beiläufig erfährt man, daß Gallienus ein Grabmal an der Via Appia besaß, in dem später auch Severus II. bestattet wurde. Erst in der Tetrarchenzeit fließen die Quellen wieder reichlicher. Die verschiedenen Grabbauten der Tetrarchen, Diocletians Mausoleum in Spalato, das Mausoleum Maximians in Mailand, das Romulusmausoleum in Rom und das dann nicht

[214] Ammian 21, 1, 4.

[215] Vgl. P. Bastien, Le monnayage de l'atelier de Lyon du règne de Jovien à la mort de Jovin, Wetteren 1987, 28. Vgl. ders. in: Quad. Tic. di Num. 14, 1985, 305ff. – Allg. s. A. Chastagnol, MEFRA 100, 1988, 13ff. (Inschriftliche Zeugnisse).

[216] Literatur bei P. Herz, ANRW II 16, 2, 1978, 865ff. Vgl. allg. H. Chantraine, GWU 39, 1988, 67ff., und J. Arce, Funus imperatorum, Madrid 1988.

[217] Vgl. zum Folgenden O. Hirschfeld, Kleine Schriften, Berlin 1913, 449ff., und G. Waurick, JRGZM 20, 1973, 107ff., sowie allg. L. Koep–E. Stommel–J. Kollwitz, RAC II 1954, 194ff. G. Wesch-Klein, Funus publicum, Stuttgart 1993.

[218] Vgl. D. Kienast, Augustus, Darmstadt 1982, 340 mit Anm. 120 mit Lit.

[219] Vgl. D. Kienast, Chiron 10. 1980, 392ff.

genutzte Mausoleum des Galerius in Thessalonike, sind ein Spiegelbild für die politische Zersplitterung der beiden ersten Jahrzehnte des 4. Jahrhunderts. Constantin der Große oder Constantius II. hat dann bei der erst später eingeweihten Apostelkirche in der neuen Hauptstadt Constantinopel eine kaiserliche Grabstätte eingerichtet, die lange Zeit als Grablege der byzantinischen Kaiser gedient hat.[220] Die weströmischen Herrscher fanden seit Honorius im Mausoleum bei Alt-St. Peter in Rom ihre letzte Ruhestätte.[221] Trotz der monumentalen Grabbauten des Augustus, des Hadrian und der Tetrarchen wurde allerdings bis auf Constantin der Tag der Beisetzung nur selten als Gedenktag im Kalender vermerkt.[222] Für die oströmischen Kaiser und ihre Angehörigen wird in den Consularia Constantinopolitana und im ›Chronicon Paschale‹ gelegentlich auch – wie bei den christlichen Bischöfen und Märtyrern – der *dies depositionis* angegeben.

Eine wichtige Rolle für die Herrschaftslegitimation spielte die *consecratio*,[223] die zunächst auf den toten Vorgänger beschränkt blieb. Den Anfang machte Oktavian mit der Apotheose Caesars, dem Tiberius mit der Vergöttlichung des Augustus folgte. Schon Caligula hat dann auch seine Schwester Drusilla nach ihrem Tode consecrieren lassen, und ebenso verfuhr mit größerem Recht Claudius mit der Livia. Nero hat sogar sein totes Baby und Trajan neben seinem Adoptivvater Nerva auch seinen leiblichen Vater und seine Schwester Marciana unter die Götter versetzen lassen – um nur einige Beispiele zu nennen.[224] Nicht alle für ein totes Mitglied des Kaiserhauses ein-

[220] Die Beschreibung der Kaisergräber im ›Liber de caeremoniis‹ des Konstantinos VII Porphyrogenetos ist von G. Downey, JHS 79, 1959, 27ff. neu ediert und kommentiert worden. Dazu kommt eine Beschreibung im sogenannten ›Chronicon Altinate‹ oder ›Venetum‹ (11.–13. Jh.), die von Ph. Grierson, DOP, 16, 1962, 3ff., untersucht worden ist. Vgl. auch G. Bovini, Corsi di Ravenna 1962, 155ff.

[221] Vgl. H. Koethe, Röm. Mitt. 46, 1931, 9ff.

[222] Gegen L. Sensi, Athenaeum 55, 1977, 329ff., der in dem Kalenderfragment von Hispellum die Daten von *dies depositionum* erkennen wollte, s. St. Priuli, Tituli 2, 1980, 47ff.

[223] Dazu H. Gesche, Chiron 8, 1978, 377ff. Vgl. allgemein: L. Koep, RAC III 1957, 269ff. (Consecratio) und 1251ff. (Divus) mit Lit., und S. Price, in: Rituals of Royalty, hrsg. von D. Cannadine–S. Price, Cambridge 1987, 56ff., sowie G. Bonamente, in K. Rosen, Macht und Kultur im Rom der Kaiserzeit, Bonn 1994, 137ff.

[224] Vgl. für die Motive Plinius, Paneg. 11, 1–2: *Dicavit caelo Tiberius Augustum, sed ut maiestatis crimen induceret, Claudium Nero, sed ut irrideret,*

gerichteten Kulte hatten jedoch eine längere Dauer. Viele dürften gleich nach dem Tode des Kaisers, der sie eingesetzt hatte, wieder verschwunden sein (so z. B. die von Caligula oder von Nero eingesetzten Kulte). Von Severus Alexander wird dann berichtet, daß er die Zahl der kultisch verehrten Divi von 20 auf 12 reduzierte, von denen in der Spätantike auch der Divus Claudius (I.) und der Divus Commodus nicht mehr aufgeführt wurden.[225] Für die Chronologie muß man zwischen dem Consecrationsbeschluß und dem Vollzug der *consecratio* unterscheiden, die im Falle Caesars immerhin 4½ Jahre auseinanderlagen.[226] Beide Daten werden übrigens nur selten überliefert. In den Fasti Ostienses wird oft nur der Consecrationsbeschluß festgehalten. Der Brauch der *consecratio* wurde auch in der Spätantike nicht aufgegeben, doch scheinen die Riten ihres heidnischen Charakters entkleidet worden zu sein.[227] Im Westen begegnet die *consecratio* noch bis auf Valentinian III. († 16. März 455), im Osten sogar noch bis auf Anastasios I. († 518). Die consecrierten Kaiser führen weiter wie in der Prinzipatszeit die Bezeichnung *divus* oder erhalten die Apposition *divae memoriae*.[228]

Die ermordeten oder gestürzten Kaiser und ihre Angehörigen verfielen meist der sogenannten *damnatio memoriae* durch den Senat.[229] Diese Bezeichnung als solche ist nicht antik, hat sich aber in der modernen Literatur allgemein eingebürgert. In der Antike sprach man von der *abolitio nominis*. Deren wichtigste Folgen waren die Umstür-

Vespasianum Titus, Domitianus Titum, sed ille ut dei filius, hic ut frater videretur. Tu sideribus patrem intulisti non ad metum civium, non in contumeliam numinum, non in honorem tuum, sed quia deum credis.

225 Vgl. M. Hammond, Antonine Monarchy 208f.

226 Vgl. H. Gesche, Die Vergottung Caesars, Kallmünz 1968. Für die Kaiserzeit s. allgemein W. Kierdorf, Chiron 16, 1986, 43ff., und Tyche 1, 1986, 147ff.

227 Vgl. E. Beurlier, Le culte impérial, Paris 1891, 286ff. (mit einer Liste der Divi und Divae S. 325ff.). S. Calderone, in: Le culte des souverains, Genf 1973, 213ff. G. W. Bowersock, in: Jewish and Christian Self-Definition III, London 1982, 171ff.

228 Zur Nomenclatur der divinisierten Kaiser und Kaiserinnen s. A. Chastagnol, REL 62, 1984, 275ff.

229 Vgl. bes. F. Vittinghoff, Der Staatsfeind in der römischen Kaiserzeit, Berlin 1936. Dazu J. P. Rollin, Untersuchungen zu den Rechtsfragen römischer Bildnisse, Diss. Bonn 1979, 163ff. Th. Pekáry, Das römische Kaiserbild in Staat, Kult und Gesellschaft, Berlin 1985, 134ff. R. Münsterberg, Wiener Numism. Monatsblätter 11, 1918, 32ff. (eradierte Kaisernamen auf Münzen). C. J. Howgego, Greek Imperial Countermarks, London 1985, 5f. (Gegen-

zung bzw. Zerstörung der Statuen und Bildnisse des Toten (Bildnisstrafe) und die Tilgung seines Namens auf den Denkmälern *(erasio nominis)*. Wo die Ächtung des Andenkens ausdrücklich bezeugt ist, findet man auch die Zerstörung von Namen und Bildnis. Umgekehrt kann eine solche Zerstörung auch ein Hinweis auf die offiziell verhängte *damnatio memoriae* sein, zumal dann, wenn – ein weiterer Hinweis – der Betroffene in den Quellen als 'Tyrann' bezeichnet wird.[230] Andrerseits gab es selbstverständlich auch spontane Akte der Zerstörung, ohne daß eine offizielle *damnatio memoriae* erfolgt ist. Vor allem im 3. Jahrhundert läßt sich gelegentlich nicht sicher entscheiden, ob z. B. die *erasio nominis* Folge einer offiziellen *damnatio* ist oder ob sie inoffiziellen Charakter hat. Gelegentlich folgte der *abolitio nominis* später die *restitutio memoriae* und die *consecratio* (so z. B. im Falle des Commodus) oder wurde umgekehrt nach der *consecratio* später doch noch die *damnatio memoriae* verhängt. Daß damit wichtige Datierungshinweise gegeben werden können, liegt auf der Hand. Auch sonst hatte die *damnatio memoriae* für die Kaiserchronologie gelegentlich einschneidende Folgen. In den Papyrusurkunden schlug man z. B. die Regierungsjahre eines Usurpators den Jahren seines Vorgängers oder seines Nachfolgers zu, wenn diese als rechtmäßige Kaiser galten.[231] Im übrigen wurde die Namenstilgung auf den Inschriften auch bei sicher damnierten Kaisern meist nicht konsequent durchgeführt. Auch war es nicht üblich, die Namen der mit der *abolitio nominis* bestraften Personen in den Fasti und in ähnlichen Verzeichnissen zu löschen.

Zur Titulatur der Frauen des Kaiserhauses: Augustus hat mit der testamentarischen Adoption der Livia auf diese den Namen Iulia Augusta übertragen.[232] Der Augustaname wurde offenbar

stempel auf Münzen Neros). H. Jucker, in: Praestant interna (Festschrift U. Hausmann), Tübingen 1982, 110ff. (mit weiterer Literatur). – Zum Wortlaut eines Damnationsbeschlusses vgl. SHA Vita Commodi 20, 4f. Geringe Reste des Beschlusses der *damnatio memoriae* Getas sind auf einem Papyrus (BGU 2056) ans Licht gekommen.

[230] Vgl. dazu F.-K. Springer, Tyrannus, Diss. Köln 1952, und L. Wickert, RE XXII 1954, 2119ff., und ANRW II 1, 1974, 37f.

[231] Vgl. J. P. Sijpesteijn, ZPap 31, 1974, 221 und L. Koenen, ebd. 228ff.

[232] Vgl. dazu H. W. Ritter, Chiron 2, 1972, 313ff. Allgemein zur Stellung der kaiserlichen Frauen s. L. Wickert, RE XXII 2, 1954, 2181ff., u. W. Kuhoff, Klio 75, 1993, 244ff. Zu den Augustae von Livia bis Iulia Domna vgl. H. Temporini, Die Frauen am Hofe Trajans, Berlin–New York 1979, 27ff.

jedoch schon bald als Titel verstanden. Das griechische Äquivalent war Σεβαστή und wurde schon zu Lebzeiten des Augustus inoffiziell in titularem Sinne verwendet.[233] Caligula ließ dann durch den Senat seiner Großmutter Antonia, die in keinerlei verwandtschaftlicher Beziehung zur *gens Iulia* stand, den Namen Augusta verleihen. Antonia lehnte diesen Namen allerdings zu ihren Lebzeiten ab. Nach ihrem Tode erscheint der Augustatitel dann aber auf Münzen und Inschriften. Antonia sollte durch jene Ehrung offenbar der Livia an Rang gleichgestellt werden. Von einer Augustaerhebung seiner vier Frauen oder seiner drei Schwestern sah Caligula jedoch ab. Selbst seine Lieblingsschwester Drusilla erhielt den Namen Augusta nicht. Ebenso hat Claudius seiner Gemahlin Messalina auch nach der Geburt des Britannicus nicht den Namen Augusta verleihen lassen. Dagegen erhielt die Jüngere Agrippina ein Jahr nach ihrer Hochzeit mit Claudius nach der Adoption ihres Sohnes Domitius (der seitdem Nero hieß) den Augustanamen. Das war politisch sinnvoll, da Claudius durch seine Ehe mit der Agrippina eine engere Verbindung mit dem julischen Haus hatte herstellen wollen.[234] Wie weit auch der Ehrgeiz der Agrippina selbst die Entscheidung des Claudius beeinflußt hat, muß offenbleiben. Nero hat dann zwar nicht der von ihm nicht geliebten Octavia, wohl aber der Poppaea Sabina und später der Stalilia Messalina wohl aus dynastischen Motiven den Augustatitel zugestanden und ebenso seiner kleinen, früh verstorbenen Tochter Claudia. Vitellius ließ, noch bevor er selbst den Augustustitel annahm, seiner Mutter Sextilia, der Gattin des dreifachen Consuls L. Vitellius, den Namen Augusta verleihen, nicht aber seiner Gattin Galeria Fundana. Auch von Titus und von Domitian sowie von Trajan wurde die Vergabe des Augustatitels bewußt in den Dienst ihrer dynastischen Politik gestellt. Titus verlieh seiner Tochter Iulia den Augustanamen. Domitian erhob seine Mutter (oder Schwester?) Domitilla und seine Gattin Domitia Longina zur Augusta, Trajan verlieh sowohl seiner Gattin Pompeia Plotina wie seiner Schwester Marciana und seiner Nichte Matidia, der Tochter der Marciana, den Titel Augusta. Die folgenden Kaiser haben dann den Augustatitel nur an ihre Frauen und an die Frauen ihrer Thronfolger vergeben. So erhielt Faustina II. nach der Geburt ihres ersten Kindes noch unter Pius den Augustanamen. Von den Töchtern Marc Aurels bekam nur die Lucilla nach ihrer

233 Vgl. dazu H. Temporini a. O. 29, Anm. 115. – Zum inoffiziellen Titel βασιλίς bzw. *regina* s. unten Anm. 238.

234 Vgl. K. Kraft, Kleine Schriften I, Darmstadt 1973, 68ff.

Hochzeit mit L. Verus den Augustatitel. Der Zweimonatskaiser Didius Iulianus hat dann allerdings sowohl seine Frau wie seine Tochter in den Rang einer Augusta erhoben, doch blieb das eine Episode. Erst die als Kaiser schwachen späteren Severer haben die Vergabe des Augustatitels wieder großzügiger gehandhabt. Elagabal erhob nicht nur seine drei Frauen, die alle vornehmer Abkunft waren, sofort zu Augustae, sondern auch seine Großmutter Iulia Maesa und seine Mutter Iulia Soaemias. Severus Alexander gab neben seiner Gemahlin Sallustia Orbiana auch seiner Mutter Mamaea den Augustatitel. Zweifellos sollte damit die *domus Augusta* betont herausgestellt und die dynastischen Gefühle besonders der Truppen gezielt angesprochen werden. Wie groß der Einfluß der syrischen Augustae wirklich war, ist jedoch ein offenes Problem.[235] Nach der Ermordung des Severus Alexander wurde dann der Augustatitel bis auf Constantin mit einer Ausnahme nur der Frau des Kaisers verliehen.[236] Allerdings erhielten nicht alle Frauen den Augustatitel. Von den Tetrarchen hat nur Galerius seine Gemahlin zur Augusta erhoben; sie war immerhin die Tochter des Oberkaisers Diocletian. Aber weder dessen Gattin Prisca noch Eutropia, die Frau Maximians, oder Theodora, die zweite Frau des Constantius I., haben den Augustatitel geführt. Helena, die erste Frau (oder Concubine?) des Constantius, erhielt den Augustatitel erst in hohem Alter durch ihren Sohn Constantin. Offenbar war für diese Zurückhaltung der Tetrarchen die niedere gesellschaftliche Herkunft ihrer Frauen ausschlaggebend.[237] Ähnliches gilt vielleicht schon für einige Kaiserfrauen des 3. Jahrhunderts. Es ist jedenfalls auffällig, daß für das Gallische Reich nur eine Augusta

[235] Vgl. dazu E. Kettenhofen, Die syrischen Augustae in der historischen Überlieferung, Bonn 1979.

[236] Zu Victoria, der Mutter des Victorinus, s. unten.

[237] Allerdings erfährt man nur von der Helena, daß sie einmal eine *stabularia* war (Ambrosius, De obitu Theodosii 42); über die Herkunft der anderen Tetrarchenfrauen hat man keine konkreten Angaben. Von Prisca, der Frau Diocletians, deutet Lactantius (De mortib. pers. 15, 1) an, daß sie ebenso wie ihre Tochter Galeria dem christlichen Glauben zuneigte. Eutropia, die Frau des Herculius, war eine *Syra mulier* (Epit. de Caes. 40, 12), ihre Tochter Theodora aus ihrer ersten Ehe mit einem Soldaten, dem späteren *praefectus praetorio* Afranius Hannibalianus (?), heiratete dann den Constantius I. Die Frau des Maximinus Daia ist namentlich überhaupt nicht bekannt. Gerade die Tatsache, daß man von den Frauen der Tetrarchen so wenig erfährt, weist aber darauf hin, daß ihre Herkunft nicht bedeutend war, wie ja auch die Tetrarchen selbst sich von unten hochgedient hatten.

genannt wird, die Victoria, die Mutter des Victorinus, die vornehmer Abkunft gewesen sein soll. Von den zahlreichen Usurpatoren unter Gallienus hat offenbar nur Regalianus seine Gattin zur Augusta gemacht, die sich ebenfalls vornehmer Abkunft rühmen konnte. Im 4. und 5. Jahrhundert sind die Gründe für die Vergabe bzw. Nicht-Vergabe des Augustatitels weniger deutlich. Maxentius und Licinius mögen ihre Frauen, die Tochter des Galerius und die Schwester Constantins, aus politischen Gründen, um deren Prestige und deren Einfluß zu begrenzen, nicht mit dem Augustatitel geehrt haben. Constantin I. hat dagegen die Vergabe des Titels wieder großzügiger gehandhabt und sowohl seiner Gattin Fausta wie seiner Mutter Helena und seiner Tochter Constantina, der Frau des *rex Hannibalianus,* den Augustatitel zugestanden. Im Falle der Constantina dürften neben deren notorischem Ehrgeiz auch außenpolitische Gründe, d. h. die Politik gegenüber Armenien und Persien, eine Rolle gespielt haben. Constantius II. hat dagegen keiner seiner drei Frauen den Augustatitel verleihen lassen, vielleicht um deren Einfluß nicht durch die Vergabe des Titels in unliebsamer Weise zu steigern. (Ein solches Motiv würde gut zu dem mißtrauischen Charakter des Constantius passen.) Eusebia wurde zwar von Julian als βασιλίς apostrophiert, aber das war eine ebenso inoffizielle Bezeichnung wie der Ausdruck *regina,* den Ammian für Eusebia verwendet.[238] Gerade der Sprachgebrauch Ammians bestätigt vielmehr, daß Eusebia den Augustatitel nicht besessen hat. Dem Beispiel des Constantius II. folgte dann Julian. Auch Jovian, Valentinian I. und Gratian enthielten ihren Frauen den Augustatitel vor, obwohl ihre Ehen mit Kindern gesegnet waren. Nur Valens hat seine Frau Domnica zur Augusta erhoben. Ebenso machte Theodosius I. seine erste Gattin Flaccilla zur Augusta, nicht jedoch seine zweite Frau Galla, deren noch unter Theodosius geborene Tochter Galla Placidia dann später Augusta wurde. Von den Söhnen des Theodosius I. erhob Arcadius seine Frau Eudoxia nach der Geburt ihres ersten Kindes zur Augusta, während Honorius seinen Frauen Maria und Thermantia, die beide kinderlos blieben, den Titel vorenthielt – vielleicht auch weil deren Erhebung zu Augustae zugleich für ihren Vater Stilicho einen weiteren Prestigegewinn bedeutet hätte. Theodosius II. machte dann seine Schwester Pulcheria und nach der Geburt ihres ersten Kindes auch seine Gattin Eudocia zu Augustae,

[238] Julian, or. II (III) und p. 121a (p. 94 Bidez). Ammian 15, 2, 3 und 8. 16, 10, 13. Schon der Ältere Plinius bezeichnete die Messalina als *regina* (Plin. n. h. 29, 20).

und Valentinian III. vergab den Augustatitel ebenfalls an Gattin und Schwester, an Eudoxia, die Tochter Theodosius' II. und an Iusta Grata Honoria.[239]

Als Ehrentitel für die Damen des Kaiserhauses begegnet offiziell zuerst unter Marc Aurel für Faustina II. und zuletzt unter Galerius für die Galeria Valeria die Bezeichnung *mater castrorum,* die im 3. Jahrhundert noch erweitert wurde zu *mater castrorum, senatus ac patriae,* zuerst bei Septimius Severus oder Caracalla für die Iulia Domna und zuletzt bei Carinus für die Magnia Urbica. Die Datierung dieser offiziellen Ehrentitel ist allerdings oft nur annäherungsweise möglich.[240]

[239] Vgl. PLRE II S. 929f. (Aelia Pulcheria), 408f. (Aelia Eudocia Nr. 2), 410ff. (Licinia Eudoxia Nr. 2), 568f. (Iusta Grata Honoria).

[240] Vgl. dazu E. Kettenhofen, Die syrischen Augustae in der historischen Überlieferung, Bonn 1979, bes. 173ff., und H. Temporini (oben Anm. 232) 61ff.

Nachträge: Zu den munizipalen Fasti s. J. Bodel, ZPap 96, 1993, 259ff. und 105, 1995, 279ff. (mit. Lit.). Allg. s. J. Rüpke, Kalender und Öffentlichkeit, Berlin 1995. – Zu den Kaiserfesten in Ägypten s. F. Perpillou-Thomas, Fêtes d'Égypte ptolémaïque et romaine d'après la documentation papyrologique grecque, Löwen 1993. – Allg. zur Kaisertitulatur s. A. Magioncalda, Lo sviluppo della titulatura imperiale da Augusto a Giustiniano attraverso le testimonianze epigrafiche, Turin 1991. – Zu den Ereignissen im Osten im 3. und 4. Jh. vgl. W. Felix, Antike literarische Quellen zur Außenpolitik des Sasanidenstaates I, Wien 1985 (mit z. T. ausführlichen chronologischen Erörterungen).

KAISERTABELLE

Augustus (16. Jan. 27 v. Chr.–19. Aug. 14 n. Chr.)

Geb.: 23. Sept. 63 v. Chr. in Rom (der Geburtstag wurde später, aber noch zu Lebzeiten des Augustus, am 23. und 24. September gefeiert, vgl. z. B. Dessau 154). Sohn des C. Octavius, praetor 60 v. Chr. (RE s. v. Octavius Nr. 15) und der Atia (RE s. v. Attius Nr. 34).

Name: C. Octavius (die Beinamen Thurinus und Caepias sind apokryph), seit 8. Mai 44 v. Chr.: C. (Iulius) Caesar (der Beiname Octavianus wurde vom jungen Caesar nicht geführt und auch von seinen Anhängern nicht gebraucht. Er findet sich jedoch bei Cicero bis zum November 44 v. Chr. Später verwendet auch Cicero nur den Namen C. Caesar), seit Ende Okt./Anf. Nov. 40 v. Chr.: Imperator Caesar divi filius, seit 16. Jan. 27 v. Chr.: Imperator Caesar divi filius Augustus.

Wichtige Einzeldaten:

59 v. Chr.	Tod des C. Octavius pater.
51 v. Chr.	laudatio funebris für die Großmutter Iulia. Erziehung beim Stiefvater L. Marcius Philippus, cos. 56 v. Chr. (RE s. v. Marcius Nr. 76).
18. Okt. 48 v. Chr.	Annahme der toga virilis. Bestellung zum Pontifex (so FCum. Nach FAntMin am 19. Okt.).
April/Mai 47 v. Chr.	praefectus urbi feriarum Latinarum causa.
Sept. 46 v. Chr.	dona militaria anläßlich des afrikanischen Triumphes Caesars. Reise nach Spanien.
Herbst (Sept./Okt.) 45 v. Chr.	Reise nach Apollonia, vorher (?) adlectio inter patricios.
Anf. 44 v. Chr.	magister equitum designatus.
15. März 44 v. Chr.	Ermordung Caesars, testamentarische Adoption.
8. Mai 44 v. Chr.	Offizielle Annahme der Erbschaft Caesars.
20.–30. Juli 44 v. Chr.	ludi Victoriae Caesaris, Erscheinung des sidus Iulium (FAmit).
2. Jan. 43 v. Chr.	imperium propraetore, adlectio in senatum, locus consularis sententiae dicendae.
7. Jan. 43 v. Chr.	(dies imperii). Der junge Caesar führt zum ersten Mal die fasces (FCum. FPraen.).
14. April 43 v. Chr.	Schlacht bei Forum Gallorum.
16. April 43 v. Chr.	Erste imperatorische Akklamation (FCum).
21. April 43 v. Chr.	Schlacht bei Mutina.
19. Aug. 43 v. Chr.	Erstes Consulat (FCum), lex curiata de adoptione.
27. Nov. 43 v. Chr.	lex Titia. Der junge Caesar wird IIIvir rei publi-

	CAE CONSTITUENDAE zusammen mit M. Antonius und M. Aemilius Lepidus.
23. Okt. 42 v. Chr.	Schlacht bei Philippi (FPraen).
seit ca. 41 v. Chr.	Augur.
Jan./Febr. 40 v. Chr.	L. Antonius läßt den jungen Caesar zum hostis rei publicae erklären.
Ende Febr. 40 v. Chr.	Einnahme von Perusia, Gefangennahme des L. Antonius.
15. März 40 v. Chr.	Arae Perusinae.
Herbst 40 v. Chr.	Vertrag von Brundisium.
Ende Okt./Anf. Nov. 40 v. Chr.	Erste ovatio. Annahme des PRAENOMEN IMPERATORIS. Vollzug der Consecration Caesars.
Frühsommer 39 v. Chr.	Vertrag von Misenum.
17. Jan. 38 v. Chr.	Heirat mit Livia Drusilla (FVerul).
Sept./Okt. 37 v. Chr.	Vertrag von Tarent. Erneuerung des Triumvirats beschlossen. Der junge Caesar nennt sich IIIVIR REI PUBLICAE CONSTITUENDAE II.
August 36 v. Chr.	Schlacht bei Mylai.
September 36 v. Chr.	Schlacht bei Naulochos (3. Sept. FAmit) und Kapitulation des Lepidus (22. Sept.).
13. Nov. 36 v. Chr.	Ovatio ex Sicilia (FTriumph). Sacrosanctitas tribunicia.
35/34 v. Chr.	Krieg in Illyrien.
seit ca. 37/35 v. Chr.	Quindecimvir sacris faciundis.
31. Dez. 33 v. Chr.	(nicht 32 v. Chr.) Ende der 2. Triumviratsperiode.
Sommer (?) 32 v. Chr.	Coniuratio Italiae.
2. Sept. 31 v. Chr.	Schlacht bei Actium (FAmit).
Spätherbst 31 v. Chr.	Einweihung in die Mysterien von Eleusis.
1. Aug. 30 v. Chr.	Fall von Alexandria (FAmit. FPraen).
11. Jan. 29 v. Chr.	Schließung des Ianus-Tempels (Oros. 6, 20, 1).
August 29 v. Chr.	Triplex triumphus (über die Dalmater, wegen der Schlacht bei Actium, über Ägypten: 13.–15. Aug.), Einweihung des Tempels für den Divus Iulius (18. Aug. FAntMin), Weihung der ara Victoriae in der Curie (28. Aug. FMaff.).
28 v. Chr.	Oktavian wird princeps senatus. – Abhaltung des Census mit Agrippa. – Weihung des palatinischen Apollontempels (9. Okt. FAntMin).

Jan. 27 v. Chr.	Restitutio rei publicae. Verleihung der corona civica (13. Jan. FPraen). Übertragung des IMPERIUM PROCONSULARE auf 10 Jahre. Ehrung durch Augustusnamen, duo laurae und clupeus virtutis (16. Jan. FCum). Seitdem: IMPERATOR CAESAR DIVI FILIUS AUGUSTUS.
Mai/Juni 27 v. Chr.	Aufbruch nach Gallien (Aufenthalt dort bis Ende 27).
26–25 v. Chr.	Aufenthalt in Spanien und Teilnahme am Kantabrerkrieg.
25 v. Chr.	Zweite Schließung des Janustempels (2. H. 25). Weihung der aedes Neptuni durch Agrippa (23. Sept. 25. FArv).
vor 13. Juni 24 v. Chr.	Rückkehr nach Rom.
23 v. Chr.	Verschwörung des Varro Murena (nach Dio 54,3 im J. 22 v. Chr.). Erkrankung des Augustus (Juni). Niederlegung des Consulats auf dem mons Albanus (vor 1. Juli?). Augustus erhält die volle TRIBUNICIA POTESTAS und das IMPERIUM PROCONSULARE MAIUS.
22 v. Chr.	Übernahme der cura annonae. Ablehnung von Dictatur und Censur. Reise nach Sizilien und in den Osten.
1. Sept. 22 v. Chr.	Weihung des Iuppiter Tonanstempels in Rom (FAmit. Dio 54, 4, 2).
20 v. Chr.	Rückgabe der römischen Feldzeichen durch die Parther, Regelung der Armenien-Frage. – Übernahme der cura viarum. Errichtung des miliarium aureum.
12. Mai 19 v. Chr.	(FCum. Dio 54, 8, 3. Vgl. Degrassi) Einweihung des Mars Ultor-Tempels auf dem Kapitol?
12. Okt. 19 v. Chr.	Rückkehr aus dem Osten. Altar der Fortuna Redux beschlossen (FAmit). Stiftung der Augustalia.
Herbst 19 v. Chr.	Verleihung des IMPERIUM CONSULARE.
15. Dez. 19 v. Chr.	Altar der Fortuna Redux geweiht (FAmit).
18 v. Chr.	Sittengesetzgebung (leges Iuliae). Neukonstituierung des Senats.
17 v. Chr.	Adoption des C. und des L. Caesar und Saecularfeier: Senatsbeschlüsse über die ludi saeculares (17. Febr. und 23. Mai), ludi Latini saecula-

	res (31. Mai/1. Juni), ludi Latini in theatro (1.–3. Juni), ludi Latini et Graeci honorarii (5.–11. Juni), venatio, ludi circenses, lusus Troiae (12. Juni). Vgl. Comm. lud. saec. V.
29. Juni 16 v. Chr.	Weihung des Quirinustempels (FVen. Ovid., Fasti 6, 795).
Frühsommer 16 v. Chr.	Clades Lolliana. Abreise des Augustus nach Gallien.
4. Juli 13 v. Chr.	Rückkehr nach Rom. Stiftung der ara Pacis (FAmit).
12 v. Chr.	Wahl zum PONTIFEX MAXIMUS (6. März. FPraen). Leichenrede für Agrippa (Ende März/Anf. April). Signum et ara Vestae auf dem Palatin geweiht (28. April. FPraen). Einweihung der ara Romae et Augusti in Lyon (1. Aug. Suet. Claud. 2, 1. Dio 54, 32, 1). – Reise des Augustus nach Aquileia und Treffen mit Herodes?
11 v. Chr.	Einweihung des Marcellustheaters (4. Mai. Plin., n. h. 8, 65). Tod der Octavia Minor. – Reise nach Gallien (Ende 11 v. Chr.).
Winter 11/10 v. Chr.	Aufenthalt in Lyon.
10 v. Chr.	Dritte Schließung des Ianustempels beschlossen. Leichenrede für die Octavia Minor.
9 v. Chr.	Dedicatio der Ara Pacis (30. Jan. FPraen). Erlaß des Statthalters Paullus Fabius Maximus über die Reform des Kalenders in der Provinz Asia (OGIS 458). Lectio senatus in Rom. Leichenrede für Drusus (Spätjahr).
8 v. Chr.	Kalenderreform in Rom. Umbenennung des Monats Sextilis in Augustus. Census. Einteilung Roms in 14 Regionen. Erweiterung des Pomerium (?). Reise nach Gallien.
7 v. Chr.	Beginn der Liste der Vicomagistri.
27. Juni 4 v. Chr.	Wiederherstellung des Larentempels in summa sacra via (FAntMin. Ovid Fasti 6, 791).
2 v. Chr.	Verleihung des PATER PATRIAE-Titels (5. Febr. FPraen). Einweihung des Forum Augusti Dedication des Mars-Tempels (1. Aug. Dio 60, 5, 3).
4 n. Chr.	Adoption des Tiberius und des Agrippa Postumus (26. oder 27. Juni).

5 n. Chr.	Lex Cornelia Valeria über die Destinationscenturien.
6–9 n. Chr.	Pannonischer Aufstand.
6 n. Chr.	Weihung des Castor-Tempels (27. Jan. FPraen). Weihung der ara Numinis Augusti in Rom (17. Jan. FPraen). Aufstellung der cohortes vigilum. Census des Quirinius in Judaea.
10. Aug. 7 n. Chr.	Weihung der ara Cereris Matris et Opis Augustae (FAmit).
9 n. Chr.	Clades Variana (Sept.). Lex Papia Poppaea de matrimonio.
22. Sept. 11 n. Chr.	Ara Numinis Augusti in Narbo Martius beschlossen (Dessau 112).
8. Jan. 13 n. Chr.	Weihung des signum Iustitiae Augustae durch Tiberius.
3. April 13 n. Chr.	Testamentsabfassung (Suet. Aug. 101, 1).
ca. 11. Mai 14 n. Chr.	Abschluß des Census. Lustrum mit Tiberius
19. Aug. 14 n. Chr.	*Gest.* in Nola (Campanien) (FAntMin.FOst). 1. Hälfte Sept. 14 Beisetzung im Mausoleum Augusti.
17. Sept. 14 n. Chr.	Consecratio (FAmit): DIVUS AUGUSTUS.

Consulate:

cos. I	19. Aug.–Nov. 43 v. Chr.
cos. II	1. Jan. 33 v. Chr.
cos. desig. III	33 v. Chr. (Dessau 77)
cos. III	1. Jan.–31. Dez. 31 v. Chr.
cos. IV	1. Jan.–31. Dez. 30 v. Chr.
cos. V	1. Jan.–31. Dez. 29 v. Chr.
cos. desig. VI	29 v. Chr. (Dessau 81)
cos. VI	1. Jan.–31. Dez. 28 v. Chr. (mit Agrippa)
cos. VII	1. Jan.–31. Dez. 27 v. Chr. (mit Agrippa)
cos. desig. VIII	27 v. Chr. (Dessau 84)
cos. VIII	1. Jan.–31. Dez. 26 v. Chr.
cos. IX	1. Jan.–31. Dez. 25 v. Chr.
cos. desig. X	25 v. Chr. (Dessau 85)
cos. X	1. Jan.–31. Dez. 24 v. Chr.
cos. XI	1. Jan.–Ende Juni 23 v. Chr.
cos. desig. XII	6 v. Chr. (Dessau 5828)
cos. XII	1. Jan.–nach 11. April (31. Juli?) 5 v. Chr.
cos. desig. XIII	3 v. Chr. (Dessau 100)
cos. XIII	1. Jan.–nach 1. Aug. 2 v. Chr.

imperium consulare (in der Titulatur nicht geführt): seit Herbst 19 v. Chr.

imperium proconsulare (in der Titulatur nicht geführt):

(I)	16. Jan. 27 v. Chr.–Ende 18 v. Chr. (imperium proconsulare maius seit Juli 23 v. Chr.)
(II)	Ende 18 v. Chr.–2. H. 13 v. Chr.
(III)	2. H. 13 v. Chr.–1. H. 8 v. Chr.
(IV)	1. H. 8 v. Chr.–3 n. Chr.
(V)	3 n. Chr.–1. H. 13 n. Chr.
(VI)	1. H. 13–19. Aug. 14 n. Chr.

(Die Verlängerungen des imperium proconsulare wurden von Augustus nicht gezählt.)

triumvir rei publicae constituendae:

I	27. Nov. 43 v. Chr.–Okt. 37 v. Chr.
II	Okt. 37 v. Chr.–31. Dez. 33 v. Chr.

tribunicia potestas:

trib. pot. I	26. Juni 23 v. Chr.–25. Juni 22 v. Chr.
trib. pot. II	26. Juni 22 v. Chr.–25. Juni 21 v. Chr.
trib. pot. III	26. Juni 21 v. Chr.–25. Juni 20 v. Chr.
trib. pot. XXXVII	26. Juni 14 n. Chr.–19. Aug. 14 n. Chr.

Imperatorische Akklamationen:

imp. I	16. April 43 v. Chr.
imp. II	vor 15. März 40 v. Chr. (vgl. Dio 48, 14, 3f. und 16, 1)
imp. III	Sept./Okt. 40 v. Chr.?
imp. IV	Aug. 36 v. Chr.
imp. V	33 v. Chr.?
imp. VI	2. Sept. 31 v. Chr. (vgl. Oros. 6, 19, 14)
imp. VII	Aug. 30 v. Chr.
imp. VIII	25 v. Chr.
imp. IX	12. Mai (?) 20 v. Chr. (vgl. Ovid. Fasti 5, 545ff.)
imp. X	15 oder 14 v. Chr.
imp. XI	12 v. Chr. (Dio 54, 31, 4)
imp. XII	11 v. Chr. (Dio 54, 33, 5)
imp. XIII	10 oder 9 v. Chr.
imp. XIV	Frühsommer 8 v. Chr.
imp. XV	2 oder 3 n. Chr. (Dio 55, 10a, 7)
imp. XVI	6 n. Chr. (Dio 55, 28, 5)
imp. XVII	7 n. Chr.
imp. XVIII	8 n. Chr.
imp. XIX	3. Aug. (?) 9 n. Chr. (Das Tagesdatum der Fasti Antiates könnte sich auch auf das Vorjahr beziehen.)
imp. XX	11 n. Chr.
imp. XXI	13 n. Chr.

In Ägypten = Zählung der Καίσαρος κράτησις ursprünglich ab 1. Aug. (?), später ab 1. Thot (Dios) 30 v. Chr. = 29. Aug. 30 v. Chr.

Congiaria (Vgl. RgdA 15 mit Kommentar von Volkmann. Suet. Tib. 20):

I	44 v. Chr.
II	29 v. Chr.
III	24 v. Chr.
IV	12 v. Chr.
V	5 v. Chr.
VI	2 v. Chr.
VII	13 n. Chr.

Die Zählung wird nach D. van Berchem gegeben; dabei werden die 12 frumentationes, die Augustus im Jahre 23 v. Chr. verteilt hat (RgdA 15), nicht berücksichtigt.

Verlobt mit Servilia, Tochter des P. Servilius Isauricus, cos. 79 v. Chr. (RE s. v. Servilius Nr. 104).

Verheiratet
mit Clodia, Stieftochter des Antonius, Nov. 43–41 v. Chr. (PIR^2 C 1057),
mit Scribonia, Winter 40/39–Ende 39 v. Chr. (PIR^1 S 220),
mit Livia seit 17. Jan. 38 v. Chr. (s. unter Tiberius).

Eine *Tochter* Iulia (s. unten) von der Scribonia.

Vier *Adoptivsöhne:*
C. Caesar (s. unten),
L. Caesar (s. unten),
Tiberius (s. unten),
Agrippa Postumus (s. unten).

Zwei *Schwestern:*
Octavia Maior, Stiefschwester (PIR^2 O 65),
Octavia Minor (PIR^2 O 66).

PIR^2 I 215.
Diz. Epigr. I 1895, 879ff. (E. Ciccotti).
RE X 1, 1918, 275ff. Nr. 172 (K. Fitzler–O. Seeck).
Kl P I 744ff. (R. Hanslik).
RAC I 1950, 993ff. (F. Müller–K. Gross).
RIC I 39ff. I^2 21ff.
Herrscherbild I 2, 1994 (D. Boschung); IV 1982, 6ff. (A.-K. Massner).
U. Hausmann, ANRW II 12, 2 (zum Augustusporträt).
Fittschen-Zanker, Katalog I 1ff. Nr. 1.
V. Gardthausen, Augustus und seine Zeit, 2 Bde., Leipzig 1891.
D. Kienast, Augustus. Prinzeps und Monarch, Darmstadt 1982.
T. D. Barnes, JRS 64, 1974, 21ff. (zu den imperatorischen Akklamationen).
R. Syme, Phoenix 33, 1979, 308ff. (zu den imperat. Akklam.).
L. Schumacher, Historia 34, 1985, 191ff. (zu den imperat. Akklam.).

T. C. Skeat, The Augustan Aera in Egypt, ZPap 53, 1983, 241 ff.
A. B. Bosworth, Harv. Stud. 86, 1982, 150 ff. (zum Versuch des Augustus, den Antritt seines 1. Consulats auf den 22. Sept. 43 herabzudatieren).
P. Herz, ANRW II 16, 2, 1147 ff.
G. Radke, Fasti Romani, Münster 1970, 78 ff. (zum Geburtsdatum. Das astronomische und julianische Datum des 23. Sept. habe nach präjulianischem Kalender im Jahr 63 v. Chr. dem 17. Dez. entsprochen).
H. Halfmann, Itinera principum 157 ff.
A. Keaveney – J. A. Madden, Phoenix 37, 1983, 245 (keine ovatio nach der Schlacht bei Mutina).
M. A. Cavallaro, Spese e Spettacoli, Bonn 1984, 150 ff. und 250 ff. (zu den ludi saeculares und zu den Augustalia).
I. König, Epigraphica 34, 1972, 3 ff. (zum doppelten Geburtstag).
D. van Berchem, Les distributions de blé 142 ff. (zu den congiaria).
T. C. Skeat, The reign of Augustus in Egypt. Conversion tables for the Egyptian and Julian calendars, 30 B. C.–14 A. D., München 1993.
D. Hagedorn, ZPap 100, 1994, 211 ff. (ägypt. Kalender).
Grenier, Titulatures 9 und 87 ff.

Drusus, der Ältere

Geb.: zwischen 18. März und 13. April (11. April?) 38 v. Chr. (vgl. Suet. Claud. 1,1 gegen 11,3), Sohn des Ti. Claudius Nero, Prätor 42 v. Chr. (RE s. v. Claudius Nr. 254) und der Livia Drusilla (s. unter Tiberius).

Name: NERO CLAUDIUS DRUSUS, Praenomen urspr. Decimus? Siegesbeiname Germanicus postum (Suet. Claud. 1,1–3): DRUSUS GERMANICUS. PRIVIGNUS AUGUSTI (Dessau 148 ergänzt), FRATER TI. CAESARIS AUG. (nach 19. Aug. 14 n. Chr.: Dessau 149).

19 v. Chr.	privilegium annorum (Dio 54, 10, 4). Augur?
18 v. Chr.	(seit 5. Dez. 19 v. Chr.?) Quästor.
16 v. Chr.	Abhaltung von Gladiatorenspielen mit Tiberius. Weiterführung der prätorischen Amtsgeschäfte des Tiberius nach dessen Weggang aus Rom.
15 v. Chr.	Feldherr (legatus Augusti pro praet.) im Räterkrieg. Geburt des Germanicus (24. Mai).
13–12 v. Chr.	legatus Augusti pro praet. in Gallien und am Rhein.
13 v. Chr.	Abhaltung des Census in Gallien.
12 v. Chr.	Weihung der ara Romae et Augusti in Lyon

	(1. Aug. 12 v. Chr.). Beginn der Germanenkriege.
11 v. Chr.	praetor urbanus. Wiederaufnahme der Germanenkriege, ornamenta triumphalia und ovatio (Herbst 11 v. Chr.: Dio 54, 33, 5), laudatio funebris für Octavia Minor (gest. bald nach 23. Sept. 11 v. Chr.?).
seit 1. Jan. 10 v. Chr.	IMPERIUM PROCONSULARE.
1. Aug. 10 v. Chr.	Geburt des Claudius.
9 v. Chr.	Consul (seit 1. Jan. 9 v. Chr.).
Spätjahr 9 v. Chr. (nicht 14. Sept.)	*Gest.* in Germanien. Kenotaph in Mainz. Beisetzung im Mausoleum Augusti.

cos. I	1. Jan.–Spätjahr 9 v. Chr.
imperator I	seit 1. Jan. 10 v. Chr.
imperator II	10 oder 9 v. Chr.
Germanicus	nach dem Tode Ende 9 v. Chr.

Verheiratet mit ANTONIA MINOR (s. unter Caligula).
Mehrere *Kinder*, von denen nur drei überlebten (Suet. Claud. 1,6) und namentlich bekannt sind:
GERMANICUS (s. unter Tiberius).
(CLAUDIA) LIVIA IULIA (= LIVILLA) (PIR² L 303. R.-Ch. 239. Hahn, Frauen 126ff.).
CLAUDIUS (der spätere Kaiser, s. dort).

PIR² C 857.
RE III 2, 1899, 2703ff. Nr. 139 (A. Stein).
Kl P I 1212f. Nr. 20 (R. Hanslik).
Z. Kiss, L'iconographie des princes Julio-Claudiens 86ff.
Fittschen-Zanker, Katalog I 27ff. Nr. 22.
A. U. Stylow, Chiron 7, 1977, 487ff. (zu den imperatorischen Akklamationen).
R. Syme, Phoenix 33, 1979, 310f. (zu den imperatorischen Akklamationen).
W. Suerbaum, Chiron 10, 1980, 337ff. (zum Geburtsdatum).
L. Sensi, Athenaeum 68, 1977, 332 Anm. 9 (zum Namen Germanicus).
St. Priuli, Tituli 2, 1980, 47ff. (zum Geburtsdatum).
W. D. Lebek, ZPap 78, 1989, 45ff. (zum Drususmonument in Mainz).
C. J. Simpson, Phoenix 42, 1988, 173ff. (zum Praenomen).
A. Vassileiou, Riv. Phil. 58, 1984, 45ff. (zum Geburtsdatum).
G. Radke, Fasti Romani, Münster 1990, 91ff. (Geburtsdatum).
G. Alföldy, CIL VI Suppl., 1995/6, ad Nr. 40327 (Augurat).

Marcellus

Geb.: 42 v. Chr., Sohn des C. Claudius Marcellus, cos. 50 v. Chr. (RE s. v. Claudius Nr. 216) und der Octavia Minor (PIR^2 O 66), Neffe des Oktavian/Augustus.
Name: M. CLAUDIUS MARCELLUS.

39 v. Chr.	Verlobung mit einer Tochter des Sex. Pompeius (RE s. v. Pompeius Nr. 55).
13.–15. Aug. 29 v. Chr.	Teilnahme am Triumph Oktavians.
25 v. Chr.	Ausrichtung von Spielen in Spanien, Heirat mit IULIA, der Tochter des Augustus, in Rom.
24 v. Chr.	aedilis designatus, privilegium annorum.
23 v. Chr.	Ädil, Pontifex.
nach 1. Aug. 23 v. Chr.	*Gest.* in Baiae, Beisetzung im Mausoleum Augusti.
4. Mai 11 v. Chr.	Einweihung des theatrum Marcelli.

PIR^2 C 925.
RE III 2, 1899, 2764ff. Nr. 230 (A. Gaheis).
Kl P I 1214 Nr. 32 (R. Hanslik).
Herrscherbild IV, 1982, 43ff. (A.-K. Massner).
Z. Kiss, L'iconographie des princes Julio-Claudiens au temps d'Auguste et de Tibère, Warschau 1975, 24ff. (Bildnis).
Fittschen-Zanker, Katalog I 19f. Nr. 19.

Iulia

Geb.: Ende 39 v. Chr., Tochter des Oktavian und der Scribonia (PIR^1 S 2207).

Sept./Okt. 37 v. Chr.	Verlobung mit M. Antonius Antyllus, dem Sohn des Triumvirn Antonius (RE s. v. Antonius Nr. 32) (Dio 48, 54, 4).
25 v. Chr.	Heirat mit M. Marcellus.
21 v. Chr.	Heirat mit M. Agrippa.
20 v. Chr.	Geburt des C. Caesar.
19 v. Chr. (?)	Geburt der (Vipsania) Iulia.
Anf. 17 v. Chr.	Geburt des L. Caesar.

Herbst 17 v. Chr.– Frühjahr 13 v. Chr.	Orientreise mit Agrippa.
Okt. 14 v. Chr.	Geburt der Agrippina in Athen.
12 v. Chr.	Verlobung mit Tiberius, Geburt des Agrippa Postumus.
11 v. Chr.	Heirat mit Tiberius.
10 v. Chr.	Geburt eines Sohnes in Aquileia (bald nach der Geburt gestorben).
Ende 2 v. Chr.	Scheidung von Tiberius, Verbannung nach der Insel Pandateria.
3 n. Chr.	Übersiedlung nach Rhegion.
2. H. 14 n. Chr.	*Gest.* in Rhegion.

Verheiratet mit 1. MARCELLUS, 2. AGRIPPA, 3. TIBERIUS.
5 *Kinder* von Agrippa: C. CAESAR, (VIPSANIA) IULIA (PIR^2 I 635), L. CAESAR, AGRIPPINA (PIR^1 V 463), AGRIPPA POSTUMUS (s. unten).
Ein *Sohn* von Tiberius, bald nach der Geburt gestorben.

PIR^2 I 634.
RE X 1, 1918, 896ff. Nr. 550 (K. Fitzler).
Kl P II 1539f. Nr. 95 (R. Hanslik).
R.-Ch. 421.
RIC I p. 76 Nr. 166f. I^2 p. 72 Nr. 404f.
P. Sattler, Studien aus dem Gebiet der Alten Geschichte, Wiesbaden 1962, 1ff.
J. Linderski, ZPap 72, 1988, 181ff. (zum Aufenthalt in Rhegium).
A. Ferrill, in: C. Deroux, Studies II, 332ff.
Hahn, Frauen 106ff.

Agrippa

Geb.: 64/3 v. Chr. (zwischen 23. Okt. und 23. Nov. 64?), ritterlicher Herkunft, Sohn des L. Vipsanius und einer unbekannten Mutter.
Name: M. VIPSANIUS AGRIPPA.

43 v. Chr.	(seit August?) tribunus plebis?
41 v. Chr.	Unterfeldherr (Legat?) Oktavians.
seit 1. Jan. (?) 40 v. Chr.	praetor urbanus.
Frühjahr 39 (?)– Herbst 38 v. Chr.	Proconsul der Gallia Transalpina.
37 v. Chr.	Consul. Anlage des Portus Iulius. Vertrag von Tarent (Sept./Okt. 37 v. Chr.). Um diese Zeit (?) Heirat mit Caecilia Attica (Nep. Att. 12, 1).

3. Sept. 36 v. Chr.	Schlacht bei Naulochos.
13. Nov. 36 v. Chr.	Agrippa erhält die corona rostrata.
35–34 v. Chr.	Teilnahme am Illyrerkrieg Oktavians.
33 v. Chr.	Aedilis curulis. Bauprogramm. Astrologenaustreibung aus Rom.
31. März 32 v. Chr.	Tod des T. Pomponius Atticus, Agrippa sein Erbe.
32/31 v. Chr.	Oberbefehl über die Flotte des Oktavian.
2. Sept. 31 v. Chr.	Schlacht bei Actium.
13.–15. Aug. 29 v. Chr.	Teilnahme am Triumph Oktavians. Agrippa erhält ein vexillum caeruleum.
28 v. Chr.	Consul II. Heirat mit Claudia Marcella, der Tochter der Octavia Minor. Abhaltung des Census mit Oktavian.
27 v. Chr.	Consul III.
25 v. Chr.	Einweihung des Pantheon.
23 v. Chr.	IMPERIUM PROCONSULARE für 5 Jahre.
23–22 v. Chr.	Tätigkeit im Osten.
21 v. Chr.	Rückkehr nach Rom, Scheidung von der Marcella. Heirat der Augustustochter Iulia (Ende 21 v. Chr.).
ca. Juni 20 v. Chr.– Frühjahr 18 v. Chr.	Tätigkeit in Gallien und Spanien. Beendigung der Kantabrerkriege.
1. Juli (?) 18 v. Chr.	TRIBUNICIA POTESTAS für 5 Jahre, IMPERIUM PROCONSULARE für 5 Jahre.
31. Mai–3. Juni 17 v. Chr.	Abhaltung der ludi saeculares als XXvir s. f. zusammen mit Augustus.
Herbst 17 v. Chr.– Frühj. 13 v. Chr.	Tätigkeit im Osten.
1. Juli (?) 13 v. Chr.	Verlängerung der TRIBUNICIA POTESTAS und des IMPERIUM PROCONSULARE um 5 Jahre.
Anf. 12 v. Chr.	Reise nach Illyricum.
März 12 v. Chr.	*Gest.* in Campanien (Dio 54, 28, 2–3). Beisetzung im Mausoleum Augusti.

cos. design.	seit Herbst 38 v. Chr.
cos. I	1. Jan.–31. Dez. 37 v. Chr.
cos. design. II	2. H. 29 v. Chr.
cos. II	1. Jan.–31. Dez. 28 v. Chr. (mit Augustus)
cos. III	1. Jan.–31. Dez. 27 v. Chr. (mit Augustus)
trib. pot. I	1. Juli (26. Juni?) 18 v. Chr.–30. (25.?) Juni 17 v. Chr.
trib. pot. II	1. Juli 17 v. Chr.–30. Juni 16 v. Chr.

trib. pot. III	1. Juli 16 v. Chr.–30. Juni 15 v. Chr.
trib. pot. VI	1. Juli 13 v. Chr.–März 12 v. Chr.

Den *Imperator*-Titel hat Agrippa zu Lebzeiten nicht geführt.

Verheiratet mit
1. Caecilia Attica (PIR^1 P 573),
2. Claudia Marcella (PIR^2 C 1102. R.-Ch. 242),
3. Iulia, der Tochter des Augustus (s. oben).

Eine *Tochter* von der Caecilia Attica: Vipsania Agrippina (PIR^1 V 462).
Mehrere *Kinder* von der Marcella (Suet. Aug. 63, 1), Namen unbekannt, u. a. eine Tochter Vipsania?, verheiratet mit Q. Haterius, cos. suff. 5 v. Chr. (PIR^2 H 24)?
Fünf *Kinder* von der Iulia (s. oben).
Ein *Bruder:* L. (?) Vipsanius.
Eine *Schwester:* Vipsania Polla (PIR^1 P 409. V 464).

PIR^1 V 457.
Diz. Epigr. I 1895, 368f. (D. Vaglieri).
RE IX A 1, 1961, 1226ff. Nr. 2 (mit Stammtafel), (R. Hanslik).
Kl P I 145f. (R. Hanslik).
BMC Rep. II p. 410ff. Nr. 100ff.
Fittschen-Zanker, Katalog I 25f. Nr. 21.
RIC I p. 76 Nr. 168ff. p. 107f. Nr. 29 und 32. p. 111.
RIC I^2 p. 73 und p. 112 Nr. 58.
J.-M. Roddaz, Marcus Agrippa, Rom 1984.
R. Syme, Phoenix 33, 1979, 308f.
K. Bringmann, Chiron 7, 1977, 219ff. (zum imperium des Agrippa).
H. Halfmann, Itinera principum 163ff.

C. Caesar

Geb.: zwischen 14. Aug. und 13. Sept. (nicht 23. Sept.) 20 v. Chr. Sohn des M. Vipsanius Agrippa und der Augustustochter Iulia. Ursprünglicher Name unbekannt.

17 v. Chr.	(nach 29. Jan.?) von Augustus adoptiert. Name: C. Iulius Caesar.
13 v. Chr.	Teilnahme am Troiaspiel. Leitung der Spiele pro reditu Augusti (zusammen mit Tiberius).
12 v. Chr.	Augustus gibt Gladiatorenspiele zu Ehren des C. und L. Caesar.
8 v. Chr.	Comes Augusti in Gallien. Tirocinium militiae.

	Congiarium für die Rheinarmee zu Ehren des C. Caesar.
7 v. Chr.	Vorsitz der Spiele pro reditu Augusti (zusammen mit dem Consul Cn. Piso).
6 v. Chr.	Pontifex.
5 v. Chr.	Annahme der toga virilis, VIvir equitum Romanorum, PRINCEPS IUVENTUTIS, consul designatus (13. Januar).
2 v. Chr. (?)	IIvir aedibus dedicandis consulari potestate (Dio 55, 10, 6).
1 v. Chr.	Heirat mit Claudia Livia (Livilla) Iulia (PIR^2 L 303). Aufbruch in den Osten mit IMPERIUM PROCONSULARE (29. Jan.?).
1 n. Chr.	Consul (1. Jan.–31. Dez.).
2 n. Chr.	Einsetzung erst des Ariobarzanes, dann des Artavasdes in Armenien.
9. Sept. 3 n. Chr.	Verwundung vor Artagira (Fasti Cuprenses), bald danach Einnahme von Artagira und IMPERATORISCHE AKKLAMATION für C. Caesar.
21. (22.?) Febr. 4 n. Chr.	*Gest.* in Limyra (Lykien) (FVerul). Kenotaph in Limyra. Beisetzung im Mausoleum Augusti.

PIR^2 I 216.
RE X 1, 1918, 424ff. Nr. 134 (V. Gardthausen).
Kl P II 1526f. Nr. 23 (R. Hanslik).
RIC I p. 89f. Nr. 348ff. I^2 p. 54ff. Nr. 198ff.
Z. Kiss, L'iconographie des princes Julio-Claudiens 35ff.
Herrscherbild IV, 1982, 53ff. (A.-K. Massner).
Fittschen-Zanker, Katalog I 21ff. Nr. 20.
J. Pollini, The Portraiture of Gaius and Lucius Caesar, New York 1987.
R. Syme, Phoenix 33, 1979, 315 (zur Frage des imperator-Titels).
A. Bernecker, Das Adoptionsdatum des Tiberius, Bonn 1980, 17 (zum Todesdatum).
P. Herz, Der Aufbruch des C. Caesar in den Osten, ZPap 39, 1980, 285ff.
–, Klio 75, 1993, 272ff. (zum Datum der Consulatsdesignation).
–, in: J. Ganzert, Der Kenotaph für Gaius Caesar in Limyra, Tübingen 1984, 188ff. (zum Geburtsdatum).
H. Halfmann, Itinera principum 166f.
St. Priuli, Tituli 2, 1980, 47ff. (danach im Text die Geburtsdaten des Gaius und des Lucius Caesar).
A. Vassileiou, ZPap 47, 1982, 119ff.

L. Caesar

Geb.: zwischen 14. Juni und 15. Juli 17 v. Chr., Sohn des M. Vipsanius Agrippa und der Augustustochter Iulia. Gleich nach der Geburt zusammen mit seinem Bruder von Augustus adoptiert.
Name: L. IULIUS CAESAR

2 v. Chr.	Annahme der toga virilis, PRINCEPS IUVENTUTIS, consul designatus, IIvir aedibus dedicandis consulari potestate, augur. Verlobung mit Aemilia Lepida (PIR^2 A 420).
20. Aug. 2 n. Chr.	*Gest.* in Massilia auf der Reise nach Spanien (FAntMin). Bestattet im Mausoleum Augusti.

PIR^2 I 222.
RE X 1, 1918, 472f. (V. Gardthausen).
RE Suppl. VIII, 1956, 922 (F. Brommer).
Kl P V 1609 Nr. 23a (H. Volkmann).
Z. Kiss, L'iconographie des princes Julio-Claudiens 54ff.
Weitere *Literatur* s. oben unter C. Caesar.

Agrippa Postumus

Geb.: 12 v. Chr. (nach 26. Juni), Sohn des M. Vipsanius Agrippa und der Augustustochter Iulia.
Name: M. (VIPSANIUS) AGRIPPA POSTUMUS AUGUSTI NEPOS (ZPap 72, 1988, 113).

26. (27.?) Juni 4 n. Chr.	Zusammen mit Tiberius von Augustus adoptiert, Name: AGRIPPA IULIUS CAESAR.
6 n. Chr.	Abdicatio und Verbannung nach Sorrent.
7 n. Chr.	Relegatio nach der Insel Planasia.
8 n. Chr.	Exilium perpetuum auf Senatsbeschluß.
ca. 20. Aug. 14 n. Chr.	*Gest.* (ermordet unmittelbar nach dem Tode des Augustus).

PIR^2 I 214.
RE X 1, 1918, 183ff. Nr. 128 (V. Gardthausen).
Z. Kiss, L'iconographie des princes Julio-Claudiens 65ff.
G. V. Sumner, Latomus 26, 1967, 431 (zur Verbannung).

Tiberius (19. Aug. 14–16. März 37)

Geb.: 16. Nov. 42 v. Chr. in Rom (FAntMin. Suet. Tib. 5). Sohn des Ti. Claudius Nero, Prätor 42 v. Chr. (RE s. v. Claudius Nr. 254), und der Livia Drusilla (s. unten).
Name: TI. CLAUDIUS NERO.

Wichtige Einzeldaten:

40 v. Chr.	Flucht mit seinen Eltern nach Sizilien.
39 v. Chr.	Rückkehr nach Rom.
seit 17. Jan. 38 v. Chr.	Stiefsohn des Oktavian.
33/32 v. Chr.	Leichenrede für den Vater, Verlobung mit Vipsania Agrippina.
13.–15. Aug. 29 v. Chr.	Teilnahme am Triumph Oktavians.
24. Apr. 27 v. Chr.	Annahme der toga virilis (FPraen).
26/25 v. Chr.	tribunus militum im Kantabrerkrieg.
24 v. Chr.	privilegium annorum (Dio 53, 28, 3), quaestor designatus.
23 v. Chr.	(seit 5. Dez. 24 v. Chr.?) quaestor (Ostiensis?).
20 v. Chr.	Restitution des Tigranes von Armenien (als legatus Augusti?). Empfang der Partherfeldzeichen?
Okt. 19 v. Chr.	Verleihung der ornamenta praetoria.
16 v. Chr.	Prätor. Heirat mit Vipsania Agrippina.
16–15 v. Chr.	legatus Augusti pro praet. in Gallien.
15 v. Chr.	Alpenfeldzug. Spätestens damals: pontifex.
Sommer 12 v. Chr.	Scheidung von der Vipsania. Verlobung mit Iulia.
11 v. Chr.	Heirat mit der Augustustochter Iulia.
12–9 v. Chr.	legatus Augusti in Pannonien und Dalmatien.
Ende 12 v. Chr.	Empfang der ornamenta triumphalia.
16. Jan. 9 v. Chr. (?)	ovatio ex Pannonia.
Spätjahr 9 v. Chr.	Leichenrede für Drusus, d. Ä.
8 v. Chr.	Befehlshaber mit IMPERIUM PROCONSULARE in Germanien.
1. Jan. 7 v. Chr.	Triumph ex Germania.
6 v. Chr.	Verleihung der TRIBUNICIA POTESTAS für fünf Jahre. Rückzug nach Rhodos.
2 v. Chr.	Scheidung von der Iulia.

1 v. Chr.	(seit 1. Juli?) legatus Augusti.
2 n. Chr.	(kurz vor 20. Aug.) Rückkehr nach Rom.
26. Juni 4	(so FAmit–27. Juni: Vell. Pat. 2, 103) Adoption durch Augustus. Name: Ti. Iulius Caesar (der Beiname Claudianus angeblich in der Weihinschrift des Castortempels: Dio 55, 27, 5). Verleihung der tribunicia potestas für zehn Jahre.
4–6	Feldherr mit imperium proconsulare in Germanien.
6–9	Feldherr mit imperium proconsulare in Pannonien.
3. Aug. 8	Sieg in Illyricum (FAntMin).
16. Jan. 10	Weihung des Concordiatempels in Rom.
10–12	Feldherr mit imperium proconsulare in Germanien.
23. Okt. 12	(FPraen) Triumph ex Pannonis Delmatisque.
13	Erneuerung der tribunicia potestas (für zehn Jahre?), Verleihung des imperium proconsulare aequum (für zehn Jahre?). Weihung des signum Iustitiae Augustae (8. Jan.).
ca. 11. Mai 14	feierliches lustrum mit Augustus.
19. Aug. 14	Tod des Augustus. Tiberius faktisch Alleinherrscher.
17. (?) Sept. 14	Erhebung zum Augustus: Tiberius Caesar Augustus, auch Imp. Tiberius Caesar Aug. trotz Zurückweisung des Praenomen Imperatoris. Verleihung des imperium proconsulare auf Lebenszeit. Spätestens damals Augur, XVvir sacris faciundis, VIIvir epulonum (seit 7. Jan. eines unbekannten Jahres: FPraen). Pater Patriae-Titel abgelehnt (doch gelegentlich auf Inschriften).
10. März 15	(FPraen) Wahl zum pontifex maximus.
13. Sept. 16	(FAmit) Supplicatio für die Aufdeckung der Verschwörung des Libo (PIR[1] S 214).
18. Okt. 17	(FAmit) Restaurierter Tempel des Ianus ad theatrum Marcelli geweiht.
20	Prozeß und Selbstmord des Cn. Calpurnius Piso (PIR[2] C 287).
Jan. 21–Mitte 22	Aufenthalt in Campanien.

23. April 22	Weihung des signum divi Augusti ad theatrum Marcelli (FPraen).
23	Tempel für Tiberius, Livia und den Senat in Asia beschlossen. Laudatio funebris für Drusus, d. J.
24	Decennalia.
2. H. 26	Abreise nach Campanien.
27	Rückzug nach Capri.
12. März 30	Weihung des arcus Drusi (FOst).
18. Okt. 31	Hinrichtung Sejans (FOst).
34	Vicennalia.
1. Nov. 36	Brand Roms.
16. März 37	*Gest.* in Misenum.
29. März 37	Überführung nach Rom (FOst).
4. April 37	Beisetzung im Mausoleum Augusti (FOst). Keine consecratio, keine damnatio memoriae.

cos. I	1. Jan.–31. Dez. 13 v. Chr.
cos. II	1. Jan.–31. Dez. 7 v. Chr.
cos. III	1.–31. Jan. 18 n. Chr. (FAntMin)
cos. IV	1. Jan.–31. März 21 n. Chr. (Suet. Tib. 26)
cos. V	1. Jan.–8. Mai 31 n. Chr. (Suet. a. O.)

trib. pot. I	26. Juni 6 v. Chr.–25. Juni 5 v. Chr.
trib. pot. II	26. Juni 5 v. Chr.–25. Juni 4 v. Chr.
trib. pot. III	26. Juni 4 v. Chr.–25. Juni 3 v. Chr.
trib. pot. IV	26. Juni 3 v. Chr.–25. Juni 2 v. Chr.
trib. pot. V	26. Juni 2 v. Chr.–25. Juni 1 v. Chr.
trib. pot. VI	26. Juni 4 n. Chr.–25. Juni 5 n. Chr.
trib. pot. VII	26. Juni 5 n. Chr.–25. Juni 6 n. Chr.
trib. pot. XXXVIII	26. Juni 36 n. Chr.–16. März 37 n. Chr.

imp. I	Sept. 9 v. Chr. (10 v. Chr. Syme)
imp. II	Frühsommer 8 v. Chr.
imp. III	6 n. Chr. (5 n. Chr. Syme)
imp. IV	8 n. Chr.
imp. V	3. Aug. 9 n. Chr. (?) (Das Tagesdatum der Fasti Antiates könnte sich auch auf das Vorjahr beziehen)
imp. VI	11 n. Chr. (?)
imp. VII	13 n. Chr. (?)
imp. VIII	Spätsommer 16 n. Chr.

Congiarium	7. Juni 20 n. Chr. (FOst)

Verheiratet mit

1. Vipsania Agrippina (PIR[1] V 462. R.-Ch. 811),
2. Iulia, Tochter des Augustus (s. unter Augustus).

Ein *Sohn* von der Vipsania Agrippina: Nero Claudius Drusus (s. unten).
Ein *Sohn* von der Iulia (bald nach der Geburt 10 v. Chr. gestorben).
Ein *Adoptivsohn:* Germanicus (s. unten).

PIR[2] C 941.
RE X 1, 1918, 478ff. Nr. 154 (M. Gelzer).
Kl P V 814ff. Nr. 1 (R. Hanslik).
RIC I 98ff. I[2] 87ff.
L. Polacco, Il volta di Tiberio, Rom 1955.
Z. Kiss, L'iconographie des princes Julio-Claudiens 71ff.
Herrscherbild IV 1982, 48ff. und 77ff. (A.-K. Massner).
Fittschen-Zanker, Katalog I 10ff. Nr. 10ff.
P. Herz, ANRW II 16,2, 1150ff. und 1155ff.
R. Seager, Tiberius, London 1972.
P. Schrömbges, Tiberius und die res publica Romana, Bonn 1986.
J. Scheid–H. Broise, MEFRA 92, 1980, 234 (zum Adoptionsdatum).
A. Bernecker, Das Adoptionsdatum des Tiberius und die Nundinalschaltung 26. oder 27. 6. 4 n. Chr., Bonn 1980.
K. Wellesley, JRS 57, 1967, 23ff. (vermutet als dies imperii 1./3. September 14, übernommen von P. Schrömbges).
M. Paladini, I poteri di Tiberio Cesare dal 4 a 14 d.C., in: Hommages à M. Renard II, Brüssel 1969, 573ff.
A. U. Stylow, Chiron 7, 1977, 487ff. (zur tribunicia potestas).
H. Gesche, Chiron 2, 1972, 339ff. (zu den imperatorischen Akklamationen).
R. Syme, Phoenix 33, 1979, 308ff. (zu den imperatorischen Akklamationen).
B. Levick, Tiberius the Politician, London 1976 (mit älterer Lit.).
O. Montevecchi, Yale Class. Stud. 28, 1985, 267ff. (zu den ägyptischen Regierungsjahren des Tiberius. Jahr 1 = 14/15, Beginn 17. Sept.?).
A. Bernecker, in: Studien zur Alten Geschichte (Festschrift S. Lauffer) I, Rom 1986, 27ff. (zur Laufbahn).
L. Schumacher, Historia 34, 1985, 216ff. (zu den imperatorischen Akklamationen, danach oben).
D. Hennig, L. Aelius Seianus, München 1975.
M. M. Sage, Anc. Society 13/14, 1982/83, 293ff. (zum Regierungsantritt).
Castritius, Prinzipat 53ff.
Grenier, Titulatures 18ff. und 88ff.

Germanicus

Geb.: 24. Mai 15 v. Chr. (AfA z. J. 38. FDur. FCum), in Rom? Sohn des Älteren Drusus (s. unter Augustus) und der Antonia Minor (s. unter Caligula).

Name: NERO CLAUDIUS DRUSUS. Seit Ende 9 v. Chr.: NERO CLAUDIUS DRUSUS GERMANICUS.

26. (27.?) Juni 4 n. Chr.	Adoption durch Tiberius: GERMANICUS (IULIUS) CAESAR. Seitdem: PRINCEPS IUVENTUTIS?
kurz vor 2 v. Chr.	Annahme der toga virilis.
5 n. Chr. (?)	Heirat mit Vipsania Agrippina.
7	Quästor. Augur (spätestens seit 7 n. Chr.).
7–9	Befehlshaber (legatus Aug. pro praetore?) in Illyricum.
9	ornamenta praetoria, ornamenta triumphalia. Imperatorische Akklamation (?).
11	Befehlshaber (legatus Aug. pro praet.?) in Germanien (vgl. jedoch Dio 56, 25, 2). Consul designatus.
12	Consul I in Rom.
seit 13	Befehlshaber in Germanien (vor 18. Mai, vgl. Suet. Caligula 8, 4).
seit Mai 14	(spätestens) frater Arvalis.
17. Sept. 14	IMPERIUM PROCONSULARE, flamen Augustalis, sodalis Augustalis, pontifex (wohl noch vor 14).
26. Mai 17	Triumph de Germanis (FAmit. FOst. Tac. ann. 2, 41).
1. Jan. 18	Antritt des 2. Consulats in Nikopolis (Epeiros).
18–19	Befehlshaber im Osten mit IMPERIUM PROCONSULARE MAIUS.
Jan./März 19	Aufenthalt in Ägypten.
10. Okt. 19	*Gest.* in Daphne bei Antiochia (Syrien) (FAntMin).
8. Dez. 19–Ende März/Anf. April 20	iustitium in Rom wegen des Todes des Germanicus (FOst. Tac. ann. 3, 6, 3).
16. Dez. 19	Senatssitzung de supremis honoribus Germanici (tab. Siarensis frg. II col.b 11 und 20).
Ende März/ Anf. April 20	Beisetzung im Augustusmausoleum in Rom. Kenotaph in Antiochia (Tab. Siarensis I 35f.).

cos. I	1. Jan.–31. Dez. 12 n. Chr.
cos. II	1. Jan.–28. April 18 n. Chr. (FAntMin)

imperator I 9 n. Chr. (? 13 n. Chr.: R. Syme, History in Ovid, Oxford 1978, 56ff.)
imp. II Frühsommer 15 n. Chr.

Verheiratet mit VIPSANIA AGRIPPINA, 29 n. Chr. verbannt, gest. 18. Okt. 33 (PIR[1] V 463; Hahn, Frauen 130ff.), später im Mausoleum Augusti bestattet.

9 *Kinder:*

NERO IULIUS CAESAR, geb. 6 n. Chr., vor 17 verlobt mit Iunia (PIR[2] I 851. R.-Ch. 464), 21 Heirat mit Iulia (PIR[2] I 636). Flamen und sodalis Augustalis, sodalis Titius, frater Arvalis, fetialis, quaestor (Dessau 182). 29 vom Senat zum hostis erklärt und auf die Insel Pontia verbannt. Gest. vor 18. Okt. 31. Später im Mausoleum Augusti bestattet (PIR[2] I 223).

DRUSUS IULIUS CAESAR, geb. 7 oder 8 n. Chr., verlobt mit einer Tochter des L. Savius Otho (R.-Ch. 683), später Heirat mit Aemilia Lepida (PIR[2] A 421, R.-Ch. 30), pontifex (Dessau 185), 31 vom Senat zum hostis erklärt, 33 in Haft auf dem Palatin gest. Später im Mausoleum Augusti bestattet (PIR[2] I 220 J. Pigón, Antiquitas 18, 1993, 183ff.).

TIBERIUS IULIUS CAESAR, geb. ca. 9 n. Chr., bald nach der Geburt gest. (PIR[2] I 225).

ein unbekannter Sohn, geb. ca. 10 n. Chr., bald nach der Geburt gest.

C. (IULIUS) CAESAR, geb. 11 n. Chr. in Tibur, gest. vor 31. Aug. 12 n. Chr. (PIR[2] I 218).

C. (IULIUS) CAESAR (CALIGULA, s. dort).

IULIA AGRIPPINA (s. unter Claudius).

IULIA DRUSILLA (s. unter Caligula).

IULIA LIVILLA (s. unter Caligula).

PIR[2] I 221.
RE X 1, 1918, 435ff. Nr. 138 (M. Gelzer).
Kl P II 767f. Nr. 2 (R. Hanslik).
RIC I 108 Nr. 36. 116 Nr. 20ff. 119f. 132 Nr. 83f. I[2] 110ff. Nr. 35. 43. 50. 57. 59.
Z. Kiss, L'iconographie des princes Julio-Claudiens 111ff.
Fittschen-Zanker, Katalog I 29ff. Nr. 23ff.
R. Syme, Phoenix 33, 1979, 317ff. (zu den imperator. Akklamationen).
–, History in Ovid, Oxford 1978, 56f. (zum imperium).
G. V. Sumner, Latomus 26, 1967, 426f. (zur Quästur).
D. G. Weingärtner, Die Ägyptenreise des Germanicus, Bonn 1969.
K. Bringmann, Chiron 7, 1977, 227f. (zum imperium proconsulare).
B. Gallotta, Germanico, Rom 1987.
H. Halfmann, Itinera principum 168ff.
J. Gonzales, ZPap 55, 1984, 55ff. (Tabula Siarensis mit Beschluß über die Totenehren für Germanicus).
Th. Mommsen, Gesammelte Schriften IV, Berlin 1906, 271ff. (zur Familie).
D. Hennig, Chiron 2, 1972, 349ff. (zur Ägyptenreise).
Castritius, Prinzipat 62.

G. Bonamente–M. P. Segolini (Hrsg.), Germanico. Atti del convegno (Macerata–Perugia, 9–11 maggio 1986), Rom 1987.
W. D. Lebek, A u. A 36, 1990, 93ff. ZPap 86, 1991, 52f.; 87, 1991, 103ff.; 90, 1992, 65ff. (zùr tabula Siarensis).
H. Lindsay, Latomus 54, 1995, 3ff. (Kinder).

Drusus, der Jüngere

Geb.: 7. Okt. 15 (oder 14?) v. Chr. (FerCuman.). Sohn des Tiberius und der Vipsania Agrippina (PIR[1] V 462).
Name: NERO CLAUDIUS DRUSUS.

2	Deductio in forum. Annahme der toga virilis.
seit 26. (27.?) Juni 4	DRUSUS IULIUS CAESAR.
bald nach 4	Heirat mit Livilla.
9	D. erhält das Recht, an Senatssitzungen teilzunehmen.
vor 11	augur, pontifex, XVvir sacris facundis.
11	quaestor (Dio 56, 25, 4).
13	privilegium annorum (Dio 56, 28, 1).
17. (?) Sept. 14	frater Arvalis, sodalis Augustalis. Mission nach Pannonien zur Unterdrückung der Soldatenunruhen (als legatus Augusti?).
26. Sept. 14	Ankunft in Pannonien.
15	Consul. Tod eines kurz zuvor geborenen Sohnes.
17–Anf. 20	Statthalter in Illyricum mit IMPERIUM PROCONSULARE.
28. Mai 20	Ovatio ex Illyrico (FOst).
20. Dez. 19 (?)	Geburt der Zwillingssöhne Tiberius Gemellus und Germanicus.
21	Zweites Consulat.
14. Sept. 23	*Gest.* in Rom (FAntMin). Beisetzung im Mausoleum Augusti (?).
12. März 30	Weihung eines Ehrenbogens für Drusus in Rom (FOst).

cos. design.	14
cos. I	1. Jan.–31. Dez. 15
cos. design. II	Anf. 20
cos. II	1. Jan.–31. Dez. (?) 21
trib. pot. I	März/April 22–März/April 23
trib. pot. II	März/April–14. Sept. 23

Verheiratet mit CLAUDIA LIVIA IULIA (LIVILLA) (PIR² L 303. R.-Ch. 239).
3 *Söhne:*
1. ein ignotus, gest. 15,
2. TI. IULIUS CAESAR = TIB. GEMELLUS (s. unten),
3. GERMANICUS IULIUS CAESAR, gest. 23 (PIR² I 224).

1 *Tochter* IULIA (PIR² I 636).

PIR² I 219.
RE X 1, 1918, 431 ff. Nr. 136 (V. Gardthausen).
Kl P II 170 f. Nr. 1 (R. Hanslik).
Z. Kiss, L'iconographie des princes Julio-Claudiens 98 ff.
R. S. Rogers, AJPh 61, 1940, 457 ff. (zur tribunicia potestas).
E. Meise, JbNum 16, 1966, 7 ff. (zur tribunicia potestas).
G. V. Sumner, Latomus 26, 1967, 427 ff. (zum Geburtsdatum).
Castritius, Prinzipat 64.
W. D. Lebek, ZPap 78, 1989, 83 ff. (zu den Totenehren).

Tiberius Gemellus

Geb.: 19 oder 20, Sohn des Jüngeren Drusus (s. oben) und der Livilla.
Name: TI. IULIUS CAESAR NERO (Tiberius Gemellus bei Joseph. Antt. Jud. 18, 206).

vor 37	Augur.
nach 28. März 37	Annahme der toga virilis, Adoption durch Caligula, PRINCEPS IUVENTUTIS, frater Arvalis.
Ende 37	*Gest.:* Von Caligula ermordet. Bestattet beim Bustum Caesarum auf dem Marsfeld.

PIR² I 226.
RE X 1, 1918, 536 f. Nr. 156 (V. Gardthausen).
P. Herz, BoJbb 181, 1981, 93 (zur Arvalbruderschaft).
Z. Kiss, L'iconographie des princes Julio-Claudiens 149 ff.
H. Lindsay, Prudentia Suppl. 1993, 84 ff.

Livia

Geb.: 30. Jan. 58 v. Chr. (so offiziell, vgl. AfA z. J. 38 n. Chr., real am 28. Jan.?). Tochter des M. Livius Drusus Claudianus (RE Livius Nr. 19) und der Alfidia (PIR² A 528).
Name: LIVIA DRUSILLA (Cognomen geführt bis 17. Jan. 38 v. Chr.).

43 v. Chr.	Heirat mit Ti. Claudius Nero (RE Claudius Nr. 254).
16. Nov. 42 v. Chr.	Geburt des Tiberius.
17. Jan. 38 v. Chr.	Heirat mit Oktavian.
11. April (?) 38 v. Chr.	Geburt des Drusus.
35 v. Chr.	Sacrosanctitas, Befreiung von der tutela, Statuenrecht.
9 v. Chr.	ius trium liberorum.
6 v. Chr.	Weihung der Porticus Liviae zusammen mit Tiberius.
3. oder 4. Sept. (?) 14 n. Chr.	testamentarische Adoption durch Augustus, eröffnet in der ersten Senatssitzung nach dem Tode des Augustus. Name: IULIA AUGUSTA. Sacerdos divi Augusti.
22 n. Chr.	Weihung einer Statue des Divus Augustus beim Marcellustheater (23. April), vota pro valetudine, Recht des Carpentum.
23 n. Chr.	Beschluß eines Tempels für Tiberius, Iulia Augusta und den Senatus in Asia.
27 n. Chr.	Vota pro salute Augustae.
29 n. Chr.	*Gest.* in Rom, Beisetzung im Mausoleum Augusti.
17. Jan. 42 n. Chr.	(AfA) Consecratio durch Claudius: DIVA AUGUSTA.

PIR^2 L 301.
RE XIII 1, 1926, 900ff. Nr. 37 (L. Ollendorff).
Kl. P III 687f. Nr. 2 (R. Hanslik).
Fittschen-Zanker, Katalog I 39 Nr. 38. III 1ff. Nr. 1ff.
H. Bartels, Studien zum Frauenporträt der augusteischen Zeit, München o. J. (1964) 29ff.
P. Herz, ANRW II 16, 2, 1152ff.
H. W. Ritter, Chiron 2, 1972, 313ff.
W. Suerbaum, Chiron 10, 1980, 337ff.
W. H. Gross, Iulia Augusta, Göttingen 1962 (zur Ikonographie).
M. Torelli, Annali Fac. di Lettere e Filos. della Univ. di Perugia 15, 1977/78, 180ff. (zum Jahre 22 n. Chr.).
Hahn, Frauen 34ff.
C.-M. Perkounig, L. Drusilla – Iulia Augusta, Wien 1995.
M. B. Flory, TAPA 123, 1993, 287ff.
Weitere *Literatur* s. D. Kienast, Augustus, Darmstadt 1982, 44 Anm. 187f.

Caligula (18. März 37–24. Jan. 41)

Geb.: 31. Aug. 12 n. Chr. in Antium (FVall. Suet. Calig. 8) als Sohn des Germanicus (s. unter Tiberius) und der älteren Agrippina (PIR^1 V 463. R.-Ch. 812). Der Geburtstag wurde während der Regierung des Caligula wohl zweitägig gefeiert (vgl. Herz 97 f.).
Name: C. CAESAR GERMANICUS. Den Spitznamen Caligula = Stiefelchen führte er seit Mitte 14.

29	laudatio funebris für Livia (Iulia Augusta).
30	Übersiedlung nach Capri (nach 31. August).
31	Empfang der toga virilis in Capri.
33	quaestor designatus, privilegium annorum, quaestor (suffectus? Dio 58, 23, 1).
seit 33 (?)	pontifex.
vor 37 (?)	augur.
16. März 37	imperatorische Akklamation in Misenum.
18. März 37	(AfA) Erhebung zum Augustus durch den Senat (dies imperii): C. CAESAR AUGUSTUS GERMANICUS, PONT. MAX.
28. März 37	adventus in Rom (Dio 59, 6, 1. AfA z. J. 38).
21. April 37	Bestätigung durch das Volk (Suet. Calig. 16, 4).
30. Aug. 37	dedicatio des templum Augusti (Dio 59, 7, 1–2).
21. Sept. 37	Annahme des PATER PATRIAE-Titels (AfA).
Okt. 37	Gefährliche Erkrankung.
ca. Juli/Aug. 38	Reise nach Sizilien.
18./19. Okt. (?) 39	(vor 27. Okt. vgl. AfA) Aufdeckung der Verschwörung des Cn. Cornelius Lentulus Gaetulicus (PIR^2 C 1390).
Winter 39/40	Aufenthalt in Lugdunum.
1. H. 40	Manöver in Niedergermanien und an der Kanalküste.
31. Aug. 40	Ovatio in Rom (Suet. Calig. 49, 2).
24. Jan. 41	*Gest.* (ermordet) in Rom. Heimliche Bestattung in den Lamischen Gärten, später ordnungsgemäß beigesetzt (Suet. Calig. 59). DAMNATIO MEMORIAE (Namenserasion auf Inschriften).

cos. I	1. Juli–31. Aug. 37 (Suet. Calig. 17, 1; Claud. 7. FOst, anders Dio 59, 7, 9)

cos. design. II	seit 1. Juli 38
cos. II	1. Jan.–30. Jan. 39
cos. design. III	seit 1. Juli 39
cos. III (sine collega)	1.–13. Jan. 40
cos. IV	1.–7. Jan. 41

trib. pot. I	18.(?) März 37–17.(?) März 38
trib. pot. II	18. März 38–17. März 39
trib. pot. III	18. März 39–17. März 40
trib. pot. IV	18. März 40–24. Jan. 41

imp. II–VIII (? Dio 59, 22, 2 u. 25, 5a. Offenbar nicht offiziell).

Britannicus (? Dio 59, 25, 5a. Offenbar nicht offiziell).

Je ein Congiarium am 1. Juni und am 19. Juli 37 (FOst).

5 *Brüder,* alle vor 37 gestorben (s. oben unter Germanicus).
3 *Schwestern:* Agrippina die Jüngere (s. unter Claudius), Drusilla und Livilla (s. unten).
Verheiratet mit
1. Iunia Claudilla, Juli/Aug. 33–Ende 36/Anf. 37 (PIR[2] I 857. R.-Ch. 470),
2. Cornelia (Livia?) Orestina (Orestilla), Ende 37 oder Anf. 38 (PIR[2] C 1492. R.-Ch. 285. M. Kajava, Arctos 18, 1984, 23 ff. zum Namen),
3. Lollia Paulina, Herbst 38–Ende 39 (?) (PIR[2] L 328. R.-Ch. 504),
4. Milonia Caesonia, geb. zwischen 2. u. 4. Juni eines unbekannten Jahres? (AfA, vgl. Herz), verheiratet mit Caligula seit Ende 39 (?), ermordet am 24. Jan. 41, damnatio memoriae (?) (PIR[2] M 590. R.-Ch. 550). Keine der Frauen hat den Augusta-Namen geführt.

Eine *Tochter* von der Milonia Iulia Drusilla, geb. 40, ermordet am 24. Jan. 41 (PIR[2] I 665. R.-Ch. 438. Hahn, Frauen 169 ff.).
Ein *Adoptivsohn* Tiberius Gemellus (s. unter Tiberius).

PIR[2] I 217.
Diz. Epigr. II 1, 1900, 31 ff. (D. Vaglieri).
RE X 1, 1918, 381 ff. Nr. 133 (M. Gelzer).
Kl P I 1015 f. (R. Hanslik).
RAC 2, 1954, 827 ff. (J. Straub).
RIC I 112 ff. I[2] 102 ff.
Herrscherbild I 4, 1989 und I 7, 1988 (D. Boschung). IV 1982 106 ff. (A.-K. Massner).
Fittschen-Zanker, Katalog I 32 f. Nr. 26.
Z. Kiss, L'iconographie des princes Julio-Claudiens 149 ff.

J. P. V. D. Balsdon, The Emperor Gaius, Oxford 1934 ND 1964.
G. J. D. Aalders, Caligula, zoon van Germanicus, Amsterdam 1959.
W. Trillmich, Familienpropaganda (s. unter Antonia).
F. Vittinghoff, Staatsfeind (s. oben S. 52 Anm. 229) 102f. (zur damnatio memoriae).
P. Herz, ANRW II 16, 2, 1978, 1161f. (zum Geburtstag der Caesonia).
–, BoJbb 181, 1981, 89ff. (zu den Arvalakten des J. 38 n. Chr.).
–, Bollettino di Numismatica 10, 1988, 7ff.
G. V. Sumner, Latomus 26, 1967, 425f. (zur Quästur).
J. Scheid–H. Broise, MEFR 92, 1980, 215ff. (zu den Arvalakten und bes. z. pater patriae-Titel).
A. Jakobson–H. M. Cotton, Historia 34, 1985, 497ff. (zum adventus in Rom).
P. A. Gallivan, Antichthon 13, 1979, 66ff. (zu den Consulaten).
H. Jucker, in: Praestant interna (Festschrift U. Hausmann) 1982, 110ff. (zur damnatio memoriae).
H. Halfmann, Itinera principum 170ff.
T. Nagy, AAntHung 29, 1981, 337ff.
A. A. Barrett, Caligula, London 1989.
D. Wardle, AClass 34, 1991, 158ff. (Todesdatum).
A. Ferrill, Caligula, London 1991.
Grenier, Titulatures 23ff. und 90.

Iulia Drusilla

Geb.: Anf. (1. H. Febr.) 15 oder Ende 16/Anf. 17 in Gallien, Tochter des Germanicus und der älteren Agrippina. Der Geburtstag wurde 39 (und 40?) zweitägig gefeiert (Dio 59, 13, 8f.).

33	Heirat mit L. Cassius Longinus (PIR² C 503).
37	Aufnahme in den Treueid für Caligula, erhält Ehrenrechte der Vestalinnen.
seit 38 (?)	verheiratet mit M. Aemilius Lepidus (PIR² A 371).
10. Juni 38	*Gest.* (FOst), bestattet im Mausoleum Augusti? Consecriert am 23. Sept. (?) 38 als DIVA DRUSILLA. Consecratio nach 24. Jan. 41 annulliert?

PIR² I 664.
RE X 1, 1918, 567ff. Nr. 567 (K. Fitzler).
Kl P II 1542 Nr. 102 (R. Hanslik).
RIC I 117 Nr. 26. I² 110f. Nr. 33 und 41.
P. Herz, Historia 30, 1981, 324ff., und BoJbb. 181, 1981, 101.

J. Humphrey, AJAH 4, 1979, 125 ff. (zum Geburtsdatum).
R.-Ch. 437.
Hahn, Frauen 151 ff.

Iulia Livilla

Geb.: Ende 17 oder Anf. (Febr.?) 18 auf Lesbos, Tochter des Germanicus und der älteren Agrippina.

33	Heirat mit M. Vinicius (PIR[1] V 445).
37	Aufnahme in den Treueid für Caligula, erhält Ehrenrechte der Vestalinnen.
39	auf die Pontischen Inseln verbannt.
41	restituiert von Claudius.
41/42	erneut verbannt nach Pandateria (?) und bald danach *getötet,* später beim bustum Caesarum auf dem Marsfeld beigesetzt. DAMNATIO MEMORIAE (Namenserosion auf Inschriften).

PIR[2] I 674.
RE X 1, 1918, 938 f. Nr. 575 (K. Fitzler).
Kl P II 1542 Nr. 105 (R. Hanslik).
RIC I 117. I[2] 110 f.
J. Humphrey, AJAH 4, 1979, 125 ff. zum Geburtsdatum.
P. Herz, BoJbb. 181, 1981, 103 f. zum Geburtsdatum.
R.-Ch. 443.
Hahn, Frauen 171 ff.

Antonia Minor

Geb.: 31. Jan. 36 v. Chr. (AfA. Vgl. Plut. Anton. 35,2). Tochter des Triumvirn M. Antonius und der Octavia Minor (PIR[2] O 66), Großmutter des Caligula, Mutter des Claudius.

ca. 16 v. Chr.	Heirat mit Nero Claudius Drusus d. Ä. (s. unter Augustus).
seit Sept. 9 v. Chr.	Witwe (univiria).
37 n. Chr.	Von Caligula zur sacerdos divi Augusti bestimmt und zur Augusta erhoben: ANTONIA AUGUSTA [Augusta-Name zu Lebzeiten abgelehnt (Suet. Claud. 11,2) aber bereits am 31. Jan. 38 inschriftl. bezeugt (AfA).]

1. Mai 37	*Gest.* Selbstmord? (FOst). Bestattet im Grabmal der Antonier oder der Oktavier?
nach 24. Jan. 41	MATER TI. CLAUDI CAESARIS AUGUSTI GERMANICI (Dessau 150).

Verheiratet mit NERO CLAUDIUS DRUSUS.

Mehrere *Kinder* (s. bei Drusus d. Ä. oben unter Augustus).

PIR² A 885.
RE I 2, 1894, 2640 Nr. 114 (P. Groebe).
Kl P I 413 (H. G. Gundel).
RIC I p. 131 f. I² pp. 124, 127, 129.
H. Temporini, Die Frauen am Hofe Trajans, Berlin/New York 1979, 28 ff.
W. Trillmich, Familienpropaganda der Kaiser Caligula und Claudius. Agrippina Maior und Antonia Augusta auf Münzen, Berlin 1978, bes. 17 ff. und 142 ff.
R.-Ch. 73.
N. Kokkinos, Antonia Augusta, London 1992.
Hahn, Frauen 118 ff.

Claudius (24. Jan. 41–13. Okt. 54)

Geb.: 1. Aug. 10 v. Chr. in Lugdunum (Suet. Claud. 2,1. FDur). Sohn des Älteren Drusus und der Antonia Minor (s. unter Caligula).
Name: Ti. Claudius Drusus (?).

Wichtige Einzeldaten:

seit 26. Juni 4 n. Chr.	Ti. Claudius Nero Germanicus (Suet. Claud. 2,1).
vor 14	Augur.
seit 17. Sept. 14	Sodalis Augustalis, sodalis Titius, zwischen 14 und 37 ornamenta consularia (Suet. Claud. 5).
37	adlectio in senatum, consul suffectus: 1. Juli–12. Sept. 37 (Dio 69, 7, 9).
39	Mitglied einer Senatsdelegation an Caligula nach Germanien, Priester des Jupiter Latiaris.
41	Nach der Ermordung Caligulas von den Soldaten zum Kaiser ausgerufen (24. Jan.). Am folgenden Tag (25. Jan.) Anerkennung durch den Senat: Ti. Claudius Caesar Augustus Germanicus, pontifex maximus, proconsul. Verleihung der ornamenta triumphalia (Mitte 41?).
12. Jan. 42	zwischen 6. und 12. Jan. Annahme des pater patriae-Titels (AfA).
43	Weihung der Ara Pietatis Augustae. Reise nach Britannien. Triumph über Britannien. Beiname Britannicus abgelehnt.
1.–3. Juni 47	ludi saeculares. (Das augusteische Datum 1.–3. Juni wird durch Tac.ann. XI 11 und Zosim. II 4,3 nahegelegt. Für 21. April spricht dagegen Aurel. Vict. Caes. 4,14.)
47/48	Censur.
49	Erweiterung des Pomerium.
25. Febr. 50	Adoption Neros.
51	Kapitulation des Caratacus.
1. Aug. 52	Aqua Claudia und Anio Novus eingeweiht.
13. Okt. 54	*Gest.* (ermordet?) in Rom. Beisetzung im Mausoleum Augusti. Consecratio: Divus Claudius (Aug.). (Von Nero wohl schon 55 wiederaufgehoben, aber von Vespasian wiederhergestellt: Suet. Claud. 45.)

cos. I	1. Juli–12. Sept. 37
cos. design. II	41
cos. II	1. Jan.–28. Febr. 42
cos. III	1. Jan.–28. Febr. 43
cos. III design. IV	44–46
cos. IV	1. Jan.–28. Febr. 47
cos. V	1. Jan.–31. Dez. 51
censor design.	seit 25. Jan. (?) 47 (Dessau 209)
censor	seit Ende April (?) 47–Okt. (?) 48
trib. pot. I	25. (?) Jan. 41–24. (?) Jan. 42
trib. pot. II	25. Jan. 42–24. Jan. 43
trib. pot. III	25. Jan. 43–24. Jan. 44
trib. pot. XIV	25. Jan.–13. Okt. 54
imperator II–III	41
imp. IV–VII	43
imp. VIII	43–45
imp. IX	45
imp. X	45–46
imp. XI	46
imp. XII	46–47
imp. XIII–XIV	47
imp. XV	47–48
imp. XVI	48–49
imp. XVII	49
imp. XVIII	49–50
imp. XIX–XXI	50
imp. XXII–XXIV	51
imp. XXV	51–52
imp. XXVI–XXVII	52
liberalitas I	45
II	51 (im Namen Neros, vgl. dort)

Verlobt mit

1. Aemilia Lepida, ca. 4–8 n. Chr. (PIR[2] A 419. R.-Ch. 29),
2. Livia Medullina (PIR[2] L 304. R.-Ch. 500. M. Kajava, Arctos 20, 1986, 59 ff.).

Verheiratet mit

1. Plautia Urgulanilla, wegen zügellosen Lebenswandels und Mordverdachts von Claudius geschieden (PIR[1] P 368. R.-Ch. 619),
2. Aelia Paetina, ex levibus offensis entlassen (PIR[2] A 305. R.-Ch. 18),
3. Valeria Messalina, seit 39/40, führte nicht den Augustatitel, Mitte

Okt. 48 hingerichtet, damnatio memoriae (PIR[1] V 161. RE VIII A 1, 1955, 245 ff. Nr. 402 [G. Herzog-Hauser und F. Wotke]. R.-Ch. 774. Hahn, Frauen 175 ff. R. T. Saunders, PP 49, 1994, 356 ff.).

4. Iulia Agrippina (s. unten).

5 *Kinder:*

Ein Sohn Claudius Drusus von der Urgulanilla, geb. 19 oder 20 (?), mit einer Tochter Sejans verlobt, aber noch als Kind gestorben (PIR[2] C 856),
eine Tochter Claudia von der Urgulanilla, von Claudius nicht angenommen (PIR[2] C 1060. R.-Ch. 210),
eine Tochter Antonia von der Aelia Paetina (s. unten),
eine Tochter Octavia von der Messalina (s. unter Nero),
ein Sohn Britannicus von der Messalina (s. unten),
ein *Adoptivsohn:* Nero (s. dort).

PIR[2] C 942.
Diz. Epigr. II 1, 1900, 290 ff. (E. Ferrero).
RE III 2, 1899, 2778 ff. Nr. 256 (E. Groag).
Kl P I 1215 (R. Hanslik).
RAC III, 1957, 179 ff. (W. den Boer).
RIC I p. 121 ff. I[2] p. 114 ff.
Herrscherbild IV 1982, 126 ff. (A.-K. Massner).
Z. Kiss, L'iconographie des princes Julio-Claudiens 168 ff.
Fittschen-Zanker, Katalog I 16 f. Nr. 15 f.
V. M. Scramuzza, The Emperor Claudius, Cambridge 1940.
P. Herz, ANRW II 16, 2, 1163 ff. (zu den Kaiserfesten).
P. A. Gallivan, Class. Quart. 28, 1978, 407 ff. (zu den Consulaten).
I. König, SchwMbll 21, 1971, 42 ff. (zum Titel proconsul).
W. Trillmich, Familienpropaganda (s. o. unter Antonia Minor).
D. R. Dudley, Hist. Journ. 7, 1959, 6 ff. (zu den britannischen Siegen).
H. Halfmann, Itinera principum 172 f.
H.-M. von Kaenel, Münzprägung und Münzbild des Claudius, Berlin 1986.
J. Scheid, BSAF 1988, 362 ff. (pater patriae-Titel).
B. Levick, C., London 1990.
V. M. Strocka (Hrsg.), Die Regierungszeit des C., Mainz 1993.
F. X. Ryan, AJPh 114, 1993, 611 ff. (Censur).
Grenier, Titulatures 26 ff. und 91.

Antonia

Geburtsjahr unbekannt. Tochter des Claudius und der Aelia Paetina (PIR[2] A 305).

41–47	Verheiratet mit Cn. Pompeius Magnus (PIR[1] P 477).

47–58	Zweite Ehe mit Faustus Cornelius Sulla Felix (PIR^2 C 1464).
2. H. 65 oder bald danach	Von Nero *getötet,* weil sie dessen Heiratsantrag zurückwies.

Ein *Sohn* aus der Ehe mit Faustus Sulla, geb. zwischen 48 und 54, offenbar bald nach der Geburt gestorben.

PIR^2 A 886.
RE I 2, 1894, 2641 Nr. 115 (P. von Rohden).
Kl P I 414f. Nr. 16 (R. Hanslik).
E. P. Nicolas, De Néron à Vespasien, Paris 1979, 179ff.
R.-Ch. 217.
Hahn, Frauen 182ff.

Britannicus

Geb.: 11. oder 12. Febr. 41. Sohn des Claudius und der Valeria Messalina (PIR^1 V 161).
Name: Tiberius Claudius Germanicus.

Herbst 43	Verleihung des Namens Britannicus: Ti. Claudius Caesar Britannicus (Caesarname erst seit 43?. Der Augustusname wurde von Claudius für seinen Sohn abgelehnt. Dio 60, 12, 5).
47	Teilnahme am Trojaspiel.
51	Feier der ludi Circenses in der toga praetexta.
11./12. Febr. 55	Kurz davor auf Befehl Neros durch Gift *getötet*; bestattet auf dem Marsfeld (im Mausoleum Augusti?) (Tac.ann. 13,15). Keine formale damnatio memoriae. Postume Ehren unter Titus (aber keine consecratio: Suet. Titus 2).

PIR^2 C 820.
RE III 2, 1899, 2685ff. Nr. 92 (E. Groag).
Kl P I 948f. (R. Hanslik).
RIC I 133 Nr. 87f. I^2 130 note und 134 Nr. 124.
W. F. Snyder, Aegyptus 44, 1964, 164ff. (zum Geburtsdatum).
H.-M. von Kaenel, SchwNumR 63, 1984, 127ff. (zu den Münzen).
R. Amedick, Röm. Mitt. 98, 1991, 373ff. (Bildnis).

Agrippina, die Jüngere

Geb.: 6. Nov. 15 oder 16 in Köln (AfA z. J. 57 und 58). Tochter des Germanicus (s. unter Tiberius) und der Vipsania Agrippina (PIR[1] V 463).

Name: Iulia Agrippina.

28	Heirat mit Cn. Domitius Ahenobarbus, cos. 32 (PIR[2] D 127).
15. Dez. 37	Geburt Neros.
39	Verbannung auf die Pontischen Inseln.
41	Restitution durch Claudius. Heirat mit C. Passienus Crispus, cos. II 44 (PIR[1] P 109).
49	Heirat mit Claudius.
50	Verleihung des Augusta-Titels: Agrippina Augusta (Tac. ann. 12,26). Gründung der Colonia Claudia Ara Agrippinensium auf Veranlassung der Agrippina.
51	A. erhält Ehre des carpentum.
seit 13. Okt. 54	mater Augusti, flaminica divi Claudi.
59	*Gest.:* Auf Befehl Neros ermordet (zwischen 19. und 23. März), bestattet an der Straße nach Misenum bei einer Villa Caesars. – Damnatio memoriae (vgl. Tac. ann. 14, 12, 1).

PIR[2] I 641.
RE X 1, 1918, 909ff. Nr. 556 (C. Lackeit).
Kl P I 148 Nr. 3 (R. Hanslik).
R.-Ch. 426.
RIC I 117 Nr. 26. 127f. Nr. 54f. 145 Nr. 9ff. I[2] 110f. Nr. 33 und 41, 125f. Nr. 75 und Nr. 80f. 128f. Nr. 103. 130 Nr. 117ff.
Fittschen-Zanker, Katalog III 6f. Nr. 5.
P. A. Gallivan, Latomus 33, 1974, 116f. mit Anm. 6 (zum Geburtsjahr).
J. Humphrey, AJAH 4, 1979, 125ff. (zum Geburtsjahr).
E. P. Nicolas, De Néron à Vespasien, Paris 1979, 73ff. und 121ff.
W. Eck, Agrippina – die Stadtgründerin Kölns, Köln 1993.
Hahn, Frauen 186ff.

Gegenkaiser

Scribonianus

Geb.: ca. 1 n. Chr. Sohn des M. Furius Camillus, cos. 8 n. Chr. (PIR^2 F 576), adoptiert von L. Arruntius, cos. 6 n. Chr. (PIR^2 A 1130).
Name: L. ARRUNTIUS CAMILLUS SCRIBONIANUS.

1. Jan.–30. Juni 32	Consul ord.
41/42	legatus Aug. pro praet. prov. Dalmatiae et exercitus Illyrici.
42	Zum IMPERATOR ausgerufen, aber nach 5 Tagen von seinen Soldaten verlassen.
	Gest.: ermordet bei der Flucht auf der Insel Issa. – DAMNATIO MEMORIAE.

Verheiratet mit VIBIA (PIR^1 V 410. RE s. v. Vibius Nr. 70).
Ein *Sohn*: FURIUS SCRIBONIANUS (PIR^2 A 1147).
Eine *Tochter*?: ARRUNTIA CAMILLA (PIR^2 A 1152).

PIR^2 A 1140.
RE II 1, 1895, 1264 Nr. 14 (P. von Rohden).
Kl P I 608 Nr. 7 (H. G. Gundel).

Nero (13. Okt. 54–9. Juni 68)

Geb.: 15. Dez. 37 in Antium (Suet. Nero 6,1). Sohn des Cn. Domitius Ahenobarbus (PIR[2] D 127) und der Iulia Agrippina (s. unter Claudius).
Name: L. DOMITIUS AHENOBARBUS.

Wichtige Einzeldaten:

Ende 39	Tod des Vaters, Verbannung der Mutter. Nero kommt in die Obhut der Domitia Lepida (PIR[2] D 180).
41	Rückkehr der Mutter aus der Verbannung.
21. April 47	Teilnahme am Trojaspiel.
Anf. 49	Verlobung mit Octavia, der Tochter des Claudius (s. unten).
25. Febr. 50	Adoption durch Claudius. Name: NERO CLAUDIUS CAESAR DRUSUS GERMANICUS. Nur vereinzelt und nicht offiziell: TI. CLAUDIUS NERO CAESAR.
4. März 51	Wahl zum PRINCEPS IUVENTUTIS. Verleihung des IMPERIUM PROCONSULARE EXTRA URBEM. Designation zum Consul für 58. Donativum und congiarium im Namen Neros.
5. März 51	Zuwahl in alle Priesterkollegien.
52	praefectus urbi feriarum Latinarum causa (zwischen April und Juni?).
53	Heirat mit Octavia.
13. Okt. 54	Erhebung zum Kaiser (dies imperii): NERO CLAUDIUS CAESAR AUGUSTUS GERMANICUS.
55	Wahl zum PONTIFEX MAXIMUS (5. März?). Ovatio wegen des diplomatischen Erfolges über die Parther. Annahme des PATER PATRIAE-Titels (Ende 55/Anf. 56?).
zwischen 19. und 23. März 59	Ermordung der Agrippina.
Sommer 60	1. Feier der Neronia.
62	Niederlage des Caesennius Paetus bei Rhandeia – Tod des Gardepräfekten Afranius Burrus – Heirat mit Poppaea Sabina.
5. Febr. 63	Erdbeben in Campanien (Sen. Quaest. nat. 6, 1, 1).

18./19.–27. Juli 64	Brand Roms. Danach Christenverfolgung in Rom.
65	Aufdeckung der Pisonischen Verschwörung (vor 19. April). Tod Senecas. 2. Feier der Neronia (April/Mai).
66	Heirat mit Statilia Messalina (1. H. 66). Besuch des Tiridates in Rom. Schließung des Janustempels (Spätsommer. Vgl. Suet. Nero 13). Seitdem IMP. NERO CLAUDIUS CAESAR AUG. GERM. Beginn des Jüdischen Aufstandes. Profectio nach Griechenland (am 25. Sept. = vota pro salute et reditu imp. Neronis: AfA).
28. Nov. 67 (66?)	Freiheitsproklamation von Korinth (Dessau 8794, vgl. Suet. Nero 24,2).
8. (?) Juni 68	Vom Senat zum hostis erklärt.
9. (oder 11.?) Juni 68	*Selbstmord.* Später Beisetzung im Grabmal der Domitier auf dem Monte Pincio (Suet. Nero 50). DAMNATIO MEMORIAE (vorübergehende restitutio memoriae unter Otho und Vitellius).

cos. design.	seit 4. März 51
cos. I	1. Jan.–1. März 55
cos. II	1. Jan.–31. Dez. 57
cos. II design. III	57
cos. III	1. Jan.–Ende April 58
cos. III design. IV	seit 4. März 59 (AfA)
cos. IV	1. Jan.–Ende Juni 60
cos. V	Mitte April–9. Juni 68 (sine collega)
trib. pot. I	4. Dez. 54 (AfA)–12. Okt. (?) 55
trib. pot. II	13. Okt. (oder 4. Dez.?) 55–Okt./Dez. 56
trib. pot. III	Okt./Dez. 56–Okt./Dez. 57
trib. pot. XIV	Okt./Dez. 67–9. Juni 68
imperator II	56
imp. III	57
imp. IV	57 oder 58
imp. V und VI	58
imp. VII	59
imp. VIII und IX	61 oder 62
imp. X	64 oder 65
imp. XI	66 (Spätsommer)
imp. XII	67
imp. XIII	67 oder 68

Congiarium (I 51)
II 57

Verheiratet mit
1. Octavia (s. unten),
2. Poppaea Sabina (s. unten),
3. Statilia Messalina (s. unten).
Eine *Tochter* von der Poppaea Sabina: Claudia (s. unten).

PIR^2 D 129.
RE Suppl. III, 1918, 349 ff. Nr. 29 (E. Hohl).
Kl P IV 71 ff. Nr. 2 (R. Hanslik).
RIC I 137 ff. I^2 133 ff.
Fittschen-Zanker, Katalog I 17 f. Nr. 17 ff.
P. Herz, ANRW II 16, 2, 1164 ff.
K. Kraft, Kleine Schriften I, Darmstadt 1973, 76 (zur tribunicia potestas).
C. L. Clay, Num. Zeitschr. 96, 1982, 7 ff. (zur tribunicia potestas).
P. A. Gallivan, Class. Quart. 24, 1974, 290 ff. (zu den Consulaten).
–, Historia 23, 1974, 297 ff.
I. König, SchwMbll. 21, 1971, 42 ff. (zum Titel proconsul und praenomen imperatoris).
G. V. Sumner, Latomus 26, 1967, 416 ff. (zum Geburtsdatum).
E. P. Nicolas, De Néron à Vespasien, Paris 1979 (reiches, z. T. hypothetisches Datenmaterial).
H. Halfmann, Itinera principum 173 ff. (Griechenlandreise und trib. pot.).
H. M. Hine, AntClass 53, 1984, 266 ff. (zum Erdbeben in Campanien).
Y. Perin, in: Recherches épigraphiques, ed. par R. Rémy, Saint Étienne 1986, 55 ff. (zur tribunicia potestas).
J. Howgego, Greek Imperial Countermarks, London 1985, 5 f. (damnatio memoriae).
Castritius, Prinzipat 68.
M. T. Griffin, Nero: The End of a Dynasty, London 1984.
M. P. Cesaretti, Aegyptus 64 (1984) 3 ff. (zu den ägypt. Texten).
Ch. J. Tuplin, in: Deroux, Studies V 364 ff. (falsi Nerones).
N. M. Kenell, AJPh 109, 1988, 239 ff. (Griechenlandreise).
G. Geraci, Aegyptus 70, 1990, 97 ff. (ägypt. Kaiserjahre).
Ch. L. Murison, Galba, Otho und Vitellius, Hildesheim 1993, 1 ff. (bellum Neronis und Tod).
Grenier, Titulatures 31 ff. und 91 ff.

Octavia

Geb.: ca. 39/40. Tochter des Claudius (s. dort) und der Valeria Messalina (PIR^1 V 161).

29. Aug. 41	Verlobung mit L. Iunius Silanus (PIR[2] I 829).
48	Lösung der Verlobung mit Silanus.
49	Verlobung mit Nero, Wechsel der gens (Adoption in die gens Octavia?).
53	Heirat mit Nero.
62	Verbannung nach Campanien, später nach Pandateria.
9. Juni 62	*Gest.* Ermordet in Pandateria.

Octavia hat niemals den Augustatitel geführt.
Gesicherte Bildnisse nur auf Münzen von Alexandria, Korinth und Sinope.

PIR[2] C 1110.
RE III 2, 1899, 2893ff. Nr. 428 (St. Brasloff).
Kl P IV 1582 Nr. 4 (G. Winkler).
R.-Ch. 246.
RIC I p. 128 Nr. 59. I[2] p. 132 Nr. 124.
P. A. Gallivan, Latomus 33, 1974, 116f. (zum Geburtsdatum).
R. Bol, JdI 101, 1986, 289ff. (zum Bildnis).
R. Amedick, Röm. Mitt. 98, 1991, 373ff. (Bildnis).
Hahn, Frauen 208ff.

Poppaea Sabina

Geb.: zwischen 30 und 32 (?). Tochter des T. Ollius (PIR[2] O 96) und der Poppaea Sabina der Älteren (PIR[1] P 629).

ca. 47–51	Ehe mit Rufrius Crispinus (PIR[1] R 121).
58	Ehe mit M. Salvius Otho (s. dort).
62	Heirat mit Nero.
Jan./Febr. 63	Geburt der Claudia (21. Jan.). Poppaea erhält den Augusta-Titel: POPPAEA AUGUSTA.
Frühsommer 65	*Gest.* in Rom. Beisetzung im Mausoleum Augusti. Consecratio: DIVA POPPAEA AUGUSTA.

Ein *Sohn* aus der Ehe mit Rufrius Crispinus: RUFRIUS CRISPINUS, später von Nero getötet (PIR[1] R 122).
Eine *Tochter* CLAUDIA (s. unten).

PIR[1] P 630.
RE XXII 1, 1953, 85ff. Nr. 4 (R. Hanslik).
Kl P IV 1055 Nr. 4 (G. Winkler).

RIC I p. 147 Nr. 41. I² p. 145 und 153 Nr. 56.
E. P. Nicolas, De Néron à Vespasien I 167ff. App. 159.
R.-Ch. 646.
Hahn, Frauen 215ff.

Claudia Augusta

Geb.: 21. Jan. 63. Tochter des Nero und der Poppaea Sabina (s. oben), erhielt sofort nach der Geburt den Augusta-Titel: CLAUDIA AUGUSTA.
Gest.: April/Mai 63. Consecratio: DIVA CLAUDIA (VIRGO).

PIR² C 1061.
RE III 2, 1899, 2887 Nr. 393 (A. Stein).
Kl P I 1220 Nr. 55 (R. Hanslik).
P. Herz, ANRW II 16, 2, 1165 m. Anm. 204 (zum Geburtsdatum).
R.-Ch. 213.
Hahn, Frauen 222.

Statilia Messalina

Geb.: zwischen 30 und 40. Tochter des T. Statilius Taurus, cos. 44 (PIR¹ S 618). Drei Ehen mit unbekannten Gatten.

63/64	4. Ehe mit M. (Iulius) Atticus Vestinus (PIR² I 624).
65	Vestinus in seinem Consulatsjahr zum Selbstmord gezwungen.
1. H. 66	Heirat mit Nero. Erhebung zur AUGUSTA.
nach 9. Juni 68	Name auf Inschriften eradiert.
nach 70	*Gest.*

PIR¹ S 625.
RE III A 2, 1929, 2209f. Nr. 45 (A. Nagl).
Kl P III 1241 Nr. 1 (R. Hanslik).
R.-Ch. 730.
Hahn, Frauen 223ff.

Usurpatoren

C. Iulius Vindex

Geb.: ca. 25. Aus aquitanischem Königsgeschlecht. Sohn eines römischen Senators (Dio 63, 22, 1).

seit 67 (?)	Legatus Augusti pro praetore (der Provinz Gallia Lugdunensis ?).
März 68	Erhebung gegen Nero (Suet. Nero 40,4). Vindex nahm keinen kaiserlichen Titel an. Die Ziele seiner Erhebung bleiben unklar.
Mai 68	*Gest.:* Von Verginius Rufus bei Vesontio besiegt. Anschließend Selbstmord.

PIR^2 I 628.
RE X 1, 1918, 879ff. Nr. 534 (M. Fluss).
Kl P II 1537f. Nr. 92 (R. Hanslik).
S. Mazzarino, in: Atti del colloquio sul tema 'La Gallia Romana', Rom 1973, 37ff.

L. Clodius Macer

Legatus legionis III Augustae in Numidia.

Frühj. 68	Abfall von Nero, seither: Pro praetore Africae. Übergreifen nach Sizilien? (Vgl. die Münzen). Führte keine kaiserlichen Titel.
Herbst 68	*Gest.:* Auf Befehl Galbas beseitigt.

PIR^2 C 1170.
RE IV 1, 1900, 79ff. Nr. 38 (A. Stein).
Kl P I 1229 Nr. 5 (R. Hanslik).
RIC I p. 193ff. I^2 p. 188ff.
J. Burian, Klio 37, 1959, 167ff.
L. Bessone, Riv. stor. ant. 9, 1979, 39ff.
K. V. Newitt, Num. Chron. 1983, 64ff.

Galba (8. Juni 68–15. Jan. 69)

Geb.: 24. Dez. 3 v. Chr. (Suet. Galba 4, 1) in einer Villa bei Tarracina. Sohn des C. (?) Sulpicius Galba, cos. suff. 5 v. Chr. (PIR[1] S 722) und der Mummia Achaica (PIR[2] M 712. R.-Ch. 556).

Name: SERVIUS SULPICIUS GALBA. 1. Jan. 14 n. Chr. Anlage der toga virilis. Adoption durch Livia Ocellina (PIR[2] L 305 mit Stemma. R.-Ch. 501). Name: L. LIVIUS OCELLA SER. SULPICIUS GALBA.

Laufbahn: praetor (ca. 30), legatus Augusti pro praet. prov. Aquitaniae (31–32), cos. ord. (33), legatus Augusti pro praet. prov. Germaniae Superioris (39–41/2), comes des Claudius in Britannien (43/44?), proconsul Africae (44–46), ornamenta triumphalia (ca. 46), XVvir sacris faciundis, sodalis Augustalis, sodalis Titius, legatus Augusti pro praet. prov. Tarraconensis (60–68).

Wichtige Einzeldaten:

Anf. April 68	(Dio 64, 6, 5) Erhebung gegen Nero, Akklamation zum imperator, LEGATUS SENATUS AC POPULI ROMANI, vom Senat auf Betreiben Neros zum hostis erklärt.
8. (?) Juni 68	Anerkennung durch den Senat (Zonar. 11, 13), seitdem: SER. GALBA IMPERATOR CAESAR AUGUSTUS.
Sept./Okt. 68	Einzug in Rom, damals Annahme des PONTIFEX MAXIMUS-Titels?
10. Jan. 69	Adoption des Piso (s. unten), damals Annahme des PATER PATRIAE-Titels (?).
15. Jan. 69	*Gest.* (ermordet) in Rom, Beisetzung in seinen Gärten an der Via Aurelia. DAMNATIO MEMORIAE.
1. Jan. 70	RESTITUTIO MEMORIAE vom Senat beschlossen.

cos. I	1. Jan.–30. Juni 33
cos. design. II	vor 22. Dez. 68
cos. II	1.–15. Jan. 69
trib. pot. I	9. (?) Juni 68–15. Jan. 69.

Verheiratet mit AEMILIA LEPIDA, gest. vor April 68 (PIR[2] A 422. R.-Ch. 31). Zwei *Söhne* unbekannten Namens, gest. vor April 68.

Eine *Schwester* SULPICIA (?) (PIR[1] S 738. R.-Ch. 739).
Ein *Adoptivsohn* SER. SULPICIUS GALBA CAESAR (s. unten).

PIR[1] S 723.
Diz. Epigr. III, 1962, 367ff. (E. Ghislanzoni).
RE IV A 1, 1931, 772ff. Nr. 63 (M. Fluss).
Kl P II 670ff. Nr. 2 (R. Hanslik).
RIC I 196ff. I[2] 216ff.
C. M. Kraay, The Aes Coinage of Galba, New York 1956, 8ff. (zur Annahme von Caesar- und Augustustitel).
A. Degrassi, Epigraphica 3, 1941, 25f. (zum Namen).
G. Alföldy, Fasti Hispanienses 16 (zur Laufbahn).
H. Jucker, SchwMbll 15, 1965, 103f. (zum pater patriae-Titel).
W. Eck, Die Statthalter der germanischen Provinzen 13f. Nr. 5.
U. Vogel-Weidemann, Die Statthalter von Africa und Asia 138ff. Nr. 15.
E. P. Nicolas, De Néron à Vespasien, Paris 1979, 431ff.
C. L. Murison, Historia 34, 1985, 254ff. (zur Frage des Britannienaufenthaltes).
J. Sancery, Galba ou l'armée face au pouvoir, Paris 1983.
J. Gagé, REA 54, 1952, 290ff. (zum Andenken Galbas).
C. Cogrossi, Rend.Ist.Lomb. 107, 1973, 680ff. (zum pater patriae-Titel)
J.-C. Grenier, Ann. Serv. Ant.: Ég. 69, 1983, 259ff. (Kratesis-Münzen).
–, Titulatures 35.
M. Zimmermann, Historia 44, 1995, 56ff. (restitutio memoriae).
Weitere *Literatur* s. oben unter Nero.

Piso

Geb.: 38 (Tac.hist. 1, 48, 1). Sohn des M. Licinius Crassus Frugi, cos. 27 (PIR[2] L 190) und der Scribonia (PIR[1] S 221. R.-Ch. 689, vgl. das Stemma PIR[2] II bei p. 54).
Name: L. CALPURNIUS PISO FRUGI LICINIANUS.

	Verbannt unter Nero, von Galba zurückberufen (Mitte 68), XVvir sacris faciundis.
10. Jan. 69	von Galba adoptiert und zum Caesar gemacht, Name: SER. SULPICIUS (?) GALBA CAESAR (?) (AfA, ergänzt!).
15. Jan. 69	*Gest.* (ermordet) in Rom. DAMNATIO MEMORIAE.

Verheiratet mit VERANIA GEMINA (PIR[1] V 268. R.-Ch. 788).
Drei *Brüder:*
CN. POMPEIUS MAGNUS (PIR[1] P 477).

M. Licinius Crassus Frugi, cos. 64 (PIR² L 191).
(Licinius) Crassus Scribonianus (PIR² L 192).
Eine *Schwester* Licinia Magna (PIR² L 269. R.-Ch. 494).

PIR² C 300.
RE III 1, 1897, 1399f. Nr. 100 (E. Groag).
Kl P I 1024f. Nr. 23 (R. Hanslik).
J. Straub, Regeneratio Imperii, Darmstadt 1972, 36ff. (zum Caesar-Titel).
Ch. L. Murison, Galba, Otho and Vitellius, Hildesheim 1993, 62ff.

Gegenkaiser

C. Nymphidius Sabinus

Unehelicher Sohn der Freigelassenen Nymphidia (und des Gladiators Martianus?), gab sich später als Sohn des Caligula aus (Plut. Galba 9).
Praefectus (alae oder cohortis) in Pannonien? (vgl. Dessau 1322).

seit 65	praefectus praetorio. Erhielt nach Aufdeckung der Pisonischen Verschwörung die ornamenta consularia.
2. H. 68	Von den Prätorianern beim Versuch, sich zum Kaiser ausrufen zu lassen, ermordet (Plut. Galba 13ff. Tac. hist. 1,5).

PIR² N 250.
RE XVII 2, 1937, 1605f. Nr. 5 (A. Stein).
Kl P IV 216 Nr. 3 (R. Hanslik).
Devijver N 25 bis.
S. Demougin, Prosopographie des chevaliers romains julio-claudiens 43 av. J. C.–70 ap. J. C., Paris–Rom 1992, 541f. Nr. 640.

Otho (15. Jan.–16. April 69)

Geb.: 28. April 32, Sohn des L. Salvius Otho, cos. 33 (PIR[1] S 107) und der Albia Terentia (PIR[2] A 486. R.-Ch. 44).
Name: M. SALVIUS OTHO.

Laufbahn: Quästor (57?), frater Arvalis (57), legatus Augusti pro praet. prov. Lusitaniae (58/59–68).

Wichtige Einzeldaten:

15. Jan. 69	Erhebung zum Kaiser: IMP. M. OTHO CAESAR AUGUSTUS (Beiname NERO nur vorübergehend in Gebrauch, keine urkundlichen Zeugnisse).
26. Jan.	comitia consulatus (AfA).
28. Febr.	comitia tribuniciae potestatis (AfA).
5. März	comitia sacerdotiorum (AfA).
9. März	comitia pontificis maximi (AfA).
14. März	profectio aus Rom (Tac. hist. 1,90. AfA mit Komm. von Henzen. – Suet. Otho 8,3 führt auf den 24. März).
14. April	Niederlage bei Bedriacum.
16. (17.?) April 69	*Selbstmord,* Grabmal in Brixellum. DAMNATIO MEMORIAE.

cos. I	26. Jan.–28. Febr. 69 (Tac. hist. 1,77).
tribunicia potestas I	28. Febr.–16. April 69.

Verheiratet mit POPPAEA SABINA 58–62 (?) (PIR[1] P 630. R.-Ch. 646. Vgl. oben unter Nero).
Ein *Bruder* L. SALVIUS OTHO TITIANUS (PIR[1] S 111).
Eine *Schwester* SALVIA (RE s. v. Salvius Nr. 25. R.-Ch. 683).

PIR[1] S 109.
RE I A 2, 1920, 2035 ff. Nr. 21 (A. Nagl).
Kl P IV 230 ff. (G. Winkler).
RIC I 218 ff. I[2] 258 ff.
E. P. Nicolas, De Néron à Vespasien, Paris 1979, 641 ff.
G. Alföldy, Fasti Hispanienses 139 (zur Laufbahn).
G. V. Sumner, Latomus 26, 1967, 419 (zum Todesdatum).
Grenier, Titulatures 35 f.
Ch. L. Murison, Galba, Otho and Vitellius, Hildesheim 1993, 75 ff.

Vitellius (2. Jan.–20. Dez. 69)

Geb.: 7. (oder 24.?) Sept. 12 oder 15? (vgl. Suet. Vitellius 3,2 und 18. Tac. hist. 3, 86, 1). Sohn des L. Vitellius, cos. III 47 (PIR[1] V 500) und der Sextilia (PIR[1] S 460. R.-Ch. 715).
Name: A. VITELLIUS.

Laufbahn: quaestor, praetor, consul ord. (48), XVvir sacris faciundis, frater Arvalis, proconsul Africae (60/1), legatus proconsulis Africae (61/2), curator operum locorumque publicorum (63/4), legatus Aug. pro praet. prov. Germaniae inferioris (seit 1. Dez. 68).

Wichtige Einzeldaten:

2. Jan. 69	Akklamation zum Imperator in Köln (Tac. hist. 1, 56, 2ff.). Annahme des Beinamens Germanicus: A. VITELLIUS GERMANICUS IMPERATOR.
14. April	1. Schlacht bei Bedriacum.
19. April	Anerkennung durch den Senat, dies imperii (AfA).
30. April	comitia tribuniciae potestatis (AfA).
Ende April (?)	Parade in Lugdunum. Sohn des Vitellius erhält Namen Germanicus und die principalia insignia.
17. (?) Juli	Einzug in Rom. Augustatitel für die Kaisermutter Sextilia.
18. Juli	Vitellius wird Augustus und pontifex maximus (Tac. hist. 2,91. Suet. Vit. 11,2. In den Acta fratrum Arvalium schon am 3. Juni Augustus genannt): A. VITELLIUS GERMANICUS IMP. AUG. PONT. MAX. TRIB. POT. – Bestellung zum CONSUL PERPETUUS? (so Suet. a. O. vgl. Dessau 242). – PATER PATRIAE? (s. Dessau 242 Anm. 1). Vgl. dazu die Einleitung.
24./25. Okt.	2. Schlacht bei Bedriacum.
Nov.	Annahme des Caesarnamens (Tac. hist. 3,58. Nicht auf Inschriften und Münzen).
17. Dez.	Kapitulation der Truppen in Narnia.
18. Dez.	Vergeblicher Abdankungsversuch.
19. Dez.	Brand des Kapitols.
20. Dez.	Einnahme Roms durch die Flavianer.
20. (oder 21.?) Dez. 69	*Gest.* in Rom (ermordet), Leichnam in den Tiber geworfen, keine Beisetzung. DAMNATIO MEMORIAE.

cos. I	1. Jan.–Juni 48
cos. perpetuus (?)	18. Juli–20. Dez. 69 (?)
tribunicia potestas I	30. April (AfA)–20. Dez. 69
imperator III	seit 29. Mai 69 (AfA. Vgl. den Kommentar von W. Henzen)

Verheiratet mit
1. Petronia (PIR[1] P 241. R.-Ch. 606),
2. Galeria Fundana, geb. 3. Juni eines unbekannten Jahres (PIR[2] G 33. R.-Ch. 399).

Ein *Sohn* von der Petronia (Vitellius) Petronianus, gest. vor 69 (PIR[1] P 195).
Ein *Sohn* von der Galeria Vitellius (Germanicus) (PIR[1] V 507).
Eine *Tochter* von der Galeria Vitellia (PIR[1] V 514. R.-Ch. 817).
Ein *Bruder* L. Vitellius, cos. suff. 48 (PIR[1] V 501).

PIR[1] V 499.
RE Suppl. IX 1962, 1706ff. Nr. 7b (R. Hanslik).
Kl P V 1303ff. Nr. 2 (G. Winkler).
RIC I 221ff. I[2] 262ff.
G. Ceauşescu, Studii clasice 22, 1984, 69ff. (zur Titulatur, ungenau).
G. V. Sumner, Latomus 26, 1967, 419 (zum Geburtsdatum).
W. Eck, Die Statthalter der germanischen Provinzen 132f. Nr. 11.
U. Vogel-Weidemann, Die Statthalter von Africa und Asia 189ff. Nr. 2.
E. P. Nicolas, De Néron à Vespasien, Paris 1979, 815ff., vgl. 705ff.
K. Wellesley, Am. Journ. Anc. Hist. 6, 1981, 166ff. (zu den letzten Tagen des Vitellius).
H. Halfmann, Itinera principum 177ff.
C. L. Murison, TAPA 109, 1979, 187ff.
H. Jucker, Jb. Bern. Hist. Mus. 41/42, 1961/62, 331ff.
A. J. Coale, Vitellius Imperator: A Study in the literary and numismatic sources for the rebellion and rule of the emperor Vitellius, A.D. 69. Diss. Univ. of Michigan 1971.
–, TAPA 102, 1971, 49ff.
Castritius, Prinzipat 70f. (zum Sohn des Vitellius)
B. Richter, Vitellius, Frankfurt a. M. 1992.
W. Eck, ZPap 101, 1994, 229f. (zur Verwandtschaft).
Ch. L. Murison, Galba, Otho and Vitellius, Hildesheim 1993, 84ff.

Vespasian (1. Juli 69–23. Juni 79)

Geb.: 17. Nov. 9 in Falacrinae bei Reate in Sabinum (FPhiloc. Suet. Vesp. 2, 1). Sohn des Flavius Sabinus (PIR^2 F 351) und der Vespasia Polla (PIR^1 V 300).
Name: T. Flavius Vespasianus.

Laufbahn: Tribunus militum in Thrakien (26?), quaestor provinciae Cretae et Cyrenarum (35/6?), aedilis plebis (38), praetor (39/40), legatus legionis II Augustae (42/3–47), ornamenta triumphalia (44), consul suffectus (51), proconsul provinciae Africae (ca. 63/4), comes Neronis in Achaea (66/7), legatus Augusti pro praetore exercitus Iudaici (67–69).

Wichtige Einzeldaten:

1. Juli 69	Erhebung zum Kaiser in Alexandria (dies imperii): Imp. T. Flavius Vespasianus Caesar.
3. Juli 69	Anerkennung durch das Heer in Iudaea.
vor 15. (11.?) Juli 69	Anerkennung durch die Truppen in Syria.
seit Ende Aug. 69	Augustusname: Imp. Caesar Vespasianus Augustus.
Mitte Nov. 69–Aug. 70	Aufenthalt in Ägypten.
21./(22.?) Dez. 69	Bestätigung durch den Senat, wenig später (?) lex de imperio Vespasiani.
21. Juni 70	Grundsteinlegung des neuen Jupitertempels auf dem Kapitol (Tac. hist. 4, 53).
vor Okt. 70	Vespasian wird pontifex maximus und pater patriae.
1. H. Okt. 70	Ankunft Vespasians in Rom.
vor Ende Okt. 70 (?)	Niederwerfung des Bataveraufstandes durch Petillius Cerialis.
Juni 71	Triumphus Judaicus.
Ende 72/Anf. 73	Censor designatus (Dessau 8903).
vor 1. Juli 73–Ende 74	Censur. (Die Annahme, Vespasian habe eine censoria potestas perpetua erhalten, beruht auf einem Mißverständnis.)
23. Juni 79	*Gest.* in seiner Villa bei Aquae Cutiliae (Suet. Vesp. 24). Beisetzung zuerst im Mausoleum Augusti (?), dann Überführung in das templum gentis Flaviae.

nach 8. Sept. 79, vor 29. Mai 80	Consecratio: DIVUS VESPASIANUS (AUG.).

cos. I suff.	1. Nov.–31. Dez. 51 (mit Claudius)
cos. design. II	seit 21. Dez. 69
cos. II	1. Jan.–Juni 70
cos. II design. III	seit Okt. 70
cos. III	1. Jan.–Febr. 71
cos. III design. IV	seit Mitte März 71
cos. IV	1. Jan.–April 72
cos. IV design. V	seit Mitte März 73
cos. V	1.–13. Jan. 74
cos. V design. VI	seit Mitte März 74
cos. VI	1. Jan.–13. Jan. oder Febr. 75
cos. VI design. VII	seit Mitte März 75
cos. VII	1. Jan.–13. Jan. oder Febr. 76
cos. VII design. VIII	seit Mitte März 76
cos. VIII	1. Jan.–13. Jan. oder Febr. 77
cos. VIII design. IX	seit Mitte März 78
cos. IX	1.–13. Jan. 79
cos. IX design. X	seit Mitte März 79

trib. pot. I	21. Dez. (?) 69–30. Juni 70
trib. pot. II	1. Juli 70–30. Juni 71
trib. pot. III	1. Juli 71–30. Juni 72
trib. pot. X	1. Juli 78–24. Juni 79

imperator II–V	70
imp. VI–VIII	71
imp. IX–X	72
imp. XI	73
imp. XII–XIV	74
imp. XV–XVIII	76
imp. XIX	77 oder 78
imp. XX	2. H. 78

Eine *Schwester* FLAVIA, als Kleinkind gest. (PIR^2 F 406).
Ein *Bruder* FLAVIUS SABINUS, praefectus urbi (PIR^2 F 352).
Verheiratet mit FLAVIA DOMITILLA, seit 39 (?), gestorben vor Regierungsantritt Vespasians (s. unter Titus).
Zwei *Söhne* TITUS und DOMITIANUS (s. unten).
Eine *Tochter* FLAVIA DOMITILLA (s. unter Titus).

PIR^2 F 398.
RE VI 2, 1909, 2623 ff. Nr. 206 (R. Weynand).

Kl P V 1224ff. (R. Hanslik).
Devijver F 83 bis.
RIC II 1ff.
Fittschen-Zanker, Katalog I 33 Nr. 27 und 38f. Nr. 37.
M. A. Levi, ANRW II 2, 1975, 177ff.
Herrscherbild II 1, 1966, 9ff. (G. Daltrop).
T. V. Buttrey, Documentary Evidence for the Chronology of the Flavian Titulature, Meisenheim 1980, 6ff. (danach oben).
–, Historia 25, 1976, 449ff. (zur Consecration).
P. Gallivan, Class. Quart. 31, 1981, 186ff. (zu den Consulaten).
O. Montevecchi, Aegyptus 60, 1980, 155ff., und: Atti del Congresso int. di Studi Vespasianei II, Rieti 1981, 483ff. (zur Thronerhebung).
B. Isaac, Vespasian's Titulature in A.D. 69, ZPap 55, 1984, 143f.
G. Alföldy, Legionslegaten 5, Nr. 6.
A. R. Birley, Fasti of Roman Britain 225ff. (zur Laufbahn).
U. Vogel-Weidemann, Die Statthalter von Africa und Asia 2055. Nr. 27 (zur Laufbahn).
P. Herz, ANRW II 16, 2, 1166ff.
E. P. Nicolas, De Néron à Vespasien, Paris 1979, 1037ff.
L. Gasperini, in: Scritti M. Zambelli, Rom 1978, 130ff. (zum pater patriae-Titel).
B. W. Jones, Latomus 43, 1984, 581ff. (zur Laufbahn).
H. Halfmann, Itinera principum 178ff.
A. Chastagnol, Historia 25, 1976, 253ff.
A. Barzano, Iura 31, 1980 (1984), 148ff. (zum dies imperii).
G. Camodeca, Puteoli 9/10, 1985/6, 26 Anm. 71 (zum ersten Consulat).
G. Alföldy, ZPap 77, 1989, 155ff. (Familie).
Grenier, Titulatures 36ff. und 92.
Scheid Nr. 62.

Titus (24. Juni 79–13. Sept. 81)

Geb.: 30. Dez. 39 (?) in Rom (Suet. Titus 1. FPhiloc). Sohn des T. Flavius Vespasianus (s. oben) und der Flavia Domitilla (s. unten).
Name: T. FLAVIUS VESPASIANUS.

Laufbahn: Tribunus militum in Germanien und Britannien (ca. 60), quaestor (ca. 65), legatus legionis XV Apollinaris (66).

Wichtige Einzeldaten:

69	Erhebung zum Caesar (Juli oder August): T. CAESAR VESPASIANUS. Übertragung des Oberbefehls im Jüdischen Krieg (Ende 69). Wahl zum PRINCEPS IUVENTUTIS (21. oder 22. Dez. 69).
Aug./Sept. 70	Einnahme von Jerusalem. T. CAESAR VESPASIANUS IMPERATOR (Imp. T. Caesar Vespasianus, T. Imp. Caesar u. a. inoffiziell).
71	Besuch Alexandrias (25. April: POxy 2725). Triumph über die Juden zus. mit Vespasian (Juni 71). Ernennung zum praefectus praetorio. Sacerdos collegiorum omnium, sodalis Augustalis.
Ende 72/Anf. 73	Censor designatus (Dessau 258).
vor 1. Juli 73–Ende 74	Censor.
79	Erhebung zum Augustus (24. Juni = dies imperii): IMP. TITUS CAESAR VESPASIANUS AUGUSTUS. – PONTIFEX MAXIMUS (nach 24. Juni, auf Inschriften gelegentlich schon früher, vgl. AE 1983, Nr. 927), PATER PATRIAE (nach 1. Juli), DIVI FILIUS (nach 8. Sept.). – Archon in Delphi (79).
24. Aug. 79	Vesuvausbruch.
80	Brand Roms. Einweihung des Kolosseum (Mitte 80) und des Jupitertempels auf dem Kapitol (7. Dez. 80: AfA).
13. Sept. 81	*Gest.* in seiner Villa bei Aquae Cutiliae (Paterno). Bestattet erst im Mausoleum Augusti (?), dann im templum gentis Flaviae. Consecratio: DIVUS TITUS (AUG.).

cos. designatus	seit 21. Dez. 69
cos. I	1. Jan.–Ende Juni 70
cos. design. II	seit Mitte März 71
cos. II	1. Jan.–Ende April 72
cos. design. III	seit Mitte März 73
cos. III	1. Jan.–Ende April 74
cos. III design. IV	seit Mitte März 74
cos. IV	1. Jan.–Ende Febr. (?) 74
cos. IV design. V	seit Mitte März 75
cos. V	1. Jan.–Ende Febr. (oder Ende April?) 76
cos. V design. VI	seit Mitte März 76
cos. VI	1. Jan.–Ende Febr. (?) 77
cos. design. VII	seit Mitte März 78
cos. VII	1. Jan.–Ende Febr. 79
cos. VII design. VIII	seit Mitte März 79
cos. VIII	1. Jan.–13. Jan. 80
cos. design. IX	seit Mitte März 81

trib. pot. I	1. Juli 71–30. Juni 72
trib. pot. II	1. Juli 72–30. Juni 73
trib. pot. III	1. Juli 73–30. Juni 74
trib. pot. XI	1. Juli 81–13. Sept. 81

imp. I	6. Aug. (?) 70
imp. II	71
imp. III–IV	72
imp. V	73
imp. VI–VIII	74
imp. IX–XII	76
imp. XIII	77 oder 78
imp. XIV	2. H. 78
imp. XV	2. H. 79
imp. XVI–XVII	81

Zum angeblichen Titel imperator designatus s. T. V. Buttrey, Documentary Evidence 40ff.

Congiarium I	71 (RIC II p. 86)
III (?)	80 (vgl. RIC II p. 127 Anm. *)

Archon in Delphi	79

Verheiratet mit

1. Arrecina Tertulla, gest. vor 65 (PIR^2 A 1074. R.-Ch. 93),
2. Marcia Furnilla, ca. 65 (?) nach der Geburt einer Tochter von Titus verstoßen (PIR^2 M 265. R.-Ch. 525).

Eine *Tochter* von der Arrecina Tertulla (?) IULIA (s. unten).
Eine *Tochter* von der Marcia Furnilla (R.-Ch. 362).

PIR^2 F 399.
RE VI 2, 1909, 2695 ff. Nr. 207 (R. Weynand).
Kl P V 874 ff. Nr. 2 (R. Hanslik).
RIC II 113 ff.
Herrscherbild II 1, 1966, 18 ff. (M. Wegner).
Fittschen-Zanker, Katalog I 33 ff. Nr. 28 ff.
T. V. Buttrey, Documentary Evidence (s. unter Vespasian) 18 ff.
A. R. Birley, Fasti of Roman Britain 60 (zur Laufbahn).
P. Gallivan, Class. Quart. 31, 1981, 186 ff. (zu den Consulaten).
B. W. Jones, The Emperor Titus, London/New York 1984.
O. Montevecchi, Tito alla luce dei papiri, in: Atti del Congresso int. di Studi Flaviani II, Rieti 1983, 345 ff.
H. Halfmann, Itinera principum 180 f.
Castritius, Prinzipat 73 f.
Grenier, Titulatures 39 f.
Scheid Nr. 71.

Flavia Domitilla, die Ältere

Geburtsdatum unbekannt. Tochter des Flavius Liberalis (PIR^2 F 302), Mutter des Titus, urspr. Freigelassene (?), besaß zunächst nur das latinische, später erst das volle römische Bürgerrecht.

ca. 39	Heirat mit Vespasian.
vor 1. Juli 69	*Gest.*
80	Memorialprägung mit Carpentum für Domitilla.
nach 90?	Consecratio als DIVA DOMITILLA AUGUSTA (?).

Kinder s. unter Vespasian.

PIR^2 F 416.
RE VI 2, 1909, 2731 f. Nr. 225 (A. Stein).
Kl P II 574 Nr. 21 (R. Hanslik).
R.-Ch. 367.
RIC II 124 Nr. 69 ff. (Diva Domitilla Augusta. Umstritten ist, ob diese Münzen der D. oder ihrer Tochter gehören) und Nr. 153 f. (Memoriae Domitillae).
H.-W. Ritter, Historia 21, 1972, 759 ff.
D. Kienast, ZPap 76, 1989, 141 ff.
Hahn, Frauen 228 ff.

Flavia Domitilla, die Jüngere

Geburtsdatum unbekannt. Tochter des T. Flavius Vespasianus und der Flavia Domitilla (s. oben), Schwester des Titus.

vor 1. Juli 69	*Gest.*
80/81	Consecratio als Diva Domitilla Augusta (??).

PIR² F 417.
RE VI 2, 1909, 2732 Nr. 226 (A. Stein).
Kl P II 574 Nr. 22 (R. Hanslik).
R.-Ch. 368.
Herrscherbild II 1, 1966, 60ff. und 120ff. (U. Hausmann).
P. Veyne, Latomus 21, 1962, 50f.
D. Kienast, ZPap 76, 1989, 141ff.

(Flavia) Iulia

Geb.: Anf. Sept. ca. 61 [am Tage der Einnahme Jerusalems (Suet. Titus 5,2) = 8. Gorpiaios (Joseph., b. Jud. VI 407)]. Tochter des Titus und der Arrecina Tertulla (?) (PIR² A 1074).

seit Juni 79 (?)	(vor 3. Jan. 81) Augusta: IULIA AUGUSTA.
Vor 13. Sept. 81	Heirat mit T. Flavius Sabinus, cos. 82 (PIR² F 355).
89 (?)	*Gest.,* jedenfalls vor 3. Jan. 90. Beisetzung im templum gentis Flaviae. Consecratio: DIVA IULIA (AUGUSTA).

PIR² F 426.
RE Suppl. VI 1935, 133ff. Nr. 552a (M. Fluss) und 1346ff. (G. Herzog-Hauser).
RIC II 122 Nr. 54ff. 139f. Nr. 177ff.
Herrscherbild II 1, 1966, 49ff. und 115f. (U. Hausmann).
H. Castritius, Historia 18, 1969, 492ff. (zur Mutter der Iulia).
R.-Ch. 371.
M. P. Vinson, Historia 38, 1989, 431ff.
Hahn, Frauen 233ff.
F. Colin, CE 68, 1993, 247ff.

Domitian (14. Sept. 81–18. Sept. 96)

Geb.: 24. Okt. 51 in Rom. Sohn des T. Flavius Vespasianus (s. oben) und der Flavia Domitilla (s. unter Titus).
Name: T. FLAVIUS DOMITIANUS.

Wichtige Einzeldaten:

69	Erhebung zum Caesar im Osten (Juli oder August), später (21. Dez.) Anerkennung als Caesar in Rom und Wahl zum PRINCEPS IUVENTUTIS: DOMITIANUS CAESAR (oder CAESAR DOMITIANUS).
1. Jan. 70	praetor urbanus consulari potestate.
75 (?)	frater Arvalis.
76	pontifex.
81	Imperatorische Akklamation durch die Prätorianer (13. Sept.). Übertragung des Augustustitels durch den Senat (14. Sept. = dies imperii): IMP. CAESAR DOMITIANUS AUGUSTUS. Comitia tribuniciae potestatis (30. Sept.: AfA). PONTIFEX MAXIMUS und PATER PATRIAE (nach 30. Okt.).
83	Triumph über die Chatten.
85	Verleihung der censoria potestas (April?), censor perpetuus (Okt./Nov.?). Aufenthalt in Mösien (Winter 85/86?).
86	Triumph über die Daker. Umbenennung des September in Germanicus, des Oktober in Domitianus. Feier der ludi Capitolini (6.–12. Juni).
87	Aufdeckung einer Verschwörung gegen Domitian (22. Sept.: AfA).
1.–3. Juni 88	Feier der ludi saeculares (Inscr. It. XIII 1 p. 63. Vgl. Zosim. 2, 4, 3. Kaum erst Mitte Sept., so Weynand).
89	Abreise aus Rom (17. Jan.? Vgl. AfA, dazu Halfmann), Niederwerfung des Saturninusaufstandes (Siegesnachricht am 24. Jan. in Rom: AfA), Aufenthalt in Pannonien, Triumph über Daker und Germanen in Rom (Nov./Dez.).
92	Erneuter Aufenthalt in Pannonien.
Jan. 93	Ovatio de Sarmatis (vgl. Martial 8, 8, 5).

93	Philosophenvertreibung aus Rom.
95	Hinrichtung des Flavius Clemens.
18. Sept. 96	*Gest.* (ermordet) (Suet. Domit. 17,3). Heimliche Beisetzung im templum gentis Flaviae. DAMNATIO MEMORIAE.

cos. design.	seit 1. Okt. 70
cos. suff.	März–Juni 71
cos. I design. II	seit Mitte März 72
cos. II	1. Jan.–Ende Febr. (?) 73
cos. II design. III	seit Mitte März 74
cos. III suff.	1. März (?)–30. April 75
cos. III design. IV	seit Mitte März 75
cos. IV suff.	seit 13. Jan. (?)–Ende Febr. (oder März–April?) 76
cos. IV design. V	seit Mitte März 76
cos. V suff.	13. Jan. (?)–Ende Febr. (oder März–April?) 77
cos. V design. VI	seit Mitte März 78
cos. VI suff.	13. Jan. (?)–Ende Febr. 79
cos. VI design. VII (suff.)	seit Mitte März 79
cos. VI design. VII (ord.)	seit 24. Juni 79
cos. VII	1.–13. Jan. 80
cos. VII design. VIII	seit Mitte März 81
cos. VIII	1.–13. Jan. 82
cos. VIII design. IX	seit Mitte März 82
cos. IX	1.–13. Jan. 83
cos. IX design. X	seit Mitte März 83
cos. X	1. Jan.–13. Jan. (oder Ende Febr.?) 84
cos. XI	1. Jan.–13. Jan. (oder Ende Febr.?) 85
cos. XII	1.–13. Jan. 86
cos. XIII	1.–13. Jan. 87
cos. XIV	1.–13. Jan. 88
cos. XV	1.–13. Jan. 90
cos. XVI	1.–13. Jan. 92
cos. XVII	1.–13. Jan. 95

Vgl. Suet. Domitian 13: Consulatus septemdecim cepit . . . nec quemquam ultra Kalendas Maias, plerosque ad Idus Ianuarias (was für die Jahre 86, 92 und 95 durch die Fasti Ostienses bestätigt wird).

trib. pot. I	30. Sept. 81–13. Sept. 82
trib. pot. II	14. Sept. 82–13. Sept. 83
trib. pot. III	14. Sept. 83–13. Sept. 84
trib. pot. XVI	14. Sept. 96–18. Sept. 96

imperator II	vor Mitte März 82
imp. III–V	83
imp. VI–VII	84
imp. VIII	Ende 84/Anf. 85
imp. IX	April (?) 85
imp. X	Sept./Okt. 85
imp. XI	Okt./Nov. 85
imp. XII	März/April 86
imp. XIII	nach 14. Sept. 86
imp. XIV	Ende 86
imp. XV	vor 14. Sept. 88
imp. XVI	nach 14. Sept. 88
imp. XVII	vor 7. Nov. 88 (vgl. CIL XVI 35. AE 1974, Nr. 655)
imp. XVIII–XX	Ende 88 oder 1. H. 89
imp. XXI	89
imp. XXII	92
imp. XXIII	92 (AE 1966 Nr. 424)
Germanicus	Sept. (?) 83
Congiarium I	84 (FOst)
II	89
III	93 (FOst)

Archon in Athen nicht vor 28. Aug. 83 (zwischen 84/85 und 92).

Verheiratet mit Domitia Longina (s. unten).
Ein *Sohn* von der Domitia (s. unter Domitia Longina).
Zwei *Adoptivsöhne:*
(Flavius) Domitianus (PIR² F 257),
(Flavius) Vespasianus (PIR² F 397. Dazu D. O. A. Klose, Chiron 14, 1984, 193ff.).

PIR² F 259.
Diz. Epigr. II 3, 1922, 1960ff. (G. Corradi).
RE VI 2, 1909, 2541ff. Nr. 77 (R. Weynand).
Kl P II 122ff. Nr. 1 (R. Hanslik).
RAC IV 1959, 91ff. (K. Gross).
RIC II 149ff.
Herrscherbild II 1, 1966, 30ff. (M. Wegner).
Fittschen-Zanker, Katalog I 35ff. Nr. 31ff.
St. Gsell, Essai sur la règne de l'empereur Domitien, Paris 1894.
T. V. Buttrey, Documentary Evidence 28ff.
P. Gallivan, Class. Quart. 31, 1981, 186ff. (zu den Consulaten).
L. Schumacher, Römische Kaiser in Mainz, Bochum 1982, 33ff. m. Anm. 100 (zum Beinamen Germanicus, mit Lit.).

R. Merkelbach, ZPap 34, 1979, 62ff. (zur Damnatio memoriae).
P. Brind'Amour, Phoenix 35, 1981, 338ff. (zum Todesdatum).
H. Halfmann, Itinera principum 181ff.
A. Martin, Chronique d'Egypt 60, 1985, 168ff. (zur Titulatur in den Papyri).
P. Graindor, Athènes de Tibère a Trajan, Kairo 1931, 18f. (zum Archontat in Athen).
A. Martin, La titulature épigraphique de Domitien, Frankfurt a. M. 1987.
Castritius, Prinzipat 74ff.
K. Strobel, Die Donaukriege Domitians, Bonn 1989.
G. Walser, Chiron 19, 1989, 449ff.
K. Strobel, Germania 65, 1987, 423ff. (Chattenkrieg).
A. Martin, Proc. XVIII Int. Congr. Pap. II, Athen 1988, 465ff. (Gerrmanicus-Name).
B. W. Jones, The Emperor Domitian, London 1992.
J.-C. Grenier, MEFRA 99, 1987, 937ff. (Regierungsantritt).
–, Titulatures 40ff. und 92f.
T. V. Buttrey, NC 1990, IV–XVI (Titulatur).
Scheid Nr. 63.

Domitia Longina

Geb.: 11. Febr. zwischen 50 und 55. Tochter des Cn. Domitius Corbulo (PIR^2 D 142).

vor 70	verheiratet mit L. Aelius Plautius Lamia Aelianus (PIR^2 A 205).
70	Heirat mit Domitian.
73	Geburt eines Sohnes.
seit Sept. 81	Augusta: DOMITIA AUGUSTA (AfA).
83	Verbannung und Rückberufung.
nach 126 und vor 140	*Gest.* Aus Privatmitteln errichteter Tempel für Domitia und jährliche Geburtstagsfeier in Gabii (Dessau 272).

Ein *Sohn* (T. Flavius Caesar?), geb. 73, gest. vor 28. Aug. 83. Consecratio als DIVUS CAESAR (RIC II S. 180 Nr. 213 und S. 209 Nr. 440ff.).

PIR^2 D 181.
RE V 1, 1903, 1513ff. Nr. 103 (A. Stein).
KI P II 134 Nr. 22 (R. Hanslik).
RIC II 179f. und 209.
Herrscherbild II 1, 1966, 63ff. (U. Hausmann).
J. L. Desnier, REA 81, 1979, 54ff. (zum Divus Caesar).

G. Salmeri, ASNP 14, 1984, 13ff.
R.-Ch. 327.
M. P. Vinson, Historia 38, 1989, 431ff.
Hahn, Frauen 239ff.

Gegenkaiser

L. Antonius Saturninus

Geb.: ca. 42, ritterlicher und provinzialer Herkunft (?)

Laufbahn: 73/4 in den Senat aufgenommen, proconsul Macedoniae (76?), legatus Aug. pro praet. prov. Iudaeae (78–81), consul suff. (Juli/Aug. 82), legatus Aug. prov. Germaniae Superioris (ca. 88).

1. Jan. 89 (?)	Von den Truppen in Mainz zum Kaiser erhoben.
Mitte Jan. 89	Von den niedergermanischen Legionen geschlagen, im Kampf *gefallen.* DAMNATIO MEMORIAE.

PIR[2] A 874.
RE I 2, 1894, 2637ff. Nr. 96 (P. von Rohden).
Kl P I 414 Nr. 12 (R. Hanslik).
B. M. Jones, Latomus 33, 1974, 529ff. (mit älterer Lit.).
R. Syme, JRS 68, 1978, 12ff. (zur Laufbahn).
W. Eck, Die Statthalter der german. Provinzen 40 Nr. 18.
L. Schumacher, Römische Kaiser in Mainz, Bochum 1982, 48f.
C. L. Murison, Echos du monde class. 29, 1985, 31ff.
K. Strobel, Tyche 1, 1986, 203ff.

Nerva (18. Sept. 96–27. [?] Jan. 98)

Geb.: 8. Nov. 30 in Narnia (Umbrien) (FPhiloc. Polem. Silv. Dio 68,4), Sohn des M. Cocceius Nerva (PIR^2 C 1226) und der Sergia Plautilla (PIR^1 S 384. R.-Ch. 704).
Name: M. Cocceius Nerva.

Laufbahn: VIvir equitum R., praef. urbi feriarum Latinarum causa, quaestor, praetor designatus (65), ornamenta triumphalia und statua triumphalis, praetor (66), salius Palatinus, augur, sodalis Augustalis, cos. I ord. 71, cos. II 90, Verbannung nach Tarent 93 (fiktiv?).

18. Sept. 96	Erhebung zum Kaiser (dies imperii): Imp. Nerva Caesar Augustus, pontifex maximus, pater patriae, proconsul.
Ende Okt. 97	Adoption Trajans.
27. (?) Jan. 98	*Gest.* (vgl. Holzapfel. 25. Jan.: Chron. Pasch. p. 469 Dind.) in Rom. Beisetzung im Mausoleum Augusti. Consecratio: Divus Nerva (Aug.).

cos. I	1. Jan.–28. Febr. (?) 71
cos. II	1. Jan.–28. Febr. (?) 90
cos. design. III	nach 10. Okt. (?) 96 (vgl. CIL XVI 40)
cos. III	1. Jan.–28. Febr. (?) 97
cos. design. IV	Ende 97 (?)
cos. IV	1.–13. Jan. 98
trib. pot. I	18. Sept. 96–17. Sept. 97
trib. pot. II	18. Sept. 97–9. Dez. 97
trib. pot. III	10. Dez. 97–27. (?) Jan. 98
imperator II	97
Germanicus	Nov. 97
Congiarium	ca. 18. Sept. 96

Eine *Schwester* Cocceia (R.-Ch. 263).
Ein *Adoptivsohn* Trajan (s. unten).

PIR^2 C 1227.
RE IV 1, 1900, 133ff. Nr. 16 (A. Stein).
Kl P IV 75f. Nr. 2 (R. Hanslik).
RIC II 220ff.
Herrscherbild II 1, 1966, 43ff. (M. Wegner).
Fittschen-Zanker, Katalog I 37f. Nr. 34ff.
I. König, SchwMbll 21, 1971, 42ff. (zum Titel proconsul).
A. Chastagnol, REL 62, 1984, 282ff. (zur tribunicia potestas).
M. Hammond, Antonine Monarchy 83f. (zu den Consulatsdesignationen).
L. Holzapfel, Klio 17, 1921, 84ff. (zum Todesdatum).
P. Kneissl, Siegestitulatur 58ff.
Grenier, Titulatures 45ff.

Trajan (28. Jan. 98–7. Aug. 117)

Geb.: 18. Sept. (FPhiloc) 53 (?) in Italica in Spanien. Sohn des M. Ulpius Traianus (s. unten) und der Marcia (? R.-Ch. 521).
Name: M. Ulpius Traianus, Beiname Crinitus (der Langhaarige) nur bei Eutrop (8,2) und Johannes Lydus (de mens. 4,23).

Laufbahn: tribunus legionis in Syrien (73/4 oder 75/6), Quästor (78 oder später?), Prätor (84), legatus leg. VII Geminae (86–89), cos. ord. 91, legatus Aug. pro praet. prov. Germaniae sup. (seit Ende 96?).

Wichtige Einzeldaten:

Ende Okt. 97	Adoption durch Nerva und Erhebung zum Caesar: Imp. Caesar Nerva Traianus.
28. (?) Okt. 97	Übernahme der tribunicia potestas.
Herbst 97–Herbst (?) 98	Aufenthalt an der Rheingrenze.
28. Jan. 98	(FDur) Erhebung zum Augustus (dies imperii): Imp. Caesar Nerva Traianus Augustus, pontifex maximus, proconsul.
Spätherbst 98	Annahme des pater patriae-Titels.
Winter 98/99	Aufenthalt an der Donau.
ca. Okt. 99	Rückkehr nach Rom.
Sept. 100	Panegyricus des Plinius auf Traian.
25. oder 26. März 101	profectio in den 1. Dakerkrieg (AfA).
Nov. (?) 102	1. Triumph über die Daker (FOst).
4. Juni 105	profectio in den 2. Dakerkrieg (FOst).
26. Mai oder 25. Juni 107	adventus und 2. Triumph über die Daker (FOst).
28. Jan. 108 (?)	Decennalien Trajans.
Juni 109	Einweihung der Thermen (22. Juni) und der Aqua Traiana (24. Juni) (FOst).
11. Nov. 109	Einweihung der Naumachia (FOst).
1. Jan. 112	Einweihung des Forum Traiani und der Basilica Ulpia.
12. Mai 113	Weihung des restaurierten Venustempels auf dem Caesarforum und der Trajanssäule (FOst).
27. Okt. 113	profectio in den Partherkrieg.

7. Jan. 114	adventus in Antiochia (Malalas p. 272, 21 f. Dind.).
2. H. Aug. 114	Annahme des Titels OPTIMUS.
13. Dez. 115	Trajan überlebt Erdbeben in Antiochia.
25., 26. und 28. Febr. 116	supplicationes pro salute Traiani (FOst).
7. (?) Aug. 117	*Gest.* in Selinus (Kilikien). Beisetzung in der Trajanssäule.
Herbst 117	Consecrationsbeschluß und postumer Triumph.
Sommer 118	Consecratio: DIVUS TRAIANUS PARTHICUS.

cos. I	1. Jan.–30. April 91
cos. II	1. Jan.–Juni 98
cos. II design. III	nach 6./12. Nov. 99
cos. III	1. Jan.–28. Febr. (?) 100
cos. III design. IV	seit Okt. 100
cos. IV	1. Jan.–Ende März 101
cos. IV design V	seit Okt. 102
cos. V	1. Jan.–13. Jan. 103
cos. V design. VI	seit Okt. 111
cos. VI	1.–13. Jan. (?) 112
trib. pot. I	28. Okt. 97–9. Dez. 97
trib. pot. II	10. Dez. 97–9. Dez. 98
trib. pot. III	10. Dez. 98–9. Dez. 99
trib. pot. IV	10. Dez. 99–9. Dez. 100
trib. pot. XXI	10. Dez. 116–7. (?) Aug. 117
imperator II	Herbst 101
imp. III	Frühjahr 102
imp. IV	Herbst (vor 19. Nov.) 102
imp. V	Juli (oder Aug.) 106
imp. VI	Aug. (oder Herbst) 106
imp. VII	Sept. (?) 114
imp. VIII	Okt./Nov. (?) 114 (?)
imp. IX–XI	115
imp. XII–XIII	116 (vor 8. Sept.)
Germanicus	Nov. 97
Dacicus	Herbst 102
Parthicus	20. oder 21. Febr. 116 (FOst)
Optimus	zwischen 10. Aug. und 1. Sept. 114

Congiarium I 99
II Jan. 103
III 26. Mai (oder 25. Juni) 107

Verheiratet mit Pompeia Plotina (s. unten).
Eine *Schwester* Ulpia Marciana (s. unten).
Eine *Nichte* Matidia die Ältere (s. unten).
Ein *Adoptivsohn* (?) Hadrian (s. unten).

PIR[1] V 574.
RE Suppl. X, 1965, 1035ff. Nr. 1a (R. Hanslik–W. H. Gross).
Kl P V 919ff. Nr. 1 (R. Hanslik).
ANRW II 2, 1975, 381ff. (K. H. Waters).
RIC II 234ff.
Herrscherbild II 2, 1940 (W. H. Gross).
Fittschen-Zanker, Katalog I 39ff. Nr. 46ff.
G. Alföldy, Fasti Hispanienses 118.
W. Eck, Die Statthalter der german. Provinzen 45f. Nr. 21.
P. Herz, ANRW II 16, 2, 1169ff.
I. König, Schw.Mbll 21, 1971, 42ff. (zum Titel proconsul).
G. Barbieri, Diz. Epigr. IV 843 (zu den Congiarien).
P. Anello, in: Studi Manni, Rom 1976, 15ff. (zur tribunicia potestas).
M. Rachet, REA 82, 1980, 201ff. (zu den decennalia).
P. J. Sijpesteijn, Mnemosyne 36, 1983, 359ff. (zum Titel Dacicus).
W. Kierdorf, Tyche 1, 1986, 147ff. (zur Consecratio).
H. Halfmann, Itinera principum 184ff.
T. Nagy, AArchHung 37, 1985, 159f., und in: Studien zu den Militärgrenzen Roms III, Stuttgart 1986, 377ff. (Vermutungen zur Laufbahn).
K. Strobel, Untersuchungen zu den Dakerkriegen Trajans, Bonn 1984.
S. Mazzarino, Epigraphica 40, 1978, 241ff. und Rh. Mus. 122, 1979, 173ff. (zum ersten Triumph über die Daker – zwischen 25. und 28. Dez. 102?).
E. Merten, in: Bonner Festgabe J. Straub, Bonn 1977, 248ff. (Todesumstände).
Castritius, Prinzipat 77f.
R. Frei-Stolba, Mus. Helv. 26, 1969, 21ff. (zum Titel Optimus).
J. Gonzales (Ed.), Imp. Caes. Nerva Traianus Aug., Sevilla 1993.
Grenier, Titulatures 47ff. und 94f.
Scheid Nr. 81.
N. Ehrhardt–P. Weiß, Chiron 25, 1995, 325f. (cos. II design. III).

Traianus pater

Geb.: zwischen 25 und 30 in Italica, aus röm. Ritterfamilie.
Name: M. Ulpius Traianus.

Laufbahn: Proconsul Hispaniae Baeticae (vor 67), legatus legionis X Fretensis in Judaea (67–70), consul suffectus (70), legatus Aug. pro praet. prov. Cappadociae et Galatiae (vor 73) (?), Erhebung in den Patriziat (73/4?), legatus Aug. pro praet. prov. Syriae (73/4–75/6), ornamenta triumphalia, proconsul Asiae (79/80), XVvir sacris faciundis, sodalis Flavialis.

vor Okt. 97 (?)	*Gest.*
Anf. 113 (?)	Consecratio: DIVUS TRAIANUS PATER.

PIR[1] V 574.
RE Suppl. X 1965, 1032ff. Nr. 1 (R. Hanslik).
Kl P V 1045 Nr. 5 (H. Gärtner).
RIC II 261. 297. 301.
M. Durry, in: Les empereurs romains d'Espagne, Paris 1965, 45ff.
B. H. Isaac–I. Roll, JRS 66, 1976, 15ff.
G. Alföldy, Fasti Hispanienses 157f.
P. Gallivan, Class. Quart. 75, 1981, 187 m. Anm. 8 (zum Consulat, mit älterer Literatur).
W. Eck, Chiron 12, 1982, 287ff. zu den Jahren 70/71, 73/74ff. und 79/80; Chiron 13, 1983, 190.

Ulpia Marciana

Geb.: zwischen 15. und 30. (21., 26. oder 29.?) Aug. eines unbekannten Jahres (44–62?). Tochter des M. Ulpius Traianus pater (s. oben) und der Marcia (?), Schwester des Kaisers Trajan.

nach 100, vor 105	(Herbst 102?) Erhebung zur Augusta.
112	Münzen für MARCIANA AUGUSTA.
29. Aug. 112	*Gest.*, Consecrationsbeschluß am gleichen Tag (FOst): DIVA MARCIANA (AUG.).
3. Sept. 112	funus censorium (FOst).

Verheiratet mit C. SALONIUS MATIDIUS PATRUINUS, senator, frater Arvalis, gest. 78 (W. Eck, RE Suppl. XV, 1978, 131 s. v. Matidius a. PIR[2] M 365)?
Eine *Tochter* MATIDIA D. ÄLTERE (s. unten).

PIR[1] V 584.
RE Suppl. XV, 1978, 932ff. Nr. 56a (W. Eck).
Kl P V 1045 Nr. 7 (H. Gärtner).
RIC II 299f.
Herrscherbild II 3, 1956, 77f. und 121ff. (M. Wegner).

E. Bickerman, Diva Augusta Marciana, AJPh 95, 1974, 362ff.
H. Temporini, Die Frauen am Hofe Trajans 184ff.
R.-Ch. 824.
M. T. Boatwright, AJPh 112, 1991, 513ff.
Hahn, Frauen 250ff.

Pompeia Plotina

Geb.: vor 70 (?) in Nemausus (?), Tochter eines L. Pompeius.

vor 98 (zwischen 74/6 und 84/6?)	Heirat mit Trajan.
nach 100, vor 105 (Herbst 102?)	Erhebung zur Augusta.
seit 112	Münzen für PLOTINA AUGUSTA.
nach 1. Jan. 123	*Gest.* Bestattet im Sockel der Trajanssäule (?). Consecratio: DIVA PLOTINA.

PIR[1] P 509.
RE XXI 2, 1952, 2293ff. Nr. 131 (R. Hanslik).
Kl P V 1638 (G. Winkler).
RIC II 297ff. und 342ff.
Herrscherbild II 3, 1956, 74ff. und 118ff. (M. Wegner).
Fittschen-Zanker, Katalog III 7ff. Nr. 6f.
H. Temporini, Die Frauen am Hofe Trajans 10ff.
R.-Ch. 631.
M. T. Boatwright, AJPh 112, 1991, 513ff.
Wallinger 21ff.
Hahn, Frauen 256ff.

Matidia, die Ältere

Geb.: 4. Juli (? Fer. Dur. II 19) vor 68, Tochter der Ulpia Marciana und des C. Salonius Matidius Patruinus (PIR[2] M 365)?
Name: SALONIA MATIDIA, AUGUSTI SORORIS FILIA (AE 1954 Nr. 62).

29. Aug. 112 (FOst)	Erhebung zur Augusta: MATIDIA AUGUSTA.
(vor 23. Dez.) 119	*Gest.* Consecratio: DIVA MATIDIA (AUG.) (AfA).

Verheiratet mit
1. MINDIUS,
2. L. VIBIUS (SABINUS?), cos. 97, gest. bald nach 97 (RE s. v. Vibius Nr. 21 und 50),
3. LIBO RUPILIUS FRUGI (PIR[1] R 150 cf. AE 1940 Nr. 39)?

Eine *Tochter* von Mindius (MINDIA) MATIDIA DIE JÜNGERE (PIR[2] M 368. W. Eck, RE Suppl. XV, 1978, 131 ff. Nr. 2. R.-Ch. 533. M. T. Boatwright, EMC 36, 1992, 19 ff.).
Eine *Tochter* von Vibius Sabinus VIBIA SABINA (s. unter Hadrian).
Eine *Tochter* von Libo Rupilius Frugi (?) RUPILIA FAUSTINA (PIR[1] R 152. R.-Ch. 674).

PIR[2] M 367.
RE XIV 2, 1930, 2199 ff. (G. Herzog-Hauser).
Kl P III 1079, Nr. 1 (R. Hanslik).
RIC II 300 f. 344. 391.
Herrscherbild II 3, 1956, 80 ff. und 123 ff. (M. Wegner).
Fittschen-Zanker, Katalog III 9 f. Nr. 8.
L. Schumacher, Prosopographische Untersuchungen zur Besetzung der vier hohen römischen Priesterkollegien im Zeitalter der Antonine und Severer (96–235 n. Chr.), Diss. Mainz 1973, 195 (zur Frage der dritten Ehe der Matidia).
R.-Ch. 681.
M. T. Boatwright, AJPh 112, 1991, 513 ff.
Wallinger 27 ff.
Hahn, Frauen 266 ff.

Hadrian (11. Aug. 117–10. Juli 138)

Geb.: 24. Jan. 76 in Italica (Spanien) (FDur. SHA Vita Hadr. 1,3, wo Rom als Geburtsort genannt ist). Sohn des P. Aelius Hadrianus Afer (PIR^2 A 185) und der Domitia Paulina (PIR^2 D 185. R.-Ch. 330).

Name: P. AELIUS P. F. SERGIA HADRIANUS.

Laufbahn (vgl. Dessau 308): Xvir stlitibus iudicandis, praefectus feriarum Latinarum causa, VIvir equitum R., tribunus legionis II adiutricis (ca. 94), tribunus legionis V Macedonicae (96–97), tribunus legionis XXII Primigeniae p. f. (Okt. 97–98), quaestor imperatoris Traiani (101), comes expeditionis Dacicae (101), ab actis senatus (101/2), tribunus plebis (102), praetor (105?), legatus legionis I Minerviae p. f. (105–106), legatus Augusti pro praet. provinciae Pannoniae Inferioris (ca. 106–108), consul suffectus (108), legatus Augusti pro praet. expeditione Parthica, legatus Aug. pro praet. provinciae Syriae (117) – VIIvir epulonum, sodalis Augustalis (spätestens 112).

Wichtige Einzeldaten:

9. Aug. 117	Hadrian erhält die Nachricht von seiner (angeblichen?) Adoption durch Trajan = dies adoptionis (SHA Vita Hadriani 4,6).
11. Aug. 117	Erhebung zum Kaiser in Antiochia (dies imperii = Vita 4,7. Vgl. Dessau 318): IMP. CAESAR TRAIANUS HADRIANUS AUG. (NERVA TRAIANUS HADRIANUS auf griechischen Inschriften), PONTIFEX MAXIMUS, PROCONSUL.
9. Juli 118	adventus in Rom.
21. April 121	Inauguration für das templum Veneris et Romae.
vor Ende Aug. 121	Abreise nach Gallien.
Juni/Juli (?) 122	Überfahrt nach Britannien.
Winter 122/3	Aufenthalt in Tarraco.
Frühjahr 123	Aufbruch in den Osten.
29. Aug. 124	Aufenthalt in Ephesos.
Sept./Okt. 124	Besuch in Eleusis und Einweihung in die Mysterien. Beginn der Ära Hadrians.
Winter 124/5	Aufenthalt in Athen.
Sommer 125	Rückkehr nach Rom.
127	Reise durch Italien (Transpadana).

20. Okt. 127	ludi votivi decennales, 10tägig (FOst).
1. H. 128	Annahme des PATER PATRIAE-Titels (begegnet auf Inschriften und Münzen gelegentlich schon früher).
Sommer 128	Reise über Sizilien nach Afrika.
1. Juli 128	Aufenthalt in Lambaesis (Dessau 2487 mit Lit. bei Halfmann).
Spätsommer 128	Aufbruch in den Osten (2. Reise).
Winter 128/9	Aufenthalt in Athen.
Febr./März 129	Mysterienfeier in Eleusis (?).
März/April (?) 129	Aufenthalt in Ephesos.
23. Juli 129	Aufenthalt in Apameia.
Winter 129/30	Aufenthalt in Antiocheia in Syrien.
Frühjahr 130	Aufenthalt in Palmyra, anschließend Reise durch Arabien und Iudaea. Gründung der Kolonie Aelia Capitolina?
Juli/Aug. 130	Ankunft in Alexandria.
30. Okt. 130 (?)	Gründung von Antinoopolis.
18./21. Nov. 130	Aufenthalt im ägyptischen Theben.
Winter 130/131	Aufenthalt in Alexandria.
März/April 131	Feier der Μεγάλα Αντινόεια in Alexandria, anschließend Reise durch Kleinasien (und den Balkan?).
Winter 131/2	Aufenthalt in Athen.
132 (?)	Rückkehr nach Rom.
(132–134	3. Reise?, nicht gesichert, vgl. H. Halfmann).
132–135	Bar-Kochba-Aufstand.
Sommer 136	Adoption des L. Aelius Caesar.
13. Dez. 137	Vicennalienfeier (POslo 77, 15f.).
25. Febr. 138	Adoption des Antoninus Pius.
10. Juli 138	*Gest.* in der Nähe von Baiae. Danach consecratio als DIVUS HADRIANUS (AUG.).
139	Beisetzung im Mausoleum Hadriani.

cos. I (suff.)	Mai–Aug. 108
cos. II design.	nach 11. Aug. (?) 117
cos. II	1. Jan.–30. Juni (?) 118
cos. III design.	Ende Okt. (?) 118
cos. III	1. Jan.–30. April (?) 119 (SHA Vita Hadr. 8,5)
trib. pot. I	11. Aug.–9. Dez. 117
trib. pot. II	10. Dez. 117–9. Dez. 118

trib. pot. III	10. Dez. 118–9. Dez. 119
trib. pot. XXII	10. Dez. 137–10. Juli 138

imperator II	135? (nach 15. Sept. 134, vgl. CIL X 7855)

Die Beinamen Optimus, Germanicus, Dacicus und Parthicus wurden von Hadrian abgelehnt und erscheinen nur zu Anfang seiner Regierung.
Im Osten:
Olympios seit 128/29
Panhellenios seit Frühj. 132
Panionios nach 132

liberalitas I	117
II	118
III	119 (?)
IV	125 (?)
V	128 oder 132 oder 134?
VI	Mitte 136
VII	Febr. 138

Archon in Athen 111/112
Archon in Delphi 126 und 129

Schwester Domitia Paulina, verh. mit L. Iulius Ursus Servianus (PIR^2 I 631. Vgl. 569), eine Tochter Iulia Paulina (R.-Ch. 452), gest. 130 in Alexandria (?), später in Ägypten als Isis verehrt (PIR^2 D 196. R.-Ch. 12. Hahn, Frauen 302).
Schwiegermutter Matidia d. Ä. (s. unter Trajan).
Schwägerin Matidia d. J. (PIR^2 M 368. R.-Ch. 533).
Verheiratet mit Vibia Sabina (s. unten).
Zwei *Adoptivsöhne*:
L. Aelius Caesar (s. unten).
T. Aelius Caesar Antoninus (s. unter Antoninus Pius).

PIR^2 A 184.
RE I 1, 1893, 493 ff. Nr. 64 (P. von Rohden).
Kl P II 907 ff. Nr. 1 (R. Hanslik).
Diz. Epigr. III 1962, 600 ff. (D. Vaglieri).
RIC II 314 ff.
Herrscherbild II 3, 1956, 7 ff. und 92 ff. M. Wegner, Boreas 7, 1984, 107 ff.
Fittschen-Zanker, Katalog I 44 ff. Nr. 46 ff.
G. Alföldy, Legionslegaten 23 f. Nr. 31 (zur Laufbahn).
H. Temporini, Die Frauen am Hofe Trajans 125 ff. (zur Laufbahn).
W. Weber, Unters. zur Geschichte des Kaisers Hadrianus, Leipzig 1907.
P. L. Strack, Untersuchungen zur röm. Reichsprägung II, Stuttgart 1933.

M. Hammond, Antonine Monarchy 83f. (zur Consultatsdesignation).
L. Perret, La titulature impériale d'Hadrien, Paris 1929.
P. Kneissl, Siegestitulaturen 91ff.
D. van Berchem, Les distributions de blé 152ff.
H.-G. Pflaum, Bonner HA Coll. 1963 (1964) 95ff. (zur Nachfolgeregelung).
M. Rachet, REA 82, 1980, 204ff. (zu den Decennalien).
W. Eck, Romanitas–Christianitas, Festschrift J. Straub, Berlin–New York 1982, 217ff. (zum Titel pater patriae).
P. Herz, ANRW II 16, 2, 1171f.
S. Follet, Athènes au IIe et au IIIe siècle, Paris 1976.
H. Halfmann, Itinera principum 188ff.
L. Robert, Hellenica III, Paris 1946, 86f. (Panhellenios und Panionios).
J. Bennett, Britannia 15, 1984, 234f. (zumTitel pater patriae).
A. Chastagnol, RevNum 1984, 106f. (Decennalia, abweichende Datierung).
M. Buonocore, Latomus 44, 1985, 173ff. (munera und venationes im J. 119).
J. Casey, in: Mél. P. Bastien, Wetteren 1987, 65ff. (militärische Ereignisse).
M. Wörrle, Stadt und Fest im kaiserzeitlichen Kleinasien, München 1988, 34f. (zur ersten Orientreise).
E. Merten, in: Bonner Festgabe J. Straub, Bonn 1977, 247ff. (zur Adoption).
Castritius, Prinzipat 80f.
J. R. Rea, POxy LV, 1988, Nr. 3781 (Regierungsantritt).
E. Schwertheim, EA 6, 1985, 37ff. (Reisen).
G. di Vita-Évrard, in: Epigrafia (o. S. 1 Anm. 2), 108ff. (trib. pot. I ab 25. Febr.?).
R. Syme, ZPap 73, 1988, 159ff. (Reisen).
W. Eck, HA Coll. 1990, Macerata 1991, 185 (zum J. 127).
G. Alföldy, ZPap 100, 1994, 464ff. (H. als magister fratrum Arvalium).
M. T. Boatwright, AJPh 112, 1991, 513ff. (zu Domitia Paulina).
G. Grimm, in: Das antike Rom und der Osten (Festschr. K. Parlasca) Erlangen 1990, 39ff. (zu Domitia Paulina).
W. den Boer, Anc. Soc. 6, 1975, 203ff. (Regierungsantritt).
Grenier, Titulatures 56ff. und 95.
Scheid Nr. 90.

L. Aelius Caesar

Geb.: 13. Jan. (FPhiloc) ca. 101, Sohn des L. Ceionius Commodus, cos. 106 (PIR^2 C 604) und der Aelia oder Fundania Plautia (Silvana) (R.-Ch. 615).

Name: L. CEIONIUS COMMODUS.

Laufbahn: Praetor 130, consul I ord. 136.

Mitte 136	(nach 19. Juni, vor 29. Aug.?) Adoption durch Hadrian und Erhebung zum Caesar: L. AELIUS CAESAR.

137	imperium proconsulare in Pannonia (PROCONSUL). XVvir sacris faciundis.
1. Jan. 138	*Gest.* in Rom.
139	im Mausoleum Hadriani beigesetzt (Dessau 329). Keine consecratio.

cos. I	136
cos. II	137
trib. pot. I	10. Dez. 136–9. Dez. 137
trib. pot. II	10. Dez. 137–1. Jan. 138

Verheiratet mit
1. einer unbekannten Frau (AVIDIA?),
2. AVIDIA PLAUTIA (PIR² A 1412)?

Ein *Sohn:* L. CEIONIUS COMMODUS (= L. VERUS, s. unter Marc Aurel).
Zwei *Töchter:*
CEIONIA FABIA (PIR² C 612. R.-Ch. 204),
CEIONIA PLAUTIA (PIR² C 614. R.-Ch. 205).

PIR² C 605.
RE III 2, 1899, 1830ff. Nr. 7 (P. von Rohden).
Kl P I 1097 Nr. 4 (R. Hanslik).
RIC II 391ff. und 480ff.
Fittschen-Zanker, Katalog I 62f. Nr. 58.
H. G. Pflaum, Bonner HA Colloquium 1963 (1964) 95ff.
T. D. Barnes, JRS 57, 1967, 74ff.
Vgl. auch das Stemma in PIR² A p. 287.
M. Wegner, ÖJh. 58, 1988, 63ff. (Bildnis).
G. Di Vita-Évrard, in: Epigrafia (o. S. 1 Anm. 2), 112ff. (trib. pot. ab 25. Febr. 137?).
B. Rémy, Recherches sur l'histoire du Pont, Istanbul 1991, 97ff. (kleinasiat. Quellen).

Vibia Sabina

Geb.: um 85, Tochter des L. Vibius Sabinus (RE s. v. Vibius Nr. 21 und 50) und der Matidia der Älteren (s. oben unter Trajan).

ca. 100 (vor 101)	Heirat mit Hadrian.
seit 128 (?)	Augusta (so Hieronymus), doch begegnet der Titel auf Inschriften und Lokalmünzen bereits früher. Verleihung schon 119 (?), vgl. Eck: SABINA AUGUSTA.

nicht vor der 2. H. 136	*Gest.*, vielleicht erst nach Dez. 137. Bestattet im Mausoleum Hadriani. Consecratio unter Hadrian als DIVA SABINA (AUG.).

PIR[1] V 414.
RE Suppl. XV 1978, 909ff. Nr. 72b (W. Eck).
Kl P V 1251 (R. Hanslik).
R.-Ch. 802.
RIC II 386ff. und 475ff.
Herrscherbild II 3, 1956, 84ff. und 126ff. und Boreas 7, 1984, 146ff. (M. Wegner).
Fittschen-Zanker, Katalog III 10ff. Nr. 9f.
H. Temporini, Frauen 32 und 78ff.
W. Eck, in: Romanitas–Christianitas, Festschrift J. Straub, Berlin–New York 1982, 217ff. (zum Augustatitel).
M. T. Boatwright, AJPh 112, 1991, 513ff.
Wallinger 17ff.
Hahn, Frauen 273ff.

Antinoos

Geb.: 27. Nov. ca. 110 (Dessau 7212) in Bithynion-Klaudiopolis. Als schöner Jüngling wurde er der Liebling Hadrians.

Gest.: 30. Okt.? 130 (30. Okt. = Gründungsdatum von Antinoopolis). Ertrunken im Nil beim Ort Besa, wo später Antinoopolis gegründet wurde (Chron. Pasch. z. J. 122. Dio 69, 11, 2–4 z. J. 130). Grabtempel und Obelisk mit Hieroglypheninschrift in Rom (auf dem Palatin?). Göttliche Verehrung im Osten (SHA Vita Hadriani 14, 7; Inschriften und Münzen).

PIR[2] A 737.
RE I 2, 1894, 2439ff. Nr. 2 (K. Wernicke).
Kl P I 385 Nr. 2 (R. Hanslik).
Diz. Epigr. I, 1895, 493f. (E. de Ruggiero).
Fittschen-Zanker, Katalog I 59ff. Nr. 55ff.
F. Coarelli, MEFRA 98, 1986, 217ff. (zum Grabtempel).
Ch. W. Clairmont, Die Bildnisse des Antinous, Neuchâtel 1966.
E. Arrigoni, Quad. Tic. di Num. 11, 1982, 215ff. (zum Kult).
G. Blum, JournIntArchNum 16, 1914, 33ff. (zu den Münzen).
N. Hannestad, Analecta Rom. Inst. Danici 11, 1982, 69ff. (zum Grabmal).
M. Zahrnt, ANRW II 10, 1, 670ff.
R. Lambert, Beloved and God, London 1984.
G. Grimm, in: Das antike Rom und der Osten (Festschr. K. Parlasca), Erlangen 1990, 33ff.
H. Meyer, Antinoos, München 1991.

Antoninus Pius (10. Juli 138–7. März 161)

Geb.: 19. Sept. 86 in Lanuvium (FPhiloc. SHA Vita Pii 1,8), Sohn des Aurelius Fulvus, cos. 89 (PIR^2 A 1509) und der Arria Fadilla (PIR^2 A 1119. R.-Ch. 99).
Name: T. Aurelius Fulvus Boionius (Arrius) Antoninus.

Laufbahn: Quaestor (ca. 111), praetor (ca. 117), cos. I (120), consularis Italiae, proconsul Asiae (135/6).

Wichtige Einzeldaten:

25. Febr. 138	Adoption durch Hadrian und Erhebung zum Caesar (SHA Vita Pii 4,6f.), imperium proconsulare, tribunicia potestas: Imp. T. Aelius Caesar (Hadrianus) Antoninus.
10. Juli 138	(FDur) Erhebung zum Augustus (dies imperii): Imp. Caes. T. Aelius Hadrianus Antoninus Aug. Pius (Beiname Pius offiziell erst seit 19. Sept. 138?), proconsul, pont. max.
1./7. Jan. 139	pater patriae.
144–150	Bellum Mauricum.
21. April 148	900-Jahr-Feier Roms (vgl. M. Buonocore 258 m. Anm. 12).
10. Juli 148	Decennalia.
10. Juli 158	Vicennalia.
7. März 161	*Gest.* in Lorium bei Rom. Bestattet im Mausoleum Hadriani. Consecratio: Divus Antoninus (Augustus Pius).

cos. I	1. Jan.–Ende April (?) 120
cos. design. II	seit Juli (?) 138
cos. II	1.–13. Jan.? 139
cos. design. III	vor 22. Nov. 139 (CIL XVI 87)
cos. III	1.–13. Jan.? 140
cos. design. IV	Herbst (?) 144
cos. IV	1.–13. Jan.? 145

trib. pot. I	25. Febr.–9. Dez. 138
trib. pot. II	10. Dez. 138–9. Dez. 139
trib. pot. III	10. Dez. 139–9. Dez. 140
trib. pot. XXIV	10. Dez. 160–7. März 161

imperator II	142 (Dessau 340)
Germanicus	157 (CIL VIII 12513 und 20424) inoffiziell
Dacicus	157 (CIL VIII 12513 und 20424) inoffiziell
liberalitas I	Anf. 139
II	Jan. 140
III	142 (?)
IV	Frühj. 145
V	10. Juli 148 (?)
VI	22. Mai 151 (FOst)
VII	152
VIII	10. Juli 158 (?)
IX	Jan. 161
restitutor Italiae	zwischen 140 und 145 (?)
139/142 (?)	Archon in Delphi

Verheiratet mit ANNIA GALERIA FAUSTINA I (s. unten).
Eine *Halbschwester:* IVLIA FADILLA (PIR² I 667. RE X 1, 1918, 938 Nr. 570: A. Stein. Wallinger 114).
Zwei *Söhne,* gestorben vor 138, beigesetzt im Mausoleum Hadriani:
M. AURELIUS FULVUS ANTONINUS (PIR² A 1511),
M. GALERIUS AURELIUS ANTONINUS (PIR² G 26).
Zwei *Adoptivsöhne* (seit 25. Febr. 138):
M. AELIUS AURELIUS VERUS (s. unter Marc Aurel),
L. AELIUS AURELIUS COMMODUS (s. unter L. Verus).
Zwei *Töchter*:
AURELIA FADILLA (PIR² A 1653. R.-Ch. 137), verheiratet mit Aelius Lamia Silvanus (PIR² A 206), gest. ca. 135, beigesetzt im Mausoleum Hadriani,
ANNIA GALERIA FAUSTINA II (s. unter Marc Aurel).

PIR² A 1513.
RE II 2, 1896, 2492 ff. Nr. 138 (P. von Rohden).
Kl P I 407 ff. Nr. 1 (R. Hanslik).
Diz. Epigr. I 1895, 499 f. (E. Ciccotti).
RAC I 1950, 477 ff. (H. E. Stier).
RIC III 1 ff.
Herrscherbild II 4, 15 ff. und 125 ff. (M. Wegner). Dazu Boreas 2, 1979, 96 ff. und 3, 1980, 115.
Fittschen-Zanker, Katalog I 63 ff. Nr. 59 f.
W. Hüttl, Antoninus Pius, 2 Bde., Prag 1936/33, ND 1975.
P. L. Strack, Untersuchungen zur röm. Reichsprägung III, Die Reichsprägung zur Zeit des Antoninus Pius, Stuttgart 1937.

M. Rachet, REA 82, 1980, 208ff. (zu den Decennalien).
H.-G. Pflaum, in: Mélanges J. Carcopino, Paris 1966, 717ff. (zu den Titulaturen Imp. Antoninus Aug. und Antoninus Imp. für Antoninus Pius).
T. D. Barnes, JRS 57, 1967, 68 (zu den liberalitates).
A. Chastagnol, RevNum 1984, 107ff. (zu den Decennalien).
M. Buonocore, Quad. Tic. di Num. 11, 1982, 255ff. (zur 900-Jahr-Feier).
M. Hammond, Antonine Monarchy 84 (zur Consulatsdesignation).
W. Eck, HAColl. 1990, Macerata 1991, 194 (restitutor Italiae).
Grenier, Titulatures 60ff.
Scheid Nr. 101.

Faustina I.

Geb.: ca. 105 (nach FD zwischen 20. und 22. Sept., vgl. dazu Herz). Tochter des M. Annius Verus. cos. III 126 (PIR^2 A 695) und der Rupilia Faustina (PIR^1 R 152. R.-Ch. 674).
Name: ANNIA GALERIA FAUSTINA.

ca. 110 (?)	Heirat mit Antoninus Pius.
(nach 10. Juli) 138	Verleihung des Augusta-Titels: FAUSTINA AUGUSTA.
Ende Okt. 140	*Gest.* Consekrationsbeschluß am gleichen Tag (FOst): DIVA FAUSTINA.
vor 13. Nov. 140	Funus censorium (FOst). Bestattung im Mausoleum Hadriani.

Kinder s. oben unter Antoninus Pius.

PIR^2 A 715.
RE I 2, 1894, 2312f. Nr. 120 (P. von Rohden).
Kl P II 1583 Nr. 2 (R. Hanslik).
RIC III 66f. und 157ff.
Herrscherbild II 4, 26ff. und 153ff. (M. Wegner). Dazu Boreas 2, 1979, 124ff.
Fittschen-Zanker, Katalog I 13ff. Nr. 13ff.
P. Herz, ANRW II 16,2, 1177ff. (zum dies natalis).
R.-Ch. 62.
A. Geissen, in: Die Münze (Festschr. M. R. Alföldi), Frankfurt a. M. 1991, 195ff., und ZPap 92, 1992, 177ff. (alexandrin. Münzen).
L. Vidman, in: Sodalitas (Scritti A. Guarino) I Neapel 1984, 403ff.

Marc Aurel (7. März 161–17. März 180)

Geb.: 26. April 121 in Rom (SHA Vita Marci 1,5. FDur). Sohn des M. Annius Verus (PIR^2 A 696) und der Domitia Lucilla (PIR^2 D 183. R.-Ch. 329. Wallinger 36ff.). Der Geburtstag wurde später dreitägig vom 24.–26. April gefeiert (CIL XII 5905).

Name: (M. ANNIUS?) CATILIUS SEVERUS, seit 17. März 136: M. ANNIUS VERUS.

Wichtige Einzeldaten:

127	Verleihung des equus publicus.
128	Kooptation in das Kollegium der Salier.
17. März 136	Annahme der toga virilis, Verlobung mit der Ceionia Fabia, der Tochter des L. Commodus = L. Aelius Caesar (PIR^2 C 612. Wallinger 41ff.), praefectus feriarum Latinarum causa.
25. Febr. 138	Adoption durch Antoninus Pius. Name: M. AELIUS AURELIUS VERUS.
nach 10. Juli 138	Auflösung der Verlobung mit Ceionia, neue Verlobung mit Annia Galeria Faustina, der Tochter des Antoninus Pius (s. unten).
139	Quästor, VIvir equitum Romanorum, Erhebung zum Caesar (Anf. 139?): AURELIUS CAESAR AUG. PII FILIUS. PRINCEPS IUVENTUTIS, Kooptation in alle Priesterkollegien.
Frühj. 145	(13. Mai?) Heirat mit Faustina.
1. Dez. 147	tribunicia potestas, imperium proconsulare, ius quintae relationis.
7. März 161	Erhebung zum Kaiser (dies imperii): IMP. CAES. M. AURELIUS ANTONINUS AUG. – PONTIFEX MAXIMUS.
7. März 166	(?) Quinquennalien.
12. Okt. 166	Triumph über die Parther zus. mit L. Verus. Annahme des PATER PATRIAE-Titels (erscheint auf den Münzen erst nach 170).
168	Aufbruch aus Rom (Frühjahr), Überschreiten der Alpen und Inspektionsreise durch die angrenzenden Donauprovinzen.
168/9	Winteraufenthalt in Aquileia.
Anf. 169	Rückkehr nach Rom nach dem Tode des L. Verus in Altinum.

Sept./Okt. 169	(nach 13. Sept.) Aufbruch zur expeditio Germanica I.
Winter 169/170	in Pannonien?
170	Germaneneinfall, Kostobokenzug (170/1?)
170/173	Hauptquartier in Carnuntum.
7. März 171	(?) Decennalia.
173–175	Hauptquartier in Sirmium.
174	Blitz- und Regenwunder (so Dio 71 [72] 10,5. Vgl. Schindler-Horstkotte. Für 11. Juni 172 dagegen W. Jobst).
	Friede mit den Markomannen?
175	Auf die Nachricht vom Aufstand des Avidius Cassius Friedensschluß mit den Jazygen (April/Mai). Aufbruch in den Osten in Begleitung des Commodus nach Bekanntwerden des Todes des Cassius (frühestens August).
Winter 175/6	Aufenthalt in Alexandria.
176	Rückreise nach Italien über Syrien, Kleinasien (Tod der Faustina in Halala im Frühsommer) und Griechenland (Aufenthalt in Athen und Einweihung in Eleusis im Herbst). Ende Nov. Ankunft in Rom.
23. Dez. 176	Triumph de Germanis et de Sarmatis (SHA Vita Comm. 12,5), gemeinsam mit Commodus? (Vgl. M. Hammond, Antonine Monarchy 78).
177	SC de gladiatoribus. Christenverfolgung in Lyon (24. April: Martyr. Hieron. Vgl. Herz, Untersuchungen 190ff.).
3. Aug. 178	Aufbruch zur expeditio Germanica II (SHA Vita Comm. 12,6).
178/9	(Schon 175?) Winterquartier in Viminacium.
179/180	Winterquartier in Sirmium.
17. März 180	*Gest.* in Bononia bei Sirmium (oder in Vindobona?). Bestattet im Mausoleum Hadriani, Consecratio: DIVUS M. ANTONINUS PIUS (Marc Aurel und L. Verus = DIVI FRATRES).

cos. design.	139
cos. I	140
cos. design. II	144

cos. II	145	
cos. III	1.–13. Jan. 161	
trib. pot. I	1. Dez.–9. Dez. 147	
trib. pot. II	10. Dez. 147–9. Dez. 148	
trib. pot. III	10. Dez. 148–9. Dez. 149	
trib. pot. XXXIV	10. Dez. 179–17. März 180	
imperator II	163	
imp. III	165	
imp. IV	166	
imp. V	167 (?)	
imp. VI	171	
imp. VII	174	
imp. VIII	175 (Juli/Aug.?)	
imp. IX	177	
imp. X	179	
Armeniacus	Mitte 164	nach 169 offiziell nicht mehr geführt (Vita 12, 9), begegnen aber weiter auf Inschriften und in den Papyri.
Medicus	Mitte 166	
Parthicus max.	Mitte 166	
Germanicus	172	seit 178 nicht mehr auf den Reichsmünzen.
Sarmaticus	175 (Juli/Aug.?)	
liberalitas I	März 161	
II	Mitte 165	
III	Okt. 166	
IV	Anf. 167	
V	Anf. 169	
VI	Juli 175	
VII	Anf. 177	

Eine *Schwester* Annia Cornificia Faustina, verh. mit C. Ummidius Quadratus, cos. suff. ca. 145 (RE Suppl. IX 1962, 1831 f. Nr. 5), gest. 152 (PIR² A 708. R.-Ch. 57. Wallinger 40 ff.).

Ein *Adoptivbruder* L. Verus (s. unten).

Verheiratet mit Annia Galeria Faustina II. (s. unten).

Kinder (Reihenfolge und Daten unsicher und umstritten):

1. Domitia Faustina, geb. 30. November 147, gest. vor 7. März 161 (PIR² D 177. R.-Ch. 323),
2. Annia Lucilla (s. unter L. Verus),
3. ? Zwillingsbruder der Lucilla?, geb. 7. März 149?, bald nach der Geburt gestorben? (Existenz fraglich),
4. Annia Aurelia Galeria Faustina, geb. 150/1, verheiratet mit Cn. Claudius Severus, cos. II 173 (PIR² C 1024), gest. Ende 161 (?) [PIR²

A 714. RE I 2, 1894, 2311 ff. Nr. 119 (P. von Rohden). Kl P II 1582 f. Nr. 1 (R. Hanslik). R.-Ch. 61],

5. T. Aelius Antoninus, geb. 152, gest. vor 7. März 161 (PIR² A 140 und 1450),
6. T. Aelius Aurelius, geb. 158, gest. vor 7. März 161 (PIR² A 147),
7. Hadrianus, geb. 152 (?), gest. vor 166 (PIR² H 3), identisch mit Nr. 5 oder 6?
8. Fadilla, geb. 159 (?), verheiratet mit M. Peducaeus Plautius Quintillus, cos. ord. 177 (RE XXI 1, 43 f. Nr. 54. PIR¹ P 358), ein Sohn Plautius Quintillus?, gest. nach 31. Dez. 192 (PIR² F 96. R.-Ch. 356),
9. Cornificia, geb. 160, seit Mitte 177 bzw. Frühj. 195 Augusti soror (CIL VI 8721), gest. nach 4. Febr. 211, von Caracalla zum Selbstmord gezwungen (PIR² C 1505. R.-Ch. 294. J. Meischner, Frauenporträt 89 ff.). Verheiratet mit 1. M. Petronius Sura Mamertinus, cos. ord. 182 [(PIR¹ P 229. RE XIX 1, 1937, 1224 f. Nr. 71 (W. Hoffmann)]? ein Sohn Petronius Antoninus [(PIR¹ P 199. RE a. O. 1201 Nr. 27 (W. Hoffmann)], zusammen mit seinem Vater Ende 190/Anf. 191 hingerichtet. 2. mit ? L.Didius Marinus (PIR² D 71), so A. R. Birley, Septimius Severus, London 1971, 300 Nr. 21, und Mark Aurel 422 (Stammtafel), ohne Beleg,
10. T. Aurelius Fulvus Antoninus, Zwillingsbruder des Commodus, geb. 31. Aug. 161, gest.165 (PIR² A 1512),
11. Commodus (s. unten),
12. M. Annius Verus, geb. ca. 162, Caesar seit 12. Okt. 166: Annius Verus Caesar. Gest. ca. 10. September 169 (PIR² A 698),
13. Vibia Aurelia Sabina, geb. ca. 170, seit Mitte 177 Augusti soror (CIL X 4763 und XV 7402), seit Frühj. 195 Imp. Severi soror (CIL VIII 5327), seit 4. Febr. 211: divi Severi soror (Dessau 388), gest. unter Caracalla? [PIR¹ V 411. RE II 2, 1896, 2544 f. Nr. 263 (P. von Rohden). R.-Ch. 800]. Verheiratet mit 1. L. Antistius Burrus, cos. ord. 181 (PIR² A 757) und 2. mit L. Aurelius Agaclytus (PIR² A 452)? Vgl. CIL XV 7402.

Seit Frühjahr 195 galt außerdem Septimius Severus als Adoptivsohn des Marc Aurel.

PIR² A 697.
RE I 2, 1894, 2279 ff. Nr. 94 (P. von Rohden).
Kl P III 1009 ff. Nr. 2 (R. Hanslik).
Diz. Epigr. I 1895, 937 ff. (F. Fuchs).
RIC III 195 ff. 441.
Herrscherbild II 4, 1939, 33 ff. und 166 ff. (M. Wegner). Dazu Boreas 2, 1979, 139 ff., und 3, 1980, 115 f.
Fittschen-Zanker, Katalog I 67 ff. Nr. 61 ff.
R. A. Birley, Marcus Aurelius, London ²1987.
G. R. Stanton, ANRW II 2, 1975, 478 ff. (Forschungsbericht).

H.-G. Pflaum, Journal des Savants 1961, 28 ff. (zu den Schwiegersöhnen Marc Aurels).
K.-P. Johne, Klio 48, 1967, 177 ff. (zu den Siegesbeinamen).
W. Jobst, SB Wien 335, 1978, 21 f., und ANRW II 6, 1977, 717 ff. (zum Regenwunder).
P. Herz, ANRW II 16,2, 1978, 1174 f. und 1199 (zum Heiratsdatum, zum Triumph über die Germanen und zum Regenwunder).
M. Rachet, REA 82, 1980, 218 ff. (zu den decennalia).
S. Follet, Athènes au IIe et au IIIe siècle, Paris 1976, 137 f.
H. Bannert, in: Marc Aurel, hrsg. von R. Klein, Darmstadt 1979, 459 ff. (zum Todesort).
H. Halfmann, Itinera principum 212 ff.
G. Schindler-Horstkotte, Der „Markomannenkrieg“ Mark Aurels und die kaiserliche Reichsprägung, Diss. Köln 1982, Köln 1985.
A. Chastagnol, RevNum 1984, 110 (datiert Decennalia auf 7. März 170).
R. Klein, Bonner HAColl. 1986/9, 1991, 117 ff. (Regenwunder).
O. Salomies, Arctos 24, 1990, 107 ff. (Regenwunder).
H. Wolff, Passauer Jbb 32, 1990, 9 ff. (Regenwunder).
W. Ameling, ZPap 90, 1992, 147 ff. (zu den Kindern Marc Aurels).
Grenier, Titulatures 65 ff.
Scheid Nr. 102.
W. Scheidel, Chiron 20, 1990, 1 ff. (Germaneneinfall).
–, Historia 39, 1990, 493 ff. (Kostobokeneinfall).
H. Gitler, INJ 11, 1990/1, 36 ff. (Reise in den Osten).

Faustina II.

Geb.: 16. Febr. ca. 130 (Polem. Silvius). Tochter des Antoninus Pius und der Annia Galeria Faustina I.
Name: ANNIA GALERIA FAUSTINA.

25. Febr. 138	Verlobung mit L. Verus.
nach 10. Juli 138	Lösung der Verlobung mit L. Verus und neue Verlobung mit Marc Aurel.
Frühjahr 145	(13. Mai?) Heirat mit Marc Aurel.
1. Dez. 147	Erhebung zur Augusta: FAUSTINA AUGUSTA.
174	(so Dio 71 [72], 10,5. Vgl. Herz. 172 Knibbe) MATER CASTRORUM.
Frühsommer (?) 176	*Gest.* in Halala am Taurusgebirge. Beisetzung im Mausoleum Hadriani. Consecratio: DIVA FAUSTINA PIA oder DIVA AUGUSTA FAUSTINA.

Zu den ägyptischen Jahresdaten s. oben S. 16 Anm. 61.
Kinder s. oben unter Marc Aurel.

PIR^2 A 716.
RE I 2, 1894, 2313ff. Nr. 121 (P. von Rohden).
Kl P II 1583f. Nr. 3 (R. Hanslik).
RIC III 268ff. Nr. 667ff. 344ff.
Herrscherbild II 4, 1939, 48ff. und 210ff. (M. Wegner). Dazu Boreas 3, 1980, 12ff.
Fittschen-Zanker, Katalog III 20ff. Nr. 19ff.
K. Fittschen, Die Bildnistypen der Faustina Minor und die Fecunditas Augustae, Abh. Akad. Göttingen 1982.
H. von Aulock, Münzen und Städte Lykaoniens, Tübingen 1976, 28f.
P. Herz, ANRW II 16,2, 1175 und 1177ff. (zum Titel mater castrorum und zum dies natalis).
O. Knibbe, ÖJh. 54, 1983, 138ff. (zum Titel mater castrorum).
R.-Ch. 63.
Wallinger 44ff.

Gegenkaiser

Avidius Cassius

Geb.: ca. 125/130 in Kyrrhos in Syrien, Sohn des C. Avidius Heliodorus (PIR^2 A 1405).

Laufbahn: Consul suff. (Mai 161/3 oder 166?), legatus Augusti pro praet. prov. Moesiae Inferioris (?) (Juli 161–Frühjahr 162?), praefectus exercitui bello Parthico (163/4–165), legatus Augusti pro praet. prov. Syriae (seit 165?), rector totius Orientis (seit 170?), Niederwerfung des Bukolenaufstandes in Ägypten (172/3).

Anf. April 175	Erhebung zum Gegenkaiser (vor 25. April): IMP. CAES. C. AVIDIUS CASSIUS AUG. Vom Senat zum hostis erklärt.
vor 28. Juli 175	*Gest.* Nach 3 Monaten und 6 Tagen Herrschaft ermordet. DAMNATIO MEMORIAE.

Verheiratet mit einer unbekannten Frau: VOLUSIA? (Vgl. R.-Ch. 835) oder MAECIA? (Vgl. Syme 218).
Zwei *Söhne*:
HELIODORUS (PIR^2 A 1404),
MAECIANUS (PIR^2 A 1406).

Eine *Tochter*:
ALEXANDRIA (PIR^2 A 512. R.-Ch. 129. Wallinger 114 ff.).

PIR^2 A 1402.
RE II 2, 1896, 2378 ff. Nr. 1 (P. von Rohden).
Kl P I 787 f. Nr. 1 (R. Hanslik).
R. Rémondon, Chron. d'Egypte 26, 1951, 364 ff.
J. Spieß, Avidius Cassius und der Aufstand des Jahres 175, Diss. München 1975.
A. Baldini, Latomus 37, 1978, 634 ff.
K. Dietz, Chiron 11, 1981, 277 ff.
M. L. Astarita, Avidio Cassio, Rom 1983.
R. Syme, Bonner HAColloquium 1984/85 (1987), 207 ff.

L. Verus

Geb.: 15. Dez. 130 (FPhiloc. Vgl. SHA Vita Veri 2, 10) in Rom. Sohn des L. Aelius Caesar (s. unter Hadrian) und der (?) Avidia Plautia (PIR^2 A 1412. R.-Ch. 128).
Name: L. CEIONIUS COMMODUS, seit Mitte 136: L. AELIUS COMMODUS.

25. Febr. 138	Adoption durch Antoninus Pius, Name: L. AELIUS AURELIUS COMMODUS. Verlobung mit der Tochter des Antoninus Pius, Annia Galeria Faustina II. (s. oben).
Juli 138	Nach dem Tode Hadrians (10. Juli) Lösung der Verlobung mit Faustina II., neue Verlobung mit der Tochter Marc Aurels, Annia Galeria Lucilla (s. unten).
144 (oder 146?)	Annahme der toga virilis
153	Quästor
154	Consul I., Augur, frater Arvalis
161	Consul II.
7. März 161	Erhebung zum Augustus (dies imperii): IMP. CAES. L. AURELIUS VERUS AUG., PONTIFEX (pontifex maximus gelegentlich auf Inschriften, aber nicht in offiziellen Dokumenten!), PROCONSUL.
Anf. Frühjahr 162	Profectio in den Osten.

162	(zwischen Febr./März und Sept./Okt.) Aufenthalt in Athen und Einweihung in Eleusis (Sept./Okt.?).
Ende 162–Sommer 166	Aufenthalt in Syrien.
163 (?)	Reise nach Ephesos und Hochzeit dort mit Lucilla.
12. Okt. 166	Triumph über die Parther. Empfang der corona civica. Annahme des PATER PATRIAE-Titels (SHA Vita Marci 12,7 ff. Vita Commodi 11,13), erscheint auf Inschriften gelegentlich schon früher.
168	Aufbruch aus Rom (Frühjahr), Überschreiten der Alpen und Inspektionsreise durch die angrenzenden Donauprovinzen.
168/69	Winteraufenthalt in Aquileia.
Anf. 169 (Jan./Febr.)	*Gest.* auf der Rückreise nach Rom in Altinum. Bestattung im Mausoleum Hadriani. Consecratio: DIVUS VERUS (L. Verus und Marc Aurel = DIVI FRATRES).

cos. I	154
cos. II	1.–13. Jan. 161
cos. III	1.–13. Jan.? 167
trib. pot. I	7. März–9. Dez. 161
trib. pot. II	10. Dez. 161–9. Dez. 162
trib. pot. III	10. Dez. 162–9. Dez. 163
trib. pot. IX	10. Dez. 168–Jan./Febr. 169
imperator II	163
imp. III	165
imp. IV	166
imp. V	167 (?)
Armeniacus	Herbst 163
Parthicus max.	Aug./Sept. 165
Medicus	Sommer 166
liberalitas I	März 161
II	Mitte 165
III	Okt. 166
IV	Anf. 167

Zwei *Schwestern*:
CEIONIA FABIA (PIR^2 C 612. R.-Ch. 204),
CEIONIA PLAUTIA (PIR^2 C 614. R.-Ch. 205).
Verheiratet mit ANNIA GALERIA LUCILLA (s. unten).
Eine *Tochter* unbekannten Namens (Dio 72, 4, 4).

PIR^2 C 606.
RE III 2, 1899, 1832 ff. Nr. 8 (A. Stein).
Kl P V 1221 ff. (R. Hanslik).
RIC III 249 ff. 316 ff.
Herrscherbild II 4, 56 ff. und 226 ff. (M. Wegner). Dazu Boreas 3, 1980, 38 ff., und ÖJh 58, 1988, 63 ff.
Fittschen-Zanker, Katalog I 78 ff. Nr. 72 f.
T. D. Barnes, JRS 57, 1967, 65 ff.
H. von Aulock, Münzen und Städte Lykaoniens, Tübingen 1976, 28 f.
H. Halfmann, Itinera principum 210 ff.
J. P. Callu und K. Rosen, HAColl. 1990. Macerata 1991, 101 ff. und 271 ff.
Scheid Nr. 114.
Weitere Literatur s. oben unter Marc Aurel.

Lucilla

Geb.: 7. März 149 (IGRR I 1509). Tochter des Marc Aurel und der Faustina II.
Name: ANNIA AURELIA GALERIA LUCILLA.

bald nach 7. März 161	Verlobung mit L. Verus.
163 (?)	Heirat mit L. Verus in Ephesos, Verleihung des Augustatitels: LUCILLA AUGUSTA.
166	Geburt einer Tochter.
Sept./Okt. (?) 169	2. Heirat mit Ti. Claudius Pompeianus (PIR^2 C 973).
170 oder später	Geburt eines Sohnes aus der Ehe mit Pompeianus.
181	*Gest.* Verbannung nach Capri, bald darauf Hinrichtung. (Vgl. unten unter Commodus.)

Eine *Tochter* AURELIA (LUCILLA) (R.-Ch. 133), verheiratet mit Claudius Pompeianus Quintianus (PIR^2 C 975).
Ein *Sohn* (CLAUDIUS) POMPEIANUS (PIR^2 C 971).

PIR^2 A 707.
RE I 2, 1894, 2315 Nr. 123 (P. von Rohden).
Kl P III 755 (A. Lippold).
RIC III 274ff. Nr. 755ff. 352ff.
Herrscherbild II 4, 74ff. und 249ff. (M. Wegner). Dazu Boreas 3, 1980, 67ff.
Fittschen-Zanker, Katalog III 25f. Nr. 25.
M. R. Kaiser-Raiß, Die stadtrömische Münzprägung während der Alleinherrschaft des Commodus, Frankfurt a. M. 1980, 17ff.
R.-Ch. 54.
Wallinger 62ff.

Commodus (17. März 180–31. Dez. 192)

Geb.: 31. Aug. 161 bei Lanuvium (FDur. SHA Vita Commodi 1,2), Sohn des Marcus Aurelius und der Annia Galeria Faustina II.
Name: L. AURELIUS COMMODUS.

12. Okt. 166	Erhebung zum Caesar (Vita 1,10 und 11,13): L. AURELIUS COMMODUS CAESAR.
20. Jan. 175	Aufnahme in alle Priesterkollegien (Vita 1,10 und 12,1).
19. Mai 175	Profectio in Germaniam (Vita 12,2).
7. Juli 175	Annahme der toga virilis (Vita 2,2 und 12,3), PRINCEPS IUVENTUTIS.
175/6	Reise in den Osten zusammen mit Marc Aurel (s. dort).
7. oder 8. Aug. 176	Aufenthalt in Milet?
Herbst 176	Einweihung in die Mysterien von Eleusis.
27. Nov. 176	(so Vita 2,4. 28. Okt. = Vita 12,4) Erste imperatorische Akklamation. Dies imperii (?).
23. Dez. 176	Triumph de Germanis et de Sarmatis, gemeinsam mit Marc Aurel? (Vita 12,5. Vgl. oben unter Marc Aurel).
Mitte 177	(vor 17. Juni) Erhebung zum Augustus: IMP. CAES. L. AURELIUS COMMODUS AUG., PATER PATRIAE.
Mitte (vor 3. Aug.) 178	Heirat mit Bruttia Crispina.
3. Aug. 178	Profectio in Germaniam (Vita 12,6), expeditio Germanica II.
17. März 180	Tod des Marc Aurel, Commodus Alleinherrscher: IMP. CAES. L. bzw. (seit Okt. 180) M. AURELIUS COMMODUS ANTONINUS AUG., PONTIFEX MAXIMUS (auf Inschriften schon seit 177, auf Münzen erst seit 183).
22. Okt. (?) 180	Triumph über die Germanen (vgl. Vita 12,7. Dessau 1420).
2. H. (?) 181	Lucilla-Verschwörung (so Kaiser-Raiß, nach Grosso 182).
27. Nov. 181 (?)	Quinquennalienfeier.
185	Sturz des Gardepräfekten Perennis (April/Mai?). Expeditio Burica und expeditio Sarmatica (vgl. M. R. Alföldi 340 m. Anm. 11).

186	Bellum desertorum (12. Aug. 186 = Datum der Tafel von Rottweil).
27. Nov. (?) 186	Erste Decennalienfeier (gerechnet ab 176).
Anf. 187	(vor 25. März) Verschwörung des Maternus.
188	Expeditio Germanica III.
Ende (?) 189	Sturz des Cleander.
17. März ? 190	Zweite Decennalienfeier (gerechnet ab 180).
? 191	Defectio des Alexander von Emesa (PIR^2 I 135).
vor 29. Aug. 191	Namensänderung: IMP. CAES. L. AELIUS AURELIUS COMMODUS AUG.
Okt. (?) 192	Neugründung Roms als Colonia Commodiana. Umbenennung der römischen Monatsnamen, vgl. Dio 72 (73) 15,3.
31. Dez. 192	*Gest.* (ermordet) in Rom. Zuerst privat bestattet, von Pertinax ins Mausoleum Hadriani überführt (Vita 17). DAMNATIO MEMORIAE.
Frühjahr 195	Consecratio durch Septimius Severus: DIVUS COMMODUS, FRATER IMP. CAES. L. SEPTIMI SEVERI. (AE 1951 Nr. 75).
April 217/Juni 218	Vorübergehend erneute DAMNATIO MEMORIAE unter Macrinus.

cos. design.	seit 27. Nov. 176
cos. I	177
cos. II	179
cos. III	181
cos. IV	183
cos. V	186
cos. VI	190
cos. VII	192

Ägyptische Herrscherjahre: Commodus setzte als Alleinherrscher die Jahreszählung seines Vaters fort, also

Jahr 20	30. Aug. 179–28. Aug. 180
21	29. Aug. 180–28. Aug. 181
22	29. Aug. 181–28. Aug. 182
33	29. Aug. 192–31. Dez. 192

trib. pot. I	Anf.–Mitte 177 (oder fiktiv 27. Nov.–9. Dez. 176?)
trib. pot. II	Mitte 177 (oder fiktiv 10. Dez. 176?)–9. Dez. 177
trib. pot. III	10. Dez. 177–9. Dez. 178
trib. pot. XVIII	10. Dez.–31. Dez. 192

imperator I	176
imp. II	177
imp. III	179
imp. IV	180 (Herbst)
imp. V	182 (Ende)
imp. VI	183
imp. VII	184 (2. H.)
imp. VIII	186

Germanicus	15. Okt. 172 (Vita 11, 14)	auf den Münzen seit 178 nicht mehr geführt.
Sarmaticus	Herbst 175	
Germanicus max.	Mitte (?) 182	
Britannicus	2. H. 184	

Die Beinamen Armeniacus, Medicus, Parthicus maximus sind nicht offiziell.

Pius	182/183 (zwischen 10. Dez. 182 und 3. Jan. 183)
Felix	seit 185 (Annahme nach dem Sturz des Perennis: Vita 8, 1)
Pater senatus	187 (?)
Invictus Romanus	
Hercules	192

Die Namen Herculeus, Amazonius und Exsuperatorius sind bis 192 inoffiziell, gehören aber seit Ende 192 zu den neuen Monatsnamen.

liberalitas I	Juli 175
II	Anf. 177
III	180
IV	Jan.? 181
V	182 (vgl. Kaiser-Raiß)
VI	Jan.? 186
VII	Jan.? 190
VIII	Jan.? 192
IX	Ende 192 (gelangte erst unter Pertinax zur Verteilung: SHA Vita Pert. 7, 5)

Archon der Eumolpiden (frühestens 183, vielleicht 185).
Archon in Athen 188/9.

Verheiratet mit Bruttia Crispina (s. unten).
Eine Konkubine Marcia (PIR^2 M 187. RE XIV 2, 1930, 1604f. Nr. 118: A. Stein. Wallinger 70ff.).
Keine *Kinder.*

PIR^2 A 1482.
RE II 2, 1896, 2464ff. Nr. 89 (P. von Rohden).

Kl P I 1261ff. (R. Hanslik).
Diz. Epigr. II 1, 1900, 547ff. (E. Ferrero).
RAC III 252ff. (J. Straub).
RIC III 262ff. 334ff. 356ff.
Herrscherbild II 4, 1939, 66ff. und 252ff. (M. Wegner). Dazu Boreas 3, 1980, 76ff.
Fittschen-Zanker, Katalog I 81ff. Nr. 74ff.
F. Grosso, La lotta politica al tempo di Commodo, Turin 1964.
M. Gherardini, Studien zur Geschichte des Kaisers Commodus, Wien 1974.
M. R. Kaiser-Raiß, Die stadtrömische Münzprägung während der Alleinherrschaft des Commodus, Frankfurt a. M. 1980.
D. von Berchem, Les distributions de blé 157ff. (zu den liberalitates).
P. Kneissl, Siegestitulatur 110ff.
R. O. Fink, in: Synteleia Arangio Ruiz, Neapel 1964, 232ff. (zur damnatio memoriae).
K.-P. Johne, Klio 48, 1967, 177ff. (zu den Siegesbeinamen).
H. Chantraine, Röm. Quartalschrift 70, 1975, 1ff.
S. Follet, Athènes au IIe et au IIIe siècle, Paris 1976, 138ff.
P. Herz, ANRW II 16,2, 1978, 1175 (zum Triumph).
Z. Rubin, Civil War Propaganda and Historiography, Brüssel 1980, 212ff. (zum Consecrationsdatum).
M. Rachet, REA 82, 1980, 223ff. (zu den Decennalien).
A. Chastagnol, Rev. Num. 1984, 110ff. (zu den Decennalien).
G. Alföldy, BoJbb 171, 1971, 367ff. (zum bellum desertorum).
J. Fitz, AArchHung 14, 1962, 87ff. (zur expeditio Germanica III).
R. Marino, in: Studi E. Manni, Rom 1976, 223ff. (zur tribunicia potestas).
J. C. Wilmanns, Epigraphische Studien 12, Köln 1981, 1ff. (Tafel von Rottweil).
M. R. Alföldi, in: Festschrift der Wiss. Gesellschaft an der Joh. Wolfgang Goethe-Univ. Frankfurt a. M., Wiesbaden 1981, 337.
P. J. Sijpesteijn, Mnemosyne 41, 1988, 123f. (zur Titulatur).
P.-H. Martin, Jb. Staatl. Kunstslg. Baden-Württemberg 12, 1975, 51ff. (zur Neugründung Roms).
E. van't Dack, HAColl, Macerata 1991, 311ff. (zu Pius Felix).
S. Bakhoum, in: Mél. E. Bernand, Paris 1991, 3ff. (ägypt. Zeugnisse).
Scheid Nr. 120.
Grenier, Titulatures 70ff.

Bruttia Crispina

Geburtsdatum unbekannt. Tochter des C. Bruttius Praesens, cos. II 180 (PIR[2] B 165) und der Laberia Mar(cia) Hostilia Crispina Moecia Cornelia (PIR[2] H 228 und L 15).

Mitte (vor 3. Aug.) 178	Heirat mit Commodus und Erhebung zur Augusta: CRISPINA AUGUSTA. (vgl. Dessau 405 mit Kommentar von Grosso)
Herbst 192	*Gest.* Wegen adulterium nach Capri verbannt und später getötet. DAMNATIO MEMORIAE.

Ein *Bruder* L. BRUTTIUS QUINTIUS CRISPINUS, cos. 187 (PIR² B 169).
Keine *Kinder.*

PIR² B 170.
RE III 1, 1897, 915 Nr. 11 (W. Henze). Suppl. I, 1903, 259 (A. Stein).
Kl P I 955 Nr. 10 (R. Hanslik).
RIC III 398ff. und 442ff.
Herrscherbild II 4, 1939, 74ff. und 274ff. (M. Wegner). Dazu Boreas 3, 1980, 98ff.
F. Grosso, La lotta politica al tempo di Commodo 661ff. (zum Todesdatum).
R.-Ch. 149.

Pertinax (31. Dez. 192–28. März 193)

Geb.: am 1. Aug. 126 (FDur. FPhiloc) in Alba Pompeia in Ligurien. Sohn des Helvius Successus, eines Freigelassenen (PIR² H 77).
Name: P. HELVIUS PERTINAX.

Laufbahn: Praef. cohortis IV (oder VII.) Gallorum equitata in Syrien (ca. 160–165), tribunus mil. legionis VI victricis (oder legionis XX Valeriae victr.?) in Britannien (ca. 165), praef. coh. I (oder II) Tungrorum in Britannien (?), praef. alae (in Moesia?, ca. 167), procurator Aug. ad ducena trium Daciarum idem Moesiae Superioris (?) (ca. 170), procurator Augusti et praepositus vexillationibus, adlectus inter tribunicios (oder aedilicios?, ca. 170–171), adlectus inter praetorios, legatus leg. I Adiutricis (ca. 171–175), cos. suff. (175), comes Augusti (oder praefectus vexillationibus?, 175–176), legatus Aug. pro praet. provinciae Moesiae Inferioris (176–177), legatus Aug. pro praet. prov. Moesiae Superioris (177)?, legatus Augusti pro praet. prov. Daciae (178–179), legatus Aug. pro praet. prov. Syriae (179/180), legatus Aug. pro praet. prov. Britanniae (185–187), praefectus alimentorum (187 oder 188), proconsul Africae (188/9 oder 189/90), praefectus urbi (189 oder 190–192), cos. II 192.

31. Dez. 192	Erhebung zum Kaiser (dies imperii): IMP. CAES. P. HELVIUS PERTINAX AUG. – PATER PATRIAE, PONTIFEX MAXIMUS, PRINCEPS SENATUS.
28. März 193	*Gest.* (ermordet) in Rom. Bestattet im Familiengrab seiner Frau, später ins Mausoleum Hadriani überführt? Name auf Inschrift eradiert.
nach 9. Juni 193	(Einzug des Severus in Rom) funus imaginarium et censorium, laudatio funebris durch Severus. Consecratio: DIVUS PERTINAX (PIUS) PATER.

cos. I suff.	175
cos. II ord.	192
trib. pot.	1. Jan.–28. März 193

Verheiratet mit FLAVIA TITIANA (PIR² F 444. R.-Ch. 383. Wallinger 76ff.), (der Augustatitel für sie wurde von Pertinax abgelehnt, begegnet aber gelegentlich auf Inschriften und Münzen).

Ein *Sohn* P. HELVIUS PERTINAX (s. unten).
Eine *Tochter* (Vita 13,7. Dio 74, 7, 3. R.-Ch. 412).

PIR^2 H 73. Devijver H 9 und p. 510.
RE Suppl. III, 1918, 895ff. Nr. 15a (M. Fluss).
Kl P IV 664 (R. Hanslik).
RIC IV 1,3ff.
H. G. Kolbe, BoJbb 162, 1962, 407ff.
F. Cassola, Parola del Passato 20, 1965, 451ff.
N. Lamboglia, Riv. ingauna e intemelia 31/33, 1976/78, 1ff. (zur Herkunft).
G. Alföldy, Situla 14/15, 1974, 199ff.
A. R. Birley, Fasti of Roman Britain 142ff.
A. Lippold, HAColloquium 1979/81, Bonn 1983, 173ff.
H. G. Pflaum, Carrières équestres Suppl. Nr. 179.
B. E. Thomasson, Die Statthalter der röm. Provinzen Nordafrikas II 91f.
O. Hirschfeld, Kleine Schriften, Berlin 1913, 467 (zur Beisetzung).
J. A. Garzón Blanco, Baetica 7, 1984, 195ff.
H. Devijver, ZPap 75, 1988, 207ff. (zur Laufbahn).
I. Piso, Fasti prov. Daciae I, Bonn 1993, Nr. 25.
Scheid Nr. 133.

P. Helvius Pertinax filius

Geb.: ca. 175. Sohn des P. Helvius Pertinax (s. oben) und der Flavia Titiana (PIR^2 F 444. R.-Ch. 383).

nach 1. Jan. 193	Caesartitel für ihn vom Vater abgelehnt, erscheint jedoch auf Inschriften und Münzen, PRINCEPS IUVENTUTIS (Dessau 5842. 5845).
seit Juni 193 (?)	Flamen divi Pertinacis.
212 (?)	Consul suffectus.
212 (?)	*Gest.* Während seines Consulats von Caracalla ermordet.

PIR^2 H 74.
RE Suppl. III, 1918, 904 Nr. 15b (M. Fluss).
Fittschen-Zanker, Katalog I 90 Nr. 79.

Didius Iulianus (28. März–1. Juni 193)

Geb.: 30. Jan. 133 (so nach Dio 73, 17, 5. 2. Febr. 137: Vita 9,3) in Mailand. Sohn des Q. Petronius Didius Severus (PIR^1 P 206) und der Aemilia Clara (PIR^2 A 414. R.-Ch. 24. Wallinger 117).
Name: M. Didius Severus Iulianus.

Laufbahn: Decemvir stlitibus iudicandis, tribunus legionis, quaestor consulum (ca. 157), aedilis curulis candidatus (ca. 162), praetor candidatus (ca. 164), legatus proconsulis provinciae Achaeae (ca. 166), legatus proconsulis provinciae Africae (168–169?), legatus legionis XXII Primigeniae (ca. 170–171?), legatus Aug. pro praet. prov. Belgicae (ca. 172–175), consul (175?), legatus Aug. pro praet. prov. Dalmatiae (ca. 176), legatus Aug. pro praet. prov. Germaniae Inferioris (ca. 180–185), praef. alimentorum, legatus Aug. pro praet. prov. Ponti et Bithyniae, proconsul prov. Africae (ca. 189/190), sodalis Antoninianus.

Wichtige Einzeldaten:

28. März 193	Erhebung zum Augustus: Imp. Caes. M. Didius Severus Iulianus Aug. – pontifex maximus, pater patriae.
1. Juni 193	Absetzung durch den Senat.
2. Juni 193	*Gest.* Ermordet in Rom in palatio. Bestattet im Grab seines angeblichen Großvaters Salvius Iulianus (so Vita 8,10) an der via Labicana? Damnatio memoriae.
consul suffectus	175 (?)
tribunicia potestas	28. März–1. Juni 193

Verheiratet mit Manlia Scantilla, Augusta seit Ende März (?) 193 (PIR^2 M 166. R.-Ch. 520. Wallinger 78ff.).
Eine *Tochter* Didia Clara, Augusta seit Ende März (?) 193 (PIR^2 D 79. R.-Ch. 312. J. Meischner, Frauenporträt 92ff. Wallinger 78ff.).
Ein *Bruder* Didius Proculus (PIR^2 D 74).
Ein *(Halb-?)Bruder* Nummius Albinus (PIR^2 N 226).
Eine weitere *Tochter* (Didia? Vgl. R.-Ch. 311) wird vielleicht durch die SHA Vita Did. Iul. 2,3, und Vita Pert. 14,4 bezeugt; Herodian 2, 6, 7 weiß jedoch nur von einer Tochter.

PIR^2 D 77.
Diz. Epigr. IV, 1942, 173ff. (G. Mancini).
RE V 1, 1903, 412ff. Nr. 8 (A. von Wotawa).
Kl P II 8f.Nr. 5 (R. Hanslik).
RIC IV 1, 13ff.
Fittschen-Zanker, Katalog I 93 Nr. 81.
G. Alföldy, Legionslegaten 38ff. Nr. 49 (zur Laufbahn).
A. R. Birley, BoJbb 169, 1969, 266 (zur Legatur in Africa).
W. Eck, Statthalter 184ff. Nr. 38.
–, BoJbb 184, 1984, 102f. Anm. 27 (zur Laufbahn).
H.-G. Pflaum, Les sodales Antoniniani de l'époque de Marc-Aurèle, Paris 1966, 60ff. (zur Laufbahn).

Septimius Severus (9. April 193–4. Febr. 211)

Geb.: 11. April 146 in Leptis Magna, Sohn des P. Septimius Geta, eques Romanus (PIR[1] S 328) und der Fulvia Pia (PIR[2] F 563).
Name: L. SEPTIMIUS SEVERUS.

Laufbahn: advocatus fisci und tribunus militum? (so Eutrop 8, 18, vgl. jedoch die Vita in den SHA 2,2: omisso tribunatu militari), quaestor (170 oder 171), quaestor II in Sardinia (171 oder 172), legatus proconsulis prov. Africae (173/4), tribunus plebis cand. (174), praetor design. (177), praetor (178), iuridicus Asturiae et Callaeciae (ca. 178–181), legatus leg. IV Scythicae in Syria (182/3?), legatus Aug. pro praet. prov. Galliae Lugdunensis (186–189), procos. Siciliae (189/90), cos. suff. (190), legatus Aug. pro praet. prov. Pannoniae Superioris (191–193).

Wichtige Einzeldaten:

9. April 193	(FDur II 3. 13. April: Vita 1,3) Erhebung zum Augustus in Carnuntum: IMP. CAES. L. SEPTIMIUS SEVERUS PERTINAX AUG., PROCONSUL.
Mai 193	Vom Senat zum hostis erklärt.
1. Juni 193	Anerkennung durch den Senat.
9. Juni 193	Einzug in Rom, bald danach (?) PONTIFEX MAXIMUS (auf Münzen nicht vor 194).
9. Juli 193	Profectio in den Osten.
seit Ende 193	PATER PATRIAE.
Winter 193/94	Aufenthalt in Perinth?
13. Febr. 194	Anerkennung in Ägypten.
31. März (?) 194	Sieg bei Issos über Pescennius Niger.
Frühjahr 195	Verkündung der Adoption durch Marc Aurel: DIVI MARCI PII FILIUS, DIVI COMMODI FRATER, Annahme des Beinamens PIUS.
1. H. 195	Erster Partherkrieg.
Ende 195	Fall von Byzanz. (Vgl. Dio 74, 14, 2.)
Mitte Dez. 195 (?)	Clodius Albinus zum hostis erklärt.
2. H. 196	Rückkehr nach Rom.
19. Febr. 197	Sieg über Clodius Albinus bei Lugdunum.
2. H. 197–Anf. 198	Zweiter Partherkrieg.
Ende Okt. 197 (?)	Fall Ktesiphons.
28. Jan. 198	Feier der Victoria Parthica in Rom (FDur I 14ff.).
198/99	Aufenthalt in Syrien.

Ende 199–Frühj. 200	Aufenthalt in Alexandria, anschließend Reise durch Ägypten.
Ende 200 (?)	Rückkehr nach Syrien.
1. Jan. 202	Consulatsantritt in Antiochia in Syrien zusammen mit Caracalla.
9.–15. April 202	Decennalienfeier in Rom, Hochzeit Caracallas mit Plautilla.
1. H. 203	Besuch Africas (vor 10. Juni Rückkehr nach Rom).
204	Saecularfeier in Rom (1.–3. Juni), ludi honorarii (4.–10. Juni), lusus Troiae (11. Juni) (Comm. lud. Saec. VII).
22. Jan. 205	Sturz des Gardepräfekten Plautianus.
ca. 206–207	Bandenkrieg des Bulla Felix in Italien.
Frühj. 208	Profectio nach Britannien.
4. Febr. 211	*Gest.* in Eburacum in Britannien. Beisetzung im Mausoleum Hadriani (Vita Severi 24,1f. Die Angabe der Vita Getae 7,2 ist fiktiv). Consecratio: DIVUS SEPTIMIUS SEVERUS oder DIVUS SEVERUS PIUS.

cos. I suff.	Mai 190 (189?)
cos. design. II	193
cos. II	194 (mit Clodius Albinus).
cos. III	202
trib. pot. I	9. April oder Juni (?)–9. Dez. 193 (?)
trib. pot. II	10. Dez. 193–9. Dez. 194
trib. pot. III	10. Dez. 194–9. Dez. 195
trib. pot. XIX	10. Dez. 210–4. Febr. 211
imperator I	9. April 193
imp. II	Nov./Dez. 193
imp. III	Mitte Jan. 194
imp. IV	Frühjahr (21. Mai?) 194 (vgl. FDur)
imp. V–VII	Sommer (vor 28. Aug.) 195
imp. VIII	Ende 195
imp. IX	19. Febr. 197
imp. X	Ende Okt. (?) 197
imp. XI	Ende 197 (?)
imp. XII	Jan. 205
imp. XIII	vor Febr. 206

(Parthicus) Arabicus (Parthicus) Adiabenicus	Sommer (vor 28. Aug.) 195 (Ebenso wie den vom Senat angebotenen Triumph hat Severus auch den Titel Parthicus abgelehnt: Vita 9,10f. Er begegnet jedoch auf Inschriften und Münzen.)
Parthicus maximus	Jan. 198
Britannicus max.	210

liberalitas I	Juni 193
II	196
III	9.–15. April 202
IV	Frühjahr 203 (?)
V	1. Jan. 205
VI	1. Jan. 208 (?)

Eine *Schwester* SEPTIMIA OCTAVILLA (IRT 417. R.-Ch. 697).

Ein *Bruder* P. SEPTIMIUS GETA, cos. suff. ca. 191, cos. II. 203 (PIR[1] S 326. G. Alföldy, Fasti Hispanienses 145).

Verheiratet mit
1. PACCIA MARCIANA (PIR[1] P 12. R.-Ch. 590. Wallinger 81f.), ca. 176–185,
2. IULIA DOMNA (s. unter Caracalla), seit 185 (oder 187).

Zwei *Söhne* von der Iulia Domna:
SEPTIMIUS BASSIANUS (Caracalla) (s. unten),
P. SEPTIMIUS GETA (s. unter Caracalla).

Zwei *Töchter* (Vita 8,1 fiktiv?), verheiratet mit Probus (PIR[1] P 727, vgl. 728) und mit Aetius (PIR[2] A 434) = Aetrius Severus? (PIR[2] A 435).

Nach der fiktiven Adoption durch Marc Aurel galten dessen Kinder als *Adoptivgeschwister* des Septimius Severus, so bes. COMMODUS (s. dort) und die unter Severus noch lebenden Töchter des Marc Aurel, nämlich VIBIA AURELIA SABINA, CORNIFICIA und FADILLA (s. unter Marc Aurel).

PIR[1] S 346.
RE II A 2, 1923, 1940ff. Nr. 13 (M. Fluss).
Kl P V 123ff. Nr. 7 (G. Winkler).
RIC IV 1, 54ff. und 92ff.
G. Walser, ANRW II 2, 1975, 614ff. (Forschungsüberblick).
J. Hasebroek, Unters. z. Gesch. des Kaisers Sept. Severus, Heidelberg 1921.
A. R. Birley, Septimius Severus, The African Emperor, London [2]1988.
A. M. McCann, The Portraits of Septimius Severus, Rom 1968.
D. Söchting, Die Porträts des Septimius Severus, Bonn 1972.
Fittschen-Zanker, Katalog I 94ff. Nr. 82ff.
Z. Rubin, Civil-War Propaganda and Historiography, Brüssel 1980, 201ff. (zu den imperator. Akklamationen).
–, Chiron 5, 1975, 419ff.
G. Alföldy, Fasti Hispanienses, Wiesbaden 1969, 88f. (Laufbahn).
T. D. Barnes, Historia 16, 1967, 87ff. (zu Familie und Laufbahn).

M. Greco, ASS 4, 1978, 5ff. (zu den imperator. Akklamationen).
P. Herz, ZPap 31, 1978, 285ff. (zum dies imperii).
R. P. Hock, Symb. Osl. 59, 1984, 115ff. (zur tribunicia potestas).
J. Guey, Bull. Soc. Nat. Ant. de France 1956, 33ff. (zum Geburtsdatum).
B. Baldwin, Historia 34, 1985, 128 (zum Geburtsdatum).
J. Šašel, ZPap 50, 1983, 205ff.
H. Halfmann, Itinera principum 216ff.
J. Fitz, Alba Regia 17, 1979, 49ff. (zur Abkürzung AVGGG für die Severer).
H. G. Pflaum, Scripta Varia I, Paris 1978, 288ff. (zum Titel propagator imperii seit 197 auf afrikanischen Inschriften).
K. Dietz, Chiron 13, 1983, 382f. (zum Titel Britannicus max.).
W. F. Snyder, Mem. Am. Acad. Rome 15, 1938, 62ff. (tribunicia potestas).
N. Lewis, Historia 28, 1979, 253f. (zu den Ereignissen in Ägypten).
A. Martin, Anagennesis 2, 1982, 83ff. (zu den Ereignissen in Ägypten).
T. Kotula, Eos 73, 1985, 151ff. (Zweifel an der Africareise).
A. Chastagnol, Bull. soc. nat. ant. de France 1984, 91ff. (zu den decennalia).
C. Letta, in: L'Africa romana 4, Sassari 1987, 531ff. (Familie).
J. Scheid, BSAF 1988, 364ff. (pont. max.-Titel).
W. Eck–H. Lieb, ZPap 96, 1993, 79ff. (imper. Akklamationen).
J. Sünskes-Thompson, Aufstände und Protestaktionen, Bonn 1990.
Grenier, Titulatures 74ff.
Scheid Nr. 134.
G. Alföldy, CIL VI Suppl. 1995/6, ad Nr. 1061 (Brit. max.).

Gegenkaiser

Pescennius Niger

Geb.: zwischen 135 und 140 (in Aquinum??), Italiker, ritterlicher Herkunft? Sohn des Annius Fuscus (PIR² A 652) und der Lampridia (PIR² L 81. Wallinger 116), so die Vita in den SHA (1,3), wohl fiktiv.

Name: L. Pescennius Niger.

Laufbahn: praefectus cohortibus (unter Marc Aurel, Vita 4,2), tribunus militum (und dux?? unter Commodus, Vita 1,5 und 4,4), adlectus inter praetorios (zwischen 180 und 183?), Kampf in Dakien gegen die Sarmaten (ca. 183), cos. suffectus (zwischen 183 und 191), Kommando in Gallien gegen Deserteure (ca. 186, Vita 3,3ff.), legatus Aug. pro praet. prov. Syriae (191–193).

Mitte (19.?) April 193	Erhebung zum Augustus in Antiochia: Imp. Caes. C. Pescennius Niger Iustus Aug. (nicht

	pontifex maximus, nicht pater patriae, keine tribunicia potestas).
Mitte 193	vom Senat zum hostis erklärt.
Nov./Dez. 193	Niederlage bei Kyzikos.
Jan. (?) 194	Niederlage bei Nikaia.
13. Febr. 194	Abfall Ägyptens.
31. März (?) 194	Niederlage bei Issos.
Ende April 194	*Gest.* Bei Antiochia gefangen und hingerichtet. DAMNATIO MEMORIAE.

cos. I suffectus	zwischen 183 und 191.
cos. II	seit 1. Jan. (?) 194 (nur im Osten).

Verheiratet mit unbekannter Frau, mehrere erwachsene *Söhne,* alle 193 von Septimius Severus verbannt und 196 beseitigt (Vita 6, 1–2).

PIR[1] P 183.
RE XIX 1, 1937, 1086f. Nr. 2 (W. Reusch).
Devijver p. 632.
Kl P IV 606 Nr. 1 (R. Hanslik).
RIC IV 1, 19ff.
G. Harrer, The Chronology of the Revolt of Pescennius Niger, JRS 10, 1920, 155ff.
J. Sijpesteijn, ZPap 11, 1973, 161ff.
C. A. Nelson, ZPap 47, 1982, 265ff.
I. Piso, Fasti prov. Daciae I, Bonn 1993, Nr. 27.
Weitere *Literatur* s. unter Septimius Severus.

Clodius Albinus

Geb.: ca. 147 angebl. am 25. Nov., so die Vita in den SHA (4, 6), in Hadrumetum in Africa. Sohn des Ceionius Postumus (PIR[2] C 608) und der Aurelia Messalina (PIR[2] A 1662. Wallinger 117), so die Vita (4, 3), offenbar fiktiv. Senatorischer Herkunft.

Laufbahn: Die folgenden Angaben der Vita (cap. 6) sind offenbar weitgehend fiktiv: tribunus equitum Dalmatarum, tribunis legionis IV, trib. leg. I, adlectio inter quaestorios (?), aedilis, Kommandeur der Truppen in Bithynien 175, Prätor unter Commodus. – Kommandeur (legatus leg. V Maced.?) in Dacia, cos. suffectus ca. 187, legatus Aug. pro praet. prov. Germaniae Inferioris (?? 189–191), legatus Aug. pro praet. prov. Britanniae (ca. 191–193).

193 (bald nach 9. April)	Erhebung zum Caesar: D. CLODIUS SEPTIMIUS ALBINUS CAESAR.
194	cos. II mit Septimius Severus.
Mitte Dez. 195 (?)	Erklärung zum hostis (15. Dez. Circusdemonstration gegen den Bürgerkrieg in Rom, Dio 75,4, 1ff.).
Ende 195/Anf. 196	Erhebung zum Augustus in Britannien: IMP. CAES. D. CLODIUS SEPTIMIUS ALBINUS AUG.
19. Febr. 197	*Gest.*: Bei Lugdunum von Severus geschlagen und auf der Flucht getötet. – DAMNATIO MEMORIAE.

cos. I suff.	ca. 187
cos. II	194

Verheiratet [mit einer ASELLIA?, vgl. Dio 75, 6, 2, wonach (Asellius) Aemilianus mit Clodius Albinus verwandt war].

Ein oder zwei *Söhne* (der Name des infantulus PESCENNIUS PRINCUS [Vita 7,5] ist fiktiv), die von Septimius Severus zusammen mit ihrer Mutter beseitigt wurden.

Ein *Bruder* (Vita 9,6), offenbar fiktiv.

PIR^2 C 1186.
Diz. Epigr. I 1895, 389f. (D. Vaglieri).
RE IV 1, 1900, 67ff. Nr. 17 (A. von Wotawa).
Kl P I 1229 Nr. 2 (R. Hanslik).
Devijver p. 508f.
RIC IV 1, 40ff.
J. Balty, Essai d'iconographie de l'empereur Clodius Albinus, Brüssel 1966.
Fittschen-Zanker, Katalog I 91ff. Nr. 80.
G. Alföldy, Bonner HAColloquium 1966/67, Bonn 1968, 19ff.
A. R. Birley, Fasti of Roman Britain 146ff.
–, Bonner Jbb. 169, 1969, 265ff.
W. Eck, Die Statthalter der germanischen Provinzen 243 Nr. 1 (keine germanische Statthalterschaft des Clodius Albinus!).
I. Piso, Fasti provinciae Daciae I, Bonn 1993, 267ff. Nr. 68.
W. Eck, ZPap 101, 1994, 230ff. (zur Laufbahn).

Caracalla
(4. Febr. 211–8. April 217)

Geb.: 4. April 186 (real 188) in Lugdunum (FPhiloc.Polem.Silv.). Sohn des Septimius Severus und der Iulia Domna (s. unten).

Name: (L.) SEPTIMIUS BASSIANUS. Spitznamen: CARACALLA (bzw. CARACALLUS, nach dem keltischen Kapuzenmantel, seit 213?) und Tarautas [Gladiatorenname, nach 8. April 217? Vgl. Dio 78 (79), 9,3].

Wichtige Einzeldaten:

Frühjahr 195	Adoption in die gens Aurelia.
4. April (?) 196 (?) oder schon Mitte 195 (?)	Erhebung zum Caesar (bei Viminacium?) M. AURELIUS ANTONINUS CAESAR.
vor 7. Mai 197 (4. April?)	IMPERATOR DESTINATUS (bzw. DESIGNATUS), PRINCEPS IUVENTUTIS, pontifex, sodalis Augustalis. – PARTICEPS IMPERII (AE 1889 Nr. 86).
Herbst 197 (?)	Erhebung zum Augustus: IMP. CAES. M. AURELIUS ANTONINUS AUG. PROCOS.
28. Jan. 198	Fiktiver dies imperii (real 8./9. April).
199	frater Arvalis (spätestens), PATER PATRIAE (seit Ende 199).
9.–15. April 202	Hochzeit mit Plautilla.
28. Jan. 207	Decennalia.
4. Febr. 211	Tod des Septimius Severus. Caracalla erhält das Cognomen Severus und wird PONTIFEX MAXIMUS (irrtümlich erscheint dieser Titel auf Inschriften schon früher): IMP. CAES. M. AURELIUS SEVERUS ANTONINUS PIUS AUG. (Beiname MAGNUS seit 213 gelegentlich auf Inschriften).
212/3	Constitutio Antoniniana (CA).
Sept. (?) 213	Sieg über die Germanen (vgl. AfA zum 6. Okt. 213).
214	Aufbruch in den Osten (Frühjahr), Reise durch die Donauprovinzen und (2. H. 214) durch Asia und Bithynia.
Winter 214/5	Aufenthalt in Nikomedeia.
215	Aufbruch von Nikomedeia (bald nach 4. April, vgl. Dio 77, 19, 3). Aufenthalt in Antiochia Syriae (Sommer).

215/6	Aufenthalt in Alexandria (Dez. 215–März/April 216).
216	Aufenthalt in Antiochia (Frühj.) und Aufbruch in den Partherkrieg (nach 27. Mai).
Winter 216/7	Aufenthalt in Edessa.
28. Jan. 217	Vicennalia.
8. April 217	*Gest.:* Ermordet bei Carrhae in Mesopotamien (Dio 78, 5, 4. Vita 6, 6). Beisetzung im Mausoleum Hadriani. Zunächst keine consecratio und keine offizielle damnatio memoriae (vgl. Dio 79, 17, 2 ff.). Name auf Inschriften gelegentlich eradiert. Später, noch unter Macrinus oder erst unter Elagabal (?), consecratio als DIVUS ANTONINUS MAGNUS.

cos. design.	201
cos. I	202
cos. design. II	204
cos. II	205
cos. design. III	207
cos. III	208
cos. design. IV	212 (nach 30. Aug.)
cos. IV	213

Ägyptische Herrscherjahre: Caracalla setzte als Alleinherrscher die Jahrzählung seines Vaters fort, also

Jahr 19	29. Aug. 210–29. Aug. 211
20	30. Aug. 211–28. Aug. 212
21	29. Aug. 212–28. Aug. 213
25	29. Aug. 216–8. April 217

trib. pot. I	28. Jan. (?)–9. Dez. 198
trib. pot. II	10. Dez. 198–9. Dez. 199
trib. pot. III	10. Dez. 199–9. Dez. 200
trib. pot. XX	10. Dez. 216–8. April 217

imp. I	28.? Jan. 198
imp. II	seit 207 auf Inschr., offiziell seit 212?
imp. III	Ende Sept. 213
imp. IV	214 (nicht offiziell)

Parthicus maximus	offiziell geführt seit 4. Febr. 211
Britannicus max.	210
Germanicus max.	Ende Sept. 213

Arabicus (maximus) Adiabenicus (max.)	erst ab 211 häufiger auf Inschriften

pius	seit Ende 198
pius felix	vor April 200
invictus	seit 211
(princeps) magnus	seit 213

liberalitas I	196
II	9.–15. April 202
III	Frühjahr 203 (?)
IV	1. Jan. 205
V	1. Jan. 208 (?)
VI	Febr. 211
VII	Frühjahr 212
VIII	Jan. 213
IX	Ende 213/Anf. 214 (?)

Verheiratet mit Publia Fulvia Plautilla 202–205 (s. unten).
Keine Kinder (?).

PIR[1] S 321.
Diz. Epigr. II 1, 1900, 104ff. (A. Taramelli).
RE II 2, 1896, 2434ff. Nr. 46 (P. von Rohden).
Kl P I 1049ff. (R. Hanslik).
RAC II, 1954, 893ff. (J. Straub).
RIC IV 1, 84ff. und 212ff. IV 2, 128.
Herrscherbild III 1, 1971, 9ff. (H. B. Wiggers).
ANRW II 2, 1975, 627ff. (G. Walser).
Fittschen-Zanker, Katalog I 98ff. Nr. 86 und 102ff. Nr. 88ff.
J. F. Gilliam, On divi under the Severi, in Hommages M. Renard II, Brüssel 1969, 284ff.
J. Gagé, MEFRA 51, 1934, 33ff. (erschließt aus Comm. lud. saec. VII col. I 21 einen Sohn des Caracalla. Dagegen s. A. Stein PIR[2] F 564).
H. Wolff, Die Constitutio Antoniniana und Papyrus Gissensis 40 I, Köln 1976, 12ff. (zur Datierung).
A. Maricq, La chronologie des dernières années de Caracalla, Syria 34, 1957, 297ff. = Classica et Orientalia, Paris 1965, 27ff.
Z. Rubin, Chiron 5, 1975, 431ff. (Augustuserhebung und dies imperii).
H. Gesche, Chiron 8, 1978, 387 (zur consecratio).
A. Mastino, Potestà tribunicie ed acclamazioni imperiali di Caracalla, AFLC 37, 1974/5, 5ff.
–, Le titolature di Caracalla e Geta attraverso le iscrizioni (indici), Bologna 1981.
H. Halfmann, Itinera principum, 223ff.
S. Follet, Athènes au IIe et au IIIe siècle, Paris 1976, 63ff. (zur CA).

A. Chastagnol, RevNum 1984, 119 ff. (zu den Jubilarfeiern).
S. Soproni, Alba Regia 18, 1980, 39 ff. (zur Caesarerhebung).
K. Dietz, Chiron 13, 1983, 382 f. (zum Titel Britannicus max.).
J. Fitz, Alba Regia 8/9, 1967/8, 285 ff. (Imperator-Destination).
A. Mastino, in: Atti del II Sem. int. di Studi storici „Da Roma alla terza Roma“, 1982, Studi e Documenti II, 559 ff. (Beiname Magnus).
M. Christol, BoJb 175 (1975), 129 ff. (Titulatur).
P. J. Sijpesteijn, SO 58, 1983, 129 ff. (Germ. max. auf Papyri).
J. Fejfer, in: T. Fischer-Hansen u. a., Ancient Portraiture, Kopenhagen 1972, 207 ff. (consecratio).
E. van't Dack, Bonner HAColl. 1982/3, 1985, 177 ff.
C. Letta, SCO 39, 1989, 265 ff. (CA und imper. Akklamationen).
E. Kettenhofen, Enz. Iranica IV 8, 1990, 790 ff.
W. Liesker, Tyche 8, 1993, 77 ff. (Severus-Name).
Grenier, Titulatures 76 und 79.
Scheid Nr. 136.
F. Mitthof, 2 Pap 109, 1995, 113 ff. (dies imperii).
G. Alföldy, HAColl. Barcinonense 1993 (im Druck) (Geburtstag).

Publia Fulvia Plautilla

Geburtsdatum unbekannt. Tochter des praefectus praetorio C. Fulvius Plautianus, seit 202 socer et consocer bzw. necessarius (oder adfinis) Augg. (AE 1967 Nr. 537. 1976 Nr. 696. 1979 Nr. 294) (PIR² F 554).

9.–15. April 202	Heirat mit Caracalla, Erhebung zur Augusta: PLAUTILLA AUGUSTA.
nach 22. Jan. 205	(Ermordung des Plautianus) nach Lipara verbannt.
Febr. 211	*Gest.* (ermordet). – DAMNATIO MEMORIAE.

PIR² F 564.
RE VII 1, 1910, 285 ff. Nr. 117 (A. Stein).
Kl P –
RIC IV 1, 269 ff. und 309 ff.
Herrscherbild III 1, 115 ff. (H. B. Wiggers).
Fittschen-Zanker, Katalog III 30 Nr. 32.
J. Meischner, Frauenporträt 78 ff.

P. Septimius Geta

Geb.: 7. März 189 (Nach SHA Vita Getae 3,1 am 27. Mai in Mailand. Vgl. jedoch Passio SS Perpetuae et Felicitatis 7,4 und Diehl Nr. 2041 mit Komm.). Sohn des L. Septimius Severus und der Iulia Domna.

Name: P. SEPTIMIUS GETA, von 195–205 (?) vorübergehend auch L. Septimius Geta.

Herbst 197 (?)	Erhebung zum Caesar (gleichzeitig mit der Erhebung des Caracalla zum Augustus): P. SEPTIMIUS GETA NOBILISSIMUS CAESAR, PRINCEPS IUVENTUTIS (Dessau 8916). Dies Caesaris am 28. Jan. 198 gefeiert?
199 (?)	Geta wird PONTIFEX (der Titel pontifex maximus auf einigen Inschriften ist abusiv).
Sept./Okt. (?) 209 (oder Herbst 210?)	Erhebung zum Augustus: IMP. CAES. P. SEPTIMIUS GETA AUG. PROCOS., PATER PATRIAE (ILAlg. 4664).
19. (oder 26.) Dez. 211 (?)	*Gest.* (kaum erst 26. Febr. 212). Ermordet in Rom. DAMNATIO MEMORIAE (BGU 2056). Die von den SHA Vita Getae 2,6 ff. berichtete consecratio ist fiktiv. – Nach der Vita 7,2 wurde Geta in maiorum sepulchro bestattet, das fälschlich mit dem Septizonium identifiziert wird.

cos. I	205
cos. II	208
trib. pot. I	Sept./Okt.–9. Dez. 209
trib. pot. II	10. Dez. 209–9. Dez. 210
trib. pot. III	10. Dez. 210–9. Dez. 211
trib. pot. IV	10. Dez.–19. oder 26. Dez. 211 (?)
Britannicus max.	Ende 209 oder 210
pius	Sept./Okt. 209
liberalitas I	13.–19. April 202
II	Frühjahr 203 (?)
III	1. Jan. 205
IV	1. Jan. 208 (?)
V	Febr. 211

PIR[1] S 325.
RE II A 2, 1923, 1565 ff. Nr. 32 (M. Fluss).
Diz. Epigr. III 1962, 526 ff. (G. Mancini).
Kl P II 786 f. Nr. 3 (R. Hanslik).
RIC IV 1, 90 ff. und 314 ff.
Herrscherbild III 1, 93 ff. (H. B. Wiggers).
Fittschen-Zanker, Katalog I 100 ff. Nr. 87 ff.
T. D. Barnes, JThS 19, 1968, 522 ff. (zum dies natalis = 7. März).
A. K. Bowman, JRS 66, 1976, 156 (zur damnatio memoriae).
A. Mastino, AFLC 39, 1978/9, 47 ff. (zur damnatio memoriae).
H. Halfmann, Chiron 12, 1982, 229 f. m. Anm. 49 (zum Datum der Ermordung).
V. Saladino, in: Tainia. Festschrift R. Hampe, Mainz 1980, 433 ff.
G. Di Vita-Évrard, in: Epigrafia (o. S. 1 Anm. 2), 116 (Augustuserhebung).
H. Heinen, Röm. Mitt. 98, 1991, 263 ff. (damnatio memoriae).
Scheid Nr. 137.
Weitere *Literatur* s. unter Septimius Severus.

Iulia Domna

Geb.: Okt./Dez. ca. 170 in Emesa (Syrien). Tochter des Iulius Bassianus (PIR[2] I 202), Schwester der Iulia Maesa (s. unter Severus Alexander).

185 (oder 187?)	Heirat mit L. Septimius Severus.
1. (oder nach 9.) Juni 193	Verleihung des Augusta-Titels: IULIA DOMNA AUGUSTA.
seit 14. April 195	MATER CASTRORUM (BGU 362, XI 15–17).
seit 4. April (?) 196	MATER CAESARIS.
seit Herbst 197 (?)	MATER AUGUSTI ET CAESARIS.
seit Sept./Okt. (?) 209	MATER AUGUSTORUM.
210	IULIA AUGUSTA PIA FELIX.
seit 19. Dez. 211 (?)	MATER AUGUSTI (oder IMPERATORIS).
vor 4. Febr. 211 (?)	MATER CASTRORUM ET SENATUS ET PATRIAE.
215	Übernahme der cura epistularum Graecarum et Latinarum et libellorum.
April 217	*Gest.* durch Selbstmord in Antiochia (Syrien), beigesetzt im Mausoleum Augusti, später ins Mausoleum Hadriani überführt (Dio 79, 23, 5 ff. Herodian 4, 13, 8). – Consecratio (unter Macrinus oder Elagabal?): DIVA IULIA (PIA, DOMNA oder AUGUSTA).

PIR[2] I 663.
RE X 1, 1918, 926ff. Nr. 566 (G. Herzog).
Kl P II 1541f. Nr. 101 (R. Hanslik).
RIC IV 1, 165ff., 207ff., 272ff., 310ff. IV 2, 127.
Fittschen-Zanker, Katalog III 27ff. Nr. 28ff.
R.-Ch. 436.
J. Meischner, Frauenporträt 30ff.
F. Ghedini, Giulia Domna tra Oriente e Occidente, Le fonti archeologiche, Rom 1984.
E. Kettenhofen, Die syrischen Augustae in der historischen Überlieferung, Bonn 1979, 1ff. und bes. 76ff.
H. W. Benario, Phoenix 12, 1958, 67ff. (zum Titel mater senatus et patriae).
Wallinger 82ff.
W. Kuhoff, ZPap 97, 1993, 259ff. (mater senatus et patriae schon seit 22. Jan. 205?).
J. Fejfer, in: T. Fischer-Hansen u. a., Ancient Portraiture Kopenhagen 1992, 207ff. (consecratio).
G. Alföldy, CIL VI Suppl., 1995/6, ad Nr. 40674 (pia felix).

Macrinus (11. April 217–8. Juni 218)

Geb.: 164 (Dio 78, 40, 3) oder 166 (Chron. Pasch. p. 498 Dind.) in Caesarea Mauretaniae, niederer Herkunft (?) und maurischer Abstammung (?).
Name: M. OPELLIUS MACRINUS.

Laufbahn: Procurator des Plautianus, advocatus fisci, praefectus vehiculorum per Flaminiam, procurator rationis privatae? (208), scriba pontificis oder pontifex minor? (so Vita 7,2, wohl fiktiv), praefectus praetorio (seit 212), Teilnahme am Partherkrieg Caracallas (seit 214), ornamenta consularia (Anf. 217), CLARISSIMUS VIR.

11. April 217	(dies imperii) Erhebung zum Kaiser: IMP. CAES. M. OPELLIUS SEVERUS MACRINUS P. F. AUG., PONTIFEX MAXIMUS, PROCONSUL.
April/Mai (?) 217	Niederlage durch die Parther.
Anf. Juni (?) 217	Verleihung des Titels PATER PATRIAE.
28. Dez. 217	Cooptation in alle Priesterkollegien.
Winter 217	Friede mit den Parthern. Aufenthalt in Antiochia.
16. Mai 218	Abfall der Truppen in Emesa.
8. Juni 218	Niederlage gegen Elagabal und Flucht.
Mitte Juni 218	Erklärung zum hostis durch den Senat.
Mitte 218	*Gest.:* Auf der Flucht in Chalkedon (Bithynien) gefangen und auf dem Transport nach Antiochia in Archelais (Kappadokien) getötet (Dio 78, 39f. Hieronym. Chron.). – DAMNATIO MEMORIAE.

ornamenta consularia (cos. I)	Anf. 217
cos. design. (II)	ca. Okt.–31. Dez. 217
cos. (II)	218

Die Iteration wird beim Consulat nur gelegentlich vermerkt (vgl. Dio 78 [79], 13, 1), s. dazu oben S. 28.

trib. pot. I	11. April–9. Dez. 217
trib. pot. II	10. Dez. 217–Juni 218

Parthicus maximus-Titel vom Senat angeboten, aber von Macrinus abgelehnt (Dio 78, 27, 3), nur auf einem afrikanischen Meilenstein bezeugt.

Liberalitas I März/Mai (?) 218

Verheiratet mit NONIA CELSA (SHA Vita Diad. 7,4. Vgl. PIR² N 158. Wallinger 117f.), fiktiv?
Ein *Sohn* DIADUMENIANUS (s. unten).

PIR² O 108.
RE XVIII 1, 1939, 540ff. Nr. 2 (H. von Petrikovits).
Kl P III 855f. Nr. 3 (R. Hanslik).
RIC IV 2, 1ff.
Herrscherbild III 1, 131ff. (M. Wegner).
Fittschen-Zanker, Katalog I 112f. Nr. 95f.
H. G. Pflaum, Carrières II 667ff. Nr. 248.
H. von Petrikovits, Klio 31, 1938, 103ff. (Chronologie).
H. Mattingly, in: Studies D. M. Robinson II, St. Louis 1953, 962ff.
P. J. Sijpesteijn, ZPap 13, 1974, 219ff., dazu L. Koenen a. O. 228ff. (zur damnatio memoriae).
P. Herz, ANRW II 16, 2, 1978, 1185 (zum dies imperii).
C. L. Clay, NumZ 93, 1979, 21ff. (danach oben).
E. Van't Dack, in: Romanitas–Christianitas, Festschrift J. Straub, Berlin 1982, 324ff. (zur damnatio memoriae).
D. Salzmann, JdAI 98, 1983, 351ff. (zu den Bildnissen).
P. Kneissl, Siegestitulatur 165ff.
H. Halfmann, Itinera principum 230.
J. Šašel, ZPap 62, 1986, 263ff.
P. Cavuoto, Macrino, Neapel 1983.
R. Pintaudi, Aegyptus 67, 1987, 95ff. (zur damnatio memoriae).
Grenier, Titulatures 77.

Diadumenianus

Geb.: 14. Sept. 208 (Dio 78, 20, 1. Nach SHA Vita Diad. 5,4f. am natalis Antonini Pii = 19. Sept., wohl fiktiv). Sohn des Macrinus (und der Nonia Celsa?).
Name: M. OPELLIUS DIADUMENIANUS (der Name Diadumenus, so SHA Vita Diad., ist fiktiv).

Anf. 217	Erhebung in den Senatorenstand. CLARISSIMUS PUER (Dessau 461).
April 217	Erhebung zum Caesar: M. OPELLIUS DIADUMENIANUS NOB. CAES.
1. H. Mai 217	Anerkennung durch den Senat, Erhebung in den Patriziat, Verleihung des Titels PRINCEPS IUVENTUTIS.

	Annahme des Namens Antoninus: M. OPELLIUS ANTONINUS DIADUMENIANUS NOB. CAES. Auf einigen Inschriften auch SEVERUS (ANTONINUS).
Ende Mai 218	Erhebung zum Augustus in Apameia in Syrien: IMP. CAES. M. OPELLIUS ANTONINUS DIADUMENIANUS P. F. AUG.
Juni 218	*Gest.:* Nach Erklärung zum hostis in Zeugma erschlagen. DAMNATIO MEMORIAE.

PIR^2 O 107.
RE XVIII 1, 1939, 539f. Nr. 1 (H. von Petrikovits).
RIC IV 2, 22.
P. Herz, ANRW II 16, 2, 1978, 1185 (zum Geburtstag).
R. Syme, Historia-Augusta-Papers, Oxford 1983, 46ff.
Weitere *Literatur* s. unter Macrinus.

Elagabal (16. Mai 218–11. März 222)

Geb.: 203 oder 204 (?) in Emesa (?) als Sohn des Sex. Varius Marcellus (PIR[1] V 192) und der Iulia Soaemias (s. unten), Enkel des C. Iulius Avitus Alexianus (PIR[2] I 192) und der Iulia Maesa (s. unter Severus Alexander). Nach später ausgestreuter Behauptung war E. ein Bastardsohn des Caracalla (Dio 79, 32, 1 ff. Herodian 5, 3, 11 ff.).

Name: VARIUS AVITUS. Priester des Gottes Elagabal in Emesa, daher später Heliogabalus (SHA) oder Elagabalos (Zonaras) genannt.

16. Mai 218	(dies imperii) Erhebung zum Kaiser im Lager von Emesa: IMP. CAES. M. AURELIUS ANTONINUS P. F. INV. AUG. PROCOS. Vom Senat zum hostis erklärt.
8. Juni 218	Sieg über Macrinus.
vor 13. Juli 218	Anerkennung durch den Senat. PATER PATRIAE.
14. Juli 218	cooptatio in alle Priesterkollegien. PONT. MAX. (seit 220: SACERDOS AMPLISSIMUS DEI INVICTI SOLIS ELAGABALI, PONT. MAX.).
Winter 218/19	Aufenthalt in Nikomedeia.
Aug./Sept. 219	adventus in Rom.
220	Sol Elagabal zum höchsten Staatsgott erhoben.
26. (?) Juni 221	Adoption und Caesarernennung des Severus Alexander.
11. (oder 12.) März 222	*Gest.:* Ermordet, in den Tiber geworfen und als Tiberinus und Tractaticius geschmäht (Dio 80, 20, 2 und 21, 3. Vita 17). – DAMNATIO MEMORIAE.

cos. I	seit Mitte Juni 218 (vgl. Dio 79, 8, 1 ff.)
cos. II	219
cos. design. III	219 (Dessau 471)
cos. III	220
cos. IV	222

trib. pot. I	16. (?) Mai–9. Dez. 218
trib. pot. II	10. Dez. 218–9. Dez. 219
trib. pot. III	10. Dez. 219–9. Dez. 220
trib. pot. IV	10. Dez. 220–9. Dez. 221
trib. pot. V	10. Dez. 221–11. (?) März 222

liberalitas I	218

II 219
III 220
IV 221 oder 222

Verheiratet mit
1. Iulia Cornelia Paula (s. unten),
2. Iulia Aquilia Severa (s. unten),
3. Annia Faustina (s. unten).

Keine *Kinder*, aber ein *Adoptivsohn* (seit 26.? Juni 221): Severus Alexander (s. unten).

PIR[1] V 184.
RE VIII A 1, 1955, 391 ff. Nr. 10 (M. Lambertz).
RAC IV 1959, 987 ff. (K. Gross).
Kl P II 230 f. Nr. 2 (R. Hanslik).
Diz. Epigr. III 1962, 658 ff. (L. Pernier).
RIC IV 2, 23 ff.
Herrscherbild III 1, 146 ff. (M. Wegner).
Fittschen-Zanker, Katalog I 114 ff. Nr. 97 f.
T. D. Barnes, Bonner HA Coll. 1970 (1972), 53 ff.
P. Herz, ANRW II 16, 2, 1978, 1185 (zum dies imperii).
H. Halfmann, Itinera principum 230 f.
G. Alföldy, Bonner HAColloquium 1972/74 (1976), 11 ff. (zu den Namen Tiberinus und Tractaticius).
A. Kindler, SchwMbll 30, 1980, 3 ff. (zur damnatio memoriae).
M. Frey, Untersuchungen zur Religion und zur Religionspolitik des Kaisers Elagabal, Stuttgart 1989 (u. a. zur Chronologie).
H. R. Baldus, Chiron 21, 1991, 175 ff. (Sol-Kult).
E. van't Dack, Bonner HAColl. 1982/3, (1985) 177 ff.
A. Lukaszewicz, JJP 22, 1992, 43 ff. (damnatio memoriae).
Scheid Nr. 149.

Iulia Cornelia Paula

Geburtsdatum unbekannt, vornehmer Herkunft (Herod. 5, 6, 1).

220 (vor Ende Aug.) Heirat mie Elagabal nach dessen Ankunft in Rom und Erhebung zur Augusta: Iulia (Cornelia) Paula Augusta.
Ende 220 (? vor Sept. 221) Von Elagabal entlassen.

PIR[2] I 660.
RE X 1, 1918, 925 Nr. 564 (C. Lackeit).
Kl P II 1541 Nr. 100 (R. Hanslik).

RIC IV 2, 45 ff. und 58 f.
Herrscherbild III 1, 167 ff. (M. Wegner).
J. Meischner, Frauenporträt 97 ff.

Iulia Aquilia Severa

Geburtsdatum unbekannt, offenbar vornehmer Herkunft, da sie virgo Vestalis war.

Ende 220/ Anf. 221 (?)	Heirat mit Elagabal, Erhebung zur Augusta: IULIA AQUILIA SEVERA AUGUSTA. MATER CASTRORUM, SENATUS AC PATRIAE (AE 1944 Nr. 10).
Juli 221 (?)	Von Elagabal entlassen.
Ende 221	Von Elagabal wieder aufgenommen.

PIR[2] I 648.
RE X 1, 1918, 915 Nr. 557 (G. Lackeit).
RIC IV 2, 44, 47, 59 f.
Herrscherbild III 1, 167 ff. (M. Wegner).
J. Meischner, Frauenporträt 101 ff.
M. Frey (s. unter Elagabal) 87 ff.
J. Rea, ZPap 96, 1993, 127 ff.

Annia Faustina

Geburtsdatum unbekannt. Nach Dio 79, 5, 4 Nachfahrin des Marc Aurel und des Cn. Claudius Severus, cos. II 173 (PIR[2] C 1024). Tochter des Ti. Claudius Severus Proculus, cos. 200 (PIR[2] C 1028)?
Name: ANNIA AURELIA FAUSTINA (?). Verheiratet in 1. Ehe mit Pomponius Bassus (PIR[1] P 525).

Juli 221 (?)	Heirat mit Elagabal (nach Ermordung des Bassus) und Erhebung zur Augusta: ANNIA FAUSTINA AUGUSTA. CONIUX AUGUSTI ET MATER CAESARIS (sc. Severi Alexandri) (AE 1936 Nr. 40).
Ende 221	Von Elagabal entlassen.
März 222	DAMNATIO MEMORIAE?

PIR[2] A 710.
RE I 2, 1894, 2311 Nr. 115 (P. von Rohden).
RIC IV 2, 45. 47 f. 60.
Herrscherbild III 1, 167 ff. (M. Wegner).

J. Meischner, Frauenporträt 101f.
M. Frey (s. unter Elagabal) 97f.
D. C. Gofas, in: Symposion 1988, Köln 1990, 397ff., bes. 404f.

Iulia Soaemias Bassiana

Geb.: ca. 175/180. Tochter des C. Iulius Avitus Alexianus (PIR^2 I 192) und der Iulia Maesa (s. unter Severus Alexander), ältere Schwester der Iulia Mamaea (s. unter Severus Alexander).

seit ca. 193/94 (?)	Verheiratet mit Sex. Varius Marcellus (PIR^1 V 192).
ca. 203/204	Geburt des Varius Avitus (Elagabal).
204	Teilnahme an den ludi saeculares.
bald nach 16. Mai 218	Erhebung zur Augusta: IULIA SOAEMIAS (BASSIANA) AUGUSTA, MATER AUGUSTI, MATER CASTRORUM.
11. (?) März 222	*Gest.* Zusammen mit Elagabal in Rom ermordet und in den Tiber geworfen. DAMNATIO MEMORIAE.

PIR^2 I 704.
RE X 1, 1918, 948ff. Nr. 596 (G. Herzog).
Kl P II 1543 Nr. 108 (R. Hanslik).
R.-Ch. 460.
RIC IV 2, 45. 48f. 60.
Herrscherbild III 1, 161ff. (M. Wegner).
E. Kettenhofen, Die syrischen Augustae, Bonn 1979, 63ff. und 151ff.
H. W. Benario, TAPA 90, 1959, 9ff. (zur Titulatur).
M.-Th. Raepsaet-Charlier, RIDA 1983, 135ff.
J. Meischner, Frauenporträt 94ff.
D. C. Gofas (s. Annia Faustina) 405f.
Wallinger 97ff.

Gegenkaiser und Usurpatoren

Polemius Silvius hat in seinem Laterculus folgende Angabe (Chron. Min. I p. 521): Antoninus Heliogabalus. Sub quo Marcellus Caesar et Sallustius Uranius Seleucus atque Taurinus tyranni fuerunt. Mit Marcellus Caesar ist offenbar Severus Alexander gemeint (vgl. PIR^2 M 192). Zu L. Seius Sallustius s. unter Severus Alexander. Taurinus war nach der Epitome de Caesaribus (24) Gegenkaiser unter Severus Alexander (s. dort).

Seleucus

Gegenkaiser unter Elagabal. Nähere Angaben fehlen.
Nach A. Stein entweder Iulius Antonius Seleucus Statthalter von Niedermösien und später von Syria Coele (PIR^2 I 154) oder M. Flavius Vitellius Seleucus, cos. ord. 221 (RE Suppl. IX 1962, 1742f. Vitellius Nr. 7p: R. Hanslik). Doch sind diese Vermutungen ganz unsicher.

PIR^1 S 253.
RE II A 1, 1921, 1248 Nr. 32 (A. Stein).

Uranius

Von R. Hanslik für den Vater des Uranius Antoninus (s. unter Trebonianus Gallus) und Herrscher von Emesa gehalten.
Unter Elagabal zum Kaiser erhoben, von Severus Alexander 231 oder 232 beseitigt. DAMNATIO MEMORIAE (?).

PIR^1 V 675.
RE Suppl. IX, 1962, 1867 Nr. 28 (R. Hanslik).

Gellius Maximus

Sohn des Leibarztes des Caracalla L. Gellius Maximus (PIR^2 G 131). Legat der legio IV Scythica in Syria Coele.
219 gegen Elagabal zum Kaiser erhoben und bald danach hingerichtet (Dio 79, 7, 1). DAMNATIO MEMORIAE (?).

PIR^2 G 130.
RE VII 1, 1910, 1001 Nr. 16 (W. Kroll).

. . . s Verus

Legat der legio III Gallica in Syria Phoenice.
219 gegen Elagabal zum Kaiser erhoben und bald danach hingerichtet (Dio 79, 7, 1). DAMNATIO MEMORIAE (?).

PIR^1 V 292.

Severus Alexander
(13. März 222–Febr./März 235)

Geb.: 1. Okt. 208 (?) (FPhiloc) in Arca Caesarea in Phönikien. Sohn des Gessius Marcianus (PIR² G 171) und der Iulia Avita Mamaea (s. unten). Nach später ausgestreuter Behauptung war Severus Alexander ein Bastardsohn des Caracalla (Herodian 3, 7, 3. Dio 79, 19, 4). Daher heißt er auf Inschriften seit März 222 divi Antonini Pii filius.

Name: (M. Iulius Gessius?) Bassianus Alexianus (Herod. 5, 3, 3. Dio 78, 30, 3 u. ö. Vgl. PIR² I 342 und Gascou 238). Priester des Sol Elagabalus in Emesa (Herodian a. O.).

Wichtige Einzeldaten:

213–214	frater und magister Arvalis? (AfA. Vgl. PIR² I 342).
Mai/Juni 218	Vom Senat zum hostis erklärt.
vor 13. Juni 218	Rehabilitiert.
26. (?) Juni 221	Annahme der toga virilis, Adoption durch Elagabal, Verleihung des Namens Alexander und Erhebung zum Caesar (FD. Dio 80, 17 f.): (Imper. Caes. M. Aurelii Antonini Pii Felicis Aug. fil., divi Antonini Magni Pii nepos, divi Severi pronepos) M. Aurelius Alexander, nobilissimus Caesar imperi et sacerdotis, princeps iuventutis.
13. März 222	(dies imperii) imperatorische Akklamation durch das Heer (FD).
14. März 222	Verleihung der Titel Augustus, pater patriae und pontifex maximus durch den Senat (FD): Imp. Caes. M. Aurelius Severus Alexander p. f. Aug. – divi Magni Antonini Pii filius, divi Severi Pii nepos. – Beiname Magnus (seit ca. 230?) inoffiziell (vgl. Gascou).
26. Juni (?) 230	Decennalia.
231	Aufbruch in den Perserkrieg.
Winter 232/3	Aufenthalt in Antiochia Syriae.
25. Sept. 233	Triumph über die Perser in Rom.
2. H. 234 (?)	Aufbruch in den Germanenkrieg.
Febr./März 235	*Gest.:* Ermordet bei Mainz (vgl. unter Maximinus Thrax.). – Damnatio memoriae.

spätestens Mai/Juni 238	Aufhebung der damnatio memoriae und consecratio: Divus Alexander. – Kenotaph in Gallien, eigenes Grabmal in Rom? (Vita 63,3).

cos. design.	ab 1. Juli (?) 221 (FD)
cos. I	222
cos. design. II	225
cos. II	226
cos. design. III	ab 1. Juli (?) 226
cos. III	229
trib. pot. I	14. (?) März–9. Dez. 222
trib. pot. II	10. Dez. 222–9. Dez. 223
trib. pot. III	10. Dez. 223–9. Dez. 224
trib. pot. XIV	10. Dez. 234–Febr./März 235
imp. II	zw. 14. März 222 und 1. Jan. 226 (AE 1941 Nr. 163)
imp. X	nach 10. Dez. 230? (AE 1922 Nr. 129)

Vgl. dazu die Einleitung oben S. 37.

Die Siegestitel Parthicus maximus und Persicus maximus wurden von Severus Alexander nicht geführt, die Angaben der Vita (56,9) in den SHA sind fiktiv.

liberalitas I	222
II	225 (?)
III	226
IV	229
V	233

Verheiratet mit
1. Sallustia Orbiana (s. unten).
2. (?) Memmia (? s. unten).

Eine ältere *Schwester* starb Mai/Juni 218 (Dio 78, 34, 1), eine jüngere Schwester Theoclia soll nach den SHA (Vita Maxim. 29,1–2) dem Sohn des Maximinus Thrax zugedacht gewesen sein (fiktiv!).

PIR² A 1610.
RE II 2, 1896, 2526ff. Nr. 221 (P. Groebe).
Kl P I 769f. Nr. 30 (R. Hanslik).
Diz. Epigr. I 1895, 396ff. (D. Vagliari).
RIC IV 2, 62ff.
Herrscherbild III 1, 177ff. (M. Wegner).
B. M. Felletti Maj, Iconografia rom. imp. II 24f. und 83ff.
Fittschen-Zanker, Katalog I 117ff. Nr. 99ff.
G. Barbieri, Diz. Epigr. IV 863f. (zu den liberalitates).

P. Kneissl, Siegestitulatur 167f.
J. F. Gilliam, Chron. d'Égypte 31, 1956, 149ff. (zum Todesdatum).
S. Dušanić, Historia 13, 1964, 487ff. und ZPap 37, 1980, 117 (zum Titel nobilissimus Caesar imperii et Sacerdotis).
X. Loriot, ZPap 43, 1981, 225ff. (zu den imperat. Akklamationen).
J. Gascou, Ant. Africaines 17, 1981, 231ff. (zum Namen Magnus).
A. Chastagnol, RevNum 1984, 121f. (zu den Decennalien).
P. Herz, ANRW II 16, 2, 1978, 1186.
L. Schumacher, Römische Kaiser in Mainz, Bochum 1982, 85ff. (Todesort).
H. Halfmann, Itinera principum 231f.
I. Moreno Ferero, Studia Historica 1,1987, 99ff.
R. L. Cleve, S. A. and the Severan Women, Diss. Univ. of Calif., Los Angeles 1982 (1984).
Grenier, Titulatures 77f.
Scheid Nr. 154.
W. Eck, 2 Pap 108, 1995, 15ff. (Caesariat).

Sallustia Orbiana

Geburtsdatum unbekannt. Tochter des L. Seius Herennius Sallustius (s. unten).
Name: Gnaea Seia Herennia Sallustia Orba Barbia Orbiana (griech. Münzen).

nach 28. Aug. 225/ vor 30. Aug. 227 (ägypt. Münzen)	Gemahlin des Severus Alexander mit dem Titel Augusta: Sallustia Barbia Orbiana Augusta.
nach 29. Aug. (?) 227	Nach Africa verbannt.

Todesdatum unbekannt. Name auf einigen Inschriften eradiert.

PIR^1 S 252.
RE I A 2, 1920, 1970 Nr. 41 (A. Stein).
RE II A 1, 1921, 1128ff. Nr. 22 (M. Fluss).
RIC IV 2, 96 und 122.
Herrscherbild III 1, 218ff. (M. Wegner).
E. Kettenhofen, Die syrischen Augustae 47 m. Anm. 292.
–, Historia 30, 1981, 247.
T. Kotula, in: Romanitas–Christianitas, Festschrift J. Straub, Berlin–New York 1982, 293ff. (der eine weitere anonyme Frau postuliert).
B. M. Felletti Maj, Iconografia rom. imp. II 26f. und 103ff.
J. Meischner, Frauenporträt 118ff.
Wallinger 110ff.

Memmia

Von den SHA, Vita Alex. Severi 20,3, als Sulpicii consularis viri (PIR^1 S 704) filia, Catuli (PIR^2 C 585) neptis und uxor des Severus Alexander bezeichnet (anscheinend alles fiktiv!).

PIR^2 M 479.
RE XV 1, 1931, 637 Nr. 40 (F. Miltner) und 638 Nr. 46 (M. Fluss).
T. Kotula a. O. (s. unter Sallustia Orbiana).
Wallinger 110ff.

Iulia Avita Mamaea

Geb.: 14./29. Aug. eines unbekannten Jahres (FD), Tochter des C. Iulius Avitus Alexianus (PIR^2 I 192) und der Iulia Maesa, jüngere Schwester der Iulia Soaemias. Verheiratet mit 1. unbekanntem Consular, 2. Gessius Marcianus (PIR^2 G 171).

1. Okt. 208 (?)	Geburt des Gessius Bassianus (= Severus Alexander).
Mai/Juni 218	Vom Senat zur hostis publica erklärt.
bald nach 14. März 222	Erhebung zur Augusta: Iulia Mamaea Augusta, mater Augusti.
seit 224 (?)	mater castrorum.
seit 226 (?)	mater senatus.
Febr./März 235	*Gest.:* Zusammen mit Severus Alexander bei Mainz ermordet. – Damnatio memoriae.
spätestens Mai/Juni 238	Aufhebung der damnatio memoriae.

Drei (?) *Kinder,* s. oben unter Severus Alexander.

PIR^2 I 649.
RE X 1, 1918, 916ff. Nr. 558 (G. Herzog).
Kl P II 1540f. Nr. 98 (R. Hanslik).
RIC IV 2, 95ff. 123ff.
Herrscherbild III 1, 200ff. (M. Wegner).
Fittschen-Zanker, Katalog III 30ff. Nr. 33ff.
B. M. Felletti Maj, Iconografia rom. imp. II 26f. und 105ff.
J. Meischner, Frauenporträt 105ff.
H. W. Benario, TAPA 90, 1959, 9ff. (zur Titulatur).
E. Kettenhofen, Die syrischen Augustae 1ff., bes. 156ff.
Wallinger 105ff.

Iulia Maesa

Geb.: 7. Mai (?) eines unbekannten Jahres in Emesa (FD). Tochter des Iulius Bassianus (PIR² I 202), Schwester der Iulia Domna. Verheiratet mit C. Iulius Avitus Alexianus (PIR² I 192). Mutter der Iulia Soaemias und der Iulia Mamaea. Großmutter des Elagabal und des Severus Alexander.
Lebte bis zum Tode des Caracalla (8. April 217) in Rom, wurde dann von Macrinus zur Rückkehr nach Emesa gezwungen.

30. Mai (? Vgl. AfA) 218	Mit dem Augustatitel geehrt: IULIA MAESA AUGUSTA, AVIA AUGUSTI (die Titel MATER CASTRORUM und MATER SENATUS sind nicht offiziell).
vor 3. Aug. 224 (?)	*Gest.* in Rom.
nach 7. Nov. 224 (?)	Consecratio: DIVA MAESA AUGUSTA oder DIVA IULIA AUGUSTA.
März 235	DAMNATIO MEMORIAE.
spätestens Mai/ Juni 238	Aufhebung der damnatio memoriae.

PIR² I 678.
RE X 1, 1918, 940ff. Nr. 579 (G. Herzog).
Kl P II 1542f. Nr. 106 (R. Hanslik).
RIC IV 2, 45. 49. 61. 101. 127.
Herrscherbild III 1, 153ff. (M. Wegner).
H. G. Pflaum, REL 57, 1979, 298ff. (zu Avitus Alexianus).
E. Kettenhofen, Die syrischen Augustae, Bonn 1979 1ff. und bes. 144ff.
–, Historia 30, 1981, 244ff. (zum Todesdatum).
R.-Ch. 445.
J. Meischner, Frauenporträt 69ff.
Wallinger 93ff.

Gegenkaiser und Usurpatoren

L. Seius Sallustius

Geb.: 10. Jan. (?) eines unbekannten Jahres (FD. Vgl. E. Kettenhofen, Historia 30, 1981, 246 m. Anm. 29). Senatorischen Standes, Vater der Sallustia Orbiana (s. oben).
Name: L. SEIUS HERENNIUS SALLUSTIUS MACRINUS? (Martianus oder Macrinianus oder Maerinianus?).

ca. 225 von Severus Alexander zum Caesar erhoben (?): L. SEIUS (?) CAESAR.

227 *Gest.:* Nach Umsturzversuch (?) getötet.

PIR² M 27.
RE I A 2, 1920, 1910 ff. Nr. 4 (A. Stein).
Kl P IV 1513 Nr. 2 (G. Winkler).
R. O. Fink, AJPh 60, 1939, 328.
E. Kettenhofen, Die syrischen Augustae 48 f. und 209.
T. Kotula a. O. (s. unter Sallustia Orbiana).

Taurinus

Unter Severus Alexander zum Augustus erhoben. Ertränkte sich aus Furcht im Euphrat (Epit. de Caes. 24, 2).

PIR¹ T 29.
RE IV A 2, 1932, 2545 Nr. 1 (A. Stein).

Ovinius Camillus

Angeblich senator antiquae familiae, unter Severus Alexander in Rom zum Kaiser erhoben (SHA Alex. Sev. 48, 1); sicherlich fiktiv!

PIR² O 184.
RE XVIII 2, 1942, 1994 Nr. 4 (E. Groag).
J. Béranger, in: Romanitas–Christianitas (Festschrift J. Straub), Berlin 1982, 308 ff.

Maximinus Thrax (Febr./März 235–Mitte April [?] 238)

Geb.: 172 oder 173 (vgl. Zonar. 12,16. Nach A. Lippold zw. 175 und 180) in Thrakien oder Moesia Inferior (in Nova?). Niederer Herkunft (?). Nach den SHA Vita Maxim. 1,5ff. (danach Jordanes, Get. 83. Rom. 281) Sohn des Goten Micca und der Alanin (H)ababa (Wallinger 119f. – Angaben wohl fiktiv). Beiname Thrax erst Ende 4. Jh. bezeugt.

Laufbahn: Beginn der militia equestris unter Septimius Severus, praefectus gentium (praesidens Trebellicae)?, praefectus legionis? (jedenfalls nicht in Ägypten), praeses pro legato prov. Mauretaniae Tingitanae (?? vgl. PIR[2] I 420), praefectus Mesopotamiae (?), praefectus exercitus oder praepositus (dux) vexillationum (?) während des Perserkrieges des Severus Alexander (231–233), praefectus tironibus in limite Rhenano (234), tribunus legionis IV (fiktiv).

Wichtige Einzeldaten:

Febr./März 235	(Zw. 18. Febr. und 9. März? Vgl. POxy 912, wo anscheinend schon am 25. [?] Febr. 235 nach Maximinus datiert wird) Erhebung zum Kaiser in Mainz: IMP. CAES. C. IULIUS VERUS MAXIMINUS P. F. INV. AUG., PROCONSUL, PATER PATRIAE.
25. März 235	Cooptatio in alle Priesterkollegien, PONTIFEX MAXIMUS.
235–236	Germanenfeldzug.
ab 236	Kämpfe gegen Sarmaten und Daker.
Mitte Jan. (?) 238	Zus. mit Maximus vom Senat zum hostis erklärt.
Mitte April (?) 238	*Gest.:* Von seinen Soldaten bei Aquileia erschlagen. DAMNATIO MEMORIAE.

cos. design.	seit März (?) 235
cos. I	236
trib. pot. I	Febr./März 235–9. Dez. (?) 235
trib. pot. II	10. Dez. (?) 235–9. Dez. (?) 236
trib. pot. III	10. Dez. 236–9. Dez. 237
trib. pot. IV	10. Dez. 237–Mitte April (?) 238
imp. II	Herbst 235
imp. III–IV	Herbst 236

imp. V	237
imp. VI	237 oder 238
imp. VII	238

Germanicus max.	Sommer (?) 236 (auf Münzen nur Germanicus)

Dacicus maximus Sarmaticus maximus	Ende 236
Parthicus maximus	(?)

Ein Congiarium (bei Regierungsantritt?).

Verheiratet mit Caecilia Paulina (s. unten),
ein *Sohn:* C. Iulius Verus Maximus (s. unten).

PIR[2] I 619.
RE X 1, 1918, 852ff. Nr. 526 (E. Hohl).
Kl P III 1111f. Nr. 2 (A. Lippold).
RIC IV 2, 129ff.
Herrscherbild III 1, 1971, 223ff. (M. Wegner) und III 2, 1940, 64 (R. Delbrueck).
Fittschen-Zanker, Katalog I 124ff. Nr. 105.
B. M. Felletti Maj, Iconografia rom. imp. II 26ff. und 114ff.
X. Loriot, ANRW II 2, 1975, 666ff.
–, ZPap 43, 1981, 225ff. (zu den imperatorischen Akklamationen).
G. M. Bersanetti, Studi sull imperatore Massimino il Trace, Rom 1940.
–, Epigraphica 3, 1941, 5ff. (zu den imperatorischen Akklamationen).
–, Riv. filol. 70, 1942, 214ff.
A. Bellezza, Massimino il Trace, Genova 1964.
A. Lippold, in: Bonner HAColloquium 1966/67 (1968) 73ff. (zu Laufbahn und Familie).
–, in: Bonner Festgabe f. J. Straub (1977), 261ff. (zur Herkunft).
–, Bayer. Vorgeschichtsbll. 49, 1984, 197f. (zum Germanenfeldzug).
K. Dietz, Senatus contra principem, München 1980 (prosopographische Untersuchung mit Anhang zur Chronologie).
A. U. Stylow, Chiron 4, 1974, 516f.
M. Peachin, ZPap 59, 1985, 75ff. (zum Regierungsantritt).
M. Sartre, Syria 61, 1984, 49ff. (zum Todesdatum, neue Inschrift).
H. Halfmann, Itinera principum 233.
W. den Boer, in: Romanitas-Christianitas (Festschr. J. Straub), Berlin 1982, 349ff.
M. F. Petraccia Lucernoni, Epigraphica 47, 1985, 182 (zum Geburtsort).
P. J. Sijpesteijn, ZPap 63, 1987, 135ff. (Namen Maximinus und Maximus), und ZPap 68, 1987, 135f. (Titulatur).

M. Alram, Die Münzpr. des Kaisers Maximinus I Thrax, Wien 1989.
J. Burian, Philologus 132, 1988, 230ff.
A. Lippold, Kommentar zu Vita Maximini duo der HA, Bonn 1991.
M. Peachin, Athenaeum 1989, 594ff. (Tod Anf. Jan. 238).
–, Titulature 27f.
G. Forni, Epigraphica 52, 1990, 33ff. (Herkunft).

Maximus

Geb.: Um 215 (?) als Sohn des Maximinus Thrax (und der Caecilia Paulina?). In den SHA und bei Aur. Vict. Caes. 25,2 fälschlich Maximinus genannt.

zw. 7. Jan. und 16. Mai 236	Erhebung zum Caesar: C. IULIUS VERUS MAXIMUS NOB. CAESAR. Supra numerum cooptiert in die Kollegien der Sodales Antonini und der Sodales Flaviales Titiales, pontifex, PRINCEPS IUVENTUTIS (Augustustitel auf einigen Inschriften abusiv!).
Mitte April (?) 238	*Gest.:* Zusammen mit seinem Vater bei Aquileia ermordet. DAMNATIO MEMORIAE.

Siegestitel: Maximus führte dieselben Siegestitel wie sein Vater (s. oben).

Verlobt mit IULIA FADILLA (PIR^2 I 668. Wallinger 120ff.), proneptis Antonini, quam postea accepit Toxotius, eiusdem familiae senator (Vita 27,6; fiktiv?). Severus Alexander soll beabsichtigt haben, dem Maximus seine Schwester Theoclia in die Ehe zu geben (Vita 29,1ff., sicherlich fiktiv!).

PIR^2 I 620.
RE X 1, 1918, 868ff. Nr. 527 (E. Hohl).
Kl P II 1537 Nr. 90 (R. Hanslik).
RIC IV 2, 136f. 151. 154ff.
Herrscherbild III 1, 1971, 231ff. (M. Wegner).
B. M. Felletti Maj, Iconografia rom. imp. II 29 und 123ff.
X. Loriot, ZPap 11, 1973, 147ff. (zum Datum der Caesarerhebung).
Weitere *Literatur* s. unter Maximinus Thrax.

Caecilia Paulina

Gattin des Maximinus Thrax. *Heirat* um 215 (?).
AUGUSTA seit März 235 (? Postume Titelverleihung vermutet Alram).

Gest. Frühj. 236. Consecratio als DIVA (CAECILIA) PAULINA (PIA AUGUSTA). Nach Zonaras (12, 16) und Synkellos (p. 680) habe Maximinus seine Gattin hinrichten lassen. Doch ist fraglich, ob Paulina gemeint ist.

PIR[2] C 91.
RE III 1, 1897, 1236 Nr. 138 (A. Stein).
RIC IV 2, 135 und 153.
Herrscherbild III 1, 1971, 229 ff. (M. Wegner).
B. M. Felletti Maj, Iconografia rom. imp. II 28 f. und 122.
Weitere *Literatur* s. unter Maximinus Thrax.

Gegenkaiser und Verschwörer

Magnus

Nach Herod. 7, 1,5 Consular und Patrizier, vielleicht identisch mit C. Petronius Magnus, Prätor unter Septimius Severus oder Caracalla (vgl. Dig. 23, 4, 30).
Von einigen Offizieren am Rhein zum Kaiser ausersehen, nach Entdeckung der Verschwörung Frühjahr 235 hingerichtet.

PIR[1] P 211.
RE XIX 1, 1937, 1216 f. Nr. 43 (E. Groag).
X. Loriot, ANRW II 2, 1975, 672.
K. Dietz, Senatus contra principem, München 1980, 188 Nr. 56.

Quartinus

Consular und Freund des Severus Alexander, von den sagittarii Osroeni bald nach dem gescheiterten Usurpationsversuch des Magnus im Frühjahr 235 am Rhein zum Kaiser erhoben, aber kurze Zeit später auf Anstiften eines gewissen Macedo (PIR[2] M 10) von den Soldaten ermordet (Herodian 7, 1, 9 ff.). Bei den SHA (Vita Maximin. 11. Tyran. trig. 32) heißt der Usurpator TITUS, war tribunus Maurorum und mit einer Calpurnia (PIR[2] C 237. Wallinger 131 ff.) verheiratet. Er habe 6 Monate regiert. Die Namen sind wohl fiktiv. R. Hanslik vermutet, der Gegenkaiser habe mit vollem Namen Titius Quartinus geheißen, doch muß das offenbleiben.

PIR[1] Q 9. T 211.
RE VI A 2, 1937, 1578 f. Nr. 3 (A. Stein).
RE XXIV 1963, 836 Nr. 1 (R. Hanslik).
X. Loriot, ANRW II 2, 1975, 672.
K. Dietz, Senatus contra principem 209 Nr. 73.
E. Birley, Bonner HAColloquium 1979/81 (1983) 87 f.

Titus

Siehe Quartinus.

Gordian I. (Jan. [?] 238)

Geb.: 158 oder 159? (so Herodian 7,5,2), Sohn des Consulars Maecius Marullus (PIR^2 M 56) und der Ulpia Gordiana (PIR^1 V 583), so SHA Vita Gord. 2,1 (beide Namen wohl fiktiv).

Laufbahn: quaestor, aedilis, praetor, leg. Aug. propr. prov. Britanniae Inf. (216), procos. Achaeae (ca. 220), cos. suff. (zw. 220 und 222), bald nach 222 leg. Aug. propr. prov. Syriae (?), procos. Africae (237).

Anf. (?) Jan. 238 (15.–20. Jan.: Loriot und Herz)	Ausrufung zum Kaiser in Thysdrus in Africa: IMP. CAES. M. ANTONIUS GORDIANUS SEMPRONIANUS ROMANUS AFRICANUS (SENIOR) P. F. INV. AUG., TRIB. POT., PONT. MAX., PATER PATRIAE, PROCOS.
Mitte (?) Jan. 238	Anerkennung durch den Senat (das SHA Vita Maxim. 16,1 gegebene Datum des 26. Juni ist fiktiv!).
ca. 20. Jan. (?) 238	*Gest.:* Selbstmord nach 20 Tagen Regierung. Zeitweise DAMNATIO MEMORIAE im Machtbereich des Maximinus Thrax. Consecratio als DIVUS GORDIANUS.

Verheiratet mit FABIA ORESTILLA (PIR^2 F 79), so Vita Gord. 17,4 (fiktiv?).
Zwei *Söhne*: M. ANTONIUS GORDIANUS II. (s. unten) und ein Sohn unbekannten Namens.
Eine *Tochter:* MAECIA FAUSTINA (PIR^2 M 64), so Vita Gord. 4,2 (fiktiv?).

PIR^2 A 833.
RE I 2, 1894, 2628ff. Nr. 61 (P. von Rohden).
Kl P II 845 Nr. 1 (R. Hanslik).
Diz. Epigr. III 1962, 535ff. (R. Paribeni).
RIC IV 2, 158ff.
Herrscherbild III 1, 236ff. (M. Wegner), und III 2, 1940, 67 (R. Delbrueck).
B. M. Felletti Maj, Iconografia rom. imp. II 30ff. und 127ff.
Fittschen-Zanker, Katalog I 123f. Nr. 104.
K. Dietz, Senatus contra principem, München 1980, 56ff. Nr. 7.
A. R. Birley, Fasti of Roman Britain 181ff. (zu Herkunft und Laufbahn).
X. Loriot, ANRW II 2, 1975, 720.
P. Herz, ANRW II 16, 2, 1188f. (zum dies imperii).
M. Sartre, Syria 61, 1984, 49ff. (zur Chronologie).
K. D. Grasby, Class. Quart. 25, 1975, 123ff. (Geburtsjahr ca. 178?).

M. Peachin, Titulature 28.
–, Athenaeum 1989, 594ff. (Kaisererhebung: März 238).
Wallinger 124ff. (zu Mutter und Gattin).

Gordian II. (Jan. [?] 238)

Geb.: ca. 192. Sohn des M. Antonius Gordianus I. (und der Fabia Orestilla?).

Laufbahn: quaestor unter Elagabal, praetor urbanus und consul (suffectus?) unter Severus Alexander, legatus consularis seines Vaters in Africa (237).

Wichtige Einzeldaten:

Anf. (?) Jan. 238	Zus. mit seinem Vater zum Augustus erhoben: IMP. CAES. M. ANTONIUS GORDIANUS SEMPRONIANUS ROMANUS AFRICANUS P. F. AUG.–PONTIFEX, TRIBUNICIA POTESTAS, CONSUL, PROCONSUL? (so AE 1971 Nr. 475).
ca. 20. Jan. (?) 238	*Gest.:* Im Kampf gegen Capellianus, den Legaten von Numidien (PIR[2] C 404), gefallen. Zeitweise DAMNATIO MEMORIAE im Machtbereich des Maximinus Thrax. Consecratio als DIVUS GORDIANUS.

Nicht verheiratet, keine Kinder.

PIR[2] A 834.
RE I 2, 1894, 2631f. Nr. 62 (P. von Rohden).
Kl P II 845 Nr. 2 (R. Hanslik).
Diz. Epigr. III 1962, 538ff. (R. Paribeni).
RIC IV 2, 158f. und 163f.
Herrscherbild III 1, 236ff. (M. Wegner) und III 2, 1940, 67 (R. Delbrueck).
B. M. Felletti Maj, Iconografia rom. imp. II 34f. und 132ff.
K. Dietz, Senatus contra principem, München 1980, 73 Nr. 8.
K. D. Grasby (wie oben) 129ff. (verwirft – ohne Kenntnis der Inschrift – die Angaben über tribunicia potestas und Consulat auf Münzen).

Pupienus (Ende Jan./Anf. Febr. [?]–Anf. Mai [?] 238)

Geb.: ca. 164 (vgl. Zonar. 12, 17). Sohn des (Clodius) Maximus (PIR^2 C 1173) und der Prima (RE XXII 2, 1954, 1971 Nr. 2 R. Hanslik) (SHA Vita Max. et Balb. 5,1 fiktiv!), vornehmer Herkunft (Herodian 8, 8, 1 und 4; wohl fälschlich behaupten niedere Abkunft Vita 16,2 und Eutrop. 9, 2, 1).

Laufbahn: tribunus militum, praetor, proconsul Bithyniae, Graeciae, Narbonae, legatus in Illyrico (Vita 5,7ff., teilweise fiktiv), leg. Aug. propr. prov. Germaniae (superioris oder inferioris) unter Elagabal oder Severus Alexander, consul (205 oder 217?), proconsul Asiae 220/5 oder kurz vor 234?), cos. II 234, praefectus urbi, XXvir ex s.c. rei publicae curandae (Jan. 238).

Ende Jan./Anf. Febr. (?) 238	(Vgl. unten unter Balbinus) Wahl zum Augustus durch den Senat zusammen mit dem immer nach ihm genannten Balbinus: IMP. CAES. M. CLODIUS PUPIENUS MAXIMUS AUGUSTUS, PONTIFEX MAXIMUS, PATER PATRIAE, PATER SENATUS, PROCONSUL.
Anfang Mai (?) 238	*Gest.:* Nach Regierung von 99 Tagen von den Prätorianern im Palast in Rom ermordet. – DAMNATIO MEMORIAE.

cos. I	? (ca. 205 oder 217?)
cos. II	234
trib. pot.	Ende Jan./Anf. Febr.?–Anf. Mai? 238.

Ein congiarium bei Regierungsantritt zusammen mit Balbinus und Gordian III.

Eine *Adoptivmutter,* quae illum loco filii suscepit et aluit (Vita 5,7): PESCENNIA MARCELLINA (PIR^1 P 189. Wallinger 128. Fiktiv).

Angeblich 4 Brüder und 4 Schwestern, die alle im Kindesalter starben (Vita 5,2, fiktiv!).

Verheiratet mit einer unbekannten Frau (PULCHRA?).

Zwei (?) *Söhne:* T. CLODIUS PUPIENUS PULCHER MAXIMUS (PIR^2 C 1180) und (?) M. PUPIENUS AFRICANUS (PIR^1 P 804).

Eine *Tochter:* PUPIENA SEXTIA PAULINA CETHEGILLA (PIR^1 P 805).

PIR[2] C 1179.
RE IV 1, 1900, 88f. Nr. 50 (A. Stein).
Kl P I 1229f. Nr. 7 (R. Hanslik).
RIC IV 2, 173ff.
Herrscherbild III 1, 241ff. (M. Wegner) und III 2, 1940, 68ff. (R. Delbrueck).
B. M. Felletti Maj, Iconografia rom. imp. II 36f. und 135ff.
Fittschen-Zanker, Katalog I 126f. Nr. 106.
X. Loriot, ANRW II 2, 1975, 702ff.
K. Dietz, Chiron 6, 1976, 381ff.
–, Senatus contra principem, München 1980, 129 Nr. 26.
W. Eck, Statthalter 238f.
M. Sartre, Syria 61, 1984, 49ff.
M. Peachin, Athenaeum 1989, 594ff. (Kaisererhebung: Ende April/Anf. Mai, Tod: Anf. August).
–, Titulature 28.
B. Lörincz–E. Számadó, ZPap 101, 1994, 205ff.

Balbinus (Jan./Febr. [?]–Mai [?] 238)

Geburtsdatum unbekannt und nicht zu ermitteln (Zonar. 12,17 gibt als Lebensalter 60 Jahre, was sicherlich zu wenig ist). Vornehmer patrizischer Abkunft, Sohn des Consulars Caelius Calvinus (PIR² C 125)?

Laufbahn: Mehrere Provinzstatthalterschaften (nach den SHA Vita Max. et Balb. 7,2: Asia, Africa, Bithynia, Galatia, Pontus, Thraciae und Galliae, teilweise fiktiv?), consul, procos. Asiae ca. 201/2 (AE 1909 Nr. 175), cos. II 213 (mit Caracalla), Salius Palatinus (nicht vor 191), XXvir ex s.c. rei publicae curandae (Jan. 238).

Wichtige Einzeldaten:

Ende Jan./ Anf. Febr. (?) 238	(SHA Vita Max. et Balb. 1,1 = 7. Juni oder 9. Juli, fiktiv!) vom Senat zusammen mit dem immer vor ihm genannten Pupienus (s. oben) zum Augustus gewählt: IMP. CAES. D. CAELIUS CALVINUS BALBINUS P. F. AUG. PONTIFEX MAXIMUS, PATER PATRIAE und (nur auf Münzen des Pupienus) PATER SENATUS.
Anf. Mai (?) 238	*Gest.:* Nach Regierung von 99 Tagen im Palast in Rom von den Prätorianern ermordet. – DAMNATIO MEMORIAE (? Name auf Inschriften eradiert).

cos. I	?
cos. II	213
trib. pot.	Jan./Febr.–Mai 238

Ein Congiarium bei Regierungsantritt zusammen mit Pupienus und Gordian III.

Über Frau und Kinder nichts bekannt (vgl. jedoch SHA Vita Max. et Balb. 16,1).

PIR² C 126.
RE III 1, 1897, 1258ff. Nr. 20 (A. Stein).
Kl P I 993f. Nr. 2 (R. Hanslik).
Diz. Epigr. I 1895, 961f. (E. Ferrero).
RIC IV 2, 165ff.
Herrscherbild III 1, 241ff. (M. Wegner) und III 2, 1940, 68ff. (R. Delbrueck).

B. M. Felletti Maj, Iconografia rom. imp. II 38 f. und 140 ff.
X. Loriot, ANRW II 2, 1975, 702 ff.
K. Dietz, Chiron 6, 1976, 381 ff.
–, Senatus contra principem, München 1980, 99 Nr. 16.
M. Sartre, Syria 61, 1984, 49 ff.
Weitere *Literatur* s. unter Pupienus.

Gordian III. (Jan./Febr. [?] 238–Anf. 244)

Geb.: 20. Jan. 225 (226?) in Rom (vgl. FPhiloc. Epit, de Caes. 27,2). Sohn des Consulars Iunius Balbus (PIR^2 I 733) und der Maecia Faustina (PIR^2 M 64), Tochter des Gordian I.? (vgl. SHA Vita Gord. 4,2, wohl fiktiv). Enkel Gordians I., Schwestersohn Gordians II. (Dessau 496ff.).

Wichtige Einzeldaten:

31. Jan./1. Febr. (28. Febr./1. März: Loriot)? 238	Zum Caesar erhoben: M. ANTONIUS GORDIANUS NOB. CAESAR, PRINCEPS IUVENTUTIS.
Anf. (9.?) Mai (6. oder 7. Juni: Loriot)? 238	Zum Augustus ausgerufen: IMP. CAESAR M. ANTONIUS GORDIANUS PIUS FELIX (INVICTUS) AUG., PONTIFEX MAXIMUS, PATER PATRIAE, PROCONSUL.
(vor 12.?) Mai 241	Heirat mit Tranquillina.
242	Agon Minervae (Chron. min. I 147).
Frühsommer 242	Übergang nach Asien.
Frühjahr 243(?)	Beginn des Perserkrieges.
Anf. 244	*Gest.:* (Nach 13. Jan. und vor 14. März: Cod. Just. VI 10,1 u. III, 42,6. 11. Febr.? s. Kettenhofen p. 132.) Vor Ktesiphon an einer Verwundung (?) gestorben (oder von Philippus Arabs ermordet?). Kenotaph bei Dura Europos (Vita 34,2f., Ammian 23, 5, 7f.). Leichnam nach Rom übergeführt und dort bestattet (Eutrop 9, 2, 3). Consecratio als DIVUS GORDIANUS.

cos. design.	seit Mai (?) 238
cos. I	239
cos. design. II	seit Juli 240
cos. II	241
trib. pot. I	9. Mai?–9. Dez. 238
trib. pot. II	10. Dez. 238–9. Dez. 239
trib. pot. III	10. Dez. 239–9. Dez. 240
trib. pot. VII	10. Dez. 243–Anf. 244
imp. II	239?
imp. III	240
imp. IV	241?
imp. V und VI	Frühjahr/Sommer 242
imp. VII	Frühjahr 243?

liberalitas I	Febr. 238 (Caesarernennung)
II	239 (Consulatsantritt)?
III	Jan. 241 (Consulatsantritt)?
IV	Mai 241 (Heirat mit Tranquillina)
V	243 (Victoria Persica?)

Verheiratet mit Tranquillina (s. unten). Keine Kinder.

PIR² A 835.
RE I 2, 1894, 2619ff. Nr. 60 (P. von Rohden).
Kl P II 845f. Nr. 3 (R. Hanslik).
Diz. Epigr. III 1962, 540ff. (R. Paribeni).
RIC IV 2, 177. IV 3, 1ff.
B. M. Felletti Maj, Iconografia rom. imp. II 38ff. und 147ff.
Fittschen-Zanker, Katalog I 127ff. Nr. 107f.
Herrscherbild III 3, 13ff. (J. Bracker), III 2, 68ff. (R. Delbrueck).
P. Herz, ANRW II 16, 2, 1978, 1188f. (dies Caesaris und dies imperii).
X. Loriot, BSFN 1970, 558ff. (Consulate und tribunicia potestas).
–, in: Mél. W. Seston, Paris 1974, 297ff. (zum dies imperii).
–, ANRW II 2, 1975, 724ff.
–, ZPap 43, 1981, 225ff. (zu den imperator. Akklamationen).
G. Barbieri, Diz. Epigr. IV 865f. (zu den liberalitates).
D. Mac Donald, Historia 30, 1981, 502ff. (zum Tode des G.).
E. Kettenhofen, Die röm.-persischen Kriege des 3. Jahrh., Wiesbaden 1982.
M. Sartre. Syria 61, 1984, 49ff. (zum dies Caesaris und zum dies imperii).
B. Hamacher, Münstersche Numism. Zeitung 13,3, Okt. 1983, 19ff. und 13,4, Dez. 1983, 39ff. (zum Zug durch Kleinasien).
H. Halfmann, Itinera principum 233f.
Adele Nicoletti, Sulla politica legislativa di Gordiano III, Neapel 1981 (u. a. Datierungsfragen).
J. Scheid, BSFN 1988, 367ff. (Augustus seit Ende April?).
F. Kolb, Untersuchungen zur Historia Augusta, Bonn 1987, 99ff. (Perserkrieg).
E. Kettenhofen, BO 47, 1990, 170 (Perserkrieg).
M. Peachin, Athenaeum 1989, 594ff. (Augustus seit Anf. Aug.?).
–, Titulature 29.
St. K. Ross, ZPap 97, 1993, 195ff. (Perserkrieg).
Grenier, Titulatures 79.
Scheid Nr. 160.
Wallinger 126ff. (Mutter und Gattin).
M. Johnson, Latomus 54, 1995, 141ff. (Kenotaph).

Tranquillina

Geburtsdatum unbekannt. Tochter des praefectus praetorio C. Furius Sabinius Aquila Timesitheus (PIR² F 581).

Mai (schon vor 12. Mai?) 241 *Heirat* mit Gordian III. und Erhebung zur Augusta: FURIA SABINIA TRANQUILLINA AUGUSTA.
Das weitere Schicksal der Tranquillina ist unbekannt.

PIR² F 587.
RE VII 1, 1910, 370ff. Nr. 98 (A. Stein).
Kl P II 645 Nr. 8 (R. Hanslik).
RIC IV 3, 41f. Nr. 249ff.; 53 Nr. 340ff.
Herrscherbild III 3, 51ff. (M. Wegner).
B. M. Felletti Maj, Iconografia rom. imp. II 42f. und 163ff.
Fittschen-Zanker, Katalog III 33f. Nr. 36.
X. Loriot, ANRW II 2, 738 (zum Heiratsdatum).

Usurpator

Sabinianus

Identisch mit M. ASINIUS SABINIANUS, Proconsul Asiae 239/40 (PIR² A 1251)??
240 in Karthago zum Kaiser erhoben, aber Ende 240 durch den Statthalter von Mauretanien besiegt und gefangengenommen (SHA Vita Gord. 23,4. Zosim. 1, 17, 1).

PIR¹ S 13.
RE I A 2, 1920, 1585 Nr. 4 (A. Stein).
Kl P IV 1483 Nr. 1 (G. Winkler).
X. Loriot, ANRW II 2, 734f. m. Anm. 591ff.
E. Birley, Bonner HAColl. 1968/69 (1970) 87ff.
K. Dietz, Senatus contra principem, München 1980, 90ff.
B. E. Thomasson, Laterculi praesidum I, Göteborg 1984, 387.

Philippus Arabs (Anfang 244–Sept./Okt. 249)

Geb.: Um 204?? (nach Chron. Pasch. p. 503 Bonn, vgl. jedoch Aurel. Vict., Caes. 28,10) wohl im späteren Philippopolis in Arabien, Sohn des Iulius Marinus (s. unten). praefectus Mesopotamiae (?), praefectus praetorio (seit 243).

Wichtige Einzeldaten:

Anf. 244	(Nach 13. Jan. und vor 14. März: Cod. Just. VI 10,1 und III 42,6. Vgl. oben unter Gordian III.) Erhebung zum Kaiser: IMP. CAES. M. IULIUS PHILIPPUS P. F. INVICTUS AUG., PONT. MAX., PATER PATRIAE, PROCONSUL. – Frieden mit Persien.
244 (Frühsommer)?	Ankunft in Rom.
245	Aufbruch in den Karpenkrieg (12. Nov. 245 in Aquae in Dakien bezeugt: FIRA II 657).
246–247	Karpen- und Germanenkrieg.
Spätsommer 247	Triumph in Rom.
21.–23. April 248	(Vgl. Cassiod. Chron. z. J. 249) 1000-Jahr-Feier Roms.
Sept./Okt. 249	*Gest.:* (Vor 11. Sept.: Loriot.) In der Schlacht bei Verona (oder bei Beroia in Makedonien bzw. Beroia in Thrakien?) von den Soldaten ermordet. – DAMNATIO MEMORIAE? (Name der Philippi auf Inschriften eradiert. Nach Eutrop 9,3 wurden Philippus und sein Sohn consecriert, wohl ein Irrtum.)

cos. I	245
cos. design. II	Ende 246
cos. II	247
cos. design. III	seit Juli 247
cos. III	248
cos. design. IV (?)	seit Juli 249 (?)

trib. pot. I	Anf.–31. Dez. 244
trib. pot. II	1. Jan.–31. Dez. 245
trib. pot. III	1. Jan.–31. Dez. 246
trib. pot. VI	1. Jan.–Sept./Okt. 249

Parthicus Adiabenicus, Persicus maximus, Parthicus maximus	(AE 1975 Nr. 765) nur 244 bezeugt, von Philippus offenbar nicht offiziell angenommen (vgl. auch AE 1995 Nr. 27).
Carpicus maximus	Ende 247 (?),
Germanicus max.	inoffiziell
liberalitas I	244
II	245
III	248

Vater: IULIUS MARINUS (PIR² I 407), gestorben unter Philippus, danach nur (?) in Philippopolis als Gott verehrt (IGRR III 1199f.). Wohl keine consecratio durch den Senat.

Bruder: C. IULIUS PRISCUS (PIR² I 488), praef. Mesopotamiae, praefectus praetorio et rector Orientis (CIL III 14149⁵), vgl. H. G. Pflaum, Carrières 831ff. Nr. 324a.

Verheiratet mit MARCIA OTACILIA SEVERA (s. unten), ein *Sohn:* M. IULIUS PHILIPPUS (IUNIOR) s. unten, weitere *Söhne* (?), nur bei Joh. Ant. (Exc. de insidiis p. 109, 59 De Boor) erwähnt.

PIR² I 461.
RE X 1, 1918, 755ff. Nr. 386 (A. Stein).
Kl P IV 753f. (R. Hanslik).
RIC IV 3, 54f.
Herrscherbild III 3, 1971, 30ff. (W. Real) und III 2, 1940, 78ff. (R. Delbrueck).
B. M. Felletti Maj, Iconografia rom. imp. II 42f. und 169ff.
H. G. Pflaum, Carrières 836f. (zur Laufbahn).
X. Loriot, Bull. Soc. fr. num 1970, 558ff.
–, ANRW II 2, 1975, 788ff.
G. Barbieri, Diz. Epigr. IV 866ff. (zu den liberalitates).
S. Dušanić, Chiron 6, 1976, 427ff. (zum Todesort).
H. A. Pohlsander, Historia 31, 1982, 214ff. (zu den Todesumständen).
H. Halfmann, Itinera principum 234f.
R. Ziegler, in: Roma renascens (Festschrift I. Opelt), Frankfurt a. M.–Bern 1988, 385ff. (zum Todesort).
F. Kolb, Untersuchungen zur HA, Bonn 1987, 99ff. (zur Laufbahn).
E. Winter, Die sasanidisch-röm. Friedensverträge, Frankfurt a. M. 1988, 80ff.
P. J. Sijpesteijn, ZPap 91, 1992, 99ff. (Germanicus-Titel).
M. Peachin, Historia 40, 1991, 331ff. (Marsch auf Rom).
–, ZPap 73, 1988, 98ff. (Titulatur).
–, Titulature 30f.
Grenier, Titulatures 79f.

M. Iulius Philippus (Iunior)

Geb.: 237 oder 238 (vgl. Epit. de Caes. 28,3), als Sohn des M. Iulius Philippus und der Otacilia Severa.

Juli/Aug. 244	(Nach 23. Juli, vor 15. Aug.: Dessau 505. Cod. Just. IV 29,10) Erhebung zum Caesar: M. IULIUS (SEVERUS) PHILIPPUS NOBILISSIMUS CAESAR, PRINCEPS IUVENTUTIS.
Juli/Aug. 247	(Nach 11. Juli, vor 30. Aug.) Erhebung zum Augustus: IMP. CAES. M. IULIUS (SEVERUS) PHILIPPUS P. F. INV. AUG., PONTIFEX MAXIMUS, PATER PATRIAE, PROCONSUL.
Sept./Okt. 249	*Gest.:* Ermordet im Prätorianerlager in Rom (gegen Dušanićs These, wonach Philippus iunior eine Zeitlang Mitregent des Decius war, s. Pohlsander). – DAMNATIO MEMORIAE? (vgl. oben bei Philippus pater).

cos. I	247
cos. II design.	vor 28. Dez. 247
cos. II	248
trib. pot. I	Juli/Aug.–31. Dez. 247
trib. pot. II	1. Jan.–31. Dez. 248
trib. pot. III	1. Jan.–Sept./Okt. 249

PIR² I 462.
RE X 1, 1918, 770ff. Nr. 387 (A. Stein).
RIC IV 3, 95ff.
Herrscherbild III 3, 1979, 42ff. (W. Real).
B. M. Felletti Maj, Iconografia rom. imp. II 44f. und 182ff.
X. Loriot, ANRW II 2, 1975, 791ff.
S. Dušanić, Chiron 6, 1976, 427ff.
H. A. Pohlsander, Historia 31, 1982, 214ff.
M. Peachin, Titulature 31.

Otacilia Severa

Geburtsjahr unbekannt. Nach Zosim. 1, 19, 2 vermutlich Tochter oder Schwester eines Severianus (PIR¹ S 440).

vor 238	*Heirat* mit Philippus Arabs.
seit Frühjahr 244	Augusta: MARCIA OTACILIA SEVERA AUGUSTA, MATER CASTRORUM ET SENATUS ET PATRIAE (Dessau 513). MATER CAESARIS (seit Juli/Aug. 244).
248 (?)	*Gest.* (Für 249 wurden in Antiochia keine Tetradrachmen mehr im Namen der Otacilia geprägt.)
Sept./Okt. 249	DAMNATIO MEMORIAE? (Name auf Inschriften eradiert).

PIR² M 266.
RE XIV 2, 1930, 1607f. (A. Stein).
Kl P III 1005f. Nr. 10 (R. Hanslik).
RIC IV 3, 82ff. und 93ff.
Herrscherbild III 3, 1979, 57ff. (M. Wegner).
B. M. Felletti Maj, Iconografia rom. imp. II 44f. und 177ff.
Fittschen-Zanker, Katalog III 34f. Nr. 37.

Gegenkaiser

Pacatianus

Geburtsdatum unbekannt. Wohl aus senatorischer Familie (vgl. CIL III 94 und Add. p. 969 = IGLSyr XIII 9076). Kommandeur (consularer Statthalter?) in Moesien oder Pannonien (Zosim. 1, 20, 2. Zonar 12, 19).

April (?) 248	Erhebung zum Kaiser ebda.: IMP. TI. CLAUDIUS MARINUS PACATIANUS P. F. AUG.
248	*Gest.:* Nach kurzer Herrschaft von den Soldaten getötet (Zonar. a. O.). – DAMNATIO MEMORIAE?

PIR² C 929 und 930.
RE III 2, 1899, 2771f. Nr. 235 (A. Stein).
Kl P I 1214f. Nr. 36 (R. Hanslik).
Devijver C 157.
RIC IV 3, 104f.
Herrscherbild III 2, 1940, 84 (R. Delbrueck).
B. M. Felletti Maj, Iconografia rom. imp. II 44f. und 186.
X. Loriot, ANRW II 2, 1975, 794.
S. Dušanić, Chiron 6, 1976, 436.
E. M. Pegan, Tiberius Claudius Marinus Pacatianus, Laibach 1984.
A. R. Birley, CR 41, 1991, 410 (zu den Münzen).

Iotapianus

Geburtsjahr und Herkunft unbekannt, soll sich der Abstammung von (Severus?) Alexander gerühmt haben (Aurel. Vict., Caes. 29,2).

249	In Syrien oder Kappadokien zum Kaiser erhoben: IMP. CAES. M. F. RU(FUS?) IOTAPIANUS AUG.
Sept./Okt. (?) 249	*Gest.:* Von den Soldaten ermordet. – DAMNATIO MEMORIAE (?).

PIR^2 I 49.
RE IX 2, 1916, 2004f. (A. Stein).
Kl P II 1444 (R. Hanslik mit unrichtigem Zitat).
RIC IV 3, 105.
X. Loriot, ANRW II 2, 1975, 794.
Herrscherbild III 2, 1940, 84 (R. Delbrueck).
B. M. Felletti Maj, Iconografia rom. imp. II 44f. und 186f.
R. Bland, in: Essays Carson and Jenkins, London 1993, 191ff.

Marcus

Der Philosoph Marcus soll nach Zonaras 12,18 Anfang 244 auf die Nachricht vom Tode Gordians III. vom Senat zum Caesar gewählt, aber gleich darauf gestorben sein (wohl alles fiktiv).

PIR^2 M 271.
RE XIV 2, 1930, 1644 Nr. 3 (A. Stein).
Kl P III 1009 Nr. 1 (R. Hanslik).

Silbannacus

Gegenkaiser unter Philippus Arabs (?) am Rhein. Nur durch Münzen bezeugt: IMP. MAR. SILBANNACUS AUG.

RIC IV 3, 66f. und 105.
F. Hartmann, Herrscherwechsel und Reichskrise 93f. und 161f.
H. Mattingly, Brit. Museum Quarterly 14, 1940, 97.

Sponsianus

In Transsilvanien gefundene Aurei bezeugen einen Imp. Sponsianus, der wohl Gegenkaiser an der Donau unter Philippus Arabs gewesen war. Sonst unbekannt.

RIC IV 3, 67 und 106.
F. Hartmann, Herrscherwechsel und Reichskrise 82 Anm. 10, 93 und 121 Anm. 1.

Decius (Sept./Okt. 249–Juni 251)

Geb.: ca. 190 (oder ca. 200)? im vicus Budalia bei Sirmium (Chron. Pasch. Epit. de Caes. 29). Vornehmer Herkunft?
Name: C. MESSIUS QUINTUS DECIUS VALERINUS.

Laufbahn: Senator, consul suffectus vor 232, leg. Aug. pro pr. prov. Moesiae itemque Germaniae Inferiorum (232–235), leg. Aug. pro pr. prov. Hispaniae Citerioris (ca. 235–238), praefectus urbi (vor 249)?, leg. Aug. pro pr. (?) utriusque provinciae Moesiae et Pannoniae (249). Vgl. AE 1985 Nr. 752.

Wichtige Einzeldaten:

Juni (?) 249	Ausrufung zum imperator in Pannonien.
Herbst 249	Adventus in Rom.
Sept./Okt. (?) 249	Annahme des Kaisertitels: IMP. CAES. C. MESSIUS QUINTUS TRAIANUS DECIUS P. F. INV. AUG., PONTIFEX MAX., PATER PATRIAE, PROCONSUL.
Ende 249	Religionsedikt.
250–251	Krieg gegen die Goten auf dem Balkan.
1. H. Juni 251	*Gest.:* (Tod in Rom zwischen 9. und 24. Juni bekannt geworden, vgl. CIL VI 31120 und 36760.) Gefallen bei Abrittus in Mösien. (Das Datum in den SHA Vita Valeriani 5,4, wonach Decius am 27. Okt. 251 noch am Leben war, ist fiktiv!)
vor 24. Juni 251	Consecratio: DIVUS DECIUS (CIL VI 36760).
vor 15. Juli 251	DAMNATIO MEMORIAE (CIL XI 4086 vgl. Dessau 6149).

cos. I suff.	vor 232
cos. design. II	249
cos. II	250
cos. design. III	250
cos. III	251

tribunicia potestas
(nach Wittig, vgl. jedoch oben S. 34 Anm. 134)

trib. pot. I	Sept./Okt. (mit Rückdatierung auf Juni)–ca. Mai/Juni 250 (Caesarerhebung des Herennius)
trib. pot. II	ca. Mai/Juni–ca. Sept. 250 (Caesarerhebung des Hostilianus)

trib. pot. III	ca. Sept.–31. Dez. (?) 250
trib. pot. IV	1. Jan.?–Juni 251
imp. II	251 (? Nur auf einem Meilenstein aus Tunesien bezeugt, AE 1942/3 Nr. 55; unklar, ob Sieges- oder Jahreszählung).
Dacicus Maximus	seit 250 (nur auf Meilensteinen der Tarraconensis, irregulär?).
Germanicus Max.	250? (nur auf dem Meilenstein aus Tunesien).

Ein Congiarium 249 in Rom wegen des Regierungsantritts.

Verheiratet mit Herennia Etruscilla (s. unten).
Zwei *Söhne* von der Etruscilla:
1. Q. Herennius Decius (s. unten),
2. C. Valens Hostilianus (s. unten).

Eine *Tochter* läßt sich nicht nachweisen (vgl. unten unter Volusian).
Ein angeblicher *Bruder* C. Decius Valerinus (oder Valerianus) ist mit dem Kaiser identisch.

PIR² M 520.
RE XV 1, 1931, 1244 ff. Nr. 9 (C. Wittig).
Kl P I 1411 f. Nr. 1 und 2 (R. Hanslik).
Diz. Epigr. II 2, 1910, 1479 ff. (G. Costa).
RAC III 1957, 611 ff. (K. Gross).
RIC IV 3, 107 ff.
Herrscherbild III 3, 63 ff. (M. Wegner), III 2, 85 ff. (R. Delbrueck).
Fittschen-Zanker, Katalog I 130 ff. Nr. 110.
B. M. Felletti Maj, Iconografia rom. imp. II 46 f. und 187 ff.
J. F. Gilliam, Studi Calderini-Paribeni I, Mailand 1956, 305 ff. (zur damnatio memoriae).
P. Kneissl, Siegestitulatur 235.
X. Loriot, ANRW II 2, 1975, 794 ff. (zum Regierungsbeginn).
–, ZPap 43, 1981, 234 (imper. Akklamationen und Siegestitel).
N. Gostar, Actes de la XIIᵉ Conférence Eirene 1972, Bukarest–Amsterdam 1975, 645 (zum Titel Dacicus maximus).
G. W. Clarke, ZPap 37, 1980, 114 ff. (zum Todesdatum).
K. Dietz, Senatus contra principem, München 1980, 190 ff. Nr. 59.
U. Marelli, Aevum 58, 1984, 52 ff. (zur damnatio memoriae und zum cognomen Traianus).
J. R. Rea, Oxyrhynchus Papyri vol. LI, London 1984, 19 ff. (danach oben).
A. R. Birley, in: Prosopographie und Sozialgeschichte, hrsg. von W. Eck, Köln 1993, 50 (Name Valerinus).
M. Peachin, Titulature 32.
Grenier, Titulatures 80 f.

Herennia Etruscilla

Geburtsjahr unbekannt, aus vornehmem etruskischem Geschlecht (?).

vor 249 (?)	Heirat mit Decius.
Herbst 249	Zu Beginn der Regierung des Decius zur Augusta erhoben: HERENNIA CUPRESSENIA ETRUSCILLA AUGUSTA.
seit Mitte 250	MATER CASTRORUM.
1. H. 251 (vor 9. Juni)	MATER AUGUSTORUM.
vor Mitte Juli (?) 251	*Gest.* unter Trebonianus Gallus?

PIR² H 136.
RE VIII 1, 1912, 681 Nr. 53 (W. Kroll).
RIC IV 3, 127ff. und 137f. (vgl. p. 153 zum Todesdatum).
Herrscherbild III 3, 78ff. (M. Wegner).
B. M. Felletti Maj, Iconografia rom. imp. II 46f. und 193ff.

Herennius Decius

Geb.: ca. 220/230 in Pannonien, Sohn des C. Messius Decius und der Herennia Etruscilla.

Mai/Juni 250	(Vor 8. Juni: Cod. Just. 5, 12, 9) Erhebung zum Caesar: Q. HERENNIUS ETRUSCUS MESSIUS DECIUS NOB. CAES., PRINCEPS IUVENTUTIS.
vor 9. Juni 251	Erhebung zum Augustus: IMP. CAES. Q. HERENNIUS ETRUSCUS MESSIUS DECIUS AUG., PRINCEPS IUVENTUTIS.
Juni 251	*Gest.:* Gefallen noch vor seinem Vater bei Abrittus in Mösien (s. unter Decius). Consecratio: DIVUS HERENNIUS.
vor 15. Juli 251	DAMNATIO MEMORIAE.

cos. design.	250
cos. I	251

trib. pot. I	Mai/Juni–31. Dez. (?) 250
trib. pot. II	1. Jan. (?)–Juni 251

PIR² H 106.
RE XV 1, 1931, 1284f. Nr. 10 (C. Wittig).
Diz. Epigr. III 1962, 736.
RIC IV 3, 138ff.
Herrscherbild III 3, 70ff. (M. Wegner).
B. M. Felletti Maj, Iconografia rom. imp. II 46f. und 196ff.
M. Peachin, Titulature 32f.

Hostilianus

Geburtsdatum unbekannt. Zweiter Sohn des Decius und der Herennia Etruscilla.

Name: C. Valens Hostilianus Messius Quintus. (In der Epit. de Caes. 30 heißt er Hostilianus Perpenna. Bei Zonaras XII 18 ist zwischen Gordian III. und Philippus Arabs ein Severus Hostilianus aufgeführt. Für diese Namen finden sich sonst keine Belege.)

Sept. (?) 250	(Vor 22. Sept.) Erhebung zum Caesar: C. Valens Hostilianus Messius Quintus nob. Caes., princeps iuventutis.
Juni 251	Nach dem Tode des Decius von Trebonianus Gallus (s. unten) adoptiert und zum Augustus erhoben (Zosim. 1, 25.1): Imp. Caes. C. Valens Hostilianus Messius Quintus Aug.
vor 15. Juli (?) 251	*Gest.* in Rom an der Pest (Epit. de Caes. 30) oder von Trebonianus Gallus beseitigt (so Zosim. a. O.). – Damnatio memoriae (Dessau 518). – Die Angaben von R. Hanslik (RE s. v. Vibius Trebonianus Sp. 1988) über das Begräbnis und über angebliche Consecrationsmünzen des Hostilianus sind unrichtig und halten einer Nachprüfung nicht stand.

trib. pot. I	Sept. (?)–31. Dez. (?) 250
trib. pot. II	1. Jan. (?)–Juli (?) 251

PIR¹ V 8.
RE XV 1, 1931, 1285f. Nr. 11 (C. Wittig).
Kl P II 1236 (R. Hanslik).
RIC IV 3, 143ff.
Herrscherbild III 3, 75ff. (M. Wegner).
B. M. Felletti Maj, Iconografia rom. imp. II 46f. und 199ff.

C. Préaux, Aegyptus 32, 1952, 152f. (Verhältnis zu Trebonian).
X. Loriot, Bull. Soc. fr. de Num. 21, 1971, 128f. (zur Caesarerhebung).
G. Sotgiu, ANRW II 2, 1975, 798f.
J. R. Rea, Oxyrhynchus Papyri, vol. LI, London 1984, 19ff.
M. Peachin, Titulature 33f.
R. Ziegler, Tyche 9, 1994, 188ff.

Gegenkaiser und Usurpatoren

L. (?) Priscus

Praeses Macedoniae (?). Identisch mit T. Iulius Priscus, Statthalter von Thracia 249/50 (PIR[2] I 489)?

Ende 250 in Philippopolis während der Belagerung durch die Goten zum Kaiser erhoben. Vom Senat zum hostis erklärt. Bald danach erschlagen (Aur. Vict., Caes. 29,2f. Jordanes, Get. 18,101ff.). – DAMNATIO MEMORIAE.

PIR[1] P 723.
PIR[2] I 489.
RE XXIII 1, 1957, 5f. Nr. 18 (R. Hanslik).
Kl P IV 1144 Nr. 2 (G. Winkler).
F. Hartmann, Herrscherwechsel und Reichskrise 111 und 162.
A. Aidinger, Annales Valaisannes 30, 1979, 650f.

Iulius Valens Licinianus

2. H. 250 in Rom zum Kaiser erhoben, aber nach kurzer Zeit beseitigt (Aur. Vict., Caes. 29,3. Epit. de Caes. 29,5). Die Angaben in den SHA Tyr. trig. 20, wonach Valens mit dem gleichnamigen Empörer unter Gallienus verwandt war und sich in Illyricum erhob, sind fiktiv.

PIR[2] I 610.
RE X 1, 1918, 845f. (A. Stein).
Kl P II 1537 Nr. 87 (R. Hanslik).
M. Peachin, Titulature 35.

Trebonianus Gallus (Juni [?] 251–Aug. [?] 253)

Geb.: Um 206 (? Vgl. Epit. de Caes. 31,1) in Perusia (?), aus vornehmer Familie, Urenkel des C. Vibius C. f. L. n. Tro. Gallus (PIR[1] V 383), Sohn des C. Vibius Veldumnianus (PIR[1] V 406)? Vgl. Dessau 6616.

Laufbahn: Senator, consul suffectus, leg. Aug. pro. pr. prov. Moesiae Superioris (250/1).

Wichtige Einzeldaten:

Mitte Juni (?) 251	Erhebung zum Kaiser nach dem Tode des Decius in der Schlacht bei Abrittus: IMP. CAES. C. VIBIUS TREBONIANUS GALLUS P. F. INV. AUG.; PONTIFEX MAX., PATER PATRIAE, PROCONSUL.
2. H. 251	Adventus in Rom.
Aug. (?) 253:	*Gest.:* Von den Soldaten in Interamna oder Forum Flaminii auf dem Marsch gegen Aemilianus (s. unten) ermordet. – DAMNATIO MEMORIAE (Namenserasion auf den Inschriften). – CONSECRATIO unter Valerian? (Vgl. unter Volusianus.)

cos. I suffectus	ca. 245
cos. design. II	Ende 251
cos. II	252

trib. pot. I	Juni (?) 251–31. Dez. 251 (?)
trib. pot. II	1. Jan. 252–31. Dez. 252
trib. pot. III	1. Jan. 253–?
trib. pot. IV	?–August (?) 253

Ein Congiarium in Rom zusammen mit Volusianus wegen des Regierungsantritts.

Verheiratet mit AFINIA GEMINA BAEBIANA, gest. vor Juni 251 (PIR[2] A 439).
Ein *Sohn* VOLUSIANUS (s. unten).
Ein *Adoptivsohn* HOSTILIANUS (s. unter Decius).
Eine *Tochter* VIBIA GALLA (AE 1952 Nr. 19 = RE s. v. Vibius Nr. 71)?

PIR[1] V 403.
RE VIII A 2, 1958, 1984ff. Nr. 58 (R. Hanslik).
Kl P V 934f. (R. Hanslik).

RIC IV 3 p. 151 ff.
Herrscherbild III 3, 83 ff. (M. Wegner). III 2, 90 ff. (R. Delbrueck).
B. M. Felletti Maj, Iconografia rom. imp. II 48 f. und 201 ff.
J. F. Gilliam, Studi Calderini-Paribeni I, Mailand 1956, 305 ff.
G. Sotgiu, ANRW II 2, 1975, 798 ff.
J. R. Rea, Oxyrhynchus Papyri vol. LI, 1984, 19 ff.
R. Syme, Historia Augusta Papers, Oxford 1983, 195 ff.
J.-M. Doyen, in: Studia numismatica Labacensia A. Jeločnik oblata, Laibach 1988, 44.
Peachin, Titulature 35.
Grenier, Titulatures 81 f.

Volusianus

Geb.: ca. 230 als Sohn des Trebonianus Gallus und der Afinia Gemina Baebiana.

Juni (?) 251	Zusammen mit seinem Vater zum imperator ausgerufen und von diesem sogleich (?) zum Caesar erhoben: C. VIBIUS VOLUSIANUS CAESAR, PRINCEPS IUVENTUTIS, NOBILISSIMUS PRINCEPS (AE 1979 Nr. 302).
Aug. (?) 251	Erhebung zum Augustus: IMP. CAES. C. VIBIUS (AFINIUS GALLUS VELDUMNIANUS) VOLUSIANUS P. F. INV. AUG., PONT. MAX., PATER PATRIAE, PROCONSUL (Dessau 525).
Aug. (?) 253	*Gest.:* Zusammen mit seinem Vater von den Soldaten ermordet. – DAMNATIO MEMORIAE. Später (unter Valerian?) Consecratio: DIVUS VOLUSIANUS (CIL XI 4999).

cos. design.	Ende 251
cos. I	252
cos. II	253

trib. pot. I	Aug.?–31. Dez. 251
trib. pot. II	1. Jan.–31. Dez. 252
trib. pot. III	1. Jan. 253–?
trib. pot. IV	?–Aug. (?) 253

Für eine angebliche Ehe des Volusianus mit einer Tochter des Decius gibt es keine Zeugnisse.

PIR[1] V 376.
RE VIII A 2, 1958, 1996f. Nr. 65 (R. Hanslik).
Kl P V 1250 Nr. 21 (R. Hanslik).
RIC IV 3, 173ff.
Herrscherbild III 3, 92ff. (M. Wegner).
B. M. Felletti Maj, Iconografia rom. imp. II 48f. und 207ff.
J. R. Rea, Oxyrhynchus Papyri vol. LI, London 1984, 19ff.
M. Peachin, Titulature 36.

Gegenkaiser

Uranius Antoninus

Aus der Familie der Iulia Domna und Priester des Baal von Emesa?
Name: L. IULIUS AURELIUS SULPICIUS SEVERUS URANIUS ANTONINUS.

Hochsommer 253: Erhebung zum Augustus in Emesa und Anerkennung in Syrien: Αὐτοκράτωρ Σουλπίκιος Αντωνῖνος Σεβαστός. Herrschaft über Syrien bis Frühjahr 254.

Das weitere Schicksal (Rücktritt nach der Ankunft Valerians im Osten?) und die Identifizierung mit Sampsigeramus sind unsicher (vgl. Castritius 594f.).

cos. I	254 in Syrien (? vgl. Baldus 163f.).
trib. pot. I	253 (? vgl. Baldus 35 und 159).

PIR[2] I 195.
RE Suppl. IX 1962, 1867f. Nr. 29 (R. Hanslik).
RE I A 2, 1920, 2227f. Sampsigeramus Nr. 5 (F. Stähelin).
Kl P V 1059 (G. Winkler).
RIC IV 3, 203ff.
H. R. Baldus, Uranius Antoninus. Münzprägung und Geschichte, Bonn 1971 (dazu H. Castritius, Gnomon 46, 1974, 589ff.).
–, in: Proceedings of the 8th Int. Congress of Numismatics 1973, Paris 1976, 205ff. (zum Enddatum).
Herrscherbild III 2, 124 (R. Delbrueck).
B. M. Felletti Maj, Iconografia rom. imp. II 50f. und 214ff.

Aemilius Aemilianus (Juli/Aug.–Sept./Okt. 253)

Geb.: ca. 207 (oder ca. 214. Vgl. Zonar. 12,22. Epit. de Caes. 31,4) in Girba in Africa (?). Niederer Herkunft, maurischer Abstammung?

Laufbahn: Senator, consul suffectus, legatus Aug. pro pr. prov. Moesiae Superioris (252/3).

Wichtige Einzeldaten:

Juli/Aug. 253	Von den Soldaten in Mösien zum Kaiser ausgerufen, nach dem Tode des Trebonianus Gallus bei Interamna (Aug. 253) vom Senat anerkannt: IMP. CAES. M. AEMILIUS AEMILIANUS P. F. INV. AUG., PONTIFEX MAXIMUS, PATER PATRIAE, PROCONSUL.
Sept./Okt. 253	*Gest.:* Nach 88tägiger Herrschaft bei Spoletium von den Soldaten ermordet. – DAMNATIO MEMORIAE? (Name auf Inschriften teilweise eradiert).
cos. I	vor 252/3
trib. pot. I	Juli/Aug.–Sept./Okt. 253?

Verheiratet mit C. CORNELIA SUPERA (s. unten).

PIR² A 330.
RE I 1, 1893, 545f. Nr. 24 (E. Klebs).
Kl P I 89 Nr. 1 (R. Hanslik).
Diz. Epigr. I 1895, 294 (E. de Ruggiero).
RIC IV 3, 190ff.
Herrscherbild III 3, 97ff. (M. Wegner). III 2, 94 (R. Delbrueck).
B. M. Felletti Maj, Iconografia rom. imp. II 48f. und 211ff.
H. Mattingly, JRS 25, 1935, 55ff.
J.-M. Doyen, in: Studia Numismatica Labacensia A. Jeločnik oblata, Laibach 1988, 44.
M. Peachin, Titulature 36f.

Cornelia Supera

Gattin des Aemilius Aemilianus.

Aug. 253 (oder später)	Zur Augusta erhoben: C. CORNELIA SUPERA AUGUSTA.

Sept./Okt. 253? *Gest.:* Zusammen mit ihrem Gatten ermordet?
– DAMNATIO MEMORIAE? (Vgl. Dessau 9498).

PIR^2 C 1502.
RE IV 1, 1900, 1601 f. Nr. 460 (A. Stein).
Diz. Epigr. I 294 f. (E. de Ruggiero).
RIC IV 3, 193. 198. 202.
Herrscherbild III 3, 99 ff. (M. Wegner).
B. M. Felletti Maj, Iconografia rom. imp. II 48 f. und 213 f.

Valerian (Juni/Aug. 253–Juni [?] 260)

Geb.: ca. 200 (vgl. Malalas p. 298 Dind., Aurel. Vict. 32,5). Vornehmer Herkunft. Eltern unbekannt. Der SHA Vita Probi 5,2 genannte Valerius Flaccinus, parens Valeriani imperatoris (RE s. v. Valerius Nr. 161) ist offenbar fiktiv.

Name: P. LICINIUS VALERIANUS. Nach der Epit. de Caes. 32,1 hatte er den Beinamen Colobius (nach einer besonderen Form der Tunica).

Laufbahn: Vor 238 Consul suffectus, 238 Gesandter der beiden älteren Gordiane nach Rom (Zosim. 1,14. Nach SHA Vita Gord. 9,7 war Valerian damals vielmehr princeps senatus in Rom), unter Decius wichtige Stellung in der Reichsverwaltung? (Vgl. Zonar. 12,20. Nach der fiktiven Angabe der Vita Valer. 5,4 ff. wurde er am 27. Okt. 251 in Abwesenheit zum Censor gewählt, während er am Gotenkrieg des Decius teilnahm), legatus legionis III (Gallicae) Felicis (? Vita Probi 5,6, wohl fiktiv).

Wichtige Einzeldaten:

Juni/Aug. 253	Erhebung zum Kaiser in Rätien oder Noricum: IMP. CAES. P. LICINIUS VALERIANUS P. F. INV. AUG., PONTIFEX MAX., PATER PATRIAE, PROCONSUL.
Sept./Okt. 253	Adventus in Rom, damals (?) Erhebung des Gallienus zum Mitregenten.
254	Aufbruch in den Osten.
254/5	Aufenthalt in Antiochia (12. Jan. 255 Anwesenheit bezeugt durch SEG 17,528) – nach Rückgewinnung der 253 von den Persern eroberten Stadt?
256?	Zug nach Kappadokien (Zosim. 1, 36, 1). (Rückkehr nach Rom trotz Cod. Just. 6, 42, 15 unwahrscheinlich.)
Sommer 257	Beginn der Christenverfolgung.
Mai 258	Aufenthalt in Antiochia bezeugt (Cod. Just. 5, 3, 5. 9, 9, 18).
2. H. Juni (?) 260 (vor 22. Juli)	Gefangennahme durch den Perserkönig Schapur I. bei Edessa.
nach 262 (?)	*Gest.* Nach seinem Tode CONSECRATIO? (Die wenigen bisher bekannt gewordenen Consecrationsmünzen sind wohl hybride Prägungen. Die Angaben bei den SHA Vita Gall. 10,5 und Vita

Aurel. 8, 1 sind offensichtlich fiktiv. CIL IX 1566 ist zweifelhaft, vgl. den Kommentar von Mommsen.)

cos. I	vor 238
cos. II	254
cos. III	255
cos. IV	257
trib. pot. I	Sept./Okt.?–9. Dez. 253?
trib. pot. II	10. Dez. 253–9. Dez. 254
trib. pot. III	10. Dez. 254–9. Dez. 255
trib. pot. VIII	10. Dez. 259–Juni (?) 260
Germanicus	Ende 254
Germanicus max.	255
Germanicus max. III	257
Victoria Parthica	257
liberalitas I	253
II	254 oder 255
III	256

Verheiratet mit (Egnatia) Mariniana (s. unten).
Zwei *Söhne*:

1. Gallienus (s. unten),
2. (P. Licinius) Valerianus, cos. II 265 (PIR^2 L 257. PLRE 939 Nr. 14 RE s. v. Licinius Nr. 172). Nach der Vita (8, 1) a patre absente Caesar est appellatus, a fratre Augustus (fiktiv).

PIR^2 L 258.
RE XIII 1, 1926, 488 ff. Nr. 173 (L. Wickert).
Kl P V 1098 Nr. 1 (G. Winkler).
RIC V 1, 27 ff.
Fittschen-Zanker, Katalog I 133 ff., Nr. 111.
B. M. Felletti Maj, Iconografia rom. imp. II 50 f. und 215 ff.
Herrscherbild III 2, 95 ff. (R. Delbrueck). III 3, 101 ff. (M. Wegner).
M. Christol, ANRW II 2, 1975, 803 ff.
G. Barbieri, Diz. Epigr. IV, 1942, 869 ff. (zu den liberalitates).
Ch. Oman, Num. Chron. 1932, 58 ff. (zur Consecratio).
T. D. Barnes, Phoenix 26, 1972, 176 (zum Todesdatum).
W. Kuhoff, Herrschertum und Reichskrise (Bochum 1979).
I. König, Die gallischen Usurpatoren von Postumus bis Tetricus, München 1981, 20 ff. (zum Datum der Gefangennahme).
R. A. G. Carson, Actes du IXe Congres Int. Num. Berne 1979, Louvain la Neuve 1982, 461 ff. (zum Datum der Gefangennahme).

E. Kettenhofen, Die röm.-pers. Kriege des 3. Jh. n. Chr., Wiesbaden 1982, 59ff.
R. Syme, Historia Augusta Papers, Oxford 1983, 195ff.
F. Paschoud, Zosime I, Paris 1971, 139ff.
H. Halfmann, Itinera principum 236f.
D. W. Rathbone, ZPap 62, 1986, 117f.
D. Armstrong, ZPap 67, 1987, 215ff. (zum Datum der Erhebung und zur tribunicia potestas. A. rechnet trib. pot. I des Valerian und des Gallienus von Juni/Juli bis Aug./Sept. 253, trib. pot. II von Aug./Sept. 253 bis Aug./Sept. 254 usw. Vgl. dazu oben S. 33f.).
R. Göbl, NumZ 74, 1951, 8ff.
J.-M. Doyen (s. unter Trebonianus) 43ff.
Peachin, Titulature 37.
Grenier, Titulatures 82ff.
P. Bastien–H. Huvelin, RN 1969, 212ff. (Victoria Parthica).

(Egnatia) Mariniana

Geb.: in Falerii (?). Tochter des Egnatius Victor Marinianus (PIR² E 37), Gemahlin des Kaisers Valerianus.
Gest.: vor 253 (?).

Consecratio nach der Thronerhebung Valerians: DIVA MARINIANA.

PIR² E 39.
RE V 2, 1905, 2003f. Nr. 44 (A. Stein).
RIC V 1, 64f.
Herrscherbild III 3, 105 (M. Wegner).
B. M. Felletti Maj, Iconografia rom. imp. II 50f. und 219.

Gegenkaiser?

Mareades

Geburtsdatum unbekannt. Sohn eines Cyriades (? so SHA Tyr. trig. 2, 1, wohl fiktiv).
Name als Mareades (Amm. Marc. 23, 5, 3), Mariades, Mariadnes oder Cyriades (so SHA a. O.) überliefert.

Reicher Bürger und ehemaliger decurio in Antiochia in Syrien, wegen Unterschlagung aus der Curie gestoßen, führte die Perser gegen seine Vaterstadt. Nach der Niederbrennung von Antiochia (253, 256 oder 259?) wurde er von Schapur I. als Verräter getötet.

Nach den SHA Tyr. trig. 2,2–3 soll Mareades nach der Einnahme von Antiochia zum Augustus erhoben worden sein (wohl Fiktion).

PIR² M 273.
RE XIV 2, 1930, 1744 f. (A. Stein).
Kl P III 1024 (R. Hanslik).

Gallienus (Sept./Okt. 253–ca. Sept. 268)

Geb.: ca. 213 (Epit. de Caes. 33,3). Sohn des P. Licinius Valerianus (s. oben) und der Egnatia Mariniana (s. oben), Enkel eines Gallienus, summus quondam in republica vir (so SHA Vita Gall. 19,3, wohl fiktiv), geb. in Falerii Novi? (vgl. AE 1979 Nr. 217b).

Name: P. Licinius Egnatius Gallienus (signo Falerius? Vgl. A. Alföldi, Weltkrise 110f.).

Wichtige Einzeldaten:

Sept./Okt. 253	Vom Senat zum Caesar erhoben (Aurel. Vict., Caes. 32,3. Eutrop. 9,7): P. Licinius Gallienus nob. Caes. Aug. (CIL VIII 10132. AE 1967 Nr. 584).
Vor 22. Okt. 253	(vgl. Dessau 531) Erhebung zum Augustus: Imp. Caes. P. Licinius Egnatius Gallienus p. f. inv. Aug., pater patriae, proconsul, pontifex max. (schon unter Valerian), princeps iuventutis.
254–256	Aufenthalt auf dem Balkan.
1. Jan. 257	Consulatsantritt (in Rom?).
257–259 oder 260	Aufenthalt am Rhein.
24. und 25. März 260	Sieg über die Juthungen in Rätien.
Seit Sommer 260	(vor 22. Juli) Alleinherrscher.
2. H. 260	Sieg über die Alamannen bei Mailand.
Ende 260–Anf. 265 (?)	Aufenthalt in Rom.
262	Decennalia.
264 oder 265	Reise nach Griechenland und Einweihung in die eleusin. Mysterien.
265	Feldzug gegen Postumus in Gallien.
268	Goten- und Herulereinfall. Einnahme Athens. Sieg des Gallienus am Nestos (oder bei Naissus?). Quindecennalien.
ca. Sept. 268	*Gest.:* Bei der Belagerung des von Aureolus (s. unten) gehaltenen Mailand ermordet. Grabmal an der Via Appia (Epit. de Caes. 40,3). Vorübergehende damnatio memoriae? (Name auf mehreren Inschriften eradiert.) Consecratio unter Claudius II. (Aur. Victor, Caes. 33,27): Divus Gallienus (vgl. PRain. 9,7).

cos. I	254
cos. II	255
cos. III	257
cos. IV	261
cos. IV design. V	Dez. (?) 261
cos. V	262
cos. VI	264
cos. VI design. VII	Dez. (?) 265
cos. VII	266

trib. pot. I	Sept./Okt. 253–9. Dez. 253 (?)
trib. pot. II	10. Dez. 253–9. Dez. 254
trib. pot. III	10. Dez. 254–9. Dez. 255
trib. pot. XVI	10. Dez. 267–ca. Sept. 268

Von den 15 imperatorischen Akklamationen lassen sich nur 5 datieren:

imp. I	253
imp. III	257
imp. VI	262 oder 263
imp. X	? (vgl. Dessau 541)
imp. XII	265 (IRT Nr. 456)
imp. XV	268 (AE 1959 Nr. 271)

Germanicus	Ende 254
Germanicus max.	255
Germanicus max. III	257
Germanicus max. V	258
Dacicus max.	257? (Dessau 552, inoffiziell?)
Persicus (bzw. Parthicus) max.	265 (?)

Victoria Germanica	254
Victoria II Germ.	256/57
Victoria Parthica	257
Vict. VI, VII, VIII	259–261

Eine Liberalitas 262 wegen der Decennalien?

Archon in Athen	264/65

Ein *Bruder* P. Licinius Valerianus, cos. II 265 (PLRE 939 Nr. 14).
Verheiratet mit Cornelia Salonina (s. unten).
Eine *Konkubine* Pipa(ra), filia Attali, regis Marcomannorum (PIR[1] P 317).
Vgl. SHA Vita Gall. 21,3. Aurel. Vict., Caes. 33,6. Epit. de Caes. 33,1.
Drei (?) *Söhne* von der Salonina:
Licinius Valerianus (s. unten),

Licinius Saloninus (s. unten) und?
Licinius Egnatius Marinianus (s. unten).
Eine *Cousine* (Licinia) Galliena (PIR² L 266)? Vgl. SHA Tyr. trig. 29,3, wohl fiktiv.

PIR² L 197.
PLRE 383f. Nr. 1.
RE XIII 1, 1926, 350ff. Nr. 84 (L. Wickert), und Suppl. X 1965, 379 (M. Bonaria).
Kl P II 684ff. (R. Hanslik).
Diz. Epigr. III 1962, 425ff. (R. Paribeni).
RAC VIII 1972, 962ff. (E. Manni).
RIC V 1, 66ff. und 129ff.
Herrscherbild III 3, 1979, 106ff. (M. Wegner), III 2, 95ff. (R. Delbrueck).
B. M. Felletti Maj, Iconografia rom. imp. II 52ff. und 220ff.
Fittschen-Zanker, Katalog I 134ff. Nr. 112ff.
H.-J. Willger, Studien zur Chronol. des Gallienus und Postumus, Diss. Saarbrücken 1966.
A. Alföldi, Studien zur Weltkrise des 3. Jh., Darmstadt 1967.
T. D. Barnes, Phoenix 26, 1972, 159.
M. Christol, ANRW II 2, 1975, 803ff.
S. Follet, Athènes au IIᵉ et au IIIᵉ siècle, Paris 1976, 141f.
N. Gostar, Actes de la XIIᵉ Conférence EIRENE 1972, Bukarest–Amsterdam 1975, 645f. (zum Titel Dacicus maximus).
W. Kuhoff, Herrschertum und Reichskrise, Bochum 1979.
H. Halfmann, Itinera principum 237f.
D. W. Rathbone, ZPap 62, 1986, 117ff.
D. Armstrong, ZPap 67, 1987, 215ff. (vgl. oben unter Valerian).
W. Den Boer, Some Minor Roman Historians, Leiden 1972, 79ff. (zur Consecratio).
J. F. Drinkwater, The Gallic Empire, Stuttgart 1987, 92ff.
R. Göbl, NumZ 74, 1951, 8ff. und 75, 1953, 5ff.
L. de Blois, The Policy of the Emperor Gallienus, Leiden 1976.
J. Nollé, JbNum 37/8, 1987/8, 96 m. Anm. 13 (Caesartitel).
E. Kettenhofer, BO 47, 1990, 169f. (Persicus max.).
–, Klio 74, 1992, 291ff.
D. Armstrong, ZPap 70, 1987, 235ff. (Besuch Athens).
L. Bakker, Germania 71, 1993, 369ff. (Juthungensieg).
Peachin, Titulature 39.
Grenier, Titulatures 82ff.

Valerianus Iunior

Geburtsdatum unbekannt. Ältester Sohn des Gallienus und der Cornelia Salonina.

255 (CPR 176)	Erhebung zum Caesar: P. LICINIUS CORNELIUS EGNATIUS VALERIANUS CAESAR, PRINCEPS IUVENTUTIS.
seit 257	IMP. P. LICINIUS CORNELIUS VALERIANUS NOB. CAES. (Augustustitel auf Inschriften offenbar inkorrekt).
Ende 257/Anf. 258	*Gest.* in Illyricum (nicht in Köln). Consecratio: DIVUS VALERIANUS CAESAR (Dessau 556. Vgl. 557). Später Namenserasion auf Inschr. (Dessau a. O.).

PIR² L 184.
RE XIII 1, 1926, 239ff. Nr. 47 (L. Wickert).
RIC V 1, 116ff.
Herrscherbild III 3, 121ff. (M. Wegner).
B. M. Felletti Maj, Iconografia rom. imp. II 54f. und 241ff.
I. König, Die gallischen Usurpatoren 43f.
W. H. M. Liesker, Proc. XVIII Int. Congr. Pap. II, Athen 1988, 455ff.
Peachin, Titulature 38.

Saloninus

Geburtsjahr unbekannt. Jüngerer Sohn des Gallienus und der Salonina.

1. H. 258	Erhebung zum Caesar: P. (LICINIUS) CORNELIUS (SALONINUS) VALERIANUS NOB. CAES. oder (P. CORNELIUS) SALONINUS GALLIENUS NOB. CAES., PRINCEPS IUVENTUTIS.
Herbst 260	Annahme des Augustustitels in Köln (erscheint auf Inschriften und Münzen gelegentlich schon früher): IMP. SALONINUS VALERIANUS AUG.
Herbst 260	*Gest.:* An Postumus ausgeliefert und hingerichtet. Consecrationsmünzen (unter Gallienus?): DIVUS CAESAR Q GALLIENUS (Q = quondam? Ein in Wien befindl. Stück ist nach briefl. Auskunft von R. Göbl „ohne jeden Zweifel echt". Er weist es jedoch Valerian II. zu). Später Erasion des Namens auf Inschriften (Dessau 558).

PIR² L 183.
RE XIII 1, 1926, 236ff. Nr. 46 (L. Wickert).
Kl P III 641 Nr. 5 (R. Hanslik).

RIC V 1, 123 ff.
Herrscherbild III 3, 123 ff. (M. Wegner).
B. M. Felletti Maj, Iconografia rom. imp. II 54 f. und 241 ff.
A. Alföldi, Studien zur Weltkrise 106 ff.
I. König, Die gallischen Usurpatoren 43 ff.
T. D. Barnes, Phoenix 26, 1972, 171 ff.
C. Zaccaria, Quaderni di storia antica 2, 1978, 59 ff., bes. 137 ff.
N. Shiel, ANS Museum Notes 24, 1979, 117 ff.
W. H. M. Liesker (s. unter Valerianus Jun.).
Peachin, Titulature 38 f.

Marinianus

Geb.: ca. 265 in Rom? Jüngster Sohn (nach anderen Vermutungen Vetter oder Neffe) des Gallienus. Identisch mit dem Consul suffectus des J. 268 (Fasti, Dessau 2457)? Erhebung zum Caesar nicht bezeugt!
Gest.: Ende 268? Zusammen mit dem Bruder des Gallienus auf Veranlassung des Senats getötet? Vgl. Zonar. 12,26.

PIR^2 L 198.
PLRE p. 559 Nr. 1.
Herrscherbild III 3, 129 (M. Wegner).
A. Alföldi, Studien zur Weltkrise 109 ff.
H. Dressel, Die römischen Medaillone des Münzkabinetts der staatlichen Museen zu Berlin, Dublin–Zürich 1973, 262 ff. Nr. 156.
I. König, Die gallischen Usurpatoren 127 ff.
C. Zaccaria, Quaderni di storia antica 2, 1978, 64 ff.

Salonina

Geburtsdatum und Herkunft unbekannt. Gemahlin des Gallienus.
Name: CORNELIA SALONINA (IULIA CORNELIA SALONINA auf karischen Münzen: BMC Caria p. 24 und 51 f. Mac Donald, Hunterian Coll. II p. 429. CORNELIA CHRYSOGONE auf jonischen und lydischen Münzen: BMC Ionia p. 107. 181 f. 300. 395 f. Lydia p. 121. 226. 274).

254 (?)	Erhebung zur Augusta: CORNELIA SALONINA AUGUSTA, MATER CASTRORUM (IGRR III 237. AE 1982, 272).
ca. Sept. 268	*Gest.:* Zusammen mit Gallienus in Mailand ermordet? Vgl. Zonar. 12,25.

Söhne s. oben unter Gallienus

PIR² C 1499.
PLRE p. 799.
RE I A 2, 1920, 2006, Saloninus Nr. 4 (A. Stein).
Kl P IV 1521, Saloninus Nr. 2 (G. Winkler).
RIC V 1, 63. 105 ff. 191 ff.
Herrscherbild III 3, 130 ff. (M. Wegner).
B. M. Felletti Maj, Iconografia rom. imp. II 54 f. und 235 ff.
H. G. Pflaum, Scripta Varia I, Paris 1978, 299 (zum Titel mater castrorum).
Wallinger 129.

Gegenkaiser und Usurpatoren

Ingenuus

Geburtsdatum und Herkunft unbekannt.
Name: INGENUUS (Ingebus: Aur. Vict. Caes. 33,2. Genuus: Oros. 7, 22, 10).

Unter Gallienus Statthalter von Pannonien und Moesien.
260 nach der Gefangennahme Valerians in Sirmium von den Truppen zum Augustus erhoben (Aur. Vict. a. O. Orosius a. O. Zonar. 12,24. Nach SHA Tyr. trig. 9,1 erfolgte die Erhebung schon 258, wohl Fiktion).
Bald danach von Aureolos (s. unten) bei Mursa besiegt und auf der Flucht umgekommen.

PIR² I 23.
PLRE 457 Nr. 1.
RE IX 2, 1916, 1552 f. Nr. 2 (A. Stein).
Kl P II 1410 Nr. 1 (R. Hanslik).
B. M. Felletti Maj, Iconografia rom. imp. II 56 f. und 246 f.
J. Fitz, Ingenuus et Régalien, Brüssel 1966.
T. D. Barnes, Phoenix 26, 1972, 160 f.
Peachin, Titulature 40 (= Mitte 260).

Regalianus

Geburtsdatum unbekannt. Nach SHA Tyr. trig. 10,8 gebürtiger Daker, Decebali, ut fertur, adfinis (offenbar fiktiv).

Name: P. C(ORNELIUS?) REGALIANUS (so die Münzen, Regilianus: SHA Tyr. trig. 10).

Statthalter in Illyricum unter Valerian.
260 (?) nach dem Untergang des Ingenuus in Mösien zum Augustus erhoben: IMP. CAES. P. C. REGALIANUS AUG.
Nach einem Sieg über die Sarmaten von Gallienus besiegt und von seinen Soldaten getötet.

Verheiratet mit (?) SULPICIA DRYANTILLA (PLRE 273), aus lykischem Hause. Erhebung zur Augusta 260: SULPICIA DRYANTILLA AUGUSTA.

PIR –
PLRE 762.
RE I A 1, 1914, 462 ff. (A. Stein).
Kl P IV 1364 (G. Winkler).
RIC V 2, 586 f. und 588.
Herrscherbild III 2, 125 (R. Delbrueck).
B. M. Felletti Maj, Iconografia rom. imp. II 56 f. und 247 f.
J. Fitz, Ingenuus et Régalien, Brüssel 1966.
R. Göbl, Regalianus und Dryantilla, Wien 1970.
T. D. Barnes, Phoenix 26, 1972, 170.
B. Saria, Klio 30, 1937, 353 ff. (zum Ort der Erhebung).
P. Veyne, Karthago 11, 1961/2, 9 ff. (Familie).
Peachin, Titulature 40 (= Juni–Herbst 260).

Macrianus Senior

Geburtsdatum und Herkunft unbekannt.
Name: (T.?) FULVIUS MACRIANUS.

Unter Valerian a rationibus Augusti in Ägypten? (Euseb., hist. eccl. VII 10,5) und dann procurator arcae et praepositus annonae in expeditione Persica (Petr. Patric., Excerpta de sent. 264, 159 Boiss.).
Nach der Gefangennahme Valerians wurde er – wohl in der 1. H. Sept. 260 – von Ballista (s. unten) zum Kaiser vorgeschlagen, lehnte aber aus Alters- und Gesundheitsgründen das Amt ab. Die SHA Tyr. trig. 12,12 lassen ihn fälschlich zusammen mit seinen Söhnen das Kaisertum übernehmen.
Gest.: Herbst 261. Gefallen im Kampf gegen Aureolus (s. unten) in Illyricum.

Verheiratet mit einer Dame aus vornehmem Hause (Iunia?), so SHA Tyr. trig. 13,3.

Zwei *Söhne*:
MACRIANUS IUNIOR (s. unten),
QUIETUS (s. unten).

PIR² F 549. Vgl. Vol. III p. XV.
PLRE 528 Nr. 2.
RE VII 1, 1910, 529 ff. Nr. 82 (A. Stein).
Kl P II 635 Nr. 17 (R. Hanslik).
H.-G. Pflaum, Carrières 928 ff. Nr. 350.
T. D. Barnes, Phoenix 26, 1972, 162 f.

Macrianus Iunior

Geburtsdatum und -ort unbekannt. Sohn des Fulvius Macrianus (Senior) und einer vornehmen Mutter (Iunia?). Militärtribun unter Valerian (? SHA Tyr. trig. 12, 10, wohl fiktiv).

vor 17. Sept. 260	(POxy 3476, 12–13) Mit seinem Bruder Quietus zum Augustus erhoben: IMP. CAES. T. FULVIUS IUNIUS MACRIANUS P. F. AUG. (IGRR III 27 und Münzen).
Herbst 261	*Gest.:* Von Aureolus (s. unten) und seinem Unterfeldherren Domitianus in Illyricum besiegt und im Kampf gefallen.

cos. I	?
cos. II (?)	261 (POxy 2710, nur im Osten)

PIR² F 546 und Vol. III p. XV.
PLRE 528 Nr. 3.
RE VII 1, 1910, 253 ff. Nr. 73 (A. Stein).
Kl P II 634 Nr. 5 (R. Hanslik).
RIC V 2, 589 f.
Herrscherbild III 2, 126 ff. (R. Delbrueck).
B. M. Felletti Maj, Iconografia rom. imp. II 58 f. und 249.
T. D. Barnes, Phoenix 26, 1972, 163.
A. Krzyzanowska, RevNum 1968, 293 ff.
D. W. Rathbone, ZPap 62, 1986, 118 f.
Peachin, Titulature 40 f.

Quietus

Geburtsdatum und -ort unbekannt. Jüngerer Sohn des Fulvius Macrianus (Senior) und einer vornehmen Mutter (Iunia?). Militärtribun unter Valerian (? SHA Ryr. trig. 12, 10, wohl fiktiv).

vor 17. Sept. 260	Zusammen mit seinem Bruder Macrianus zum Augustus erhoben: IMP. CAES. T. FULVIUS IUNIUS QUIETUS P. F. AUG. Blieb im Osten zurück, während sein Bruder nach dem Westen zog.
Herbst 261	*Gest.:* Nach dem Untergang von Vater und Bruder in Illyricum auf Emesa zurückgedrängt und dort von den Einwohnern ermordet.

cos. I	?
cos. II (?)	261 (POxy 2710, nur im Osten)

PIR² F 547.
PLRE 757f. Nr. 1.
RE VII 1, 1910, 257f. Nr. 74 (A. Stein).
Kl P II 635 Nr. 6 (R. Hanslik).
Herrscherbild III 2, 126ff. (R. Delbrueck).
B. M. Felletti Maj, Iconografia rom. imp. II 58f. und 249.
Weitere *Literatur* s. oben unter Macrianus Iunior.

Piso

(CALPURNIUS?) PISO FRUGI, nobilissimae et consularis familiae vir (SHA Tyr. trig. 19,2), von Macrianus Iunior gegen Valens, den Proconsul von Achaia (s. unten), geschickt.

261 (?) in Thessalien zum imperator ausgerufen und mit dem Beinamen THESSALICUS belegt (SHA Gall. 2,3f. Tyr. trig. 21). Bald danach von den Soldaten des Valens getötet. Vom Senat angeblich consecriert. Die Angaben sind offenbar weitgehend fiktiv.

PIR² C 298.
PLRE 703 Nr. 1.
RE XX 2, 1950, 1803ff. Nr. 7 (J. Klass).
B. M. Felletti Maj, Iconografia rom. imp. II 56f. und 247.
T. D. Barnes, Phoenix 26, 1972, 166.

Valens

Vir militaris, proconsul Achaiae unter Gallienus (SHA Tyr. trig. 19, 1). 261 in Makedonien zum Augustus erhoben (daher Beiname THESSALONICUS bei Amm. Marc. 21, 16, 10?). Nach der Beseitigung des Piso von seinen Truppen getötet (SHA a. O. 19,3).

PIR[1] V 7.
PLRE 929 Nr. 2.
RE VII A 2, 1948, 2138 Nr. 5 (D. Sträussler).
Kl P V 1090 Nr. 1 (A. Lippold).
T. D. Barnes, Phoenix 26, 1972, 175.

Ballista

Geburtsdatum und Herkunft unbekannt.
Name: eigentlich Kallistos (so Zonar. 12,23)? Ballista nur Spitzname? Vgl. jedoch Birley. Gardepräfekt des Valerian (und des Macrianus?), maßgeblich an der Erhebung des Macrianus und des Quietus beteiligt.

Herbst 261 mit Quietus in Emesa eingeschlossen. Soll nach einer Version der SHA (Vita Gall. 3,2. Tyr. trig. 15,4. 18,1–3) nach Beseitigung des Quietus sich selbst zum Kaiser gemacht haben (wohl Fiktion). Bald darauf beseitigt.

PIR[2] B 41.
PLRE p. 146.
RE II 2, 1896, 2831 Nr. 2 (W. Henze).
Kl P I 817 (R. Hanslik).
E. Birley, Bonner HAColloquium 1984/85 (1987), 55 ff.
E. Kettenhofen, Die römisch-persischen Kriege des 3. Jahrh. n. Chr., Wiesbaden 1982, 109 f.

Mussius Aemilianus

Geburtsdatum und Herkunft unbekannt.
Name: L. MUSSIUS AEMILIANUS SIGNO AEGIPPIUS (Dessau 1433).

Laufbahn: (vgl. Dessau 1433) Quattuor militiae, praef. vehiculorum trium prov. Galliarum (ca. 245), proc. Alexandreae Pelusi Paraetoni, proc. portus utriusque Ostiae (247) vice agens praef. Aegypti (vor Aug. 257–259), praefectus Aegypti (vor Okt. 259–Okt. 261 oder später).

Nach 30. Okt. 261 (PStrasb. I 6,37f.) nach dem Untergang des Macrianus und des Quietus zum Augustus erhoben (SHA Vita Gall. 4,1. Vgl. Tyr. trig. 22. Epit. de Caes. 32,4). Von den Truppen des Gallienus unter Aurelius Theodotus (PLRE 906 Nr. 4) besiegt und gefangen (vor 30. März 262, vgl. P. Strasb. II, I 7,1–2). Von Gallienus hingerichtet.

PIR^2 M 757.
PLRE 23 Nr. 6. Dazu Historia 23, 1974, 246f.
RE XVI 1, 1933, 901f. (A. Stein).
Kl P I 89 Nr. 2 (R. Hanslik).
Devijver M 77.
H.-G. Pflaum, Carrières 926f. Nr. 349.
B. M. Felletti Maj, Iconografia rom. imp. II 58f. und 250.
J. Schwartz, Bull. de la Soc. d'Arch. d'Alexandrie 37, 1948, 34ff.
T. D. Barnes, Phoenix 26, 1972, 146 und Historia 23, 1974, 246ff.
D. W. Rathbone, ZPap 62, 1986, 119.
G. Bastianini, ZPap 17, 1975, 314ff. und 38, 1980, 88.
Peachin, Titulature 42.

Memor

Gebürtiger Maure, erhielt in Ägypten den Auftrag der Getreidebeschaffung und soll einen Umsturz vorbereitet haben. Er wurde jedoch auf Veranlassung des Theodotus (PLRE 906 Nr. 4) von den Soldaten getötet (ca. 262), offenbar ohne zum Imperator ausgerufen zu sein (Petros Patrikios bei Dio III p. 742 Nr. 160 ed. Boissevain. Zosim. 1, 38, 1).

PIR^2 M 490.
RE XV 1, 1931, 655 Nr. 5 (A. Stein).

Aureolus

Geburtsdatum unbekannt. Daker niederer Herkunft (Synkellos p. 717).

Kriegsdienst unter Valerian, dux equitum unter Gallienus, besiegte 260 den Usurpator Ingenuus und 261 den Usurpator Macrianus.

ca. 262	Erste Erhebung zum Augustus (?): (IMP.) CAES. M. AEL. AUREOLUS? Später Versöhnung mit Gallienus (?) und Kampf gegen Postumus.
Anf. 268	Übertritt zu Postumus.
Aug./Sept. (?) 268	Zweite (?) Erhebung zum Augustus in Mailand: IMP. AUREOLUS AUG.
2. H. Sept. (?) 268	*Gest.:* Nach der Übergabe von Mailand von den Soldaten des Claudius II. erschlagen.

PIR[2] A 1672.
PLRE 138.
RE II 2, 1896, 2545f. (W. Henze).
Kl P I 771 (R. Hanslik).
RIC V 2, 589.
B. M. Felletti Maj, Iconografia rom. imp. II 58f. und 250f.
A. Alföldi, Studien zur Weltkrise 1ff.
I. König, Die gallischen Usurpatoren, München 1981, 125ff.
Th. O. Mabbott, Eine Münze des Aureolus 262 n. Chr., Schw Mbll 6, 1956, 49ff. (zur 1. Erhebung). Die Echtheit wird von R. Göbl (briefl.) bestritten.
T. D. Barnes, Phoenix 26, 1972, 149.
E. Birley, Bonner HAColloquium 1984/85 (1987) 61ff.
Peachin, Titulature 42 ("April/May-late Sept. 268").

Trebellianus

Soll unter der Alleinherrschaft des Gallienus (260–268) in Isaurien zum Imperator ausgerufen worden sein, sei aber per Gallieni ducem Camsisoleum (PIR[2] C 380) besiegt und getötet worden (SHA Tyr. trig. 26). Alle Angaben sind offenbar fiktiv. Münzen, die der Usurpator geprägt haben soll, sind bisher nicht gefunden worden. Die Erwähnung des Trebellianus bei Eutrop 9,8 ist wohl interpoliert.

PIR[1] T 231.
PLRE 922.
RE VI A 2, 1937, 2262 (A. Stein).
T. D. Barnes, Phoenix 26, 1972, 175.
G. Marasco, Sileno 14, 1988, 216ff.

Celsus

Privatus ex tribunis soll in Africa auf seinen Gütern gelebt und unter der Alleinherrschaft des Gallienus (260–268) zum imperator ausgerufen, aber schon nach sieben Tagen von einer gewissen Galliena (PIR^2 L 266. Wallinger 129f.) getötet worden sein (SHA Tyr. trig. 29. Vgl. Vita Claudii 7,4). Alle Angaben sind offenbar fiktiv.

PIR^2 C 646.
PLRE 193.
RE III 2, 1899, 1882f. Nr. 8 (A. Stein).
Kl P I 1102 Nr. 5 (R. Hanslik).

Saturninus

Optimus ducum Gallieni temporis. Unter der Alleinherrschaft des Gallienus (260–268) von den Truppen zum Kaiser erhoben und später getötet (SHA Tyr. trig. 23). Nicht identisch mit dem gleichnamigen Gegenkaiser unter Probus (s. dort). Alle Angaben sind offenbar fiktiv.

PIR^1 S 162.
PLRE 805 Nr. 1.
RE II A 1, 1921, 213 Nr. 5 (A. Stein).

Claudius II. Gothicus (Sept./Okt. 268–Sept. 270)

Geb.: 10. Mai 214? (FPhiloc. Polem. Silv. Vgl. Chron. Pasch. p. 508. Malalas p. 299). Herkunft (Illyricum? Vgl. SHA Vita Claud. 11,9 u. 14,2) und Abstammung unbekannt. Die Vaterschaft Gordians III. (Epit. de Caes. 34,1), die Verwandtschaft mit Probus (Vita Probi 3,2–4) und die Verbindung zu Constantius Chlorus (Vita Claud. 13,1–3) sind fiktiv.

Laufbahn: Angeblich tribunus militum unter Decius, tribunus legionis V Martiae und dux totius Illyrici unter Valerian und Gallienus (Vita 14–16, fiktiv). 268 als tribunus in Ticinum bezeugt (Aur. Victor, Caes. 33,28. Zonar. 12,26).

Wichtige Einzeldaten:

Sept./Okt. 268	Zum Kaiser erhoben (das Datum 24. März, so Vita 4,2, ist fiktiv): IMP. CAES. M. AURELIUS CLAUDIUS P. F. INV. AUG., PONT. MAX., PATER PATRIAE, PROCONSUL (das in der Vita Claud. 7,8 und in der Vita Aurel. 17,2 genannte Gentilicium Flavius ist fiktiv, ebenso der nur bei den SHA begegnende Name Valerius). Sieg über die Alamannen am Gardasee.
Winter 268/269	Aufenthalt in Rom?
269	Sieg über die Goten bei Naissus.
Sept. 270	*Gest.* in Sirmium an der Pest. – Consecratio: DIVUS CLAUDIUS.

cos. I	269 (auf einigen Inschriften irrtümlich cos. II)
trib. pot. I	Herbst–9. Dez. 268
trib. pot. II	10. Dez. 268–9. Dez. 269
trib. pot. III	10. Dez. 269–Sept. 270
Germanicus max.	268
Gothicus max.	269
Parthicus max.	270 (Dessau 571)

Ein Congiarium bei Regierungsantritt.

Ein *Bruder:* M. AURELIUS CLAUDIUS QUINTILLUS (s. unten).
Der in der Vita 13,1–3 genannte Bruder CRISPUS (PLRE p. 232 Nr. 1), dessen

Tochter CLAUDIA (PIR² C 1064) und die Schwester CONSTANTINA (PLRE p. 222 Nr. 1) sind Fiktion.

PIR² A 1626.
PLRE 209 Nr. 11.
RE II 2, 1896, 2458 ff. Nr. 82 (W. Henze).
Kl P I 770 f. Nr. 31 (R. Hanslik).
Diz. Epigr. II 1, 1900, 303 ff. (E. Ferrero).
RIC V 1, 201 ff.
Herrscherbild III 3, 135 ff. (M. Wegner). III 2, 143 ff. (R. Delbrueck).
B. M. Felletti Maj, Iconografia rom. imp. II 62 ff. und 260 ff.
P. Damerau, Kaiser Claudius II. Gothicus, Klio Beih. 33, Leipzig 1934.
T. D. Barnes, Phoenix 26, 1972, 154 f.
J. Rea, POxy 40, 1972, 18 ff. und 25 (zum Todesdatum).
M. J. Price, Num. Chron. 1973, 75 ff.
H. Huvelin–X. Loriot, BSFN 29, 1974, 440 ff. (Flavius und Valerius).
H. Halfmann, Itinera principum 239.
P. Kneissl, Siegestitulatur 136.
D. W. Rathbone, ZPap 62, 1986, 120 f.
Pond, Inscriptional Evidence 91 ff.
M. R. Weder, JAK 11, 1990, 67 ff. (Augustus seit April 268).
A. Lippold, Klio 74, 1992, 380 ff.
H. Huvelin, Quad. Tic. 21, 1992, 309 ff. (Regierungszt. Frühj. 268–Anf. 270).
Peachin, Titulature 42 f.

Gegenkaiser

Censorinus

War nach SHA Tyr. trig. 33 vir plane militaris et antiquae in curia dignitatis, bis consul, bis praefectus praetorii, ter praefectus urbi, quarto pro consule, tertio consularis, legatus praetorius secundo, quarto aedilicius, tertio quaestorius, extra ordinem quoque legatione Persica functus, etiam Sarmatica. Soll unter Claudius zum imperator erhoben, aber von seinen Soldaten nach sieben Tagen getötet worden sein (a. O. 31,12 und 32,8). Alle Angaben sind offenbar fiktiv.

PIR² C 656.
PLRE 197 Nr. 3.
RE III 2, 1899, 1908 Nr. 4 (A. Stein).
Kl P I 1106 Nr. 1 (R. Hanslik).
K.-P. Johne, Kaiserbiographien und Senatsaristokratie, Berlin 1976, 121 ff.

Quintillus (September 270)

Geburtsdatum, Herkunft und Abstammung unbekannt. Bruder des Claudius II. Gothicus.

Wichtige Einzeldaten:

268	Unter Claudius procurator in Sardinien?
Sept. 270	Zum Kaiser erhoben (damals in praesidio Italiae: SHA Vita Aurel. 37,5): IMP. CAES. M. AURELIUS CLAUDIUS QUINTILLUS INV. P. F. AUG., PONTIFEX MAX., PATER PATRIAE.
2. H. Sept. 270	*Gest.* in Aquileia nach Regierung von 17 Tagen (so die Mehrzahl der Quellen. Der Chronograph von 354 gibt fälschlich 77 Tage an). Von den Soldaten ermordet (oder Selbstmord oder natürlicher Tod?). Consecratio nicht sicher bezeugt!

Verheiratet und zwei *Kinder?* (Vgl. SHA Vita Claud. 13,9.)

PIR^2 A 1480.
PLRE p. 759 Nr. 1.
RE II 2, 1896, 2462f. Nr. 84 (W. Henze).
Kl P I 767 Nr. 9 (R. Hanslik).
RIC V 1, 238ff.
Herrscherbild III 2, 143ff. (R. Delbrueck). III 3, 139f. (M. Wegner).
B. M. Felletti Maj, Iconografia rom. imp. II 66f. und 264f.
T. D. Barnes, Phoenix 26, 1972, 168ff.
D. W. Rathbone, ZPap 62, 1986, 121f.
A. Boninu–A. U. Stylow, Epigraphica 44, 1982, 29ff. (zur Statthalterschaft von Sardinien).
Pond, Inscriptional Evidence 106f.
Peachin, Titulature 43.
V. Cubelli, ZPap 92, 1992, 235f. (plädiert für eine Regierungszeit von 77 Tagen bis ca. Ende Nov. 270. Der Regierungsantritt von Aurelian würde sich damit entsprechend verschieben. Leider lassen die ägyptischen Zeugnisse keine eindeutige Entscheidung zu, da in Ägypten aus unbekannten Gründen vom 12. Oktober bis 11.(?) November nach Consuln statt nach Kaisern datiert wurde. Erst Mitte Dezember 270 wird in der Arsinoïtis nach Aurelian als Kaiser und Vaballathus als König datiert. Vgl. Rathbone a. O.).

Aurelian (Sept. 270–Sept./Okt. 275)

Geb.: 9. Sept. 214 (?) (FPhiloc, vgl. Malalas p. 301 Dind.) in der Dacia Ripensis (oder bei Sirmium?), niederer Herkunft. dux equitum unter Claudius II.

Wichtige Einzeldaten:

Sept. 270	Erhebung zum Kaiser in Sirmium: IMP. CAES. L. DOMITIUS AURELIANUS P. F. INV. AUG., PONTIFEX MAXIMUS, PATER PATRIAE, PROCOS. Danach Sieg über Quintillus bei Aquileia. Nach Eutrop 9,15 und Epit. de Caes. 35,1 regierte Aurelian 5 Jahre und 6 Monate. Das würde auf eine Erhebung Febr./März 270 (also noch unter Claudius) führen. Von einer Empörung gegen Claudius ist in den Quellen jedoch nirgends die Rede.
Winter 270/1	Aufenthalt in Rom.
271	Feldzüge gegen Vandalen, Juthungen und Sarmaten.
Winter 271/272	2. Aufenthalt in Rom. Beginn des Baus der Aurelianischen Mauer.
272	Aufbruch in den Osten, Feldzug gegen die Goten auf dem Balkan, Räumung Dakiens (schon 271?), Sieg über Zenobia und Eroberung von Palmyra (Sommer).
Winter 272/3	Aufenthalt in Byzanz? (Vgl. Cod. Just. 5, 72, 2 mit Kommentar von Halfmann.)
273	Karpenkrieg. 2. Feldzug gegen Palmyra. Niederwerfung des ägyptischen Aufstandes. Triumph in Rom (Zosim. 1, 61, 1).
274	Sieg über Tetricus (Mitte 274), Ende des Gallischen Reiches (Herbst 274 Triumph über Tetricus: Aur. Vict., Caes. 35,5). Dedicatio des Templum Solis durch Aurelian (25. Dez.? Vgl. Degrassi p. 545).
275	Zug über Gallien und Vindelicien in die Donauprovinzen.
Sept./Okt. 275	*Gest.:* Bei Caenophrurium zwischen Perinth und Byzanz von den Soldaten ermordet. Vorübergehende DAMNATIO MEMORIAE? (Namenserasion auf mehreren Inschriften, vgl. Sotgiu,

Studi 31. Dazu IvSmyrna Nr. 815b.) Später consecratio: DIVUS AURELIANUS (AUG.).

cos. I	271
cos. II	274
cos. III	275

trib. pot. I	Sept./Okt.–9. Dez. 270
trib. pot. II	10. Dez. 270–9. Dez. 271
trib. pot. III	10. Dez. 271–9. Dez. 272
trib. pot. IV	10. Dez. 272–9. Dez. 273
trib. pot. V	10. Dez. 273–? 274
trib. pot. VI	? 274–9. Dez. 274
trib. pot. VII	10. Dez. 274–Sept./Okt. 275 (? Vgl. Price 84).

deus et dominus (natus) nur auf Münzen aus Serdica, deus auf Inschriften (inoffiziell).

Für die imperatorischen Akklamationen liegen sichere Zeugnisse nicht vor (vgl. Dessau Nr. 581 und 582).

Germanicus max.	271
Goticus max.	272
Dacicus max.	272 (?) nicht offiziell
Parth. (Persicus) max.	272
Arabicus max.	272 nicht offiziell
Palmyrenicus max.	272 nicht offiziell
Armenicus	? (nur SHA Vita Aurel. 30,5)
Adiabenicus	? (nur SHA Vita Aurel. 30,5)
Carpicus max.	273
Restitutor orbis	274
Imperator Horientis (!)	272 (?) (AE 1936 Nr. 129).

Die Siegestitel Britannicus max. und Sarmaticus max. hat Aurelian nicht geführt.

Ein Congiarium bei Regierungsantritt.

Eine *Schwester* unbekannten Namens (Vita 36,3. Eutrop 9,14. Epit. 35,9).
Verheiratet mit ULPIA SEVERINA (s. unten).
Eine *Tochter* (Vita 50,2).
Die von den SHA Vita Aurel. 10,3 und 14,4ff. berichtete Adoption des Aurelian durch Ulpius Crinitus (PIR[1] V 547) ist offenbar Fiktion (s. W. Eck, RE Suppl. XIV 1974, 939 Nr. 33, und T. D. Barnes, Phoenix 26, 1972, 155).

PIR^2 D 135.
PLRE 129f. Nr. 6.
RE V 1, 1903, 1347ff. Nr. 36 (E. Groag).
Kl P I 761ff. Nr. 4 (R. Hanslik).
Diz. Epigr. I 1895, 930ff. (F. Fuchs).
RAC I 1950, 1004ff. (K. Gross).
RIC V 1, 248ff.
Herrscherbild III 3, 141ff. (M. Wegner). III 2, 148ff. (R. Delbrueck).
B. M. Felletti Maj, Iconografia rom. imp. II 66ff. und 265ff.
G. Sotgiu, Studi sull' epigrafia di Aureliano, Univ. di Cagliari 1961.
–, ANRW II 2, 1975, 1039ff.
J. Lafaurie, ANRW II 2, 1975, 986ff. (abweichende Datierungen).
J. R. Rea, Oxyrhynchus Papyri vol. XL, London 1972, 20ff. (zum Regierungsbeginn) und 26ff. (zur zusätzlichen tribunicia potestas).
T. D. Barnes, Phoenix 26, 1972, 149.
M. J. Price, Num. Chron. 1973, 75ff.
A. Chastagnol, Mélanges J. Lafaurie, Paris 1980, 75ff. (zum Todesdatum).
H. Halfmann, Itinera principum 239f.
E. Kettenhofen, Tyche 1, 1986, 138ff. (zur Siegestitulatur).
D. W. Rathbone, ZPap 62, 1986, 122ff.
Pond, Inscriptional Evidence 107ff.
G. H. Halsberghe, The Cult of Sol invictus, Leiden 1972, 152ff.
H.-G. Kolbe, Die Statthalter Numidiens von Gallien bis Konstantin (268–320), München–Berlin 1962, 37 m. Anm. 4 (zur Bezeichnung deus).
E. Kettenhofen, Studii Clasice 25, 1987, 63ff. (zu den Siegestiteln).
R. T. Saunders, A Biography of the Emperor A., Diss. Univ. of Cincinnati 1991 (1992).
–, Historia 41, 1992, 311ff.
A. Daguet, Ant. Afr. 28, 1992, 173ff. (perpetuus imperator).
A. Göbl, Die Münzpr. des Kaisers Aurelianus, Wien ^{2}1995.
Peachin, Titulature 43f.
Grenier, Titulatures 84.

Ulpia Severina

Geburtsjahr unbekannt, Tochter des Ulpius Crinitus (PIR^1 V 547) (?), vgl. dagegen W. Eck.

Heirat mit Aurelian, Datum unbekannt.

ca. 29. Aug. (?) 274	Zur Augusta erhoben: ULPIA (SEVERINA) AUGUSTA, MATER CASTRORUM (ET SENATUS ET PATRIAE): AE 1930 Nr. 150.
nach Sept./Okt. 275	Nach dem Tode Aurelians Alleinregierung bis zur Thronerhebung des Tacitus? Todesdatum unbekannt.

PIR[1] V 586.
PLRE 830 Nr. 2.
RE Suppl. XIV 1974, 943f. Nr. 57 (W. Eck).
Kl P V 1045f. Nr. 8 (G. Winkler).
RIC V 1, 313ff.
Herrscherbild III 3, 144ff. (M. Wegner).
B. M. Felletti Maj, Iconografia rom. imp. II 68f. und 269f.
Wallinger 134f.

Gegenkaiser und Empörer

Domitianus

Empörte sich ca. 271/2 gegen Aurelian, wurde aber bald beseitigt (Zosim. 1, 49, 2). Vielleicht identisch mit dem gleichnamigen General des Gallienus in Illyricum.
Eine in Gallien gefundene angebliche Münze des Domitian ist die neuzeitliche Überarbeitung einer Tetricus-Münze.

PIR[2] D 114.
PLRE 262 Nr. 1.
RE V 1, 1903, 1311f. Nr. 2 (O. Seeck).
Herrscherbild III 2, 141 (R. Delbrueck).
B. M. Felletti Maj, Iconografia rom. imp. II 62f. und 259f.
T. D. Barnes, Phoenix 26, 1972, 156.
Peachin, Titulature 45.
L. Okamura, Hermes 120, 1992, 103ff.

Urbanus

Empörte sich ca. 271/2 gegen Aurelian, wurde aber bald beseitigt (Zosim. 1, 49, 2).

PIR[1] V 677.
PLRE 982 Nr. 1.
RE –

Septimius

Wurde ca. 271/2 in Dalmatien zum Kaiser erhoben, aber bald danach von den Soldaten ermordet (Epit. de Caes. 35, 3. Zosim. 1, 49, 2).

PIR[1] S 305.
PLRE 821 Nr. 1.
RE II A 2, 1923, 1560 Nr. 2 (A. Stein).

Firmus

Reicher Bürger aus dem syrischen Seleukeia, Zenobiae amicus et socius (SHA Quadr. Tyr. 3,1). Empörte sich 273 nach dem 2. Abfall Palmyras gegen Aurelian (Quadr. tyr. 5,1), aber sine insignibus imperii (SHA Vita Aurel. 32,2). Vielleicht identisch mit dem ἐπανορθωτής Claudius Firmus.

PIR[2] F 162.
PLRE p. 339 Nr. 1.
RE VI 2, 1909, 2382f. Nr. 6 (A. Stein).
A. K. Bowman, JRS 66, 1976, 158.

Felicissimus

Rationalis unter Aurelian, verantwortlich für den Münzeraufstand in Rom (Winter 270/1?), der offenbar in eine größere Empörung mündete (vgl. bes. Eutrop 9,14 und Aur. Victor 35,6). Von Polemius Silvius (Chron. Min. I 521 f.) wird Felicissimus zu den Usurpatoren gezählt.

PIR[2] F 140.
PLRE p. 331 Nr. 1.
RE VI 2, 1909, 2162f. Nr. 1 (O. Seeck).
Kl P II 531 (R. Hanslik).
R. Ziegler, Der Schatzfund von Brauweiler, Bonn 1983, 28ff.
M. Peachin, in: C. Deroux, Studies in Latin Literature and Roman History III, Brüssel 1983, 325ff. (vermutet auf Grund von Malalas XII p. 301, 1f., daß die Revolte der monetarii 272 in Antiochia und nicht in Rom stattfand).

Palmyrenisches Reich (260–272)

Septimius Odaenathus

Geb. ca. 220 (?). Aus vornehmer Palmyrener Familie, Sohn eines Hairanes, Enkel eines Vaballathus, Urenkel des Nasor (so die Inschriften. Die Einführung eines älteren Odaenathus geht auf eine Angabe des Continuator Dionis, FHG IV p. 195, zurück, die offenbar fehlerhaft ist).

Laufbahn: Seit 244/49 (?) römischer Senator und bald danach Exarch von Palmyra, vor 258 consul suffectus (oder adlectus unter consulares?), 258 legatus (?) consularis (von Syrien?), 261 Einnahme von Emesa, Beseitigung des Quietus und des Ballista.

262	Von Gallienus zum DUX ROMANORUM ernannt, IMPERATOR, CORRECTOR TOTIUS ORIENTIS und REX REGUM (beide Titel postum?). Den Augustustitel hat Odaenathus nicht geführt (unrichtig: SHA Vita Gallieni 12,1).
266 (?)	2. Marsch auf (und Einnahme von?) Ktesiphon.
267 (nach 29. Aug.)	*Gest.:* Auf dem Marsch nach Herakleia Pontika (in Emesa?) ermordet.

Verheiratet
1. mit unbekannter Frau,
2. mit ZENOBIA (s. unten).

Ein *Sohn* aus erster Ehe: HERODIANUS (so auf palmyrenischer Inschrift, SHA Tyr. trig. 16 = Herodes = PLRE 427 Nr. 3). Mitregent seines Vaters (seit 262?), ermordet 267 zusammen mit seinem Vater. Titel REX REGUM postum?

Zwei *Söhne* von der Zenobia:
SEPTIMIUS HAIRANES (so die Inschriften, SHA Tyr. trig. 15,2 und 27,1 = Herennianus = PLRE p. 421 Nr. 1).
SEPTIMIUS VABALLATHUS (in den SHA a. O. = Timolaos, beim Continuator Dionis a. O. = Odaenathus) s. unten.

Ein weiterer *Sohn* SEPTIMIUS ANTIOCHOS wird auf Grund einer Ergänzung von OGIS 650 angenommen (PLRE p. 73 Nr. 16), ist jedoch unsicher. Vgl. unten.

PIR[1] S 339.
PLRE p. 638f.
RE Suppl. XI 1968, 1243ff. Nr. 2 (H. Volkmann).
Kl P IV 253 Nr. 2 (A. Lippold).

T. D. Barnes, Phoenix 26, 1972, 165.
F. Millar, JRS 61, 1971, 1 ff.
L. De Blois, Talanta 6, 1975, 7 ff.
M. Gawlikowski, Syria 62, 1985, 251 ff. (mit den wichtigsten neuen Inschriften, danach oben die Angaben zur Genealogie).
A. Baldini, Corso di Cultura sul Arte Ravennate e Bizantina 23, Ravenna 1976, 21 ff.
E. Kettenhofen, Die römisch-persischen Kriege des 3. Jahrhunderts n. Chr., Wiesbaden 1982, 72 f. und 122 ff. (zu den Aktivitäten des Odaenathus im Jahre 253).
K. Chrysos, Dumbarton Oaks Papers 32, 1978, 51 ff. (zur Titulatur).
E. Winter, Die sasanidisch-röm. Friedensverträge des 3. Jh. n. Chr., Frankfurt a. M. 1988, 124 ff.
D. S. Potter, Prophecy and History in the Crisis of the Roman Empire, Oxford 1990, 381 ff.
F. Millar, The Roman Near East 31 BC-AD 337, Cambridge/Mass. 1993, 159 ff.
S. Swain, ZPap 99, 1993, 157 ff. (Titel Corrector totius orientis).

Vaballathus

Geb. ca. 260 (?), Sohn des Septimius Odaenathus und der Zenobia (s. unten).

Laufbahn: 267 folgte er als REX REGUM und CORRECTOR TOTIUS ORIENTIS seinem Vater in der Herrschaft, 270 (?) VIR CLARISSIMUS, IMPERATOR, DUX ROMANORUM.

Frühjahr 272	Erhebung zum Augustus: IMP. CAES. L. IULIUS AURELIUS SEPTIMIUS VABALLATHUS ATHENODORUS P. F. INV. AUG. (Dessau 8924).
Spätsommer 272	Mit Zenobia zusammen gefangengenommen und nach Rom gebracht (?), in der Gefangenschaft *gestorben* (?). Vgl. Zosim. I 59.

Persicus Maximus Arabicus Maximus Adiabenicus Maximus	seit 272? (Dessau a. O., inoffiziell).

PIR[1] S 347.
PLRE p. 122.
RE VII A 2, 1948, 2013 ff. Nr. 2 (W. Enßlin).

Kl P V 1085 (A. Lippold).
RIC V 2 p. 585.
Herrscherbild III 2, 160 (R. Delbrueck).
B. M. Felletti Maj, Iconografia rom. imp. II 70f. und 272f.
H. Seyrig, in: Mélanges Michailowski, Warschau 1966, 668ff.
P. J. Parsons, Chron. d' Égypte 42, 1967, 397ff.
C. Gallazzi, Quad. Tic. Num. d. Ant. Class. 4, 1975, 249ff.
Peachin, Titulature 45.
Weitere *Literatur* s. oben unter Odaenathus.

Gegenkaiser unter Vaballathus

Maeonius

Nach SHA Tyr. trig. 15,5 und 17 consobrinus und Mörder des Odaenathus. Soll nach dessen Ermordung zum imperator ausgerufen, aber bald danach von seinen Truppen ermordet worden sein. Offenbar alles fiktiv.

PIR² M 71.
PLRE p. 531.
RE XIV 1, 1928, 253 Nr. 1 (A. Stein).
Kl P III 866 (R. Hanslik).

Zenobia

Geburtsort und -jahr unbekannt, Tochter des Iulius Aurelius Zenobius (PIR² I 196) (in den SHA Vita Aurel. 31,2 wird ein Achilleus parens Zenobiae erwähnt. Der Name ist wohl fiktiv. Auf Grund unsicherer Ergänzung und Interpretation von OGIS 650 wird ein Septimius Antiochus als Vater der Zenobia postuliert).
Name: urspr. IULIA AURELIA ZENOBIA?, syr. Bath-Zabbai, seit 267 (?) SEPTIMIA ZENOBIA.

267	übernahm sie als REGINA (und MATER REGIS REGUM?) die Vormundschaft für ihren Sohn Vaballathus.
269	Bruch mit Rom, Vorstoß bis Ankara und (Anf. 270) Eroberung Ägyptens.
seit 270 (?)	Verehrung als Νέα Κλεοπάτρα (?).

Früh. 272	Annahme des Augusta-Titels: (SEPTIMIA) ZENOBIA AUGUSTA.
Spätsommer 272	Bei der Flucht aus Palmyra von Aurelian gefangengenommen und auf dem Wege nach Rom gestorben (Zosim. 1, 59, 4. Nach den SHA und den Breviarien wurde sie im Triumph Aurelians aufgeführt und habe danach noch lange auf einem Landgut bei Tivoli gelebt. Diese Angaben sind wohl fiktiv).

PIR[1] S 355.
PLRE p. 990f.
RE X A 1972, 1ff. Nr. 2 (R. Hanslik und K. Wegenast).
Kl P V 1491f. Nr. 2 (R. Engel).
RIC V 2, 584.
Herrscherbild III 2, 160 (R. Delbrueck).
B. M. Felletti Maj, Iconografia rom. imp. II 68ff. und 271f.
T. D. Barnes, Phoenix 26, 1972, 145f., 160, 175, 177ff.
Wallinger 139ff.
E. Equini Schneider, Septimia Z. Sebaste, Rom 1992.
D. F. Graf, Z. and the Arabs, in: D. H. French–Ch. S. Lightfood, The Eastern Frontier of the Roman Empire, Oxford 1989, 143ff.

Antiochus

Voller *Name* = SEPTIMIUS ANTIOCHUS? Vgl. oben unter Odaenathus.

272 nach der Gefangennahme der Zenobia in Palmyra zum Kaiser ausgerufen, aber bald danach von Aurelian besiegt und begnadigt (Zosim. I 60f. In den SHA Vita Aurel. 31, 2 ist fälschlich von einem Achilleus die Rede; dazu vgl. oben unter Zenobia).

PIR[2] A 745.
PLRE p. 71 Nr. 1.
RE I 2, 1894, 2491 Nr. 44 (P. von Rohden).

Gallisches Sonderreich (Herbst 260–Sommer 274)

Postumus

Geburtsdatum unbekannt. Wohl gallischer Abstammung. Nach Eutrop (9, 9, 1) niederer Herkunft.

Laufbahn unbekannt. Nach SHA Vita Aurel. 8,2 von Valerian zum Tutor des Gallienus bestellt (fiktiv!). Unter Gallienus praeses prov. Germaniae Inferioris (senatorischen Ranges?), so W. Eck.

Juli/Aug. (?) 260 (nicht 259)	Erhebung zum Augustus: IMP. CAES. M. CASSIANUS LATINIUS POSTUMUS. P. F. INV. AUG., PONTIFEX MAXIMUS, PATER PATRIAE, PROCONSUL. Einnahme von Köln und Beseitigung des Saloninus (s. unter Gallienus).
261	Anerkennung in Gallien, Britannien und Spanien.
265	Krieg mit Gallienus.
Anf. 269	Aufstand des Laelianus (s. unten).
Mai/Juni 269	*Gest.:* Nach der Einnahme von Mainz von seinen Soldaten ermordet. DAMNATIO MEMORIAE in den von Gallienus 265 n. Chr. wiedergewonnenen Gebieten.

cos. I (ornamenta consularia?)	260 (oder früher)
cos. II	261
cos. III	262
cos. IV	268 (mit Victorinus)
cos. V	269
trib. pot. I	Herbst 260–9. Dez. 260
trib. pot. II	10. Dez. 260–9. Dez. 261
trib. pot. III	10. Dez. 261–9. Dez. 262
trib. pot. X	10. Dez. 268–Mai/Juni (?) 269
imp. V	264
imp. X	269
Germanicus max.	vor 10. Dez. 261

Germ. max. V (?)	264. (Vgl. RIC Nr. 63. 129. 198f. Dazu Drinkwater 170 Anm. 135.)
Quinquennalia	2. H. 264
Decennalia	Mitte 269

Eine Liberalitas (undatierte Münzen) bei Regierungsantritt?

SHA Tyr. trig. 4 wird ein mit Postumus gleichnamiger *Sohn* genannt, der vom Vater erst zum Caesar, dann zum Augustus erhoben worden sei. Die Angaben sind sicherlich fiktiv (PLRE 720 Nr. 1).

PIR² C 466.
PLRE 720 Nr. 2.
RE III 2, 1899, 1656ff. Nr. 1 (A. Stein).
Kl P IV 1588 Nr. 2 (H. Volkmann).
RIC V 2, 328ff.
Herrscherbild III 2, 131ff. (R. Delbrueck).
B. M. Felletti Maj, Iconografia rom. imp. II 58f. und 251ff.
J. Lafaurie, L'Empire Gaulois, ANRW II 2, 1975, 853ff. (Dort p. 998ff. eine tabellarische Übersicht über ältere Ansätze und über die eigenen Datierungsvorschläge des Verf.)
P. Bastien, Le monnayage de bronze de Postume, Wetteren 1967.
I. König, Die gallischen Usurpatoren von Postumus bis Tetricus, München 1981 (mit weiterer Literatur), dessen Ansätzen hier gefolgt wird.
W. Eck, Statthalter 222ff.
M. Christol, in: Mélanges P. Bastien, Wetteren 1987, 105ff.
J. F. Drinkwater, The Gallic Empire, Stuttgart 1987.
T. Kotula, Eos 75, 1987, 353ff.
M. R. Weder, JAK 11, 1990, 67ff. (Tod: Febr./März 269).
L.Bakker, Germania 71, 1993, 369ff.
D. Grizourt–D. Hollard, RevNum 1994, 66ff. (cos. IV).

Laelianus

Geburtsdatum und Herkunft unbekannt. Soll nach SHA Tyr. trig. 5,8 niederer Abkunft gewesen sein.

Name: Ulpius Cornelius Laelianus (so die Münzen). In den SHA Tyr. trig. 5 u. ö. heißt er fälschlich Lollianus, bei Orosius VII 22,11 Aemilianus, bei Eutrop 9, 9, 1 in den Handschriften L. Aelianus, in der Epit. de Caes. 32,4 Aelianus.

Laufbahn unbekannt. Zuletzt legatus legionis XXII Primigeniae in Mainz oder Statthalter der Germania Superior?

Anf. 269	(Febr./März)? in Mainz gegen Postumus zum Augustus erhoben: IMP. C. ULPIUS CORNELIUS LAELIANUS P. F. AUG.
Mai/Juni? 269	*Gest.:* Von Postumus bei Mainz besiegt und getötet? Vgl. Eutrop a. O. Aurel. Vict. 33,8. Joh. Ant. frg. 152. Oros. a. O. – Nach den SHA a. O. soll Laelianus den Postumus überlebt und von Victorinus beseitigt oder von seinen Soldaten getötet worden sein.

PIR[1] V 546.
PLRE 492.
RE Suppl. XIV 1974, 936ff. Nr. 32 (W. Eck).
Kl P V 1044 Nr. 1 (G. Winkler).
Diz. Epigr. IV 342f. (G. M. Bersanetti).
Herrscherbild III 2, 136 (R. Delbrueck).
B. M. Felletti Maj, Iconografia rom. imp. II 60f. und 254f.
RIC V 2, 371ff.
W. Eck, Statthalter 98f.
I. König, Die gallischen Usurpatoren 132ff.
H. H. Gilljam, Antoniniani und Aurei des Ulpius Cornelius Laelianus, Köln 1981.

Marius

Geburtsjahr und Herkunft unbekannt. Nach SHA Tyr. trig. 8,1 und 3 war er erst Lagerschmied und dann Offizier (die dort mitgeteilten Namen Mamurius und Veturius sind fiktiv).

Mai/Juni (?) 269	Erhebung zum Augustus (in Mainz?): IMP. CAES. M. AURELIUS MARIUS P. F. AUG.
Herbst (?) 269	*Gest.:* Aus Privatrache ermordet (so SHA a. O. 8,6f.)?

PIR[2] A 1555.
PLRE 562 Nr. 4.
RE II 2, 1896, 2511f. (W. Henze).
Kl P I 768 Nr. 23 (R. Hanslik).
RIC V 2, 374ff.
Herrscherbild III 2, 137 (R. Delbrueck).
B. M. Felletti Maj, Iconografia rom. imp. II 60f. und 255.
A. Chastagnol, Bonner HA Coll. 1971 (1974), 51ff.
I. König, Die gallischen Usurpatoren 137ff.

Victorinus

Geburtsdatum unbekannt. Aus vornehmer gallischer Familie? Sohn einer Victoria (? s. unten).

Laufbahn: Tribunus praetorianorum 265/66? (Dessau 563), consul I ord. mit Postumus 267 oder 268.

Herbst 269 (vor 10. Dez.)	Erhebung zum Augustus: IMP. CAES. M. PIAVONIUS VICTORINUS P. F. INV. AUG., PONTIFEX MAX., PATER PATRIAE (Dessau 565). Anerkennung in Gallien und Britannien, nicht in Spanien.
Ende 269–Mitte 270	Abfall und Belagerung von Autun.
Frühjahr (?) 271	*Gest.:* Ermordet bei Köln aus Privatrache. Ein angebliches Grab bei Köln erwähnen die SHA Tyr. trig. 7,2. – Consecratio: DIVUS VICTORINUS PIUS.

cos. I	268 (mit Postumus)
cos. II	270 oder 271

trib. pot. I	Herbst 269–9. Dez. 269
trib. pot. II	10. Dez. 269–9. Dez. 270
trib. pot. III	10. Dez. 270–Frühjahr 271

Die SHA Tyr. trig. 6,3 und 7 nennen einen gleichnamigen *Sohn*, der beim Tode seines Vaters von seiner Mutter Victoria zum Caesar erhoben, aber kurz darauf von den Soldaten erschlagen und zusammen mit seinem Vater bei Köln bestattet worden sei. Diese Angaben sind offenbar alle fiktiv. (PLRE 963 1a.)

PIR[1] P 302.
PLRE 965 Nr. 12.
RE VIII A 2, 1958, 2074ff. Nr. 2 (R. Hanslik).
Kl P V 1265 Nr. 2 (R. Hanslik).
RIC V 2, 379ff.
Herrscherbild III 2, 137ff. (R. Delbrueck).
B. M. Felletti Maj, Iconografia rom. imp. II 60f. und 255ff.
I. König, Die gallischen Usurpatoren 141ff.
Pond, Inscriptional Evidence 100ff.

Victoria

Geburtsdatum und Herkunft unbekannt. Aus begütertem gallorömischem Adel? Vgl. Aurel. Vict. 33,14. Mutter des Victorinus.

Name: VICTORIA, so Aurel. Victor a. O. und mehrfach die SHA. Vitruvia sive Victoria: SHA Tyr. trig. 5,3. 6,3 und öfter.

Setzte nach dem Tode des Victorinus die Wahl des Tetricus zum Kaiser durch.

271 unter Tetricus zur AUGUSTA erhoben und mit dem Titel MATER CASTRORUM geehrt, so SHA Tyr. trig. 5,3 (von zweifelhaftem Wert). Die weiteren Angaben in den SHA sind mit Sicherheit fiktiv.

Gest. unter Tetricus. Erschlagen? (SHA Tyr. trig. 31,4).

PIR[1] V 430.
PLRE 961f.
RE VIII A 2, 1958, 2071 Nr. 4 (R. Hanslik).
B. M. Felletti Maj, Iconografia rom. imp. II 60f. und 257.
I. König, Die gallischen Usurpatoren 158ff.
Wallinger 149ff.

Tetricus I.

Geburtsdatum unbekannt. Aus vornehmer Familie (Aurel. Vict. 33,14). Nach SHA Tyr. trig. 24,1 war er adfinis der Victoria (wohl fiktiv). Senator, praeses prov. Aquitaniae (Eutrop 9,10).

Frühjahr? 271	Von den Soldaten in Abwesenheit zum Kaiser gewählt und bei Bordeaux mit dem Purpur bekleidet (Eutrop a. O.): IMP. CAES. C. PIUS ESUVIUS TETRICUS P. F. INV. AUG., PONTIFEX MAX., PATER PATRIAE, PROCONSUL. Anerkennung in Gallien und Britannien, nicht in Spanien (SHA Vita Claudii 7,5 ist fiktiv).
Sommer 274	Übertritt zu Aurelian in der Schlacht auf den Katalaunischen Feldern.
Herbst 274	Im Triumph Aurelians aufgeführt? (Aurel. Vict. 35,5. Eutrop 9,13 in historisch unzuverlässigem Zusammenhang). Später zum corrector Lucaniae ernannt (so Aurel. Victor und Eutrop a. O. Nach SHA Tyr. trig. 24,5 corrector totius Italiae).

Gest. in hohem Alter zu einem unbekannten Zeitpunkt (vgl. Eutrop a. O.).

cos. I	272
cos. II	273
cos. III	274
trib. pot. I	Frühjahr 271–9. Dez. 271
trib. pot. II	10. Dez. 271–9. Dez. 272
trib. pot. III	10. Dez. 272–9. Dez. 273
trib. pot. IV	10. Dez. 273–Sommer 274
Quinquennalia	Sommer 274

Je eine Liberalitas bei Regierungsantritt und bei der Caesarerhebung des Tetricus Iun.? Vgl. die Münzen.

Ein *Sohn*: C. Pius Esuvius Tetricus (s. unten).

PIR² E 99.
PLRE 885 Nr. 1.
RE VI 1, 1907, 696ff. Nr. 1 (A. Stein).
Kl P II 379f. Nr. 1 (R. Hanslik).
RIC V 2, 399ff.
Herrscherbild III 2, 139 (R. Delbrueck).
B. M. Felletti Maj, Iconografia rom. imp. II 62f. und 258f.
I. König, Die gallischen Usurpatoren 158ff.
Pond, Inscriptional Evidence 117ff.

Tetricus II.

Geburtsdatum unbekannt. Sohn des Kaisers Tetricus von einer unbekannten Mutter.

273 (?)	Erhebung zum Caesar: C. PIUS ESUVIUS TETRICUS NOB. CAES. Aufnahme in die großen Priesterkollegien. PRINCEPS IUVENTUTIS.
274	Consul I. Die Erhebung zum Augustus ist nicht sicher bezeugt (vgl. RIC).
Herbst 274	Zusammen mit seinem Vater im Triumph Aurelians aufgeführt. Soll danach seinen senatorischen Rang behalten und alle senatorischen

Ämter bekleidet haben (Aur. Vict. 35,5. SHA Tyr. trig. 25,2 von zweifelhaftem Wert).

PIR² E 100.
PLRE 885 Nr. 2.
RE VI 1, 1907, 704f. Nr. 2 (A. Stein).
Kl P II 380 Nr. 2 (R. Hanslik).
B. M. Felletti Maj, Iconografia rom. imp. II 62 und 259.
I. König, Latomus 33, 1974, 53ff. (für Caesarerhebung 271 mit Verweis auf Dessau 567).
T. D. Barnes, Phoenix 26, 1972, 173.
J. F. Drinkwater, The Gallic Empire, Stuttgart 1987, 106ff. und 186f. (gegen König).

Usurpator unter Tetricus

Faustinus

Statthalter (praeses der Belgica?), erhob sich – wohl 273 – in Trier gegen Tetricus (Aurel. Vict. 35,4. Polem. Silv. Chron. Min. I 522). Sein weiteres Schicksal ist unbekannt.

PIR² F 131.
PLRE 326 Nr. 1.
RE VI 2, 1909, 2088 Nr. 9 (A. Stein).
Kl P II 523 Nr. 3 (R. Hanslik).

Tacitus (Ende 275–Mitte 276)

Geb.: ca. 200 (in Interamna?). Vornehmer Herkunft. (Die Angabe der SHA Vita Tac. 10,3, wonach Tacitus von dem Historiker Cornelius Tacitus abstammte, ist fiktiv.)
Name: M. Claudius Tacitus (die Vita Aureliani 41,4 gibt fälschlich das Gentilnomen Aurelius).

Laufbahn: consul ord. 273, princeps senatus.

Wichtige Einzeldaten:

Nov./Dez. (?) 275	(nach Vita 3,1 am 25. Sept., wohl fiktiv) Vom Heer zum Kaiser gewählt (Zonar. 12,28. Die von der Vita berichtete Wahl durch den Senat ist offenbar fiktiv), während er in Kampanien weilte: Imp. Caes. M. Claudius Tacitus p. f. (inv.) Aug., pont. max., pater patriae, proconsul.
276	Zug nach Kleinasien. Sieg über die Goten.
Juli (?) 276	*Gest.:* Ermordet (?) in Tyana. Kenotaph in Interamna? (Vita 15,1.) Keine consecratio, keine damnatio memoriae.

cos. I	273
cos. II	275 (?)
cos. III	276 (auf Münzen aus Ticinum)
trib. pot. I	Nov./Dez.–9. Dez. 275
trib. pot. II	10. Dez. 275–Juli (?) 276
Gothicus maximus	276 (Frühsommer)

Die angebliche Victoria Pontica Aug. auf Münzen des Claudius ist eine Fehllesung für Victoria perpetua Aug.

Ein *Halbbruder* von der gleichen Mutter (?): M. Annius Florianus (s. unten).
Verheiratet mit unbekannter Frau, mehrere *Söhne* (Vita 11,6. 6,8. 16,4. Die Angaben sind von zweifelhaftem Wert!).

PIR[2] C 1036.
PLRE p. 873 Nr. 3.
RE III 2, 1899, 2872 ff. Nr. 361 (A. Stein).

Kl P V 493f. Nr. 2 (R. Hanslik).
RIC V 1, 319ff.
Herrscherbild III 2, 161ff. (R. Delbrueck). III 3, 146f. (M. Wegner).
B. M. Felletti Maj, Iconografia rom. imp. II 70f. und 273ff.
T. B. Jones, Class. Philol. 34, 1939, 366ff.
R. Syme, Emperors and Biography, Oxford 1971, 237ff.
T. D. Barnes, Phoenix 26, 1972, 172f.
L. Polverini, ANRW II 2, 1975, 1013ff.
A. Chastagnol, in: Mélanges J. Lafaurie, Paris 1980, 75ff.
S. Estiot, BSFN 39, 1984, 446f. (zur angeblichen Victoria Pontica Aug.).
Pond, Inscriptional Evidence 129ff.
A. Alföldi, Quad. Tic. num. ant. class. 5, 1976, 228ff. (zu den Consulaten).
P. Bastien, Monnaie et Donativa (o. S. 44 Anm. 186) 57 m. Anm. 2 (zum gleichen Thema).
K.-P. Johne, LF 114, 1991, 144f. (zum gleichen Thema).
E. Cizek, REA 93, 1991, 109ff.
Peachin, Titulature 46f.

Florianus (Mitte–Herbst 276)

Geburtsjahr und Herkunft unbekannt. Nach SHA Vita Tac. 9,6 und 14,1 leiblicher Bruder (Halbbruder) des Tacitus (fiktiv?). Praefectus praetorio unter Tacitus (Zosim. I 63).

Wichtige Einzeldaten:

Juli (?) 276	Nach dem Tode des Tacitus in Kleinasien zum Kaiser erhoben: IMP. C. M. ANNIUS FLORIANUS P. F. (INV.) AUG. (Auf den Inschriften: PONTIFEX MAX., PATER PATRIAE, CONSUL, PROCONSUL. Die Titel fehlen auf den Münzen!).
Sept. (?) 276	*Gest.:* Nach 88 Tagen Regierung (Eutrop 9,16. Hieronymus Chron.) von den Soldaten in Tarsos ermordet. Kenotaph in Interamna? (Vita Tac. 15,1). Keine consecratio, keine damnatio memoriae.

Nach den SHA Vita Tac. 16,4 hatte Florianus viele Kinder (wohl Fiktion).

PIR^2 A 649.
PLRE p. 367 Nr. 6.
RE I 2, 1894, 2266 Nr. 46 (P. von Rohden).
Kl P I 362 Nr. 4 (R. Hanslik).
Diz. Epigr. III 1962, 170f. (E. Ferrero).
RIC V 1, 349ff.
Herrscherbild III 2, 161ff. (R. Delbrueck). III 3, 148f. (M. Wegner).
B. M. Felletti Maj, Iconografia rom. imp. II 72f. und 275f.
Pond, Inscriptional Evidence 133f.
T. D. Barnes, Phoenix 26, 1972, 158.
Peachin, Titulature 47.
Weitere *Literatur* s. unter Tacitus.

Probus (Sommer 276–Herbst 282)

Geb.: 19. Aug. 232 (FPhiloc. Vgl. Chron. Pasch. p. 506 Dind. Malalas p. 302 Dind.) in Sirmium, wohl niederer Herkunft. Sohn eines Maximus (SHA Vita Probi 3,2 = PIR^2 M 428) oder eines Dalmatius (Epit. de Caes. 37,1 = PIR^2 D 2), angeblich verwandt mit Claudius II. (Vita 3,3). Alle Angaben sind offenbar fiktiv.

Name: M. AURELIUS PROBUS (SIGNO EQUITIUS? Vgl. Epit. de Caes. 36,2 und die Münzen). Das Gentilnomen Valerius (Vita 11,5) ist offenbar fiktiv.

Laufbahn: Diente angeblich unter Valerian und dessen Nachfolgern an der Donau (Vita 6). Soll in Africa gegen die Marmariden und in Ägypten gegen die Palmyrener gekämpft haben (Vita 9, offenbar Verwechslung mit Tenagino Probus = PLRE p. 740 Nr. 8). Unter Tacitus dux Orientis (?).

Wichtige Einzeldaten:

Sommer 276 (Juli?)	(Jan. 276, so Vita 11,5, ist fiktiv!) Im Osten zum Kaiser erhoben: IMP. CAES. M. AURELIUS PROBUS P. F. INV. AUG., PONTIFEX MAX., PATER PATRIAE, PROCONSUL.
5. Mai 277	In Sirmium (so Cod. Just. 8, 55, 2)?
277–278	Germanenkriege.
279	Krieg gegen die Isaurier in Kleinasien und gegen die Blemmyer in Ägypten.
280–281	Kämpfe in Europa.
Ende 281 (?)	Triumph in Rom.
Herbst (Sept./Okt.?) 282	*Gest.* Von den Soldaten in Sirmium erschlagen. Vorübergehende DAMNATIO MEMORIAE (Namenserasion auf Inschriften!)? Später (unter Diocletian?) consecratio als DIVUS PROBUS (AE 1964, 223). Grabmal in Sirmium? (Vita 21,4).

cos. I	277
cos. II	278
cos. III	279
cos. IV	281
cos. V	282

trib. pot. I	Sommer 276–Sommer 277
trib. pot. II	Sommer 277–Sommer 278
trib. pot. III	Sommer 278–Sommer 279
trib. pot. VII	Sommer 282–Herbst 282

Gothicus	277 (Dessau 594)
Gothicus max.	seit Okt. 279
Germanicus max.	seit Okt. 279
Parthicus/Persicus max.	seit Okt. 279 (nur in den Papyri)

(Die Titel Francicus und Sarmaticus, so Vita 11, 9, sind fiktiv.)

Eine *Schwester* CLAUDIA (Vita 3, 4 = PIR^2 C 1065. Wallinger 134) ist offenbar fiktiv.

PIR^2 A 1583.
PLRE p. 736 Nr. 3.
RE II 2, 1896, 2516 ff. Nr. 194 (W. Henze).
Kl P I 769 Nr. 28 (R. Hanslik).
RIC V 2, 1 ff.
Herrscherbild III 3, 150 ff. (M. Wegner). III 2, 167 ff. (R. Delbrueck).
G. Vitucci, L'imperatore Probo, Rom 1952.
T. D. Barnes, Phoenix 26, 1972, 156.
A. Chastagnol, in: Mélanges J. Lafaurie, Paris 1980, 77 ff.
H. Halfmann, Itinera principum 240 f.
E. Van't Dack, in: Zetesis, Festschr. E. de Strycker, Antwerpen/Utrecht 1973, 566 ff. (zu den Siegesbeinamen).
Fittschen-Zanker, Katalog I 139 ff. Nr. 116.
B. M. Felletti Maj, Iconografia rom. imp. II 72 ff. und 276 ff.
Pond, Inscriptional Evidence 134 ff.
K. Pink, NumZ 73, 1949, 13 ff.
E. Kettenhofen, Ziva antika 36, 1986, 39 ff. (zur Siegestitulatur).
P. J. Sijpesteijn, ZPap 49, 1982, 109 Anm. 43 (zum angeblichen Titel Medicus max. in PAmh. II 106).
Peachin, Titulature 47.
Grenier, Titulatures 84 f.
G. Di Vita-Évrard, in: M. Christol u. a., Institutions, Sociéte et vie politique, Paris 1992, 225 ff. (aeternus Aug.).

Gegenkaiser

Bonosus

Geburtsjahr unbekannt. Domo Hispaniensi, origine Britannus, Galla matre, filius rhetoris (SHA Quadr. tyr. 14, 1; wohl alles fiktiv!).

Laufbahn: Centurio, tribunus, dux limitis Raetici (Vita 14, 2, wohl fiktiv).

280	In Köln zusammen mit Proculus zum Kaiser erhoben. Bald danach (280/1) von Probus bei Köln besiegt. Selbstmord (?) (Vgl. Eutrop 9, 17, 1. Aur. Victor 37, 3. Epit. de Caes. 37, 2.)

Verheiratet mit HUNILA familiae nobilis Gothicae (PLRE 445. Wallinger 137 f.), zwei *Söhne* unbekannten Namens (Vita 15, 3 ff. Offenbar alles fiktiv!).

PIR^2 B 146.
PLRE 163 Nr. 1.
RE III 1, 1897, 713 f. Nr. 1 (W. Henze).
Kl P I 928 Nr. 1 (R. Hanslik).
RIC V 2, 592.
T. D. Barnes, Phoenix 26, 1972, 150 f.
D. Salzmann, in: LAGOM, Festschrift P. Berghaus, Münster 1981, 49 ff. (wonach keine echten Münzen des Bonosus, aber mehrere Fälschungen bekannt sind).
Peachin, Titulature 48.

Proculus

Geburtsjahr unbekannt. Patria Albigauni fuere, domi nobilis, sed maioribus latrocinantibus (SHA Quadr. tyr. 12, 1, von zweifelhaftem Wert). Fränkischer Herkunft? (SHA a. O. 13, 4).

Laufbahn: Multis legionibus tribunus praefuit (a. O. 12, 5, wohl fiktiv!).

280	In Köln zusammen mit Bonosus (s. oben) zum Kaiser ausgerufen (hortantibus Lugdunensibus in imperium vocitatus est, vita 13, 1, offenbar fiktiv): IMP C. PROCULUS AUG.

280/81 Von Probus bei Köln geschlagen. Nach der Vita (13,4) floh Proculus zu den Franken, wurde aber von diesen an Probus ausgeliefert, der den Usurpator hinrichten ließ.

Verheiratet mit VITURIGA quae et Samso (PLRE 972. Wallinger 135f.), ein *Sohn* HERENNIANUS (PLRE 421 Nr. 2), so die Vita (12,3f.), offenbar alles fiktiv!

PIR[1] P 739.
PLRE 745 Nr. 1.
RE XXIII 1, 1957, 75f. Nr. 8a (R. Hanslik).
Kl P IV 1150 Nr. 2 (G. Winkler).
T. D. Barnes, Phoenix 26, 1972, 168.
Bankhaus H. Aufhäuser, Katalog 8, 9.–10. Okt. 1991, 58 Nr. 640 (jetzt in der Staatl. Münzslg. München).
Peachin, Titulature 48.
F. Jacques, AC 61, 1992, 274ff. (zu Vituriga).

Saturninus

Geburtsjahr unbekannt. Von Geburt Maure (so Zosim. 1, 66, 1. Nicht Gallier, wie SHA Quadr. tyr. 7,1).

Laufbahn: Rhetorikunterricht in Africa und Rom, als Militär Gallias instauravit, Africam a Mauris possessam reddidit, Hispanias pacavit (Vita 9,5, offenbar alles fiktiv). Unter Aurelian angeblich dux limitis Orientalis (Vita 7,2). Unter Probus Statthalter in Syrien (Zosim. a. O.).

281 (so Hieronym. Chron., 279 Halfmann, 280/1 Vitucci) In Antiochia zum Kaiser ausgerufen (nach Vita 9,1f. zuerst in Alexandria, offenbar fiktiv): IMP. CAES. C. IULIUS SATURNINUS AUG. Bald darauf von seinen Truppen in Apameia *ermordet* (Hieronym. a. O.).

PIR[2] I 546.
PLRE 808 Nr. 12.
RE II A 1, 1921, 213ff. Nr. 6 (A. Stein).
Kl P IV 1570 Nr. 2 (A. Lippold).
RIC V 2, 591 (wo fälschlich Sextus statt Gaius genannt).

T. D. Barnes, Phoenix 26, 1972, 171f.
S. B. Pomeroy, SchwMbll 19, 1969, 54ff.
H. Halfmann, Itinera principum 241 (zum Datum der Erhebung).
Herrscherbild III 2, 180 (R. Delbrueck).
B. M. Felletti Maj, Iconografia rom. imp. II 74f. und 280.
Peachin 48 (= ca. 277/281).

Carus (Aug./Sept. 282–Juli/Aug. 283)

Geb. ca. 224 (?) in Narbo in Gallien (Epit. de Caes. 38,1. Die anderslautenden Angaben in den SHA Vita Cari 4–5 sind fiktiv). Senatorischer Herkunft (? So die Vita a. O., wohl fiktiv).
Name: M. AURELIUS CARUS (Gentilname urspr. Numerius?).

Laufbahn: proconsul Ciliciae (so die Vita a. O., wohl fiktiv), praefectus praetorio unter Probus, consul suffectus oder ornamenta consularia (282 oder früher).

Wichtige Einzeldaten:

Aug./Sept. 282	(zwischen 29. Aug. und 13. Sept.) Erhebung zum Augustus in Sirmium: IMP. CAES. M. AURELIUS CARUS P. F. INV. AUG., PONT. MAX., PATER PATRIAE, PROCONSUL.
283	Antritt des 2. Consulats in Rom. Krieg gegen die Sarmaten auf dem Balkan. Krieg gegen die Perser, Einnahme von Ktesiphon und Seleukeia.
Juli/Aug. 283	*Gest.* am Tigris bei Ktesiphon (infolge Krankheit oder Blitzschlag?). – Consecratio: DIVUS CARUS (PIUS bzw. PARTHICUS).
nach Aug./Sept. 285	DAMNATIO MEMORIAE? (Namenserasion auf Inschriften!).

cos. I suff.	282 oder früher
cos. II	283
trib. pot. I	Sept./Okt. 282–Jan. (?) 283
trib. pot. II	Jan. (?) 283–Juli/Aug. 283
Germanicus (max.)	April 283 oder früher
Persic. (Parth.) max.	283

deus et dominus nur auf Münzen aus Siscia.

Verheiratet mit unbekannter Frau.
Zwei *Söhne:*
M. AURELIUS CARINUS (s. unten),
M. AURELIUS NUMERIUS NUMERIANUS (s. unten).
Eine *Tochter* (AURELIA) PAULINA (? Vgl. dagegen P. J. Sijpesteijn, ZPap 63, 1986, 240).
Ein *Enkel* (M. AURELIUS?) NIGRINIANUS (s. unten).

Auf einem Meilenstein aus Dalmatien wird (versehentlich?) neben Carinus und Numerianus noch ein zweiter Numerianus Caesar genannt (vgl. J. Šašel, Epigraphica 46, 1984, 248ff.).

PIR^2 A 1475.
PLRE p. 183.
RE II 2, 1896, 2456f. (W. Henze).
Kl P I 766f. Nr. 8 (R. Hanslik).
Diz. Epigr. II 1, 1900, 124ff. (D. Vaglieri).
RIC V 2, 122ff.
Herrscherbild III 3, 155f. (M. Wegner). III 2, 181ff. (R. Delbrueck).
B. M. Felletti Maj, Iconografia rom. imp. II 74f. und 280f.
P. Meloni, Annali della fac. di Lettere di Cagliari XV 2, 1948, 9ff.
T. D. Barnes, Phoenix 26, 1972, 152ff.
C. Gallazzi, Quad. Tic. di Num. 5, 1976, 245ff. (danach oben).
A. Chastagnol, Bonner HA Coll. 1977/8 (1980) 45ff.
–, in: Mélanges J. Lafaurie, Paris 1980, 78ff.
H. Halfmann, Itinera principum 242.
Pond, Inscriptional Evidence 142ff.
K. Pink, NumZ 80, 1963, 5ff.
E. Winter, Die sasanidisch-röm. Friedensverträge des 3. Jh. n. Chr., Frankfurt a. M. 1988, 130ff.
G. Walser, Studien zur Alpengeschichte, Stuttgart 1994, 93ff.
Peachin, Titulature 48.

Numerianus (Juli/Aug. [?] 283–Nov. 284)

Geb. ca. 253 als jüngerer Sohn des Carus.
Name: M. Aurelius Numerius Numerianus.

Ende 282 (Nov.?)	Erhebung zum Caesar (später als Carinus): M. Aurelius Numerianus nob. Caes., princeps iuventutis.
Frühjahr 283	(Bei Aufbruch des Carus in den Perserkrieg): imperator, proconsul.
Juli/Aug. (?) 283	Erhebung zum Augustus: Imp. Caes. M. Aurelius Numerianus p. f. (inv.) Aug., pont. max., pater patriae, proconsul.
18. März 284	Aufenthalt in Emesa (Cod. Just. 5, 52, 2).
Nov. 284	*Gest.* auf dem Rückmarsch nach Europa (bei Perinth an einer Krankheit? Oder durch Mord beseitigt?). Consecratio: Divus Numerianus. Damnatio memoriae (nach Aug./Sept. 285).

cos. I	284
trib. pot. I	Sept. (?) 283–31. Dez. 283
trib. pot. II	1. Jan. 284–Nov. 284
Germanicus max.	April 283 oder früher
Persicus max.	283
Britannicus max.	284

Verheiratet mit einer Tochter des praefectus praetorio L. Flavius (?) Aper (PLRE p. 81 Nr. 2). – Keine Kinder.

PIR² A 1564.
PLRE p. 634.
RE II 2, 1896, 2513f. Nr. 174 (W. Henze).
Kl P I 768 Nr. 25 (R. Hanslik).
RIC V 2, 180 und 186ff.
Herrscherbild III 2, 181ff. (R. Delbrueck). III 3, 161f. (M. Wegner).
B. M. Felletti Maj, Iconografia rom. imp. II 76ff. und 286.
H.-G. Pflaum, in: Afrique romaine, Scripta Varia I, Paris 1978, 179ff. (zum imperator-Titel).
Peachin, Titulature 49f.
Weitere *Literatur* s. oben unter Carus.

Carinus (Frühjahr 283–Aug./Sept. 285)

Geb. ca. 250 als ältester Sohn des Carus.

Wichtige Einzeldaten:

Ende 282 (Nov.?)	Zum Caesar erhoben (noch vor Numerianus): M. AURELIUS CARINUS NOB. CAES., PRINCEPS IUVENTUTIS.
Frühjahr 283	IMPERATOR, PROCONSUL. Germanenfeldzug. Erhebung zum Augustus (zwischen Anf. März und Mitte Mai): IMP. CAES. M. AURELIUS CARINUS P. F. INV. AUG., PONTIFEX MAXIMUS, PATER PATRIAE, PROCONSUL.
Herbst 283?	Quadenfeldzug.
Anf. 284?	Triumph über die Quaden (in Mailand?). (F. Gnecchi, I Medaglioni Romani II, Mailand 1912, Taf. 123 Nr. 8).
Anf. 285	Sieg über den Usurpator Iulianus.
Aug./Sept. 285	*Gest.:* Nach Sieg am Margus (Morawa) über Diocletian von seinen Soldaten erschlagen. – DAMNATIO MEMORIAE.

cos. I	283
cos. II	284
cos. III (?)	285 (nur im Westen)
trib. pot. I	1. Jan.–31. Dez. 283
trib. pot. II	1. Jan.–31. Dez. 284
trib. pot. III	1. Jan.–Aug./Sept. 285
Germanicus max.	283 (vor 7. April: POxy 55)
Britannicus max.	Mitte 284 (Dessau 608)
Persicus max.	283
liberalitas I	283
II	284

Verheiratet mit MAGNIA URBICA (s. unten), außerdem mit acht anderen Frauen (so SHA Vita Carini 17,7, zweifellos fiktiv).
Ein *Sohn* von der Urbica?: NIGRINIANUS (s. unten).

PIR^2 A 1473.
PLRE p. 181.

RE II 2, 1896, 2455 f. Nr. 75 (W. Henze).
Kl P I 766 Nr. 7 (R. Hanslik).
RIC V 2, 152 ff.
Fittschen-Zanker, Katalog I 141 f. Nr. 117.
B. M. Felletti Maj, Iconografia rom. imp. II 76 f. und 282 ff.
Herrscherbild III 2, 181 ff. (R. Delbrueck). III 3, 157 ff. (M. Wegner).
G. Elmer, Der Münzsammler 8, 1935, 11 ff. (zum Quadenkrieg).
Peachin, Titulature 49.
Weitere *Literatur* oben unter Carus und unter Numerianus.

Magnia Urbica

Gemahlin des Carinus,

seit Juli/Aug. (?) 283	Augusta: MAGNIA URBICA AUGUSTA, MATER CASTRORUM, SENATUS AC PATRIAE (Dessau 610).
nach Aug./Sept. 285	DAMNATIO MEMORIAE (Namenserasion auf Inschriften).

PIR² M 99.
PLRE p. 983 Nr. 1.
RE XIV 1, 1928, 487 Nr. 4 (A. Stein).
Kl P III 886 (R. Hanslik).
RIC V 2, 181 ff.
Herrscherbild III 2, 191 (R. Delbrueck). III 3, 160 (M. Wegner).
B. M. Felletti Maj, Iconografia rom. imp. II 76 f. und 285 f.
K. Pink, NumZ 79, 1961, 5 ff.

Nigrinianus

Geburtsjahr unbekannt. Sohn des Carinus (?), Enkel des Carus (Dessau 611).
Name: (M. AURELIUS?) NIGRINIANUS.

Gest. 284 oder 285 (?) zu Lebzeiten des Carinus. – Consecratio als DIVUS NIGRINIANUS.

PIR² N 98.
PLRE p. 631 Nr. 1.
RE II 2, 1896, 2513 Nr. 173 (P. von Rohden).
RIC V 2, 202 f., vgl. 123.
Herrscherbild III 2, 191 (R. Delbrueck). III 3, 163 f. (M. Wegner).
B. M. Felletti Maj, Iconografia rom. imp. II 78 f. und 287.

Gegenkaiser

Es sind wohl zwei Gegenkaiser mit dem Namen Iulianus zu unterscheiden:

1. M. Aurelius Iulianus

Corrector Venetiae. Usurpation nach dem Tode des Carus (Juli/Aug. 283): IMP. C. M. AURELIUS IULIANUS P. F. AUG.
Herrschaft in Pannonien, Münzprägung in Siscia.
Besiegt in Illyricum Anf. 285. Aurel. Vict. 39, 9 ff.

PLRE p. 474 Nr. 24.
RIC V 2, 593 f.

2. Sabinus Iulianus

Praefectus praetorio.
Usurpation in Italien nach dem Tode des Numerian (Nov. 284), besiegt bei Verona. Epit. de Caes. 38, 6. Zosim. 1, 73, 1.

PLRE p. 480 Nr. 38.

Vielleicht sind aber die beiden Männer identisch und die einander widersprechenden Angaben der Überlieferung teilweise fehlerhaft. Der Usurpator hätte dann mit vollem Namen M. AURELIUS SABINUS IULIANUS geheißen, so die im Folgenden aufgeführten Autoren:

PIR^2 A 1538.
PLRE p. 474 Nr. 24.
RE X 1, 1918, 24 f. Nr. 21a (A. Stein). Vgl. Nr. 21b am Ende.
Kl P II 1514 Nr. 2 (H. Volkmann).
T. D. Barnes, New Empire 143.
Herrscherbild III 2, 181 (R. Delbrueck).
B. M. Felletti Maj, Iconografia rom. imp. II 78 f. und 287.
Peachin, Titulature 50.
B. Leadbetter, AHB 8, 1994, 54 ff.

Überblick über die Herrscherkollegien in der Zeit Diocletians und Constantins

1. Tetrarchie (1. März 293–1. Mai 305):

Augusti:	Diocletianus (seit 20. Nov. 284), Maximianus Herculius (seit 1. April 286)
Caesares:	Constantius I., Galerius Maximianus (seit 21. Mai 293?)
Usurpatoren:	Amandus und (?) Aelianus (285/86) in Gallien, Carausius (286–293?) und Allectus (293–297?) in Britannien, L. Domitius Domitianus (297) und Aurel. Achilleus (297/98) in Ägypten, Eugenius (ca. 303) in Syrien

2. Tetrarchie (1. Mai 305–25. Juli 306):

Augusti:	Constantius I., Galerius Maximianus
Caesares:	Severus, Maximinus Daia

3. Tetrarchie (25. Juli 306–März/April 307 bzw. Nov. 308):

Augusti:	Galerius Maximianus, Severus (bis März/April 307)
Caesares:	Maximinus Daia, Constantinus I.
Usurpatoren:	Maxentius in Italien und Africa (seit 28. Okt. 306), Maximianus Herculius im Westen (seit Sommer 307)

4. Tetrarchie (11. Nov. 308–Anf. Mai 311):

Augusti:	Galerius Maximianus, Licinius
Caesares et Filii Augustorum:	Maximinus Daia, Constantinus I.
Usurpatoren:	Maxentius, L. Domitius Alexander (308–309/310) in Africa, Maximianus Herculius (310) in Gallien

Anf. Mai 311–Aug./Sept. 313:

Augusti:	Constantinus I., Licinius, Maximinus Daia
Usurpator:	Maxentius (bis 28. Okt. 312)

Aug./Sept. 313–28. Febr. 317:

Augusti:	Constantinus I., Licinius
Gegenkaiser:	Valens (314)

1. März 317–19. Sept. 324:

Augusti:	Constantinus I., Licinius
Caesares:	Crispus, Constantinus II., Licinius II.
Gegenkaiser:	Martinianus (324)

19. Sept. 324–22. Mai 337:

Augustus:	Constantinus I.
Caesares:	Crispus (bis März [?] 326), Constantinus II., Constantius II., Constans (seit 25. Dez. 333), Delmatius (seit 18. Sept. 335)
Usurpator:	Calocaerus (333/4)

Diocletian (20. Nov. 284–1. Mai 305)

Geb.: 22. Dez. ca. 245 (PBeatty Panop. 2, 164. 173. 181f. 193f. 262. Vgl. Epit. de Caes. 39,7) in Dalmatien (bei Salonae?), niederer Herkunft. Name des Geburtsortes und der Mutter = Dioclea (PLRE 253)? Freigelassener des Senators Anullinus (PLRE 78 Nr. 1)? Vgl. Epit. de Caes. 39,1.

Name: DIOCLES (so POxy 3055 vom 7. März 285), später (aber nicht unmittelbar nach der Thronbesteigung?) DIOCLETIANUS.

Laufbahn: Kriegsdienst unter Aurelian und Probus, u. a. in Mösien (Zonar. 12,31), consul suff. 283 (? Chron. Pasch.), Kommando über die protectores domestici im Perserkrieg Numerians (284).

Wichtige Einzeldaten:

20. Nov. 284	(PBeatty Panop. 2,162f. und 260f.) Erhebung zum Kaiser in Nikomedeia: IMP. CAES. C. AURELIUS VALERIUS DIOCLETIANUS P. F. INV. AUG., PONTIFEX MAXIMUS, PATER PATRIAE, PROCONSUL. (Zum inoffiziellen Praenomen Marcus vgl. AE 1965 Nr. 315.) – Beginn der Ära Diocletians in Ägypten.
Aug./Sept. 285	Schlacht am Margus (Morawa). Tod des Carinus. Anerkennung durch den Senat.
2. H. 285	Besuch in Rom und Feldzug gegen die Sarmaten?
Ende Okt./ Anf. Dez. 285	Erhebung des Maximianus zum Caesar.
1. April 286	Erhebung des Maximianus zum Augustus. Annahme des Cognomen IOVIUS.
287 (?)	Einsetzung des Tiridates in Armenien.
288	Feldzug gegen die Germanen von Rätien aus. Treffen mit Maximianus.
289?	Feldzug gegen die Sarmaten.
Dez. 290/Jan. 291	Treffen mit Maximianus in Mailand.
21. Mai? 293	Erhebung des Galerius (s. dort) zum Caesar (in Sirmium?).
294	(Cons. Const.) Neuer Feldzug gegen die Sarmaten.
20. Nov. 294	Decennalienfeier in Nikomedeia.
1. Mai 295	Erlaß des Eheediktes in Damaskus.

296	Feldzug gegen die Carpen (Sommer). Perserkönig Narses besetzt Armenien.
297–298 (oder 296–297?)	Niederwerfung des ägyptischen Aufstandes (vgl. unten unter Domitius Domitianus und Achilleus) und Reise durch Ägypten.
Ende 298 (?)	Friede mit Persien (vgl. auch unter Galerius).
299–301	Aufenthalt in Syrien.
301	Münzreform (kurz vor 1. Sept.) und Preisedikt (zwischen 20. Nov. und 10. Dez.). (Vgl. Barnes, New Empire 17f.) 1. Sept. 301 = Beginn der neuen Censusperiode (JRS 61, 1971, 173 und 175).
31. März 302 (oder 297 bzw. 298?)	Edikt gegen die Manichäer.
23. Febr. 303	Beginn der großen Christenverfolgung.
20. Nov. 303	Vicennalienfeier. Gemeinsamer Triumph mit Maximianus (s. dort).
1. Mai 305	Abdankung in Nikomedeia. Rückzug in die Residenz von Spalato. Seitdem: SENIOR AUGUSTUS. PATER AUGUSTORUM. PATER IMPERATORUM ET CAESARUM.
11. Nov. 308	Teilnahme an der Konferenz zu Carnuntum.
3. Dez. 313 (?)	*Gest.* (Vgl. Epit. de Caes. 39,7 und zum Tagesdatum PBerol. 13296 z. J. 316): Freitod in Spalato? Beisetzung im Mausoleum zu Spalato. CONSECRATIO (Eutrop. 9,28. Hieron. Chron. z. J. 316). Aber Name auf einigen Inschriften eradiert.

cos. I suffectus	283 (oder 284?)
cos. II	285
cos. III	287
cos. IV	290
cos. V	293
cos. VI	296
cos. VII	299
cos. VIII	303
cos. IX	304
cos. X	308

trib. pot. I	20. Nov.–9. Dez. 284
trib. pot. II	10. Dez. 284–9. Dez. 285

trib. pot. III	10. Dez. 285–9. Dez. 286
trib. pot. XXII	10. Dez. 304–1. Mai 305
imp. I	20. Nov. 284–19. Nov. 285
imp. II	20. Nov. 285–19. Nov. 286
imp. III	20. Nov. 286–19. Nov. 287
imp. XXI	20. Nov. 304–1. Mai 305

Siegestitel (nach Barnes):

Germanicus max.	285
Sarmaticus max.	285
Germanicus max. II	287
Germanicus max. III	287
Germanicus max. IV	288
Sarmaticus max. II	289
Germanicus max. V	293
Sarmaticus max. III	294
Persicus max.	295?
Britannicus max.	297 (oder 296?)
Carpicus max.	297 (oder 296?)
Armenicus max.	298
Medicus max.	298
Adiabenicus max.	298
Persicus max. II	298
Sarmaticus max. IV	299 oder 300
Germanicus max. VI	300 oder 301
Gothicus max.	ca. 293 später (296/97) unterdrückt (AE 1936 Nr. 10)

Verheiratet mit PRISCA (s. unten).
Eine *Tochter* GALERIA VALERIA (s. unter Galerius).
Ein *Adoptivsohn* GALERIUS (s. dort).

PIR² A 1627.
PLRE 253f. Nr. 2.
RE VII A, 1948, 2419ff. Nr. 142 (W. Enßlin).
Kl P II 36ff. (R. Hanslik) und V 1593f. (D. Wachsmuth).
Diz. Epigr. II 3, 1922, 1793ff. (G. Costa).
RAC III, 1957, 1036ff. (W. Seston).
RIC V 2, 204ff. VI passim.
Herrscherbild III 4, 1984, 13ff. und 95ff. (R. Unger).
R. Calza, Iconografia rom. imp. III 89ff. Nr. IV.
W. Seston, Dioclétien et la Tétrarchie I, Paris 1946.
T. D. Barnes, The New Empire of Diocletian and Constantine, Cambridge/Mass.–London 1982 (dazu F. Kolb, Gnomon 60, 1988, 45ff.).
–, Harv. Stud. Class-Phil. 80, 1976, 245ff. (zum Manichäeredikt).

–, Phoenix 30, 1976, 174 ff. (zu den Siegestitulaturen).
J. D. Thomas, CE 46, 1971, 173 ff. (ägyptische Herrscherjahre).
M. Festy, RIDA 29, 1982, 197 ff. (trib. pot. und imperat. Akklamationen).
A. Chastagnol, in: Mél. J. Lafaurie, Paris 1980, 79 (Schlacht am Margus).
P. Brennan, Phoenix 38, 1984, 142 ff. (zum Titel Gothicus maximus).
D. Kienast, Kl. Schriften, Aalen 1994, 612 u. A. 7 (Todesdatum).
R. G. S. Thomas, Byzantion 43, 1973, 229 ff. (zur Abdankung).
F. Kolb, Diocletian und die Erste Tetrarchie, Berlin–New York 1987.
X. Loriot, BSAF 1973, 71 ff. (Name und erstes Consulat).
I. König, Origo 52.
L. D. Bruce, in: Deroux, Studies III 1983, 336 ff. (Manichäeredikt).
E. Winter, Die sasanidisch-röm. Friedensverträge, Frankfurt a. M. 1988, 137 ff. und 152 ff.
K. A. Worp, Tyche 4, 1989, 229 ff. (Titulatur).
E. Kettenhofen, BO 47, 1990, 174 (Perserfrieden).
I. Lukanc, Diocletianus, Wetteren 1991 (Inschriften und Münzen).
St. Williams, Diocletian and the Roman Recovery, London 1985.
M. Peachin, AJAH 9, 1984 (1990), 153 ff. (Reg.-antritt).
Grenier, Titulatures 85.
G. van den Berg-Onstwedder, BSACopte 29, 1990, 87 ff. (Koptische Quellen).

Prisca

Geburtsdatum unbekannt. Wohl niederer Herkunft. Gattin Diocletians und Mutter der Galeria Valeria (s. unter Galerius). Sie führte offenbar nicht den Augusta-Titel. Nach dem Tode des Galerius am 5. Mai 311 ging sie mit ihrer Tochter zu Maximinus Daia, der beide später verbannte. Nach dem Tode des Daia wurde sie von Licinius auf der Flucht ergriffen und in Thessalonike hingerichtet (Ende 314/Anf. 315?).

PLRE 726 Nr. 1.
RE XXII 2, 1954, 2560 Nr. 3 (W. Enßlin).
Herrscherbild III 4, 1984, 141 (M. Wegner).
R. Calza, Iconografia rom. imp. III 118 f. Nr. V.
D. Kienast (s. oben) 628 f.

Gegenkaiser

L. Domitius Domitianus

Geburtsdatum, Herkunft und Laufbahn unbekannt. Nur durch Papyri und Münzen bezeugt, nicht identisch mit (Aurelius) Achilleus (s. unten).

Juni/Juli 297 (296?)	Erhebung zum Augustus in Ägypten: IMP. C. LUCIUS DOMITIUS DOMITIANUS AUG.
Dez. 297?	*Gest.*

PLRE 263 Nr. 6.
RE V 1, 1903, 1312 Nr. 5 (O. Seeck).
RIC VI 646ff. und 660ff.
R. Calza, Iconografia rom. imp. III 1972, 88ff.
J. Schwartz, L. Domitius Domitianus, Brüssel 1975.
J. D. Thomas, ZPap 22, 1976, 253ff.
T. D. Barnes, New Empire 11ff.
W. E. Metcalf, in: Mélanges de Numismatique à P. Bastien, Wetteren 1987, 157ff. (mit Literatur).
F. Kolb, Eos 76, 1988, 325ff.
A. E. Nobbs, Ancient History 16, 1986, 132ff.

Aurelius Achilleus

Geburtsdatum und Herkunft unbekannt.

Sept. 297	Als corrector des Domitianus bezeugt. In allen literarischen Quellen als alleiniger Führer des ägyptischen Aufstandes genannt (Aur. Victor, Caes. 39,23 u. 38. Eutrop. 9,22f. u. ö.). Nach dem Tode des Domitius Domitianus (im Dez. 297?) zum Augustus erhoben? (Vgl. Aur. Victor a. O: dominationis insignia induerat.)
März 298?	*Gest.* (Vgl. Eutrop. a. O.)

PLRE 9 Nr. 1.
RE I 1, 1893, 245 Nr. 7 (O. Seeck).
Kl P I 50 Nr. 2 (H. Volkmann).
T. D. Barnes, New Empire 12.

Eugenius

Geburtsdatum, Herkunft und Laufbahn unbekannt.

Wurde 303 (?) als Befehlshaber einer Infanterieeinheit von 500 Mann in Seleukeia in Syrien zum Kaiser ausgerufen. Er zog dann gegen Antiochia, wo er von den Bürgern besiegt und getötet wurde.
Libanios, or. 11, 158ff. 19,45. 20,18f.

PLRE 291 Nr. 1.
RE VI 1, 1907, 986 Nr. 1 (O. Seeck).
T. D. Barnes, New Empire 12.

Maximian (Okt./Dez. 285–ca. Juli 310)

Geb. am 21. Juli (?) ca. 250. Vgl. Epit. de Caes. 40,11 und zum Tagesdatum die Passio Marcelli (Byzantion 42, 1972, 509 ff. mit Lit., bes. 513 ff. §§ 2 u. 3. Jedenfalls nicht am 22. Dezember; Paneg. XI (III) 1,1. 2,2. 19,1 und 3 ist wohl überall genuinus statt geminus natalis zu lesen. Dazu Nixon). Aus Illyricum (bei Sirmium), niederer Herkunft.

Laufbahn: Kriegsdienst unter Aurelian und Probus (?) sowie unter Carus im Osten.

Wichtige Einzeldaten:

Ende Okt./ Anf. Dez. (?) 285	Erhebung zum Caesar [Datum nach Festy. Nach Enßlin und Barnes schon im Hochsommer 285. Die Angabe der Passio Marcelli (s. oben) ist jedoch kaum mit Barnes auf den natalis Caesaris zu beziehen]: AURELIUS VALERIUS MAXIMIANUS NOB. CAES. (CIL VIII 10 285).
Frühj. 286 (? Nach Enßlin und Barnes schon 285)	Feldzug gegen die Bagauden.
1. April 286 (so Cons. Const. Nach Pasqualini und Kolb schon im Dez. 285)	Erhebung zum Augustus für den Westen: IMP. CAES. M. AURELIUS VALERIUS MAXIMIANUS P. F. INV. AUG. (dazu vor 293 auch NOBILISSIMUS CAESAR: Dessau 616), PONTIFEX MAXIMUS, HERCULIUS (erst seit 287? Vgl. Kolb 23 ff.), FRATER AUGUSTI DIOCLETIANI, PATER PATRIAE, PROCONSUL.
286–288	Kämpfe gegen die Germanen.
Ende 286 (oder Winter 287/8?)	Erhebung des Carausius.
289	Katastrophe der Flotte des Maximianus. Maureneinfall in Africa (vgl. Dessau 627 vom J. 290).
Dez. 290/Jan. 291	Treffen mit Diocletian in Mailand.
292?	Alamannenfeldzug.
1. März 293	Erhebung des Constantius zum Caesar (in Mailand?).
293	Errichtung des Arcus Novus in Rom.
296/7	Erhebung des Iulianus (s. unten) in Africa?

297	Feldzug gegen die Mauren.
298	Aufenthalt in Karthago (Frag. Vat. 41 vom 10. März) und? Expedition nach Tripolitanien.
299?	Rückkehr nach Rom. Baubeginn der Diocletiansthermen.
20. Nov. 303	(Lact., De mort. pers. 17,1) Vicennalienfeier und gemeinsamer Triumph mit Diocletian in Rom. Fünfsäulendenkmal (Decennalienbasis) auf dem Forum Romanum.
21. April 304?	Saecularfeier? Vgl. dagegen Pasqualini 76f.
1. Mai 305	Abdankung in Mailand. Rückzug nach Campanien oder Lukanien. Seitdem: SENIOR AUGUSTUS. PATER AUGUSTORUM. PATER IMPERATORUM ET CAESARUM.
Ende 306 (?)	Maximian begibt sich auf Bitten des Maxentius nach Rom und wird politisch erneut aktiv.
307	Maximian nimmt vor Ravenna die Unterwerfung des Severus entgegen (ca. März/April) und begibt sich (später von Rom aus?) zu Constantin nach Gallien, den er zum Augustus erhebt und dem er seine Tochter Fausta vermählt (Spätsommer? Vgl. unten unter Constantin). Constantin erkennt dafür Maximian als aktiven Augustus an: IMP. CAES. M. AUREL. VAL. MAXIMIANUS P. F. AUG.
April 308	Erfolgloser Versuch in Rom, den Maxentius abzusetzen. Danach Flucht nach Gallien zu Constantin.
Nov. 308	Erneute Abdankung auf der Konferenz zu Carnuntum.
Frühsommer? 310	Empörung gegen Constantin in Arelate.
ca. Juli? 310	Gefangennahme und Selbstmord (?) in Massilia. Beisetzung in seinem Mausoleum bei Mailand.
	Consecratio durch den Senat unter Maxentius: DIVUS MAXIMIANUS PATER bzw. SENIOR AUGUSTUS. DIVUS M. AURELIUS VALERIUS MAXIMIANUS SENIOR (AUGUSTUS: Dessau 647).
	DAMNATIO MEMORIAE (Namenserasion auf Inschriften) unter Constantin (Ende 311?). Später erneut als Divus anerkannt (Consecrationsmün-

zen 317/18): DIVUS MAXIMIANUS OPTIMUS IMPERATOR bzw. DIVUS MAXIMIANUS SENIOR (FORTISSIMUS IMPERATOR).

cos. I	287
cos. II	288
cos. III	290
cos. IV	293
cos. V	297
cos. VI	299
cos. VII	303
cos. VIII	304
cos. IX	seit Sommer 307 zusammen mit Constantin. Nur anerkannt in den Reichsteilen des Constantin und des Maxentius.

Ägyptische Herrscherjahre:

Jahr 1	1. März–28. Aug. 286
2	29. Aug. 286–29. Aug. 287
3	30. Aug. 287–28. Aug. 288
19	30. Aug. 303–19. Nov. 303
20	20. Nov. 303–28. Aug. 304
21	29. Aug. 304–1. Mai 305

trib. pot. I	1. April–9. Dez. 286
trib. pot. II	10. Dez. 286–9. Dez. 287
trib. pot. III	10. Dez. 287–9. Dez. 288
trib. pot. VIII	10. Dez. 292–28. Febr. 293
trib. pot. IX	1. März 293–9. Dez. 293
trib. pot. X	10. Dez. 293–9. Dez. 294
trib. pot. XXI	10. Dez. 304–1. Mai 305

imp. I	1. April 286–31. März 287
imp. II	1. April 287–31. März 288
imp. III	1. April 288–31. März 289
imp. IV	1. April 289–31. März 290
imp. V	1. April 290–31. März 291
imp. VI	1. April 291–31. März 292
imp. VII	1. April 292–28. Febr. 293
imp. VIII	1. März 293–31. März 293
imp. IX	1. April 293–31. März 294
imp. XX	1. April 305–1. Mai 305

Die früheren Akklamationen (I–VII) sind nicht bezeugt. Für die Zeit nach 305 liegen für die tribunicia potestas und für die imperatorischen Akklamationen sowie für die ägyptischen Herrscherjahre keine Angaben vor. Vgl. die Einleitung.

Siegestitel (nach Barnes):

Germanicus max.	287
Germanicus max. II	287
Germanicus max. III	288
Sarmaticus max.	289
Germanicus max. IV	293
Sarmaticus max. II	294
Persicus max.	295?
Britannicus max.	297 (oder 296?)
Carpicus max.	297 (oder 296?)
Armenicus max.	298
Medicus max.	298
Adiabenicus max.	298
Persicus max. II	298
Sarmaticus max. III	299 oder 300
Germanicus max. V	300 oder 301
Gothicus max.	ca. 293 später (296/7) unterdrückt (vgl. unter Diocletian mit Lit.).

Verheiratet mit Eutropia (PLRE 316 Nr. 1) seit ca. 280, gest. nach 325.

Eine *Tochter* der Eutropia aus erster Ehe [mit Afranius Hannibalianus, cos. 292 (PLRE 407f.)?] Theodora (PLRE 895 Nr. 1), vgl. unter Constantius I.

Zwei eigene *Kinder* von der Eutropia:

Maxentius (s. dort),

Fausta (s. unter Constantinus I.).

Ein *Adoptivsohn* Constantius I. (s. dort).

PIR^2 A 1628.
PLRE 573f. Nr. 8.
RE XIV 2, 1930, 2486ff. Nr. 1 (W. Enßlin).
Kl P III 1106ff. (R. Hanslik).
RIC V 2, 258ff. VI passim. VII 180. 252. 310ff. 429f. 502f.
Herrscherbild III 4, 1984, 24ff. 104ff. (R. Unger).
R. Calza, Iconografia rom. imp. III 119f. Nr. VI.
W. Seston, Dioclétien et la Tétrarchie 60f. und 357f.
A. Pasqualini, Massimiano Herculius, Rom 1979.
T. D. Barnes, New Empire 4. 13. 32ff.
–, Phoenix 30, 1976, 174ff.
A. Rousselle, Dialogues d'hist. anc. 2, 1976, 445ff. (zur tribunicia potestas und zu den Jubilarfeiern).

R. E. Smith, Latomus 31, 1972, 1058ff. (zur tribunicia potestas und zu den imperatorischen Akklamationen).
M. Festy, RIDA 29, 1982, 197ff. (zum gleichen Thema).
A. Chastagnol, RevNum 1967, 54ff. (zur Zählung der ägyptischen Herrscherjahre).
J. D. Thomas, Chron. d'Egypte 46, 1971, 173ff. (zum gleichen Thema).
E. A. Sydenham, NumChron. 1934, 141ff. (zur Zeit nach 305).
W. Huss, Latomus 37, 1978, 719ff. (zum Tode Maximians).
C. E. V. Nixon, Phoenix 35, 1981, 70ff. (zum Rombesuch im J. 303).
–, TAPA 111, 1981, 157ff. (zum dies natalis).
F. Kolb, Diocletian und die Erste Tetrarchie, Berlin–New York 1987.
G. Waurick, JRGZM 20, 1973, 121ff. (zum Grabmal).
T. V. Buttrey, Historia 32, 1983, 375ff. (zum Arcus Novus).
I. König, Origo Constantini 52ff.
R. Rebuffat, Klio 74, 1992, 371ff. (M. in Afrika).

Gegenkaiser

Amandus

Geburtsdatum und Herkunft unbekannt. Führer der Bagauden in Gallien, durch Münzen als Augustus bezeugt: Imp. C. C. (bzw. Imp. S.) Amandus p. f. Aug.

285 oder 286 von Maximian besiegt und getötet. (Victor, Caes. 39, 17. Eutrop. 9, 20, 3. Oros. 7, 25, 2).

PLRE 50 Nr. 1.
RE I 2, 1894, 1723 Nr. 2 (O. Seeck).
RIC V 2, 595.
T. D. Barnes, New Empire 10.

Aelianus

Geburtsdatum und Herkunft unbekannt. Mit Amandus 285/86 Führer der Bagauden in Gallien. Ob Aelianus den Caesar- oder Augustustitel führte, ist fraglich, da keine Zeugnisse darüber vorliegen. Früher dem Aelianus zugewiesene Münzen gehören mit Sicherheit dem Laelianus (s. oben unter Gallisches Sonderreich).

PLRE 17 Nr. 1.

RE I 1, 1893, 482 Nr. 4 (O. Seeck).
RIC V 2, 595 note 1 (P. Webb).
T. D. Barnes, New Empire 10.

Iulianus

Aurel. Vict. Caes. 39,22 berichtet: Eodem tempore Orientem Persae, Africam Iulianus ac nationes Quinquegentanae graviter quatiebant. Nach der Epit. de Caes. 39,3 fanden dagegen um dieselbe Zeit Charausio in Galliis, Achilleus apud Aegyptum, Iulianus in Italia imperatores effecti auf verschiedene Weise ihren Untergang. Möglicherweise ist dem Epitomator eine Verwechselung mit dem oder den Usurpatoren unter Carinus (s. dort) unterlaufen. Ob Iulianus Usurpator in Africa und/oder Führer der Quinquegentanei war, muß offenbleiben.

PLRE 468 Nr. 2.
RE X 1, 1918, 24 Nr. 21b (A. Stein).
R. J. Edgeworth, Historia 41, 1992, 507 ff.

Britannisches Sonderreich (Ende 286?–297?)

Carausius

Geburtsdatum und -ort unbekannt. Menapier niederer Herkunft.
Name: Maus(aeus?) Carausius (AE 1895 Nr. 1).

Laufbahn: Kriegsdienst unter Maximian gegen die Bagauden. Seit 285 (?) praefectus classis Britannicae (? oder dux tractus Armoricani et Nervicani limitis? Vgl. Eutrop. 9,21).

Wichtige Einzeldaten:

Ende 286 (oder Winter 287/8?)	Zum Kaiser erhoben: Imp. C. M. Aurelius (Maus[aeus?]) Carausius p. f. inv. Aug. – pontifex maximus und pater patriae (? Vgl. RIC Nr. 188). Herrschte über Britannien und bis Anf. 293 auch über die nordwestgallischen Küstengebiete.
290	Quinquennalien.
ca. 292	frater Diocletiani et Maximiani (vgl. Münzlegende Carausius et fratres sui).
Sommer 293	Fall von Boulogne sur mer.
Ende 293	*Gest.* Von Allectus (s. unten) ermordet. – Damnatio memoriae.

cos. I	287
cos. II	288
cos. III	289
cos. IV	290

(Die nur im Herrschaftsbereich des Carausius gültigen Consulate sind lediglich durch seine Münzen bezeugt. Die Daten sind erschlossen.)

PLRE 180f.
RE III 2, 1899, 1570 Nr. 1 (O. Seeck).
Kl P I 1051f. (H. Cüppers).
Diz. Epigr. II 1, 1900, 112 (E. Ruggiero).
RIC V 2, 420ff.
R. Calza, Iconografia rom. imp. III 87 Nr. I.
A. R. Birley, The Fasti of Roman Britain 309ff.
T. D. Barnes, New Empire 10f.
N. Shiel, The Episode of Carausius and Allectus, Oxford 1977.

P. J. Casey, Britannia 8, 1977, 283 ff. (zur Herrschaft in Gallien).
R. A. G. Carson, Journ. Brit. Archaeol. Ass. 22, 1959, 33 ff.
–, in: Studia P. Naster oblata I, Löwen 1982, 245 ff. (zur Münzlegende Carausius et fratres sui).
–, in: Mélanges P. Bastien, Wetteren 1987, 145 ff. (zum gleichen Thema).
P. J. Casey, Carausius and Alletus, London 1994.

Allectus

Geburtsdatum und -ort sowie Herkunft unbekannt. (Name keltisch?)

Laufbahn: Rationalis summae rei (? Vgl. Aurel. Vict., Caes. 39,41) oder praefectus praetorio unter Carausius.

Ende 293	Nach Ermordung des Carausius zum Augustus erhoben: IMP. C. ALLECTUS P. F. INV. AUG.
297 (oder 296?)	*Gest.:* Von den Truppen des Constantius besiegt und getötet. – DAMNATIO MEMORIAE.

Consul 294? (Consularbüste auf den Münzen).

PLRE 45.
RE I 2, 1894, 1584 f. (O. Seeck).
Kl P I 273 f. (R. Hanslik).
RIC V 2, 557 ff.
R. Calza, Iconografia rom. imp. III 88 Nr. II.
T. D. Barnes, New Empire 11.
A. R. Birley, Fasti of Roman Britain 314 f.
A. Burnett, in: C. E. King u. a., Studies in the Coinage of Carausius and Allectus, London 1985, 21 ff. (u. a. zum Consulat des Allectus).
D. Kienast, JbNum 10, 1959/60, 71 ff. (zur Rückeroberung Britanniens durch Constantius).
X. Loriot, in: M. Christol u. a., Institutions, Sociéte et vie politique, Paris 1992, 161 ff. (Laufbahn).

Constantius I. (1. März 293–25. Juli 306)

Geb.: 31. März ca. 250 (FPhiloc. Polem. Silv.) in Illyricum (Geburtstag später zweitägig gefeiert). Niederer Herkunft? Sohn eines Flavius Dalmatius und einer Iulia Constantia? Die Abstammung von Claudius II. (s. oben) ist fiktiv und wurde wohl erst seit 310 von Constantin propagiert (nach Lippold schon seit 297 von Constantius selbst. – Vgl. Wallinger 133f.).

Name: IULIUS (?) CONSTANTIUS (vgl. Aurel. Vict. Caes. 39,24). Der Beiname Chlorus ist erst seit dem 6. Jh. n. Chr. bezeugt (vgl. dazu Zon. 12,31).

Laufbahn: protector (unter Aurelian in Syrien 271/72?), tribunus (unter Probus?), praeses Dalmatiarum (284/85?), vgl. Anonym. Vales. 1,2. Praefectus praetorio unter Maximian (288–293).

Wichtige Einzeldaten:

1. März 293	(Paneg. VIII [V] 3,1. Chron. Pasch.) Erhebung zum Caesar für Gallien (und Britannien) und Adoption (Paneg. VII [VI] 3,3) durch Maximianus (in Mailand?): FLAVIUS VALERIUS CONSTANTIUS NOB. CAES., HERCULIUS, PRINCEPS IUVENTUTIS.
Frühsommer (?) 293	Rückeroberung von Gesoriacum.
297 (oder 296?)	Rückgewinnung Britanniens.
300–304	Kämpfe an der Rheingrenze gegen die Germanen.
1. Mai 305	(Lact., De mort. pers. 19,1ff.) Erhebung zum Augustus für Gallien, Britannien und Spanien: IMP. CAES. C. (oder M.) FLAVIUS VALERIUS CONSTANTIUS AUG., PONTIFEX MAXIMUS, PATER PATRIAE, PROCONSUL.
305/6	Zweite Expedition nach Britannien.
25. Juli 306	*Gest.* in Eburacum (York) in Britannien (Cons. Const.) (an Leukämie?). Consecratio: DIVUS CONSTANTIUS (PIUS).

cos. I	294
cos. II	296
cos. III	300
cos. IV	302

cos. V	305
cos. VI	306
trib. pot. I	1. März–9. Dez. 293
trib. pot. II	10. Dez. 293–9. Dez. 294
trib. pot. III	10. Dez. 294–9. Dez. 295
trib. pot. XIII	10. Dez. 304–9. Dez. 305
trib. pot. XIV	10. Dez. 305–25. Juli 306
	oder
trib. pot. XIII	10. Dez. 304–30. April 305
trib. pot. XIV	1. Mai 305–9. Dez. 305
trib. pot. XV	10. Dez. 305–25. Juli 306 (vgl. oben S. 35)
imp. I	1. Mai 305–30. April 306
imp. II	1. Mai 306–25. Juli 306

Siegestitel (nach Barnes):

Germanicus max.	293
Sarmaticus max.	294
Persicus max.	295?
Britannicus max.	297 (oder 296?)
Carpicus max.	297 (oder 296?)
Medicus max.	298
Adiabenicus max.	298
Persicus max. II	298
Sarmaticus max. II	299 oder 300
Germanicus max. II	300 oder 301
Germanicus max. III, IV, V	302, 303, 304
Carpicus max. II, III, IV, V	301, 302, 303, 304
Sarmaticus max. III	302?
Britannicus max. II	305
Gothicus max.	ca. 293 nicht offiziell (s. unter Diocletian mit Lit.)

Constantius lebte seit ca. 270 mit Helena (s. unter Constantin I.) zusammen und *heiratete* spätestens 289 die Theodora, die Stieftochter des Maximianus. (PLRE 895 Nr. 1, vgl. J. P. Callu, in Mélanges P. Boyancé, Rom 1974, 141 ff.)

Kinder

von der Helena:

Constantin I. (s. dort),

von der Theodora:

Flavius Dalmatius (PLRE 240 Nr. 6).

Fl. Iulius Constantius (PLRE 226 Nr. 7).

Fl. Hannibalianus (PLRE 407 Nr. 1).
Fl. Iulia Constantia (PLRE 221 Nr. 1).
Anastasia (PLRE 58 Nr. 1).
Eutropia (PLRE 316 Nr. 2).

PIR² F 390.
PLRE 227.
RE IV 1, 1900, 1040ff. Nr. 1 (O. Seeck).
Kl P 1290 Nr. 1 (A. Lippold).
Diz. Epigr. II 1, 1900, 660ff. (E. Ferrero).
J. Moreau, Jb AC 2, 1959, 158ff.
RIC V 2, 296ff. VI passim. VII 180. 252. 310ff. 394f. 429f.
Herrscherbild III 4, 1984, 28ff. 110ff. (R. Unger).
R. Calza, Iconografia rom. imp. III 152ff. Nr. XI.
T. D. Barnes, New Empire (vgl. unter Diocletian).
I. König, Chiron 4, 1974, 567ff.
A. Lippold, Chiron 11, 1981, 347ff. (zur Abstammung).
M. Festy, RIDA 29, 1982, 202ff.
R. Syme, Historia-Augusta-Papers, Oxford 1983, 63ff. (zur Abstammung).
H. Stern, Le Calendrier de 354, Paris 1953, 378 (zum dies natalis).
D. Kienast, JbNum 10, 1959/60, 71ff. (zur Rückeroberung Britanniens).
I. König, Origo 55ff. und 61ff.
M. Peachin, AJAH 9, 1984 (1990), 153ff.
M. J. Johnson, Latomus 51, 1992, 146f. (zum Begräbnis).
H. A. Pohlsander, Anc. Soc. 24, 1993, 151ff. (zu Fl. Iulia Constantia).

Galerius (21. Mai [?] 293–Anf. Mai 311)

Geburtsjahr unbekannt (ca. 250 nach W. Enßlin, ca. 260 nach T. D. Barnes). Kleinbäuerlicher Herkunft, geboren in dem später nach seiner Mutter benannten Ort Romulianum bei Serdica in der Dacia Ripensis (Epit. de Caes. 40,16 Eutrop. 9, 22, 1), Sohn der Romula (PLRE 770).

Name ursprünglich Maximinus? (Vgl. Lact., De mort. pers. 18,13.) Beiname Armentarius (Aurel. Vict., Caes. 39,24. 40,1. Epit. de Caes. 39,2) nicht offiziell.

Laufbahn: Kriegsdienst unter Aurelian und Probus? (Vgl. Aurel. Vict., Caes. 39,28.) Praefectus praetorio unter Diocletian?

Wichtige Einzeldaten:

21. Mai 293	[? so Chron. Pasch.–1. März: Paneg. Lat. VIII (V) 3,1. Lact., De mort. pers. 35,4. Cons. Const. z. J. 291. Vgl. Seston 88ff. und König, wonach der 1. März nachträglich offizielle Geltung erhielt.] Erhebung zum Caesar für die Donauprovinzen in Nikomedeia (vgl. Lact. a. O. 19,2): C. GALERIUS VALERIUS MAXIMIANUS NOB. CAES., PRINCEPS IUVENTUTIS, IOVIUS. Adoption durch Diocletian (Chron. Pasch.).
Anf. Juni (?) 293	(vgl. König 575) Nach Scheidung von seiner ersten Frau Heirat mit Galeria Valeria, der Tochter Diocletians.
294	Feldzug nach Oberägypten.
295?	Kämpfe mit den Persern.
296	Der Perserkönig Narses besetzt Armenien.
297	Niederlage des Galerius in Mesopotamien (zwischen Callinicum und Carrhae).
298	Sieg über Narses in Großarmenien. Vgl. Cons. Const. und Chron. Pasch. z. J. 297.
299–305	Kämpfe an der Donau gegen Sarmaten und Carpen.
1. Mai 305	(Lact., De mort. pers. 19,1ff. Cons. Const.) Erhebung zum Augustus in Nikomedeia für die Donauprovinzen und Kleinasien: IMP. CAES. GALERIUS VALERIUS MAXIMIANUS P. F. INV. AUG., PONT. MAX., PATER PATRIAE, PROCONSUL.

25. Juli 306	Tod Constantius' I. Galerius wird erster Augustus. Erhebung des Constantinus zum Augustus durch das Heer in Britannien.
ca. Aug. 306	Anerkennung des Constantinus als Caesar durch Galerius, Erhebung des Severus zum Augustus (Lact., De mort. pers. 25). – Bald danach Steueredikt des Galerius.
28. Okt. 306	Erhebung des Maxentius in Rom.
306 oder 307	Feldzug gegen die Sarmaten.
Sommer 307	Zug nach Italien.
308	Feldzug gegen die Carpen. Konferenz zu Carnuntum (Nov. 308) und Erhebung des Licinius zum Augustus.
30. April 311	Toleranzedikt.
Anf. Mai 311	*Gest.* in Serdica (?) (Lact., De mort. pers. 35, 1–3). Namenserasion auf Inschriften im Gebiet des Maxentius (noch zu Lebzeiten des Galerius?) (Dessau 636f.). Consecratio als DIVUS (GALERIUS, IOVIUS) MAXIMIANUS (IUNIOR) (Dessau 661f. 671. 673). Consecrationsmünzen des Licinius, des Maxentius und des Maximinus Daia, nicht jedoch des Constantin. Mausoleum in Thessalonike, aber Beisetzung in seinem Heimatort Romulianum (Epit. de Caes. 40, 16).

cos. I	294
cos. II	297
cos. III	300
cos. IV	302
cos. V	305
cos. VI	306
cos. VII	308 (nicht anerkannt im Herrschaftsbereich des Maxentius, wo Galerius vom 1. Jan.–April 307 als cos. VII geführt wurde).

trib. pot. I	21. Mai (1. März?) – 9. Dez. 293
trib. pot. II	10. Dez. 293 – 9. Dez. 294
trib. pot. III	10. Dez. 294 – 9. Dez. 295
trib. pot. XIII	10. Dez. 304 – 30. April 305 (? Vgl. oben S. 35)
trib. pot. XIV	1. Mai 305 – 9. Dez. 305
trib. pot. XV	10. Dez. 305 – 9. Dez. 306
trib. pot. XX	10. Dez. 310 – Anf. Mai 311

imp. I	1. Mai 305–30. April 306
imp. II	1. Mai 306–Herbst? 306

Nach der Erhebung des Severus scheint Galerius seine imperatorischen Akklamationen von seinem dies Caesaris ab gezählt zu haben, wobei dieser in Angleichung an Constantius auf den 1. März vordatiert wurde. Also:

imp. XIV	Herbst 306–28. Febr. 307
imp. XV	1. März 307–29. Febr. 308
imp. XVI	1. März 308–28. Febr. 309
imp. XIX	1. März 311–Anf. Mai 311

Siegestitel (nach Barnes):

Germanicus max.	293
Aegyptiacus max.?	293/4? } (nur bei Euseb., hist. eccl. 8, 17, 3 überliefert)
Thebaicus max.?	293/4? }
Sarmaticus max.	294
Persicus max.	295?
Britannicus max.	297 (oder 296?)
Carpicus max.	297 (oder 296?)
Armenicus max.	298
Medicus max.	298
Adiabenicus max.	298
Persicus max. II	298
Sarmaticus max. II	299 oder 300
Germanicus max. II	300 oder 301
Germanicus max. III, IV, V	302, 303, 304
Carpicus max. II, III, IV, V	301, 302, 303, 304
Sarmaticus max. III	302?
Britannicus max. II	305
Sarmaticus max. IV	306/07
Germanicus max. VI, VII	307, 308
Carpicus max. VI	308/09
Sarmaticus max. V	310
Persicus max. III	310
Gothicus max.	ca. 293 (später [297/98]) unterdrückt (vgl. unter Diocletian mit Lit.)

Verheiratet

1. mit einer Frau unbekannten Namens, Ehe gelöst 293,
2. mit Galeria Valeria (s. unten).

Eine *Schwester* unbekannten Namens (deren Sohn = Maximinus Daia).

Eine *Tochter* von der ersten Frau: Valeria Maximilla, nob. femina, Frau des Maxentius (PLRE 576 Nr. 2).

Ein *Sohn* (von einer unbekannten Maitresse): Candidianus, geb. ca. 296, verlobt mit einer Tochter des Maximinus Daia, hingerichtet von Licinius 313 (PLRE 178 Nr. 1. Vgl. T. D. Barnes, New Empire 6 Anm. 18).

PLRE 574 Nr. 9.
RE XIV 2, 1930, 2516 ff. Nr. 2 (W. Enßlin).
Kl P III 1108 f. Nr. 2 (R. Hanslik).
RAC VIII, 1972, 786 ff. (H. D. Altendorf).
RIC V 2, 303 ff. VI passim.
Herrscherbild III 4, 26 ff. 10 ff. (R. Unger).
R. Calza, Iconografia rom. imperiale III 135 ff. Nr. VIII.
T. D. Barnes, New Empire.
I. König, Chiron 4, 1974, 567 ff.
M. Festy, RIDA 29, 1982, 202 ff.
P. Bastien, RBNum 114, 1968, 15 ff. (Consecrationsmünzen).
W. Seston, Dioclétien et la Tétrarchie, Paris 1946.
I. König, Origo 59.
J. R. Rea–R. P. Salomons–K. A. Worp, YCS 28, 1985, 101 ff. (Ägyptenbesuch).
F. Kolb, Eos 75, 1988, 105 ff. (Sieg über die Perser: 297).
Vgl. auch die *Literatur* unter Diocletian.

Galeria Valeria

Geburtsjahr und -ort unbekannt. Tochter des Diocletian (und der Prisca?).

Anf. Juni (?) 293	Heirat mit Galerius (zum Datum vgl. oben unter Galerius).
Nov. 308 (?)	Erhebung zur Augusta: Galeria Valeria Augusta, Mater Castrorum (Dessau 8932. IGRR IV 1562).
Mai 311	Flucht vor Licinius zu Maximinus Daia, von diesem später verbannt, lebte bis Spätsommer 313 in Syrien im Exil. Lact., De mort. pers. 39 ff. Nach dem Tode des Daia erneute Flucht vor Licinius.
Ende 314	*Gest.:* Nach 15monatiger Flucht gefangen und von Licinius hingerichtet (Lact. a. O. 50 f.).

Keine eigenen Kinder, ein *Adoptivsohn:* Candidianus (s. oben).

PLRE 937.
RE –
Kl P V 1114 Nr. 20 (A. Lippold).
RIC VI 477 ff. passim.
Herrscherbild III 4, 1984, 151 (M. Wegner).
R. Calza, Iconografia rom. imp. III 148 ff. Nr. IX.
T. D. Barnes, New Empire 9. 38.
D. Kienast, Kleine Schriften, Aalen 1994, 628 f.

Maximinus Daia (1. Mai 305–Spätsommer 313)

Geb.: 20. Nov. (Euseb., Mart. Palaest. 6,1) eines unbekannten Jahres (270 oder 285?) in Illyricum (Dacia Ripensis?), niederer Herkunft, Schwestersohn des Galerius. *Beiname* DAIA (Daca, Daza: Epit. de Caes. 40,18. Vgl. Lact., De mort. pers. 18,13. I v. Ephes. 311a) inoffiziell.

Laufbahn: Scutarius, protector, tribunus (Lact. a. O. 19,6).

Wichtige Einzeldaten:

1. Mai 305	Erhebung zum Caesar in Nikomedeia für die Diözese Oriens (Lact. a. O. 19,1ff.): GALERIUS VALERIUS MAXIMINUS NOB. CAES., IOVIUS, PROPAGATOR ORBIS TERRARUM (RIC VI p. 636 Nr. 134).
Anf. 309	Erhebung zum FILIUS AUGUSTORUM.
1. Mai (?) 310	(vgl. P. Straßburg 42 vom 28. Febr. 310). Erhebung zum Augustus: IMP. C. GALERIUS VALERIUS MAXIMINUS P. F. AUG. bzw. IOVIUS MAXIMINUS INVICTUS AUG. (Iv. Stratonikeia 310,24f.), PATER PATRIAE, PROCOS. (Münzen).
Mai 311	Besetzung Kleinasiens. Titulum primi nominis sibi vindicabat (Lact. a. O. 44,11).
312 (?)	Armenienkrieg (Euseb., Hist. eccl. 9,8,2 und 4). Annahme des Titels Persicus?
30. April 313	Niederlage bei Adrianopel (Lact. a. O. 46,8ff.).
Spätsommer 313	*Gest.* zwischen 23. Juli (POxy 3144) und 13. Sept. (PCairo Isid. 103,20) in Tarsos. Bestattet in Tarsos (Philost., Hist. eccl. 8,1). DAMNATIO MEMORIAE (Namenserasion auf den Inschriften).

cos. I	307
cos. II	311
cos. III	313

Zu den imperatorischen Akklamationen vgl. oben S. 39.

Sarmaticus 313?
Germanicus 313?
Persicus 312?
} ILAlg. I 3956 (vgl. die Einleitung). Euseb., hist. eccl. 10,7.

Verheiratet mit unbekannter Frau; ein *Sohn* MAXIMUS, geb. ca. 305 (nicht in PLRE, vgl. Barnes, New Empire 39 mit Anm. 50).

Eine *Tochter,* geb. ca. 306, verlobt mit Candidianus (PLRE 178 Nr. 1), dem Sohn des Galerius.

PLRE 579 Nr. 12.
RE IV 2, 1901, 1986 ff. (O. Seeck).
Kl P III 1111 Nr. 1 (A. Lippold).
RIC VI passim.
Herrscherbild III 4, 1984, 31 ff. und 112 ff. (R. Unger).
R. Calza, Iconografia rom. imp. III 184 ff. Nr. XV.
H. Castritius, Studien zu Maximinus Daia, Kallmünz 1969.
T. D. Barnes, New Empire 5 ff., 39.
–, ZPap 20, 1976, 155 (zur Siegestitulatur).
T. Christensen, C. Valerius Maximinus, Kopenhagen 1974.
H. Castritius, JbAC 11/12, 1968/69, 94 ff. (zum Armenienkrieg).
I. König, Origo 79 ff.
Grenier, Titulatures 86.

Severus II. (1. Mai 305–März/April 307)

Geburtsdatum unbekannt, aus Illyricum, niederer Herkunft.

Laufbahn: Offizier vor 305.

Wichtige Einzeldaten:

1. Mai 305	(Lact., De mort. pers. 19,1ff.) Erhebung zum Caesar in Mailand für Italien und Africa (sowie Pannonien?) (Anonym. Vales. 5 und 9): FLAVIUS VALERIUS SEVERUS NOB. CAES.
Aug. 306	Erhebung zum Augustus (Lact. a. O. 25,5): IMP. SEVERUS P. F. AUG.
Anf. 307	Erfolgloser Marsch auf Rom und Rückzug nach Ravenna.
März/April 307	Abdankung in Ravenna.
16. Sept. 307	*Gest.:* (Chron. Min. I 148) Ermordet in der Nähe von Rom (oder Selbstmord?). Beigesetzt im Grabmal des Gallienus an der Via Appia (Anon. Val. 4,10. Epit. de Caes. 40,3).

Consul I: 1. Jan.–März/April 307 (im Osten bis September. Im Herrschaftsbereich des Maxentius schon Anf. 307 durch das 7. Consulat des Galerius ersetzt).

Zu den imperatorischen Akklamationen vgl. oben S. 39.

Verheiratet mit unbekannter Frau, ein *Sohn* SEVERIANUS, hingerichtet von Licinius Ende 313 (PLRE 828 Nr. 1).

PLRE 837 Nr. 30.
RE II A, 1923, 2002ff. Nr. 15 (O. Seeck).
Kl P V 1114 s. v. Valerius Nr. 19 (G. Wirth).
RIC VI passim.
Herrscherbild III 4, 1984, 33 und 113 (R. Unger).
R. Calza, Iconografia rom. imp. III 180ff. Nr. XIV.
T. D. Barnes, New Empire 5ff., 38ff., 65, 137f.
I. König, Origo Constantini 79ff., 88 und 100ff.

Maxentius (28. Okt. 306–28. Okt. 312)

Geb.: ca. 275/8 oder 283? (Paneg. X [II] 14,1. Dazu Barnes 34 und I. König, Origo 82) in Syrien? Sohn des Maximianus Herculius und der Eutropia (PLRE 316 Nr. 1).
Name: M. Valerius Maxentius.

Laufbahn: Heirat mit Valeria Maximilla, Tochter des Galerius (293/294?). Vir clarissimus (vor 305: Dessau 666).

Wichtige Einzeldaten:

28. Okt. 306	[Paneg. XII (XI) 16,2. Lact., De mort. pers. 44,4. Vgl. Groag 2423 z. St.] Ausrufung zum Imperator in Rom: Maxentius princeps invictus (Titel nobilissimus Caesar nur auf den frühesten Münzen von Karthago).
seit Frühjahr (April?) 307	Augustus: M. Aurelius Valerius Maxentius p. f. invictus (et aeternus) Aug., pont. max., pater patriae, procos., Herculius? Anerkennung in Italien, Sizilien, Africa, Sardinien und Corsica (nicht in Spanien).
Sommer 307 (?)	Anerkennung durch Constantin, Abwehr des Galerius.
April (?) 308	Erfolgloser Absetzungsversuch durch Maximianus.
21. April 308	Statuenweihung für Mars und die Stadtgründer (Dessau 8935).
nach 20. April 308	Abfall von Africa.
Ende 309/Anf. 310	Rückgewinnung von Africa.
Juli 310 (oder früher?)	Bruch mit Constantin.
28. Okt. 312	*Gest.:* (FPhiloc) Nach der Schlacht an der Milvischen Brücke im Tiber ertrunken. – Damnatio memoriae.

cos. I	nach 20. April 308
cos. II	309
cos. III	310
cos. IV	bis 28. Okt. 312

Alle Consulate wurden nur im Herrschaftsgebiet des Maxentius anerkannt.

trib. pot. I	Frühj.–9. Dez. 307 (?)
trib. pot. II	10. Dez. 307–9. Dez. 308
trib. pot. III	10. Dez. 308–9. Dez. 309
trib. pot. VI	10. Dez. 311–28. Okt. 312

Verheiratet mit VALERIA MAXIMILLA, NOBILISSIMA FEMINA (Dessau 667), (PLRE 576 Nr. 2).
Ein *Sohn* VALERIUS ROMULUS (s. unten).
Ein *Sohn* unbekannten Namens.

PLRE 571 Nr. 5.
RE XIV 2, 1930, 2417 ff. Nr. 1 (E. Groag).
Kl P III 1103 ff. (R. Hanslik).
RIC VI passim.
Herrscherbild III 4, 1984, 34 ff. und 114 ff. (R. Unger).
R. Calza, Iconografia rom. imp. III 188 ff. Nr. XVI.
T. D. Barnes, New Empire 12 f. und 34.
P. Bastien, Latomus 38, 1979, 103 ff. (zur Frage der Zuordnung Spaniens).
A. Garzetti, Athenaeum 52, 1974, 64 ff. (zu den Meilensteinen des Maxentius).
I. König, Origo 82 ff.
A. Chastagnol, Latomus 52, 1993, 856 ff. (M. als consul saepius).
M. Cullhed, Opuscula romana 17, 1989, 9 ff.
–, Conservator urbis suae, Stockholm 1994.

Valerius Romulus

Geb.: ca. 294? Sohn des Maxentius und der Valeria Maximilla, NOBILISSIMUS PUER (Dessau 666 f.).

noch vor 308?	NOBILISSIMUS VIR, eine Erhebung zum Caesar erfolgte nicht (Dessau 672).
309	*Gest.* in Rom, beigesetzt im Mausoleum an der Via Appia. Consecratio als DIVUS ROMULUS NOB. VIR (nur im Herrschaftsgebiet des Maxentius).

cos. I	seit 20. April 308
cos. II	seit 1. Jan. 309 bis zu seinem Tode im gleichen Jahr

Beide Consulate wurden nur im Machtbereich des Maxentius anerkannt.

PLRE 772 Nr. 6.
RE I A 1, 1914, 1105 Nr. 14 (O. Seeck).
Kl P IV 1457 Nr. 3 (A. Lippold).

RIC VI 342ff., 380ff., 400ff.
R. Calza, Iconografia rom. imp. III 197ff. Nr. XVIII.
J. J. Rasch, Das Maxentius-Mausoleum an der Via Appia in Rom, Mainz 1984.

Gegenkaiser

L. Domitius Alexander

Geburtsjahr unbekannt (308 bereits senectae aetatis: Epit. de Caes. 40,20. Vgl. Aur. Vict., Caes. 40,17. Zosim. II 12,3). Aus Phrygien (Epit. a. O. Zosim a. O.) oder Pannonien (Aur. Vict. a. O.) stammend, niederer Herkunft.

Laufbahn: Identisch mit dem vicarius Africae 303–306 Valerius Alexander (PLRE 44 Nr. 20)? 308 von Zosimos II 12,2 und Aur. Vict., Caes. 40,17 als vicarius Africae bezeugt.

nach 20. April 308	(Vgl. Dessau 668) Erhebung zum Kaiser: IMP. C. L. DOMITIUS ALEXANDER P. F. INV. AUG. Anerkannt in Africa und Sardinien (vgl. AE 1966 Nr. 169). Bündnis mit Constantin? (Vgl. Dessau 8936).
Ende 309/Anf. 310	Von dem Prätorianerpräfekten Rufius Volusianus (PLRE 976f. Nr. 4) besiegt und *hingerichtet.*

Verheiratet mit einer unbekannten Frau, ein *Sohn* (Zosim. II 12,2).

PLRE 43 Nr. 17.
RE I 2, 1894, 1445 Nr. 71 (O. Seeck).
RIC VI 419ff. und 432ff.
R. Calza, Iconografia rom. imp. III 199f. Nr. XIX.
P. Salama, in: Actes du 8e Congres int. Num. New York 1973, Paris/Basel 1976, 365ff.
H.-G. Pflaum, Scripta Varia I, Paris 1978, 226ff.
T. D. Barnes, New Empire 14f. (mit weiterer Literatur).
V. Aiello, in: L'Africa romana 6, ed. A. Mastino, Sassari 1989, 179ff.

Licinius (11. Nov. 308–19. Sept. 324)

Geb.: ca. 265 (Epit. de Caes. 41,8) in Dacia nova, wohl bäuerlicher Herkunft. Abkunft von Philippus Arabs (SHA Vita Gord. 34,5) offenbar fiktiv.

Laufbahn: 297 Teilnahme am Perserkrieg des Galerius. 307 Teilnahme am Krieg gegen Maxentius.

Wichtige Einzeldaten:

11. Nov. (?) 308	(Cons. Const.) Erhebung zum Augustus in Carnuntum: IMP. CAES. C. VALERIUS LICINIANUS LICINIUS P. F. INV. AUG., PONTIFEX MAXIMUS, PATER PATRIAE, PROCONSUL bzw. (seit 320?) D. N. IOVIUS LICINIUS INV. SEMPER AUG. (Dessau 676).
27. Juni 310	Sieg über die Sarmaten (Dessau 664).
311 (?)	Verlobung mit Constantia.
11. Nov. 312?	Quinquennalien.
Jan./Febr. 313	Treffen mit Constantin I. und Hochzeit mit Constantia in Mailand.
30. April 313	Sieg auf dem Campus Serenus bei Adrianopel über Maximinus Daia (Lact., De mort. pers. 46,8ff.).
13. Juni 313	Toleranzedikt (Lact., De mort. pers. 48,1).
8. Okt. 314	(Cons. Const., 316: Barnes) Niederlage von Cibalae.
Ende 314	Frieden mit Constantin (vgl. dort).
11. Nov. 317?	Decennalien.
3. Juli 324	(Cons. Const.) Niederlage bei Adrianopel.
18. Sept. 324	(Cons. Const.) Niederlage bei Chrysopolis.
19. Sept. 324	Abdankung, Verbannung nach Thessalonike.
16. Dez. (?) 324	Aufhebung der Verfügungen des Licinius (vgl. Cod. Theod. XV 14,1 mit Datum 16. Mai 324. Dazu O. Seeck, Regesten 99).
Frühj. 325	*Hinrichtung* in Thessalonike (Cons. Const.). – DAMNATIO MEMORIAE.

cos. design.	seit 11. Nov. 308
cos. I	309
cos. II	312
cos. III	313
cos. IV	315

cos. V	318
cos. VI	321 (nur im Osten)
trib. pot. I	11. Nov.–9. Dez. 308
trib. pot. II	10. Dez. 308–9. Dez. 309
trib. pot. III	10. Dez. 309–9. Dez. 310
trib. pot. XVII	10. Dez. 323–19. Sept. 324

Dessau 679 hat offenbar irrtümlich TR P X statt TR P XI.

imp. I	11. Nov. 308–10. Nov. 309
imp. II	11. Nov. 309–10. Nov. 310
imp. III	11. Nov. 310–10. Nov. 311
imp. IV	11. Nov. 323–19. Sept. 324
Germanicus	310 oder früher
Sarmaticus	310
Germanicus max.	315?
Sarmaticus max.	315?

Verheiratet mit CONSTANTIA, NOBILISSIMA FEMINA, der Schwester Constantinus' I. (PLRE 221 Nr. 1).
Ein *Sohn* von der Constantia LICINIUS IUNIOR (s. unten).
Ein *Bastardsohn* (PLRE 509 Nr. 4 am Ende).

PLRE 509 Nr. 3.
RE XIII 1, 1926, 222ff. Nr. 31a (O. Seeck).
Kl P III 639f. Nr. 3 (R. Hanslik).
Diz. Epigr. IV 1958/9, 979ff. (R. Andreotti).
RIC VII passim.
Herrscherbild III 4, 1984, 37ff. und 116ff. (R. Unger).
R. Calza, Iconografia rom. imp. III 200ff. Nr. XX.
H. Feld, Der Kaiser Licinius, Diss. Saarbrücken 1960.
T. D. Barnes, New Empire 6f., 43f., 80f.
H. Chantraine, Hermes 110, 1982, 477ff.
H. Castritius, Studien zu Maximinus Daia 38 A. 77 (zum Namen Iovius).
W. Seston, Scripta Varia, Rom 1980, 497ff. (plädiert für den 18. Nov. 308 als dies imperii, vgl. dagegen H. Chantraine 478).
D. Kienast, Kleine Schriften, Aalen 1994, 611ff. (zum bellum Cibalense).
I. König, Origo 92ff. und 111ff. (für 26. Dez. als dies imperii).
A. Chastagnol, in: Mosaique (Festschrift H. Stern), Paris 1983, 97ff. (zu den Decennalien).

Licinius Iunior

Geb.: ca. Juli/Aug. 315 (vgl. Epit. de Caes. 41,4. Zosim. 2, 20, 2). Sohn des Licinius und der Constantia.

1. März 317	(Cons. Const.) Erhebung zum Caesar: D. N. VALERIUS LICINIANUS LICINIUS IUNIOR NOB. CAES., im Osten auch: VAL. CONSTANTINUS LICINIANUS LICINIUS NOB. CAES., im Westen auch FLAVIUS LICINIUS (RIC VII 246 Nr. 124: Arles).
1. März 321	Quinquennalien (nur im Osten).
19. Sept. 324	(oder wenig später) Absetzung durch Constantin.
326	*Hinrichtung* durch Constantin (vgl. Hieron. Chron. z. J. 325). – DAMNATIO MEMORIAE (Name auf Inschriften eradiert).

cos. I	319
cos. II	322 (nur im Osten)

PLRE 509f. Nr. 4.
RE XIII 1, 1926, 231 Nr. 31b (O. Seeck).
Kl P III 640f. Nr. 4.
RIC VII passim.
Herrscherbild III 4, 1984, 118 (R. Unger).
R. Calza, Iconografia rom. imp. III 207f. Nr. XXI.
T. D. Barnes, New Empire 45.
G. Petzl und H. W. Pleket, ZPap 34, 1979, 292ff. zu Nr. 8 (zum Namen Constantinus).
M. Christol–Th. Drew-Bear, Tyche 1, 1986, 43ff. (zum Namen Constantinus).

Valens

Geburtsdatum und Herkunft unbekannt. Unter Licinius dux limitis in Dacia (Anonym. Vales. 17).

nach dem 8. Okt. 314 (316?)	Von Licinius zum Augustus erhoben: IMP. C. AURELIUS VALERIUS VALENS P. F. AUG. (so die Münzen, die literarischen Quellen nennen ihn nur Caesar, vgl. Anonym. Vales. 17. Zosim. 2, 19, 2).
Ende 314 (Jan./Febr. 317?)	*Gest.:* Vor dem Friedensschluß mit Constantin von Licinius beseitigt (Zosim. 2, 20, 1).

PLRE 931 Nr. 13.
RE VII A 2, 1948, 2138f. Nr. 7 (W. Enßlin).
RIC VII 644 Nr. 7 und 706 Nr. 19.
T. D. Barnes, New Empire 15.
I. König, Origo 126f.

Martinianus

Geburtsdatum und Herkunft unbekannt. Magister officiorum des Licinius (Epit. de Caes. 41,6).

nach 3. Juli 324	Von Licinius zum Augustus erhoben: IMP. CAES. MAR. MARTINIANUS P. F. AUG. (so nach den Münzen, die literar. Quellen nennen ihn nur Caesar, vgl. Epit. de Caes. a. O. Aurel. Vict., Caes. 41,9. Zosim. 2, 25, 2).
19. Sept. 324	Nach Einnahme von Nikomedeia von Constantin abgesetzt und nach Kappadokien verbannt.
325	*Gest.:* Von Constantin beseitigt (Anonym. Vales. 29).

PLRE 563 Nr. 2.
RE XIV 2, 1930, 2016f. (W. Enßlin).
Kl P III 1056 (R. Hanslik).
RIC VII 645 Nr. 16. Vgl. 608 Nr. 45–47.
T. D. Barnes, New Empire 15.
M. Clauss, Der magister officiorum in der Spätantike, München 1981, 171.
I. König, Origo 155ff.

Constantin I. (25. Juli 306–22. Mai 337)

Geb.: 27. Febr. 272 oder 273 (FPhiloc. Polem. Silvius. Vgl. Euseb., Vita Constantini 1,8.4,53. Eutrop. 10, 8, 2) oder erst ca. 285 (? Vgl. Euseb., a. O. 2,51) in Naissus, Geburtstag später zweitägig gefeiert. Sohn des Constantius I. (s. oben) und der Helena (s. unten).
Name: C. FLAVIUS VALERIUS CONSTANTINUS (auch die praenomina Gaius, Marcus und Titus sind bezeugt). Zum Spitznamen Trachala, den Constantin nach Epit. de Caes. 41, 16 geführt haben soll, s. Ch. Bruun, Historia 44, 1995, 459 ff.

Laufbahn: Seit 293 (?) als tribunus im Osten und an der Donau, zuletzt (305) als tribunus primi ordinis (Lact., De mort. pers. 18, 10), dann Teilnahme am Feldzug des Constantius gegen die Picten (306).

Wichtige Einzeldaten:

25. Juli 306	(FPhiloc. Polem. Silvius) Erhebung zum Augustus in Eburacum (York), später Anerkennung durch Galerius (ca. Aug. 306) als Caesar: FLAVIUS VALERIUS CONSTANTINUS (PIUS) NOB. CAES. PRINCEPS IUVENTUTIS, HERCULIUS. – Die Thronerhebung wurde später zweitägig am 25. und 26. Juli gefeiert.
Sept./Okt. (?) 306	Anerkennung in Ägypten.
Herbst 306 oder Anf. 307	Feldzug gegen die Franken.
1. H. 307	Besuch Britanniens? (Vgl. RIC VI p. 129 Nr. 82.)
Spätsommer (?) 307	Erhebung zum Augustus (in Trier?) durch Maximian (nach Barnes Sept. 307, nach Seston schon 31. März 307 [auf Grund einer fehlerhaften Angabe bei Polemius Silvius], nach Lafaurie erst 25. Dez. 307): IMP. CONSTANTINUS P. F. INVICTUS (seit 324 meist VICTOR) AUG., PONT. MAX., PATER PATRIAE, PROCONSUL. Augustustitel zunächst nur in den Gebieten des Constantin und des Maxentius anerkannt. – Hochzeit mit Fausta, der Tochter Maximians.
308	Kämpfe gegen die Brukterer.
Nov. 308	Konferenz zu Carnuntum. Constantin als

	Caesar bestätigt, nennt sich in seinem Reichsteil weiter Augustus.
Anf. 309 (?)	Constantin erhält den Titel FILIUS AUGUSTORUM (vgl. Lact., De mort. pers. 32,5), so auf Münzen im Donaugebiet und im Osten.
1. Mai (?) 310	Maximinus Daia zum Augustus erhoben. Seitdem bzw. bald danach auch Constantin im ganzen Reich als AUGUSTUS anerkannt.
Sommer 310	Feldzug gegen die Franken.
ca. Juli (?) 310	Einnahme von Massilia und Freitod (?) des Maximian.
25. Juli 310	Quinquennalienfeier. Seitdem (?) DIVI CLAUDI NEPOS (vgl. oben unter Constantius I.).
311	Toleranzedikt (30. April) und Tod (Anf. Mai) des Galerius.
28. Okt. 312	(FPhiloc. Vgl. Lact. a. O. 44) Sieg an der Milvischen Brücke. Tod des Maxentius.
29. Okt. 312	(FPhiloc.) Einzug in Rom (zweitägig gefeiert). Constantin erhält den Titel MAXIMUS AUGUSTUS. – TRIUMPHATOR OMNIUM GENTIUM, RESTITUTOR LIBERTATIS, RESTITUTOR TOTIUS ORBIS etc.
Jan./Febr. 313	(nach 18. Jan.) Treffen mit Licinius in Mailand.
Herbst 313 oder 1. H. 314	Besuch Britanniens. – Konzil von Arles (seit 1. August 314).
8. Okt. 314	(so Cons. Const. 316: Habicht und Barnes) Sieg bei Cibalae über Licinius.
Ende 314 (Jan. 317?)	Friedensschluß mit Licinius. Constantin erhält die Donauprovinzen mit Ausnahme der Diözese Thrakien.
1. H. 315	Siege über Goten und Sarmaten?
21. (oder 18.?) Juli 315	(FPhiloc.) Adventus in Rom (zweitägig gefeiert).
25. Juli 315	Decennalienfeier.
27. Sept. 315	(FPhiloc.) Profectio aus Rom.
1. März 317	(Cons. Const. Chron. Pasch.) Erhebung des Crispus, des Constantinus Iunior und des Licinius Iunior zu Caesares in Serdica.
25. Juli 321	Quindecennalienfeier.
Sommer 322	Sieg über die Sarmaten.
Frühj. 323	Krieg gegen die Goten.
3. Juli 324	(Cons. Const.) Sieg bei Adrianopel über Licinius.

18. Sept. 324	(Cons. Const.) Zweiter Sieg über Licinius bei Chrysopolis.
8. Nov. 324	(Cons. Const.) Erhebung des Constantius II. zum Caesar.
20. Mai–19. Juli 325	Konzil zu Nikaia (Sokrat., hist. eccl. 1,13).
25. Juli 325	(Hieron. Chron. Chron. Pasch.) Vicennalien in Nikomedeia.
März (?) 326	(Cons. Const.) Hinrichtung des Crispus.
18. (oder 21.?) Juli 326	(FPhiloc.) Adventus in Rom (zweitägig gefeiert).
25. Juli 326	(Hieron. Chron.) Vicennalienfeier in Rom wiederholt.
27. Nov. 326	(Sokrat., hist. eccl. 1, 25, 7f.) Arius an den Hof nach Constantinopel berufen.
7. Jan. 327	(Hieron. Chron. Chron. Pasch. p. 527 Dind. Acta Sanct.) Neugründung von Helenopolis.
Nov. 327	Zweite Tagung des ökumen. Konzils.
328	Tod des Bischofs Alexander von Alexandria (17. April) und Einsetzung des Athanasius (8. Juni: Athanas., hist. aceph. 5,8–10).
11. Mai 330	(Cons. Const.) Einweihung von Constantinopel.
20. April 332	(Cons. Const.) Gotensieg des Constantinus Iunior.
25. Dez. 333	(Cons. Const.) Constans (in Constantinopel?) zum Caesar ernannt.
333/34	Erhebung des Calocaerus (s. unten) in Cyprus.
334	(Cons. Const.) Vertreibung der Sarmaten aus dem Banat.
ca. 335	Einfall und Tod des Narses (PLRE 616 Nr. 2) in Armenien.
25. Juli 335	(Cons. Const. Chron. Pasch.) Tricennalienfeier in Constantinopel.
18. Sept. 335	(Cons. Const. Chron. Pasch.) Ernennung des Delmatius zum Caesar (und gleichzeitig des Hannibalianus zum rex regum et Ponticarum gentium?).
7. Nov. 335	Verbannung des Athanasius nach einer Audienz in Constantinopel.
25. Juli 336 (?)	Tricennalienrede des Eusebios.
3. April 337	(Euseb., Vita Const. 4,57) Constantin feiert das Osterfest in Constantinopel. Kurz zuvor Eintreffen einer persischen Gesandtschaft.

22. Mai 337	*Gest.* in Ankyrona bei Nikomedeia (Euseb., Vita Const. 4,64). Beisetzung zunächst in der Kirche des H. Akakios in Constantinopel? (so Mesarites I 2, anders Euseb., Vita Constantini IV 70f.), dann Überführung in das Mausoleum bei der Apostelkirche, Ende 359 erneute Überführung in die Kirche des Hl. Akakios (Sokr., hist. eccl. II 38). Consecratio (Eutrop. 10,8): DIVUS CONSTANTINUS AUG.–DIVUS AUGUSTUS PIUS CONSTANTINUS (Dessau 706). DIVUS CONSTANTINUS MAXIMUS (Dessau 730).
nach 9. Sept. 337	PATER AUGUSTORUM. Bald nach seinem Tode im Osten als Heiliger verehrt (Gedenktag 21. Mai).

cos. I	307 (nur im Herrschaftsbereich des Constantin) bzw. 309 (nicht anerkannt im Gebiet des Constantin und des Maxentius)
cos. II	312
cos. III	313
cos. IV	315
cos. V	319
cos. VI	320
cos. VII	326
cos. VIII	329

trib. pot. I	25. Juli 306–9. Dez. 306
trib. pot. II	10. Dez. 306–Spätsommer 307
trib. pot. III	Spätsommer 307–9. Dez. 307 (vgl. die Einleitung)
trib. pot. IV	10. Dez. 307–9. Dez. 308
trib. pot. XXXIII	10. Dez. 336–22. Mai 337

imp. I	25. Juli 306–24. Juli 307
imp. II	25. Juli 307–Spätsommer 307 (vgl. die Einleitung)
imp. III	Spätsommer 307–24. Juli 308
imp. IV	25. Juli 308–24. Juli 309
imp. XXXII	25. Juli 336–22. Mai 337

Ägyptische Herrscherjahre

I	Sept./Okt. (?) 306–29. Aug. 307
II	30. Aug. 307–28. Aug. 308
III	29. Aug. 308–28. Aug. 309
XXXI	29. Aug. 336–22. Mai 337

Siegestitel (vgl. oben S. 41ff.):

Germanicus	313?	
Sarmaticus	313?	ILAlg 3956 (vgl. oben unter Maximinus Daia)
Persicus	312?	
Germanicus max.	313?	
Sarmaticus max.	313?	
Britannicus max.	313/14	
Persicus max.	vor 315	Dessau 645 und 8942
Adiabenicus max.	vor 315	
Medicus max.	vor 315	
Gothicus max.	315	
Germanicus max. III	318	
Carpicus (oder Cappadocicus?) max.	vor 318	
Arabicus (oder Adiabenicus?) max.	vor 318	Dessau 696
Armenicus max.	vor 318	
Sarmaticus max. II	323 (334 Barnes)	
Gothicus max. II	328/29 (332 Barnes)	
Germanicus max. IV	328/29	
Sarmaticus max. III	328/29?	
Dacicus max.	336	

Liberalitas (I?): 1. März 317? (vgl. Kienast S. 619 Anm. 38).

Verheiratet mit
1. Minervina (Konkubinat: PLRE 602f.),
2. Fausta (s. unten).

Ein *Sohn* von der Minervina Crispus (s. unten).
Mehrere *Kinder* von der Fausta:
Constantinus II. (?) (s. dort),
Constantius II. (s. dort),
Constans (s. dort),
Constantina (s. unter Constantius II.),
Helena (PLRE 409f. Nr. 2).

PLRE 223f. Nr. 4.
RE IV 1, 1900, 1013ff. Nr. 2 (C. Benjamin).
Kl P I 1286ff. Nr. 1 (A. Lippold).
RAC III 1957, 306ff. (J. Vogt).
Diz. Epigr. II 1, 1900, 637ff. (E. Ferrero).
RIC VI und VII passim. VIII 139ff. 177ff. 204ff. 446f.
Herrscherbild III 4, 1984, 37ff. 118ff. (R. Unger).
Fittschen-Zanker, Katalog I 144ff. Nr. 120 und 122f.

T. D. Barnes, New Empire passim.
–, Constantine and Eusebius, London 1981.
–, Phoenix 30, 1976, 174ff. (Fledzüge und Siegestitel).
–, AJAH 3, 1978, 53ff.
P. Barceló, Roms auswärtige Beziehungen unter der constantinischen Dynastie, Regensburg 1981.
G. Brizzi, Alba Regia 17, 1979, 59ff. (zum Sarmatenkrieg 322).
P. Bruun, Studies in Constantinian Chronology NNM 146, New York 1961.
–, Arctos 9, 1975, 11ff. (zum dies imperii).
A. Chastagnol, in: Aion, Le temps chez les romains, Paris 1976, 221ff. (zu den ägyptischen Herrscherjahren).
–, Latomus 25, 1966, 543ff. (zu den Titeln victor und invictus).
C. T. H. R. Ehrhardt, ZPap 38, 1980, 177ff. (zum gleichen Thema).
W. Seston, REA 39, 1937, 197ff. (imper. Akklamationen und trib. pot.).
M. Festy, RIDA 29, 1982, 205ff. (zum gleichen Thema).
M. Christol–P. Sillières, REA 82, 1980, 70ff. (zur Herrschaft in Spanien).
M. R. Alföldi–D. Kienast, JbNum 11, 1961, 33ff. (Milvische Brücke).
Chr. Habicht, Hermes 86, 1958, 360ff. (zum bellum Cibalense).
D. Kienast, in: Kl. Schriften, Aalen 1994, 611ff. (zum gleichen Thema und zu den Siegestiteln Gothicus max. und Sarmaticus max.).
L. Koep, JbAC 1, 1958, 94ff. (zur Consecratio).
J. Lafaurie, in: Mélanges A. Piganiol II, Paris 1966, 795ff. (natalis Augusti).
K. L. Noethlichs, Die gesetzgeberischen Maßnahmen der christlichen Kaiser des 4. Jh. gegen Häretiker, Heiden und Juden, Diss. Köln 1971.
C. E. V. Nixon, Antichthon 14, 1980, 157ff. (dies imp. und quinquennalia).
Ph. Grierson, DOP 16, 1962, 3ff. und 39f. (zur Beisetzung).
J. Casey, in: Collectanea Londinensia. Studies pres. to R. Merrifield, London 1978, 181ff. (zu den Besuchen in Britannien).
A. Arnaldi, in: Contributi A. Garzetti, Genua 1976, 175ff. (Siegesbeinamen).
G. Downey (Ed.), Nikolaos Mesarites. Description of the Church of the Holy Apostles at Constantinople, Philadelphia 1957, (zur Beisetzung).
H. A. Drake, Historia 24, 1975, 345ff. (zur Tricennalienrede des Eusebios).
I. König, Origo 63ff.
A. Kaniuth, Die Beisetzung Konstantins des Großen, Breslau 1941.
K. M. Girardet, in: Oecumenica et Patristica, Genf 1989, 151ff. (keine Teilnahme Constantins am Konzil von Arles).
C. Mango, ByzZ 83, 1990, 51ff. (Begräbnis).
Th. Grünewald, Constantinus Maximus Augustus, Stuttgart 1990 (abweichende Datierungen).
G. Bonamente–F. Fusco, Constantino il Grande, Macerata 1993.
W. Kuhoff, Chiron 21, 1991, 128ff. (Milvische Brücke).
H.-U. Wiemer, Historia 43, 1994, 469ff. (Rombesuch 326).
H. Chantraine, Abh. Akad. Mainz, geistesw. Kl. 1992 Nr. 7 (Nachfolgeregelung).
H. A. Pohlsander, Ancient World 26, 1995, 89ff. (b. Cibalense).

Helena

Geb.: ca. 250 (Euseb., Vita Const. 3,46) in Drepanon (dem späteren Helenopolis) in Bithynien (Procop., De aedif. 5, 2, 1)?, niederer Herkunft, von Beruf stabularia? (Vgl. Ambros., De obitu Theodosii 42.)

vor 270	Heirat (oder Konkubinat?) mit Constantius.
ca. 272/73 (?)	Geburt Constantins.
vor 289 (?)	Von Constantius entlassen.
seit 306	Am Hofe Constantins (als NOBILISSIMA FEMINA? Vgl. unter Crispus).
ca. 325	(8. Nov. 324?) Erhebung zur Augusta: FLAVIA IULIA HELENA AUGUSTA, DIVI CONSTANTI CONIUX, GENETRIX (PROCREATRIX) CONSTANTINI . . . AUGUSTI, AVIA CRISPI ET CONSTANTINI ET CONSTANTI . . . CAESARUM (Dessau 708f.).
2. H. 326 (?)	Beginn der Pilgerreise nach Jerusalem.
Ende 329	*Gest.* (? Vgl. P. Bruun RIC VII 72f. m. Anm. 6 gegen Barnes, Seeck und Hanslik) in Rom etwa 80jährig (Euseb., Vita Const. 3,46f.). Beigesetzt in der Basilica an der Via Labicana (Liber pontif. 34,44). Porphyrsarkophag im Vatican. Später nach Constantinopel übergeführt? [Vgl. Kedrenos I 519 p. 565f. (Migne). Dazu Ph. Grierson 39f.]
seit dem 5. oder 6. Jh.	In Byzanz als Heilige verehrt (Gedenktag 21. Mai).
seit 2. H. 9. Jh.	Auch im Westen (Gedenktag 18. August).

PLRE 410f. Nr. 3.
PIR^2 III p. XIV F Nr. 426a.
RE VII 2, 1912, 2820ff. Nr. 2 (O. Seeck).
Kl P II. 988f. Nr. 1 (R. Hanslik).
RAC XIV, 1987, 355ff. (R. Klein).
RIC VII passim.
Herrscherbild III 4, 1984, 143 (M. Wegner).
R. Calza, Iconografia rom. imp. III 168ff. Nr. XIII.
Fittschen-Zanker, Katalog III 35f. Nr. 38.
T. D. Barnes, New Empire 9.36.
F. W. Deichmann–A. Tschira, JdAI 72, 1957, 44ff. (zum Mausoleum der Helena).

I. König, Origo 60f.
M. Kajava, Arctos 19, 1985, 41ff. (zum Geburtsort).
J. W. Drijvers, Helena Augusta, Leiden 1991.
M. J. Johnson, Latomus 51, 1992, 147ff. (zum Begräbnis).
Weitere *Literatur* s. unter Constantin I.

Fausta

Geb.: ca. 290 (?) in Rom. Tochter des Maximianus Herculius und der Eutropia (PLRE 316 Nr. 1).

Spätsommer (?) 307	Heirat mit Constantin. Seitdem (?) NOBILISSIMA FEMINA (der Titel erscheint zuerst auf Münzen, die 321 zusammen mit Stücken für die jüngere Helena geprägt wurden. Vgl. unter Crispus).
seit 1. März 317	NOVERCA CAESARUM? (Dessau 710, ergänzt).
325 (oder 8. Nov. 324?)	Erhebung zur Augusta: FLAVIA MAXIMA FAUSTA AUGUSTA.
Sommer 326	*Gest.:* Hingerichtet wegen Ehebruchs. Unter Constantius II. nach Constantinopel übergeführt und neben Constantin beigesetzt? Vgl. Ph. Grierson 40 zu Kedrenos I 519f. p. 565f. Migne. – DAMNATIO MEMORIAE (Namenserasion auf Inschriften Vgl. Dessau 710).

Kinder s. oben unter Constantin.

PLRE 325f.
RE VI 2, 1909, 2084ff. Nr. 3 (O. Seeck).
Kl P II 522 (A. Lippold).
RIC VII passim.
Herrscherbild III 4, 1984, 152ff. (M. Wegner).
R. Calza, Iconografia rom. imp. III 248ff. Nr. XXIV.
T. D. Barnes, New Empire bes. 9 und 34.
J. W. Drijvers, Historia 41, 1992, 500ff.
Weitere *Literatur* s. unter Constantin I.

Crispus

Geb.: ca. 300, Sohn des Constantin I. und der Minervina (PLRE 602f.).

1. März 317	In Serdica zum Caesar erhoben. C. FLAVIUS IULIUS (bzw. VALERIUS) CRISPUS NOB. CAES. (auf einigen Münzen auch CLAUDIUS CRISPUS), PRINCEPS IUVENTUTIS.
321	Quinquennalia (1. März). Hochzeit mit Helena.
325	Decennalia (nur im W. gefeiert).
März (?) 326	(Cons. Const.) *Gest.:* Hingerichtet in Pola (wegen Inzests?). (Vgl. Ammian 14, 11, 20 und Seeck, Regesten 63.) – DAMNATIO MEMORIAE (Namenserasion auf Inschriften. Vgl. Dessau 708 und 710).

cos. I	318
cos. II	321 (im Reichsteil des Licinius nicht anerkannt)
cos. III	324 (im Osten erst seit September)

Sarmaticus max.	318?	Nur in einem ergänzten Papyros (POxy 889. Vgl. Barnes, New Empire 234ff.).
Germanicus max.	319?	

Verheiratet mit HELENA (PLRE 409 Nr. 1), N(OBILISSIMA) F(EMINA) (RIC VII 503f.).

Ein *Sohn* unbekannten Namens (geb. 322. Vgl. Cod. Theod. 9, 38, 1 vom 30. Okt.).

Eine *Tochter?* [Mutter der Justina (PLRE 488f.)? Vgl. Barnes, New Empire 44].

PLRE 233 Nr. 4.
RE IV 2, 1901, 1722ff. Nr. 9 (O. Seeck).
Kl P V 1592 Nr. 3 (A. Lippold).
RIC VII passim.
Herrscherbild III 4, 1984, 82 (R. Unger).
R. Calza, Iconografia rom. imp. III 272ff. Nr. XXXIII.
Fittschen-Zanker, Katalog I 155f. Nr. 124.
P. Guthrie, Phoenix 20, 1966, 325ff.
H. A. Pohlsander, Historia 33, 1984, 79ff.
T. D. Barnes, New Empire 7f., 44, 83ff.
G. Petzl–H. W. Pleket, ZPap 34, 1979, 292f. und 62, 1986, 294.
M. Christol–Th. Drew-Bear, Tyche 1, 1986, 43ff.
M. R. Alföldi, JbNum 10, 1959/60, 79ff. (zum Status der Helena. Anders P. Bruun, RIC VII 493f.).
I. König, Origo 136ff.

Bassianus

Herkunft und Laufbahn unbekannt. Vermählt mit Constantins Schwester Anastasia (PLRE 58 Nr. 1). Constantin plante, den Bassianus 314 zum Caesar zu erheben, doch scheiterte dies am Widerstand des Licinius. Da Bassianus einen Aufstand gegen Constantin geplant haben soll, ließ dieser ihn *hinrichten* (Anonym. Vales. 5,14f.).

PLRE 150 Nr. 1.
RE III 1, 1897, 106 Nr. 4 (O. Seeck).
Kl P I 838 Nr. 3 (R. Hanslik).
I. König, Origo 113ff.
D. Kienast, Kleine Schriften, Aalen 1994, 624ff.

Delmatius

Geburtsdatum (um 315?) und -ort unbekannt. Sohn des Flavius Dalmatius, cos. 333 (PLRE 240 Nr. 6), Enkel des Constantius I. und der Theodora (PLRE 895 Nr. 1).
Name: FLAVIUS IULIUS DELMATIUS (so die Inschriften und Münzen, DALMATIUS die literarischen Quellen).

18. Sept. 335	(Cons. Const. Chron. Pasch.) Erhebung zum Caesar für Thrakien, Makedonien und Achaia: FLAVIUS DELMATIUS NOB. CAES.
vor 9. Sept. 337?	In Constantinopel ermordet (nach Seeck erst Anf. 338 auf Grund von Hieron. Chron.). – DAMNATIO MEMORIAE (Namenserasion auf Inschriften, z. B. AE 1934 Nr. 158).

PLRE 241 Dalmatius Nr. 7.
RE IV 2, 1901, 2456 Delmatius Nr. 3 (O. Seeck).
Kl P I 1368 Dalmatius Nr. 2 (A. Lippold).
RIC VII passim.
R. Calza, Iconografia rom. imp. III 342ff. Nr. XLIII.
T. D. Barnes, New Empire 45.
I. König, Origo 181f.

Hannibalianus

Geburtsdatum und -ort unbekannt. Sohn des Flavius Dalmatius, cos. 333 (PLRE 240 Nr. 6), Bruder des Flavius Iulius Delmatius (s. oben).

seit 18. Sept. 335	(? Vgl. Chron. Pasch.) FLAVIUS HANNIBALIANUS REX (Münzen) und REX REGUM ET PONTICARUM GENTIUM? (so Anonym. Vales. 35. Vgl. Epit. de Caes. 41,20) NOBILISSIMUS VIR (Zosim. 2,39,2). Heirat mit Constantina.
vor 9. Sept. 337	(? oder Anf. 338, vgl. oben) in Constantinopel ermordet. – DAMNATIO MEMORIAE.

Verheiratet seit 335 mit CONSTANTINA, Tochter Constantinus' I., Augusta seit 335 (Philostorg., Hist. eccl. 3, 22, 28) (PLRE 222 Nr. 2).
Kinder nicht bekannt.

PLRE 407 Nr. 2.
RE VII 2, 1912, 2352f. Nr. 3 (O. Seeck).
RIC VII p. 589 Nr. 141f. Cohen VII p. 363f.
R. Calza, Iconografia rom. imp. III 346ff. Nr. XLIV.
T. D. Barnes, New Empire 8 Anm. 28.
E. K. Chrysos, Dumbarton Oaks Papers 32, 1978, 36ff. (zum Titel rex regum).
I. König, Origo 182ff.
G. Wirth, BoJbb 190, 1990, 201ff.

Gegenkaiser

Calocaerus

Geburtsdatum und Herkunft unbekannt.

Magister pecoris camelorum auf Cyprus.
Erhob sich 333/34 (?) specie regni (Hieron. chron. Aurel. Vict., Caes. 41,11f., der wohl irrtümlich die Erhebung 326 datiert). Der Aufstand wurde bald unterdrückt. Calocaerus wurde durch Kreuzigung *hingerichtet.*

PLRE 177.

RE X 2, 1919, 1757 s. u. Kalokairos (W. Kroll).
T. D. Barnes, New Empire 15f.
M. Salmon, Studi A. Biscardi V, Mailand 1984, 79ff.
I. König, Origo 179ff.

Constantin II. (9. Sept. 337–Anf. April 340)

Geb.: 7. Aug. 316? (so Polem. Silvius. Epit. de Caes. 41,4 und Zosim. 2, 20, 2 führen auf Febr. 317) in Arles als Sohn Constantins I. (und der Fausta?).
Name: FLAVIUS CLAUDIUS CONSTANTINUS (auf einigen Münzen auch IULIUS CONSTANTINUS).

Wichtige Einzeldaten:

1. März 317	(Cons. Const.) Erhebung zum Caesar in Serdica: FLAVIUS CLAUDIUS CONSTANTINUS IUNIOR NOB. CAES., PRINCEPS IUVENTUTIS.
1. März 321	Quinquennalienfeier in Rom (nur im W. auf den Münzen propagiert).
328	Alamannenkrieg.
1. März 325 (?)	Decennalienfeier.
20. April 332	(Cons. Const.) Sieg über die Goten.
335	Übernahme der gallischen Präfektur (Gallien, Britannien und Spanien) (Epit. de Caes. 41,20. Anonym. Vales. 35).
1. März 336	Vicennalia.
9. Sept. 337	(Cons. Const.) Erhebung zum Augustus für den Westen (mit Oberaufsicht über Constans? Vgl. Zosim. 2,39): FLAVIUS CLAUDIUS CONSTANTINUS P. F. AUG., MAXIMUS TRIUMPHATOR AUG.
338?	Germanischer Feldzug.
Frühjahr 340	Einmarsch in Italien.
Anf. April 340	*Gest.:* Gefallen bei Aquileia im Kampf gegen die Vorhuten des Constans (vgl. dort). – DAMNATIO MEMORIAE (vgl. Cod. Theod. XI 12,1).

cos. I	320
cos. II	321 (im Reichsteil des Licinius nicht anerkannt)
cos. III	324 (im Osten erst seit September)
cos. IV	329

Alamannicus max.	328	AE 1934 Nr. 158. Dessau 724 mit addit.
Germanicus max.	338?	Bd. III p. CLXXII.

Sarmaticus max. und Germanicus max. POxy 889. Vgl. unter Crispus.

Verheiratet mit unbekannter Frau (bald nach 335, vgl. Euseb., Vita Const. IV 49). *Kinder* nicht bekannt.

PLRE 223 Nr. 3.
RE IV 1, 1900, 1026ff. Nr. 3 (O. Seeck).
Kl P I 1289 Nr. 2 (A. Lippold).
Diz. Epigr. II 1, 1900, 655ff. (E. Ferrero).
RIC VIII passim.
Herrscherbild III 4, 1984, 82f. (R. Unger).
R. Calza, Iconografia rom. imp. III 1972, 280ff. Nr. XXXV.
Fittschen-Zanker, Katalog I 145f. Nr. 121. 155f. Nr. 124.
J. Moreau, JbAC 2, 1959, 160f.
T. D. Barnes, New Empire 44.
–, Phoenix 34, 1980, 160ff. (zum Itinerar).
–, Phoenix 38, 1984, 175ff. (zum Geburtsdatum).
H. A. Cahn, in: Mélanges à P. Bastien, Wetteren 1987, 201ff. (zur damnatio memoriae).
I. König, Origo Constantini 138ff.
D. Feissel, Travaux et mémoires du Centre de recherches d'hist. et civilisation de Byzance 9, 1985, 421ff. (zu den vicennalia. Vgl. AE 1985 Nr. 823).
P. Cara, Aevum 67, 1993, 173ff.

Constans I. (9. Sept. 337–18. Jan. 350)

Geb.: 320 (vgl. Eutrop. 10,9. Zonar. 13,6. Paneg. IV [X] 36,1) oder 323 (vgl. Epit. de Caes. 41,23) als Sohn Constantinus' I. und der Fausta (PLRE 325f.).

Wichtige Einzeldaten:

25. Dez. 333	(Cons. Const.) in Constantinopel (?) zum Caesar erhoben: FLAVIUS CONSTANS NOB. CAES.
335	Übernahme der Verwaltung von Italia, Africa und Illyricum (Epit. de Caes. 41,20. Anonym. Vales. 35).
vor 337	Verlobung mit Olympias, Tochter des praef. praetorio Ablabius, cos. 331 (PLRE 3f. Nr. 4), die Constantius II. später (354?) dem Armenierkönig Arsakes III. zur Frau gab (PLRE 642 Nr. 1).
9. Sept. 337	(Cons. Const.) Erhebung zum Augustus für Italia, Africa und Illyricum sowie Macedonia und Achaia (Zon. 13,5): FLAVIUS IULIUS CONSTANS P. F. AUG.
338	Kaisertreffen in Viminacium? (Juni? Nach Piganiol 82,4 und Barnes schon 337). Sarmatenfeldzug (Herbst).
Anf. April 340	Sieg über Constantin II. bei Aquileia (9. April ist Constans in Aquileia bezeugt: Cod. Theod. II 6,5. X 15,3). Constans erhält Gallien, Britannien und Spanien und nennt sich MAXIMUS VICTOR AC TRIUMPHATOR AUGUSTUS (Dessau 725 und 730).
341	Kampf gegen die Franken in Gallien (Cons. Const.).
342	Sieg über die Franken (Frühjahr/Sommer). (Cons. Const. Vgl. FPhiloc. zum 15. und 20. Juli.)
bald nach 25. Jan. 343	(Vgl. Cod. Theod. XI 16,5) Übergang nach Britannien.
343/4	Konzil zu Serdica.
kurz nach 18. Jan. 350	*Gest.* (Cons. Const.). Nach der Erhebung des Magnentius auf der Flucht in dem Ort Helena am Rande der Pyrenäen getötet. Beigesetzt in Centcelles bei Tarragona?

	DAMNATIO MEMORIAE im Gebiet des Magnentius (Namenserasion auf Inschriften) (vgl. Dessau 729. 1235f.). Später Consecratio: DIVUS CONSTANS (Dessau 1244).
cos. I	339 mit Constantius II.
cos. II	342 mit Constantius II.
cos. III	346 (nur im Osten)
Sarmaticus	Herbst 338 (Dessau 724)

Verlobt mit Olympias (PLRE 642 Nr. 1).
Frau und Kinder nicht bekannt.

PLRE 220 Nr. 3 (bes. zum Geburtsdatum).
RE IV 1, 1900, 948ff. Nr. 3 (O. Seeck).
Kl P I 1282f. Nr. 1 (A. Lippold).
Diz. Epigr. II 1, 1900, 627ff. (E. Ferrero).
RIC VIII passim.
Herrscherbild III 4, 1984, 85 (R. Unger).
Fittschen-Zanker, Katalog I 156f. Nr. 125.
R. Calza, Iconografia rom. imp. III 1972, 323ff. Nr. XL.
J. Moreau, JbAC 2, 1959, 179ff.
T. D. Barnes, New Empire 45.
–, AJAH 3, 1978, 65f. (zur Konferenz von Viminacium).
–, Phoenix 34, 1980, 160ff. (zum Itinerar).
–, Phoenix 38, 1984, 175ff. (zum Geburtsdatum).
K. Kraft, Kleine Schriften II. Darmstadt 1978, 87ff.
P. Bruun, in: Mélanges à P. Bastien, Wetteren 1987, 187ff. (zum Titel maximus Augustus).
A. Piganiol, L'empire chrétien, Paris [2]1972.
H. R. Baldus, JbNum 34, 1984, 77ff.
M. Fortina, La legislazione dell'Imperatore Costante, Novara 1955 (S. 3ff. zum Massaker von Konstantinopel, zur Konferenz von Viminacium und zur Reichsteilung).
H. Schlunk–A. Arbeiter, Die Mosaikkuppel von Centcelles, Mainz 1988 (zum Grabmal).
A. Arbeiter, Madrider Mitt. 30, 1989, 289ff. (zum Grabmal).
J.-P. Callu, in: M. Christol u. a., Institutions, Sociéte et vie politique, Paris 1992, 39ff.

Constantius II. (9. Sept. 337–3. Nov. 361)

Geb.: 7. Aug. 317 (FPhiloc. Vgl. Eutrop. 10, 15, 2. Epit. de Caes. 42, 17) in Illyricum (Sirmium), Geburtstag später zweitägig gefeiert. Sohn des Constantinus I. und der Fausta.

Wichtige Einzeldaten:

8. Nov. 324	(Cons. Const. Vgl. Chron. Pasch. z. J. 325) Erhebung zum Caesar in Nikomedeia (zweitägig gefeiert): FLAVIUS IULIUS CONSTANTIUS NOB. CAES.
Aug./Sept. 334?	Sarmatenfeldzug.
9. Sept. 337	(Cons. Const.) Erhebung zum Augustus für den Orient und Ägypten sowie Thrakien (Zon. 13, 5): FLAVIUS IULIUS CONSTANTIUS P. F. AUG., PONTIF. MAX., PATER PATRIAE, PROCONSUL (vgl. Dessau 732), auf Goldmünzen aus Siscia und Bronzemünzen aus Alexandria zu Anfang der Regierung sowie auf Goldmultipla aus Thessalonike und Antiochia von 346 auch MAXIMUS AUGUSTUS.
338	Kaisertreffen in Viminacium (vgl. unter Constans). Einfall Schapurs II. in Mesopotamien. Vertreibung des Arsakes aus Armenien. Aufenthalt des Constantius in Syrien (28. Okt. in Emesa bezeugt: Cod. Theod. XII 1, 25). Rückführung des Arsakes nach Armenien.
Anf. April 340	Tod Constantins II.
343 (oder 344?)	Erste Schlacht bei Singara.
21. Okt. 346	Rückkehr des Athanasius nach Alexandria (Athanas., hist. aceph. 1, 1).
348	(Hieron. Chron.) Zweite Schlacht bei Singara.
18. Jan. 350	Erhebung des Magnentius (s. dort).
1. Mai 350	Erhebung des Vetranio (s. dort).
Frühj./Sommer 350	Belagerung von Nisibis.
25. Dez. 350	Abdankung des Vetranio.
15. März 351	Bestellung des Constantius Gallus (s. dort) zum Caesar.
28. Sept. 351	Sieg bei Mursa über Magnentius.
3. Nov. 352	Constantius hebt in Mailand die Verfügungen des Magnentius auf (Cod. Theod. XV 14, 5).

10. Aug. 353	Tod des Magnentius in Lyon.
8. Nov. 353	Tricennalienfeier in Arelate (Ammian 14, 5, 1, wo fälschlich diem sextum idus Octobres statt Novembres überliefert ist).
23. Nov. 353	Verbot nächtlicher Opfer (Cod. Theod. XVI 10,5).
354	Alamannenfeldzug. Hinrichtung des Constantius Gallus (Ende 354).
1. Dez. 354 (?)	Schließung aller heidnischen Tempel (Cod. Theod. XVI 10,4. Dazu Noethlichs p. 273f. Anm. 389).
355	Operationen in Rätien. Erhebung des Julian (s. dort) zum Caesar (6. Nov.).
356	Einmarsch des dux Syagrius in Alexandria (6. Jan. Hist. aceph. 1,10) und Flucht des Athanasius (9. Febr. Hist. aceph. 1,11).
19. Febr. 356	Verbot des heidnischen Kultus (Cod. Theod. XVI 10,6).
1. Juni 356	(Cons. Const. Chron. Pasch.) Reliquien des Timotheus nach Constantinopel übergeführt.
2. H. 356	Alamannenfeldzug.
24. Febr. 357	Einzug des Bischofs Georgios in Alexandria (Hist. aceph. 2,1).
3. März 357	(Cons. Const. Chron. Pasch.) Überführung der Reliquien der Apostel Andreas und Lukas nach Constantinopel.
28. April 357	(Cons. Const. Chron. Pasch.) Adventus des Constantius in Rom.
29. Mai 357	(Ammian 16, 10, 20) Profectio aus Rom.
23. Febr. 358	(Cons. Const.) Persische Gesandtschaft trifft in Constantinopel ein.
358	Feldzug gegen die Sarmaten (April) und die Limiganten (Mitte 358).
24. Aug. 358	(Ammian 17,7) Ein Erdbeben zerstört Nikomedeia und andere Städte.
2. Okt. 358	Flucht des Bischofs Georgios aus Alexandria (Hist. aceph. 2,3).
359	Neuer Feldzug gegen die Limiganten (April). Konzil zu Ariminum. Einnahme Amidas durch die Perser (Herbst).
360	Einfall Schapurs II. in Mesopotamien (Ende

	Februar?). Constantius begibt sich an die Ostfront. Erhebung Julians in Paris (Februar?).
361	Constantius überschreitet den Euphrat und kehrt dann nach Antiochia zurück (Sommer). Von hier Aufbruch gegen Julian (Herbst).
3. Nov. 361	(Cons. Const.) *Gest.* in Mopsukrenai bei Tarsos nach Empfang der Taufe. Beisetzung in der Apostelkirche zu Constantinopel. Consecratio (Eutrop. 10,15): DIVUS CONSTANTIUS.

cos. I	326
cos. II	339
cos. III	342
cos. IV	346 (nur im Osten)
cos. V	352
cos. VI	353
cos. VII	354
cos. VIII	356
cos. IX	357
cos. X	360

trib. pot. I	8. Nov.–9. Dez. 324
trib. pot. II	10. Dez. 324–9. Dez. 325
trib. pot. III	10. Dez. 325–9. Dez. 326
trib. pot. XIV	10. Dez. 336–8. Sept. 337
trib. pot. XV	9. Sept. 337–9. Dez. 337
trib. pot. XVI	10. Dez. 337–9. Dez. 338
trib. pot. XXXIX	10. Dez. 360–3. Nov. 361

imperator (nach Festy):

imp. I	8. Nov. 324–7. Nov. 325
imp. II	8. Nov. 325–7. Nov. 326
imp. III	8. Nov. 326–7. Nov. 327
imp. XII	8. Nov. 336–8. Sept. 337
imp. XIII	9. Sept. 337–7. Nov. 338
imp. XIV	8. Nov. 338–7. Nov. 339
imp. XLVI	8. Nov. 360–3. Nov. 361

Germanicus Alamannicus max. Germanicus max.	zw. 323 und 332	CIL III 3705 (= Dessau 732) mit Kommentar von Mommsen
Gothicus max.	332	
Adiabenicus max.	343?	

Sarmaticus	337 (334 Arce)	Dessau 724
Persicus	338 (335 Arce)	

Verheiratet mit
1. Tochter des Iulius Constantius (PLRE 226 Nr. 7) seit 335 oder 336,
2. Eusebia, seit 353, gest. nach 357 und vor 361, beigesetzt in der Apostelkirche in Constantinopel (PLRE 300f.),
3. Faustina, seit Anf. 361 (PLRE 326).

Eine *Tochter* von der Faustina Constantia (PLRE 221 Nr. 2).

PLRE 226 Nr. 8.
RE IV 1, 1900, 1044ff. Nr. 4 (O. Seeck).
Kl P I 1290f. Nr. 2 (A. Lippold).
Diz. Epigr. II 1, 1900, 668ff. (E. Ferrero).
RIC VIII passim.
Herrscherbild III 4, 1984, 83ff. (R. Unger).
R. Calza, Iconografia rom. imp. III 1972, 299ff. Nr. XXXVI.
Fittschen-Zanker, Katalog I 1985, 156f. Nr. 125.
J. Moreau, JbAC 2, 1959, 162ff.
T. D. Barnes, New Empire passim.
–, Phoenix 34, 1980, 160ff.
–, ZPap 52, 1983, 229ff. (zu den Siegestiteln Sarmaticus und Persicus).
J. Arce, ZPap 57, 1984, 225ff. (zum gleichen Thema).
H. R. Baldus, JbNum 34, 1984, 77ff.
P. Bruun, in: Mélanges P. Bastien, Wetteren 1987, 187ff. (Titel max. Aug.).
P. A. Barceló, Roms auswärtige Beziehungen 24ff. 59ff. 82ff.
–, Klio 74, 1992, 422ff. (Limigantenkrieg).
M. Festy, RIDA 29, 1982, 213ff. (zur tribunicia potestas).
K.-L. Noethlichs, Die gesetzgeberischen Maßnahmen der christl. Kaiser des 4. Jh. gegen Häretiker, Heiden und Juden, Diss. Köln 1971.
G. Downey, JHS 79, 1959, 27ff. (zur Beisetzung).
Ph. Grierson, DOP 16, 1962, bes. 21ff. und 40 (zur Beisetzung).
C. S. Lightfoot, Historia 37, 1988, 105ff. (zur Belagerung von Nisibis).
R. C. Blockley, in: East Roman Foreign Policy, Leeds 1992, 12ff.
G. E. Thüry, BVbl 57, 1992, 305ff. (Germaneneinfälle 357 u. 358).
T. D. Barnes, Athanasius and C., London 1993.
M. Di Maio–D. W.-H. Arnold, Byzantion 62, 1992, 158ff. (Morde von 337).
W. Portmann, ByzZ 82, 1989, 1ff. (Schlacht bei Singara).
Weitere *Literatur* s. oben unter Constans.

Constantius Gallus

Geb.: 325 oder 326 (vgl. Ammian 14, 11, 27) in Etrurien als Sohn des Iulius Constantius (PLRE 226 Nr. 7) und der Galla (PLRE 382 Nr. 1).

Name: CLAUDIUS GALLUS (FLAVIUS CONSTANTIUS erst nach der Erhebung zum Caesar).

15. März 351	(Cons. Const. Chron. Pasch.) Erhebung zum Caesar für den Osten in Sirmium: D. N. CONSTANTIUS IUN. NOB. CAES. bzw. FL. CLAUDIUS CONSTANTIUS NOB. CAES. – Heirat mit Constantina, der Schwester Constantius' II.
Ende 354	(Cons. Const.) *Gest.:* Hingerichtet auf der Insel Flamona bei Pola. Name auf einigen Inschriften eradiert (vgl. Dessau 738).

cos. I 352	zusammen mit Constantius II.
cos. II 353	zusammen mit Constantius II.
cos. III 354	zusammen mit Constantius II.

Verheiratet mit CONSTANTINA (PLRE 222 Nr. 2), eine *Tochter.*

PLRE 224f. Nr. 4.
RE IV 1, 1900, 1094ff. Nr. 5 (O. Seeck).
Kl P I 1291f. Nr. 5 (A. Lippold).
RIC VIII passim.
R. Calza, Iconografia rom. imp. III 353ff. Nr. XLVI.
J. Arce, Athenaeum 75, 1987, 109ff. (zu den Judenunruhen unter Gallus).
R. C. Blockley, Latomus 31, 1972, 433ff.
B. Bleckmann, Chiron 24, 1994, 29ff.

Constantina

Geb.: ca. 320? Älteste Tochter des Constantinus I. und der Fausta (vgl. Philostorg., hist. eccl. 3,22).

Name: CONSTANTINA (so Inscr. Lat. christ. vet. 1768 u. ö., sonst CONSTANTIA).

Sept. (?) 335	Hochzeit mit Hannibalianus (s. oben unter Constantinus I.) und Erhebung zur AUGUSTA (Philost. a. O.).

vor 9. Sept. 337 (?)	Ermordung des Hannibalianus.
1. März 350	Thronerhebung des Vetranio (s. dort) auf Betreiben der Constantina.
15. März 351	Heirat mit Constantius Gallus (s. dort).
Mitte 354	*Gest.* in Caeni Gallicani in Bithynien. Leiche nach Rom übergeführt und im Mausoleum bei der Basilica der Hl. Agnes an der Via Nomentana beigesetzt (Ammian 14, 11, 6. 21, 1, 5).

PLRE 222 Constantina Nr. 2.
RE IV 1, 1900, 958ff. Constantia Nr. 14 (O. Seeck).
Kl P I 1283f. Constantia Nr. 2 (A. Lippold).
Herrscherbild III 4, 1984, 155 (M. Wegner).
R. Calza, Iconografia rom. imp. III 334 Nr. XLI.
I. König, Origo 182.
H. Kähler, Rom und seine Welt, München 1960, 392ff. (zur Beisetzung).
B. Bleckmann, Chiron 24, 1994, 29ff.

Gegenkaiser und Usurpatoren

Magnentius

Geb.: ca. 303 (vgl. Epit. de Caes. 42,6) in Amiens (?). Laete barbarischer Herkunft, Sohn eines britannischen Vaters und einer fränkischen Mutter (?).
Name: MAGNUS MAGNENTIUS (nach der Thronbesteigung auch Flavius).

Laufbahn: Protector, comes rei militaris mit Kommando über die Legionen der Ioviani und der Herculiani (Zonar. 13,6. Zosim. 2, 42, 2).

18. Jan. 350	(Hieron. Chron. Vgl. Chron. Pasch. z. J. 349) Erhebung zum Augustus in Augustodunum (Autun). Anerkennung im Westen (einschließlich Africas): D. N. MAGNENTIUS P. F. AUG. bzw. IMP. CAES. (MAGNUS) MAGNENTIUS AUG. Auf aurei und argentei auch FL(AVIUS) MAGNENTIUS.
Ende 350/Anf. 351	Heirat mit Iustina.
28. Sept. 351	(Cons. Const.) Niederlage bei Mursa.
Aug./Sept. 352	Verlust Italiens.

10. Aug. 353 — (Cons. Const. Vgl. Chron. Pasch. z. J. 349) *Gest.:* Selbstmord in Lugdunum. – Damnatio memoriae? (Namenserasion auf stadtröm. Inschriften, vgl. Dessau 741).

cos. I 351 (im Westen)
cos. II 1. Jan.–10. Aug. 353 (in Gallien)

Ein *Verwandter* (Bruder?) Decentius (s. unten).
Ein *Bruder* Desiderius (PLRE 249f. Nr. 1) ist wohl fiktiv (vgl. Zonar. 13,9).
Verheiratet mit Justina (PLRE 488f.).

PLRE 532.
RE XIV 1, 1928, 445ff. Nr. 1 (W. Enßlin).
Kl P III 882f. (A. Lippold).
RIC VIII passim.
Herrscherbild III 4, 1984, 88f. (R. Unger).
R. Calza, Iconografia rom. imp. III 358ff. Nr. XLII.
P. Bastien, Le monnayage de Magnence (350–353), Wetteren 1964.
J. Bidez, REA 27, 1925, 312ff. (zum Geburtsort).
J. Šašel, Ziva antica 21, 1971, 205ff.
I. Didu, La critica storica, 14, 1977, 11ff.
P. Salama, in: Mélanges de Numismatique à P. Bastien, Wetteren 1987, 203ff. (zur Herrschaft über Africa).
J. Ziegler, Zur religiösen Haltung der Gegenkaiser im 4. Jh. n. Chr., Kallmünz 1970, 53ff.

Decentius

Geburtsdatum unbekannt, niederer Herkunft. Verwandter (Vetter oder Bruder?) des Magnentius.
Name: Magnus Decentius.

Juli/Aug. 350 — (So Bastien. März 251 = Didu 26ff.) Erhebung zum Caesar in Mailand (vgl. Zon. 13, 8, 2): D. n. (Fl.) Magnus Decentius nob. Caes. (vgl. Dessau 746).

18. Aug. 353 — (Cons. Const.) *Gest.:* Selbstmord in Sens.

cos. I 1. Jan.–Sept. (?) 352 im Westen (vgl. Degrassi, Fasti)
cos. II 1. Jan.–18. Aug. 353 in Gallien

PLRE 244f. Nr. 3.
RE IV 2, 1901, 2268f. Nr. 1 (O. Seeck).
Kl P I 1407f. Nr. 1 (A. Lippold).
Zu den Münzen s. oben unter Magnentius.
Herrscherbild III 4, 1984, 89 (R. Unger).
P. Bastien, Atti Congr. intern. num. Roma 1961, Rom 1965, 401ff.
–, Quad. Tic. Num. e ant. Class. 12, 1983, 177ff.
Weitere *Literatur* s. unter Magnentius.

Nepotianus

Sohn der Eutropia, der Schwester Constantinus' I. (PLRE 316 Nr. 2) und (?) des Virius Nepotianus, cos. 336 PLRE 625 Nr. 7).
Name: Flavius Popilius Virius Nepotianus (?).

3. Juni 350	(Cons. Const.) Erhebung zum Augustus: D. n. Iulius Nepotianus p. f. Aug. bzw. Fl. Pop(ilius) Nepotianus Aug.
30. Juni 350	*Getötet* zusammen mit seiner Mutter Eutropia. – Damnatio memoriae.

PLRE 624 Nr. 5.
RE XVI 2, 1935, 2512f. Nr. 3 (W. Enßlin).
Kl P IV 63f. Nr. 1 (A. Lippold).
RIC VIII 260f.
Herrscherbild III 4, 1984, 89ff. (R. Unger).
R. Calza, Iconografia rom. imp. III 349f. Nr. XLV.
P. Bastien, Atti Congr. int. num. Roma 1961, Rom 1965, 401ff.
J. und D. Gricourt, in: Mélanges de Numismatique à P. Bastien, Wetteren 1987, 217ff.

Vetranio

Geb.: vor 290 in Moesia Superior, niederer Herkunft.

350	Magister peditum des Constans in Illyricum.
1. März 350	(Cons. Const. Chron. Pasch.) Erhebung zum Augustus in Sirmium: D. n. Vetranio p. f. Aug.
25. Dez. 350	(Chron. Pasch.) Abdankung in Naissus.
356	*Gest.* als Privatmann in Prusa in Bithynien.

PLRE 954 Nr. 1.
RE VIII A 2, 1958, 1838ff. Nr. 1 (W. Reidinger).
Kl P V 1235 (A. Lippold).
RIC VIII p. 367ff. und p. 413f.
Herrscherbild III 4, 1984, 89 (R. Unger).
B. Bleckmann, Chiron 24, 1994, 29ff.

Silvanus

Geburtsdatum unbekannt. Franke aus Gallien. Sohn des Bonitus (PLRE 163 Nr. 1) und einer barbarischen Mutter? Christ (? Vgl. Ammian 15, 5, 31).

Laufbahn: tribunus scholae palatinae armaturarum unter Magnentius, seit 352 magister peditum unter Constantius II. 353 nach Gallien entsandt.

11. Aug. (?) 355	In Köln zum AUGUSTUS erhoben.
7. Sept. (?) 355	*Gest.:* Nach einer Regierung von 28 Tagen von den Soldaten ermordet (Aurel. Vict., Caes. 42,16).

Verheiratet? Ein *Sohn* unbekannten Namens (von Constantius begnadigt).

PLRE 840f. Nr. 2.
RE III A 1, 1927, 125f. Nr. 4 (O. Seeck).
Kl P V 198 Nr. 2 (A. Lippold).
A. Demandt, RE Suppl. XII, 1970, 567f. (zum Heermeisteramt des S.).
R. von Haehling, Religionszugehörigkeit 246f. Nr. 6.

Julian (ca. Febr. 360–26./27. Juni 363)

Geb.: Mai/Juni ca. 331 in Constantinopel (Ammian 22, 9, 2. 25, 3, 23. Julian ep. 51 p. 434D). Sohn des Iulius Constantius (PLRE 226 Nr. 7) und der Basilina (PLRE 148). Nach christl. Erziehung 351/352 heimlicher Übertritt zum Heidentum.

Wichtige Einzeldaten:

6. Nov. 355	(Cons. Const.) Erhebung zum Caesar: FLAVIUS IULIANUS NOB. CAES. Zugleich Heirat mit Helena, der Schwester Constantius' II.
Anf. Dez. 355	Abreise nach Gallien.
356–359	Kämpfe zur Sicherung der Rheingrenze (357 Sieg über die Alamannen bei Straßburg).
Febr. (?) 360	Erhebung zum Augustus in Paris: IMP. CAES. D. N. FLAVIUS CLAUDIUS IULIANUS P. F. INV. AUG., PONTIFEX MAX., PATER PATRIAE, PROCONSUL.
6. Nov. (?) 360	(Ammian 21, 1, 4) Quinquennalienfeier in Vienna.
seit 3. Nov. 361	(Cons. Const.) Alleiniger Augustus. – VICTOR AC TRIUMPHATOR PERPETUUS SEMPER AUGUSTUS, RESTITUTOR LIBERTATIS, LIBERATOR ORBIS ROMANI, CONSERVATOR MILITUM ET PROVINCIALIUM, PRINCEPS IUVENTUTIS etc.
26. Nov. 361	Bischof Georgios kehrt nach Alexandria zurück (Athanas., hist. aceph. 2, 6).
11. Dez. 361	(Cons. Const.) Einzug in Constantinopel. – Erste Toleranzedikte.
24. Dez. 361	Bischof Georgios in Alexandria gelyncht (Hist. aceph. 2, 8–10).
4. Febr. 362	Edikt über Rückgabe des Tempelguts in Alexandria proponiert (Hist. aceph. 3, 1).
21. Febr. 362	Rückkehr des Athanasius nach Alexandria (Hist. aceph. 3, 3).
17. Juni 362	(Cod. Theod. XIII 3, 5) Edikt über die Lehrtätigkeit (gegen die Christen).
Juni–Juli 362	Einzug in Antiochia (vgl. Ammian 22, 9, 14f.).
22. Okt. 362	Brand des Apollontempels von Daphne (Ammian 22, 13, 1).
24. Okt. 362	Athanasius aus Alexandria vertrieben (Hist. aceph. 3, 5).

5. März (nicht Mai) 363	Profectio aus Alexandria in den Perserkrieg (Ammian 23, 2, 6).
19. März 363	Brand des palatinischen Apollontempels in Rom (Ammian 23, 3, 3).
in der Nacht vom 26./27. Juni 363	*Gest.* bei Maranga am Tigris, bestattet in Tarsos, später (zwischen 390 und 395?) neben Jovian in der Nordstoa der Apostelkirche in Constantinopel beigesetzt. Consecratio (Eutrop. 10, 16): DIVUS IULIANUS. Namenserasion auf Inschrift aus Pergamon inoffiziell (vgl. Dessau 751).

cos. I	356	zusammen mit Constantius II.
cos. II	357	
cos. III	360	
cos. IV	363	

imperator VII (oder II?)	360–362 (Dessau 753 und 8945 mit Kommentar)

Germanicus max. Alamannicus max. Francicus max. Sarmaticus max.	360–362	Dessau 8945 (= Nr. 98 bei Arce. Vgl. Nr. 106, 125 und Addenda Nr. 1 bei Arce)

Verheiratet mit HELENA (PLRE 409f. Nr. 2), gest. Ende 360, Leiche nach Rom übergeführt und im Mausoleum bei der Basilica an der Via Nomentana neben der Constantina (s. oben unter Constantius) beigesetzt (Ammian 21, 1, 5).

PLRE 477 Nr. 29.
RE X 1, 1918, 26ff. Nr. 26 (E. von Borries).
Kl P II 1515ff. Nr. 5 (R. Hanslik).
Diz. Epigr. IV 1942, 177ff. (C. Barbagallo).
RIC VIII passim.
Herrscherbild III 4, 1984, 159ff. (M. Wegner).
R. Calza, Iconografia rom. imp. III 364ff. Nr. XLVIII.
J. Bidez, Julian der Abtrünnige, München o. J. (1948/9?).
G. W. Bowersock, Julian the Apostate, London 1978.
E. Pack, Städte und Steuern in der Politik Julians, Brüssel 1986 (mit Lit.).
J. Arce, Estudios sobre el imperador Fl. Cl. Juliano (Fuentes literarias. Epigrafía. Numismática), Madrid 1984.
G. Downey, JHS 79, 1959, 45ff. (zur Beisetzung).

Ph. Grierson, Dumbarton Oaks Papers 16, 1962, bes. 40ff. (zum gleichen Thema).
J. Szidat, Historia 24, 1975, 375ff. (zur Ankunft Julians in Sirmium: Mitte Mai 361?).
N. Baynes, JHS 45, 1925, 251ff. (zur Chronologie der Jugendjahre).
N. Aujoulat, Byzantion 53, 1983, 421ff. (zum Verhältnis zu Helena und Eusebia).
M. Christol–Th. Drew-Bear, Tyche 1, 1986, 54f. (zum Titel victor ac triumphator perpetuus Aug.).
D. F. Buck, AHB 7, 1993, 73ff. (Augustusakklamation).
M. Meulder, Byzantion 61, 1991, 458ff. (Perserkrieg).
C. W. Fornara, JHS 111, 1991, 1ff. (Perserkrieg).
R. C. Blockley, Latomus 31, 1972, 433ff. (Caesariat).
–, East Roman Foreign Policy, Leeds 1992, 24ff. (Perserkrieg).

Jovian (27. Juni 363–17. Febr. 364)

Geb.: 331 in Singidunum als Sohn des späteren comes domesticorum Varronianus (PLRE 946 Nr. 1), Christ (Ammian. 25, 10, 13 und 16. Epit. de Caes. 44, 1).

Laufbahn: protector domesticus unter Constantius II. und Julian, primicerius domesticorum (363).

Wichtige Einzeldaten:

27. Juni 363	Erhebung zum Augustus bei Maranga am Tigris (Ammian. 25, 5, 1 ff. Cons. Const.): D. N. (FLAVIUS) IOVIANUS P. F. AUG. – Friedensschluß mit den Persern.
1. Jan. 364	Consulatsantritt in Ankara (Themist. or. 5).
17. Febr. 364	*Gest.* in Dadastana auf dem Wege nach Constantinopel (Eutrop 10, 18, 2 mit v. l. 16. Febr., Cons. Const. mit 19. Febr.). Begraben in der Apostelkirche in Constantinopel zusammen mit der Charito (Zonar. 13, 14, 23). Consecratio: DIVUS IOVIANUS (AUG.) (Eutrop. 10, 18. Dessau 4938. 1254).

Consul I 1. Jan.–17. Febr. 364 zus. mit seinem Sohn Varronianus.

Verheiratet mit CHARITO (PLRE 201), der Tochter des magister equitum et peditum Lucillianus (PLRE 517 f. Nr. 3).
Ein *Sohn* VARRONIANUS (PLRE 946 Nr. 2), NOBILISSIMUS (puer, vir oder Caesar? Vgl. Philost., hist. eccl. 8, 8).
Ein *Sohn* unbekannten Namens.

PLRE 461 Nr. 3.
RE IX 2, 1916, 2006 ff. Nr. 1 (O. Seeck).
Kl P II 1444 f. (A. Lippold).
Diz. Epigr. IV 1942, 82 ff. (G. Mancini).
RIC VIII passim.
Herrscherbild III 4, 1984, 164 ff. (M. Wegner).
R. v. Haehling, in: Bonner Festgabe J. Straub, Bonn 1977, 347 ff.
G. Wirth, in: Vivarium, Festschrift Th. Klauser, Münster 1984, 353 ff.
G. Downey, JHS 79, 1959, 45 ff. (zum Begräbnis).
Ph. Grierson, Dumbarton Oaks Papers 16, 1962, 41 f. (zum gleichen Thema).
E. Chrysos, BoJbb 193, 1993, 165 ff. (Vertrag von 363).

Valentinian I. (25. Febr. 364–17. Nov. 375)

Geb.: 321 (vgl. Ammian 30, 6, 6) in Cibalae in Pannonien (Liban. or. 20,25. Zosim. 3, 36, 2). Sohn des älteren Gratianus (PLRE 400f. Nr. 1).

Laufbahn: Tribunus der Reiterei (der Ioviani?) in Gallien (357), Offizier in Mesopotamien (359/60 oder 360/1) und comes et tribunus Cornutorum (362)?, Verbannung nach Theben in Ägypten, tribunus bzw. tribunus scholae secundae scutariorum unter Iovian (363/4).

Wichtige Einzeldaten:

25. Febr. 364	(Cons. Const. Chron. Pasch.) Erhebung zum Augustus in Nikaia (vgl. Ammian 26.1,3ff.): FLAVIUS VALENTINIANUS P. F. AUG. PONTIFEX MAXIMUS, PATER PATRIAE, PROCOS. – VICTOR MAX. ET TRIUMPHATOR SEMPER AUG.
28. März 364	(Cons. Const.) Erhebung des Valens in Constantinopel zum Mitkaiser für den Osten.
21. Juli 365	Erdbeben in Nordafrica (Ammian. 26,10. Cons. Const.).
366	Sieg über die Alamannen in Gallien.
367	Barbarenaufstand in Britannien.
24. Aug. 367	(Cons. Const.) Erhebung des Gratianus zum Augustus in Amiens.
Sommer 368	2. Alamannenkrieg.
Herbst 368	Sieg über Franken und Sachsen.
368–369	Krieg des Heermeisters Theodosius (PLRE 902ff. Nr. 3) in Britannien, Unterdrückung des Usurpationsversuchs des Valentinus (PLRE 935 Nr. 5).
25. Febr. 369	Quinquennalienfeier.
369	Wiederherstellung und Befestigung der Rheingrenze.
374	Feldzug gegen die Alamannen. Einfall der Quaden und Sarmaten in Pannonien.
375	Reise nach Pannonien.
17. Nov. 375	*Gest.* in Brigetio in Pannonien. Leiche am 28. Dez. 376 nach Constantinopel übergeführt und am 21. Febr. 382 im Mausoleum der Apostelkirche beigesetzt (vgl. Cons. Const. zu den J. 375. 376. 382), neben der Severa (s. unten).

Consecratio: Divus Valentinianus Senior (Cod. Theod. XI 28, 9, 3).

cos. I	365
cos. II	368
cos. III	370
cos. IV	373

Alle Consulate zusammen mit Valens.

trib. pot. I	25. Febr.–9. Dez. 364
trib. pot. II	10. Dez. 364–9. Dez. 365
trib. pot. III	10. Dez. 365–9. Dez. 366
trib. pot. XII	9. Dez. 374–17. Nov. 375

imp. I	25. Febr. 364–24. Febr. 365
imp. II	25. Febr. 365–24. Febr. 366
imp. III	25. Febr. 366–24. Febr. 367
imp. XII	25. Febr. 375–17. Nov. 375

Germanicus	CIL II 4733	
Germanicus max.	368	Dessau 771
Alamannicus max.	368	Dessau 771
Francicus max.	368	Dessau 771
Gothicus max.	369	Dessau 771

Ein jüngerer *Bruder* Valens (s. unten).
Verheiratet mit

1. Marina Severa bis ca. 370, dann Scheidung, Rückberufung an den Hof durch Gratian 378 (Chron. Pasch.), nach dem Tod Beisetzung in der Apostelkirche in Constantinopel [PLRE 828 Nr. 2. RE XIV 2, 1930, 1756f. Nr. 3 (W. Enßlin)];
2. seit ca. 370 mit Iustina, gest. Sommer 388, beigesetzt in Mailand; [PLRE 488f. RE X 2, 1919, 1337ff. Nr. 15 (O. Seeck)].

Ein *Sohn* von der Marina Severa Gratianus (s. unten).
4 *Kinder* von der Iustina:
Valentinianus II. (s. unten),
Iusta (PLRE 488 Nr. 1),
Grata (PLRE 400),
Galla (PLRE 382 Nr. 2).

PLRE 933f. Nr. 7.
RE VII A 2, 1948, 2158ff. Nr. 1 (A. Nagl).
Kl P V 1093ff. Nr. 1 (A. Lippold).
RIC IX passim.
Fittschen-Zanker, Katalog I 158f. Nr. 126.

R. Delbrueck, Spätantike Kaiserporträts 178ff. 185ff.
R. H. W. Stichel, Die röm. Kaiserstatue 75ff. Nr. 1ff.
M. Wegner, Boreas 10, 1987, 117ff.
M. Festy, RIDA 29, 1982, 217ff. (trib. pot. am 25. Juli erneuert?).
A. Chastagnol, in: Mél. P. Bastien, Wetteren 1987, 255ff. (Quinquennalia).
F. Jacques–B. Bousquet, C. Lepelley, P.-Y. Péchoux, MEFRA 96, 1984, 423ff. und 463ff. (zum Erdbeben in Africa 365).
M. J. Johnson, Historia 40, 1991, 501f. (zum Begräbnis).
W. H. C. Frend, Britannia 23, 1992, 121ff. (Barbarenaufstand).

Gegenkaiser

Firmus

Geburtsdatum unbekannt. Sohn des maurischen Fürsten Nubel (PLRE 633f.). dux Mauretaniae unter Valentinian I.

372 (?)	In Mauretanien zum Augustus (?) erhoben (Ammian 29,5. Zosim. 4,16): (FIRMUS) PERPETUUS VICTOR SEMPER AUG. (CIL VIII 5338. Dazu Seeck, RE). Auch in der Africa Proconsularis anerkannt. (Nach Epit. de Caes. 45,7 und Oros. VII 33,5 wurde Firmus zum König erhoben.)
373/74	Von dem Heermeister Theodosius (PLRE 902ff. Nr. 3) besiegt.
374 oder 375	*Gest.* oder Selbstmord. – DAMNATIO MEMORIAE (CIL VIII 5338).

Brüder:
GILDO (PLRE 395ff.),
SAMMAC (PLRE 801),
MAZUCA (PLRE 591),
MASCEZEL (PLRE 566),
DIUS (PLRE 262).
Eine *Schwester:* CYRIA (PLRE 237).

PLRE 340 Nr. 3.
RE VI 2, 1909, 2383f. Nr. 8 (O. Seeck).
Kl P II 555 Nr. 3 (A. Lippold).
T. Kotula, in: Acta Univ. Wratislav. Nr. 449 Antiquitas VIII, Breslau 1979, 35ff.
–, AAntHung 18, 1970, 137ff.
St. Elbern, Usurpationen 26 mit Anm. 186.
A. Chastagnol, Antiquitas 18, 1993, 45ff.

Valens (28. März 364–9. August 378)

Geb.: ca. 328 (vgl. Ammian 31, 14, 1) in Cibalae in Pannonien als Sohn des älteren Gratianus (PLRE 400f. Nr. 1). Bruder Valentinians I.

Laufbahn: protector domesticus unter Julian und Jovian, seit 1. März 364 tribunus stabuli.

Wichtige Einzeldaten:

28. März 364	(Cons. Const.) Erhebung zum Augustus in Constantinopel durch Valentinian I. für den Osten einschließlich Ägypten: IMP. CAES. D. N. FLAVIUS VALENS AUG., PONTIFEX MAX., PATER PATRIAE, PROCOS. (Dessau 769. 771). – VICTOR MAX. ET TRIUMPHATOR SEMPER AUG.
18. Jan. 366	(Cons. Const.) Geburt des Galates.
367–369	1. Gotenkrieg. Quinquennalien.
9. April 370	(Cons. Const. Chron. Pasch.) Einweihung der Apostelkirche in Constantinopel.
373	Perserkrieg.
29. März 374	Decennalienfeier.
375	Einsetzung des Warasdat als König in Armenien. Einweihung der Thermae Carosianae in Constantinopel.
17. Nov. 375	Tod Valentinians I. Valens wird MAXIMUS AUGUSTUS (Eunapios, Excerpta de legat. p. 13. RIC IX p. 110 und 122 Nr. 26).
9. Aug. 378	*Gest.:* Gefallen im Kampf gegen die Goten bei Adrianopel. Consecratio: DIVUS VALENS (Cod. Theod. XI 28, 9, 3).

cos. I	365	zusammen mit Valentinian I.
cos. II	368	
cos. III	370	
cos. IV	373	
cos. V	376	zusammen mit Valentinian II.
cos. VI	378	

trib. pot I	28. März–9. Dez. 364
trib. pot. II	10. Dez. 364–9. Dez. 365
trib. pot. III	10. Dez. 365–9. Dez. 366
trib. pot. XV	10. Dez. 377–9. Aug. 378
imp. I	28. März 364–27. März 365
imp. II	28. März 365–27. März 366
imp. III	28. März 366–27. März 367
imp. XV	28. März–9. Aug. 378

Germanicus max.	368	Dessau 771
Alamannicus max.	368	
Francicus max.	368	
Gothicus max.	369	

Verheiratet mit Albia (?) Domnica, Tochter des Petronius (PLRE 690f. Nr. 3), seit 364 (?) Augusta (PLRE 265).

Ein *Sohn* Valentinianus Galates, geb. 18. Jan. 366, nobilissimus puer (AE 1912 Nr. 261. Diehl 1603. 2925. 4213a. Cod. Theod. 1, 16, 11. 5, 1, 2), consul prior 369, gest. in Caesarea Cappadociae 370? (PLRE 381).

Zwei *Töchter:*

Carosa (PLRE 182),

Anastasia (PLRE 58 Nr. 2).

PLRE 930f. Nr. 8.
RE VII A 2, 1948, 2097ff. Nr. 3 (A. Nagl).
Kl P V 1090f. Nr. 2 (A. Lippold).
RIC IX passim.
R. Delbrueck, Spätantike Kaiserporträts 182ff.
R. H. W. Stichel, Die römische Kaiserstatue 75ff.
Fittschen-Zanker, Katalog I 158f. Nr. 126.
M. Wegner, Boreas 10, 1987, 117ff. (zu den Bildnissen).
A. Chastagnol, in: Mélanges P. Bastien, Wetteren 1987, 255ff. (zu den Quinquennalien).
M. Festy, RIDA 29, 1982, 217ff. (nimmt Erneuerung der tribunicia potestas am 25. Juli an).
P. J. Sijpesteijn, ZPap 79, 1989, 200 (zu Valentinianus Galates).
U. Wanke, Die Gotenkriege des Valens, Frankfurt a. M. 1990.

Gegenkaiser

Procopius

Geb.: ca. 365 (vgl. Ammian 26, 9, 11) in Korykos in Kilikien. Vornehmer Herkunft (verwandt mit Julian?).

Laufbahn: tribunus et notarius (358), comes primi ordinis unter Julian, unter Jovian Rückzug ins Privatleben (Ammian 26, 6, 1f.).

28. Sept. 365	(Cons. Const.) in Constantinopel zum Kaiser erhoben: D. N. PROCOPIUS P. F. AUG.
27. Mai 366	Niederlage bei Nakoleia.
28. Mai 366	(Cons. Const. Hieron. Chron.) *Gest.:* Hingerichtet. – DAMNATIO MEMORIAE.

Verheiratet mit unbekannter Frau (= ARTEMISIA? Vgl. PLRE 111f.).
Mehrere *Kinder* (Zosim. 4, 4, 3–5, 1).

PLRE 742f. Nr. 4.
RE XXIII 1, 1957, 252ff. Nr. 2 (W. Enßlin).
Kl P IV 1164 Nr. 1 (A. Lippold).
RIC IX 189ff. passim.
N. J. E. Austin, Riv. Stor. Ant. 2, 1972, 187ff. (zur angeblichen Verwandtschaft mit Julian).

Marcellus

Geburtsdatum unbekannt. Verwandter des Procopius; protector domesticus im Osten (365–366).

nach 28. Mai 366	Übernahme des Kaisertums in Chalcedon (Ammian 26, 10, 3ff.), bald danach gefangen und hingerichtet (Zosim. 4, 8, 3f.).

PLRE 551 Nr. 5.
RE XIV 2, 1930, 1492 Nr. 16 (W. Enßlin).
Kl P III 992 Nr. 5 (A. Lippold).
G. J. Baudy, JbAC 35, 1992, 50ff.

Gratian (24. Aug. 367–25. Aug. 383)

Geb.: 18. April 359 (Hieron. Chron. Cons. Const.) in Sirmium als Sohn Valentinians I. und der Marina Severa.

Wichtige Einzeldaten:

366	Consul prior, NOBILISSIMUS PUER.
24. Aug. 367	(Hieron. Chron. Cons. Const.) Erhebung zum Augustus in Amiens (vgl. Ammian 27, 6, 4ff.): IMP. CAES. FLAVIUS GRATIANUS P. F. AUG., PATER PATRIAE, PROCONSUL, PONTIFEX MAXIMUS (bis mindestens 379). – MAXIMUS VICTOR AC TRIUMPHATOR SEMPER AUGUSTUS (369).
368	Teilnahme am Alamannenkrieg Valentinians I.
374	Heirat mit Constantia, Tochter Constantius' II.
seit 17. Nov. 375	(Tod Valentinians I.) selbständiger Herrscher im Westen.
376	Besuch in Rom (zur Decennalienfeier am 24. Aug.?).
378	Alamannenkrieg Gratians (Frühsommer), Schlacht bei Adrianopel und Tod des Valens (9. Aug.), Toleranzedikt (Herbst).
379	Erhebung des Theodosius zum Mitregenten (19. Jan.), Edikt gegen die Ketzer (3. Aug.: Cod. Theod. XVI 5,5).
380	Sieg Gratians (über die Alamannen?) in Constantinopel verkündet. Ansiedlung der Goten in Pannonien (Ende 380).
Winter 382/83	Victoriaaltar aus der Curia entfernt. Ablehnung der Pontifikaltracht (und des Pontifex-maximus-Titels?): Zosim. 4,36,5. Dazu Gottlieb 729ff.
Frühsommer (?) 383	Tod der Constantia. Hochzeit mit der Laeta. Krieg gegen die Alamannen in Rätien.
25. Aug. 383	(Cons. Const.) *Gest.:* Von Andragathius, dem magister militum des Magnus Maximus (PLRE 62f. Nr. 3), in Lyon gefangen und getötet. Beigesetzt 387 oder 388 in Mailand. Consecratio durch Theodosius: DIVUS GRATIANUS.

cos. I	366
cos. II	371

cos. III	374	
cos. IV	377	
cos. V	380	
trib. pot. I	24. Aug.–9. Dez. 367	
trib. pot. II	10. Dez. 367–9. Dez. 368	
trib. pot. III	10. Dez. 368–9. Dez. 369	
trib. pot. XVII	10. Dez. 382–25. Aug. 383	
imp. I	24. Aug. 367–23. Aug. 368	
imp. II	24. Aug. 368–23. Aug. 369	
imp. III	24. Aug. 369–23. Aug. 370	
imp. XVII	24. Aug. 383–25. Aug. 383	
Germanicus max.	368	Dessau 771
Alamannicus max.	368	Dessau 771
Francicus max.	369	Dessau 771
Gothicus max.	369	Dessau 771

Verheiratet mit

1. Constantia, Tochter Constantius' II., gest. Frühsommer (?) 383, Leiche am 12. Sept. 383 nach Constantinopel übergeführt und am 1. Dez. 383 im Mausoleum der Apostelkirche beigesetzt (Cons. Const. Vgl. Grierson 25 m. Anm. 77). (PLRE 221 Nr. 2);
2. Laeta (PLRE 492).

Ein *Sohn* unbekannten Namens von der Constantia, geb. vor 379, gest. vor 383 (Augustin, De civ. dei 5,25. Theod., hist. eccl. 5,12).

PLRE 401 Nr. 2.
RE VII 2, 1912, 1831ff. Nr. 3 (O. Seeck).
Kl P II 870f. Nr. 2 (A. Lippold).
Diz. Epigr. III, 1962, 566ff. (G. Costa).
RAC XII 1983, 718ff. (G. Gottlieb).
RIC IX passim.
M. Wegner, Boreas 10, 1987, 117ff. (zu den Bildnissen).
R. Delbrueck, Spätantike Kaiserporträts 185ff. 193ff.
R. H. W. Stichel, Die römische Kaiserstatue 76ff. Nr. 6ff.
J. Doignon, in: Mél. A. Piganiol III, Paris 1966, 1695ff. (nobilissimus puer).
M. Festy, RIDA 29, 1982, 217ff. (nimmt Erneuerung der tribunicia potestas am 25. Juli an).
M. J. Johnson, Historia 40, 1991, 502ff. (zum Begräbnis).
L. Varady, BoJbb 190, 1990, 176f. (Gotenfoedus = Anf. 379).
Vgl. auch die *Literatur* unter Valentinian II.

Valentinian II. (22. Nov. 375–15. Mai 392)

Geb.: Herbst 371 (nicht 2. Juli. In PLRE Verwechslung mit Valentinian III.) als Sohn des Valentinianus I. und der Iustina (in Trier?).

Wichtige Einzeldaten:

22. Nov. 375	(Cons. Const.) Erhebung zum Augustus in Aquincum für Italien, Illyricum und Africa: D. N. VALENTINIANUS P. F. AUG.
Frühj. 383	Erhebung des Magnus Maximus.
Sommer 384	Treffen mit Theodosius.
2. H. 384	Sieg über die Sarmaten in Pannonien.
Herbst 384	Verhandlungen über den Victoriaaltar (Relatio 3 des Symmachus, praef. urbi Juli 384–Jan. 385).
Nov. 384	Decennalienfeier.
23. Jan. 386	Toleranzedikt zugunsten der Arianer (Cod. Theod. XVI 1,4). Konflikt mit Ambrosius.
387	Flucht nach Thessalonike (Sommer/Herbst). Hochzeit der Schwester Galla mit Theodosius I. (Spätherbst).
388	Rückgewinnung Italiens (Sommer), Versammlungsverbot für Häretiker (14. Juni: Cod. Theod. XVI 5,15), Tod der Iustina (Ende 388? Vgl. Chron. Min. I 648,19).
389	Sieg des Arbogast über die Franken.
391	Senatsgesandtschaft wegen des Victoriaaltars in Gallien abschlägig beschieden.
15. Mai 392	(Epiphanias, De mens. et pond. 20) *Gest.* in Vienna in Gallien. Ermordet auf Veranlassung des Arbogast oder Selbstmord? DAMNATIO MEMORIAE im Gebiet des Eugenius? (Namenserasion auf Inschriften. Vgl. Dessau 786 aus Africa). Beisetzung Ende Aug./Anf. Sept. in Mailand neben Gratianus. Consecratio: DIVAE MEMORIAE VALENTINIANUS (Novell. Marciani V praef.).

cos. I	376 mit Valens
cos. II	378 mit Valens

cos. III 387
cos. IV 390

Ein *Stiefbruder* Gratianus (s. oben).
Drei *Schwestern*:
Iusta (PLRE 488 Nr. 1),
Grata (PLRE 400),
Galla (PLRE 382 Nr. 2).

PLRE 934f. Nr. 8.
RE VII A 2, 1948, 2205ff. Nr. 3 (W. Enßlin).
Kl P V 1095 Nr. 3 (A. Lippold).
RIC IX passim.
M. Wegner, Boreas 10, 1987, 117ff. (zu den Bildnissen).
R. Delbrueck, Spätantike Kaiserporträts 185ff. 195ff.
R. H. W. Stichel, Die römische Kaiserstatue 82ff. Nr. 42ff.
B. Croke, Historia 25, 1976, 235ff. (zu den Todesumständen).
P. Grattarola, Rend. Ist. Lomb., Cl. di Lettere 113, 1979, 359ff. (zu den Todesumständen).
M. J. Johnson, Historia 40, 1991, 503ff. (zum Begräbnis).
H. Bellen, in: E fontibus haurire (Festschrift H. Chantraine), Paderborn 1994, 3ff. (Epitheton christianissimus für Gratian und Valentinian II.).

Theodosius I. (19. Jan. 379–17. Jan. 395)

Geb.: 11. Jan. 347 oder 346 (Polem. Silvius) in Cauca in NW-Spanien (Epit. de Caes. 47,3. Zosim. 4, 24, 4). Sohn des Flavius Theodosius, mag. equitum 369–375, nach 379 divus Theodosius pater (Dessau 8950), (PLRE 902ff. Nr. 3), Enkel des Honorius (PLRE 441 Nr. 1)? Seine Mutter (oder Großmutter?) war Thermantia (PLRE 909 Nr. 1). Vgl. O. Seeck, Untergang V 478 zu S. 123, 29. Abstammung von Trajan und Herkunft aus Italica fiktiv.

Laufbahn: Kämpfte im Stabe seines Vaters in Britannien (368), gegen die Alamannen (370) und gegen die Sarmaten (372/3). Dann war er dux Moesiae Primae (373/4). Nach dem Sturz seines Vaters zog er sich auf seine Güter in Spanien zurück (Ende 375/Anf. 376), wo er die Aelia Flacilla heiratete (376). Herbst 378 wurde er zum magister militum befördert und siegte über die Sarmaten.

Wichtige Einzeldaten:

19. Jan. 379	(Cons. Const.) Erhebung zum Augustus in Sirmium für die Praefectura Oriens mit Thrakien, dazu vorübergehend Dacia und Macedonia: D. N. FLAVIUS THEODOSIUS P. F. AUG., VICTOR ET TRIUMPHATOR SEMPER AUG. (Dessau 785), PERPETUUS PERENNISQUE PRINCEPS THEODOSIUS PERPETUUS AUG. (Dessau 780). Ablehnung des pontifex maximus-Titels (?).
Anf. Okt. 379	Konzil von Antiochia in Syrien.
17. Nov. 379	(Cons. Const.) Siege über Goten, Alanen und Hunnen in Constantinopel gemeldet.
27. Febr. 380	Religionsedikt (Cod. Theod. XVI, 1,2). Katholizismus alleinige Staatsreligion.
Frühj. 380	Feldzug gegen die Goten.
Sept. 380	Treffen mit Gratian. Rückgabe der Diözesen Dacia und Macedonia an Gratian bzw. Valentinian II.
Herbst 380	Krankheit und Taufe des Theodosius.
24. Nov. 380	(Cons. Const.) Adventus in Constantinopel.
10. Jan. 381	Erlaß gegen die Häretiker (Cod. Theod. XVI 5,6).
11. Jan. 381	(Cons. Const.) Einzug des Westgoten Athanarich (PLRE 120f.) in Constantinopel.

25. Jan. 381	(Cons. Const.) Tod und Beisetzung des Athanarich in Constantinopel (vgl. Zosim. IV 34,4).
8. Mai 381	Edikt gegen die Manichäer (Cod. Theod. XVI 5,7).
Mitte Mai–9. Juli 381	Zweites ökumen. Konzil in Constantinopel. Symbolum Nicaeno-Constantinopolitanum.
Sommer 381	Sieg über Karpen und Skiren (Zosim. IV 34,6).
21. Dez. 381	Verbot heidnischer Opfer über die Zukunft (Cod. Theod. XVI 10,7).
21. Febr. 382	(Cons. Const.) Beisetzung Valentinians I. im Mausoleum der Apostelkirche.
31. März 382	Neues Edikt gegen die Manichäer (Cod. Theod. XVI 5,9).
Sommer 382	Konzil in Constantinopel.
3. Okt. 382	(Cons. Const.) Foedus mit den Goten. Ansiedlung der Goten zwischen Donau und Balkangebirge.
19. Jan. 383	(Chron. Pasch.) Quinquennalienfeier und Erhebung des Arcadius zum Augustus in Constantinopel.
Frühjahr 383	Erhebung des Magnus Maximus in Britannien. Themistios wird Stadtpräfekt in Constantinopel (bis Herbst 384).
25. Juli 383	Versammlungsverbot für Häretiker (Cod. Theod. XVI 5,11).
21. Jan. 384	Ausweisung der Häretiker aus Constantinopel (Cod. Theod. XVI 5,13).
Anf. (?) 384	(Cons. Const.) Ankunft einer persischen Gesandtschaft in Constantinopel.
Sommer 384	Treffen mit Valentinian II. in Oberitalien.
384 oder 385	Hochzeit der Serena, der Nichte des Theodosius, mit Stilicho.
25. Mai 385	Erneutes Verbot der Opfer über die Zukunft (Cod. Theod. XVI 10,9).
Anf. 386	Tod der Pulcheria und der Aelia Flaccilla.
Sommer 386	Sieg über die Goten und Ansiedlung in Phrygien.
12. Okt. 386	(Cons. Const.) Triumph über die Goten (Greuthungen) in Constantinopolis (vgl. Zosim. IV 38f.). Baubeginn der Siegessäule auf dem Forum Theodosianum.

19. Jan. 387	(Cons. Const.) Quinquennalienfeier des Arcadius in Constantinopel.
Ende Jan. 387	Aufstand in Antiochia. Friede mit Persien. Aufteilung Armeniens.
Herbst 387	Hochzeit mit der Galla in Thessalonike.
19. Jan. 388	Decennalienfeier (in Thessalonike?).
10. März 388	Verbot des Aufenthaltes in den Städten für Häretiker (Cod. Theod. XVI 5,14).
14. März 388	Verbot der Ehen zwischen Christen und Juden (Cod. Theod. III 7,2. IV 7,5).
ca. Juli 388	Siege über Magnus Maximus bei Siscia und Poetovio.
28. Aug. 388	Tod des Magnus Maximus.
Okt. 388	Streit mit Ambrosius wegen der Judenverfolgung in Kallinikos am Euphrat.
389	Persische Gesandtschaft an Theodosius (Paneg. Lat. II [XII] 22,4f. Claudian, VI. Cons. Hon. 69ff.).
13. Juni 389	(Cons. Const.) Adventus des Theodosius in Rom.
17. Juni 389	Erlaß gegen die Manichäer (Cod. Theod. XVI 5,18).
Frühj. (April?) 390	Blutbad in Thessalonike und Bußforderung des Ambrosius.
25. Dez. 390	Ambrosius nimmt Theodosius in Mailand wieder in die Kirchengemeinschaft auf (Theodoret, hist. eccl. V 18,5).
18. Febr. 391	(Chron. Pasch.) Haupt Johannes' des Täufers nach Constantinopel übergeführt.
24. Febr. 391	Verbot des Besuches heidnischer Opfer und Tempel (Cod. Theod. XVI 10,10).
Frühsommer 391	Unterdrückung eines Volksaufstandes in Alexandria. Zerstörung des Serapeion.
16. Juni 391	Verbot des heidnischen Kultus (Cod. Theod. XVI 10,11).
Herbst 391	Feldzug gegen raubende Barbaren in Makedonien (Zosim. IV, 48f.).
10. Nov. 391	Adventus in Constantinopel (Sokrat., hist. eccl. V 18,14).
15. Mai 392	Tod Valentinians II.
22. Aug. 392	Empörung des Eugenius.

8. Nov. 392	Verbot jedes Götterkultes (Cod. Theod. XVI 10,12).
23. Jan. 393	(Polemius Silvius) Erhebung des Honorius zum Augustus.
29. Sept. 393	Erlaß zum Schutze der Juden (Cod. Theod. XVI 8,9).
Ende April 394	Tod der Galla (Zosim. IV 57,3f.).
1. Aug. 394	(Chron. Pasch.) Kolossalstatue des Theodosius auf dem Forum Theodosianum geweiht.
6. Sept. 394	Sieg am Frigidus über Eugenius.
8. Sept. 394	Selbstmord des Arbogast (Sokrat., hist. eccl. V 25,16).
1. H. Jan. 395	Ankunft des Honorius in Mailand und Siegesfeier (Sokrat. a. O. V 26,3).
17. Jan. 395	(Cons. Const.) *Gest.* in Mailand.
25. Febr. 395	Trauerfeier in Mailand.
8. Nov. 395	(Chron. Pasch.) Beisetzung in Constantinopel im Mausoleum der Apostelkirche.
	Consecratio: DIVUS THEODOSIUS (AUG.). (Dessau 1277. 1278. 2948.)

cos. I	380 (mit Gratian)
cos. II	388
cos. III	393

Congiarium: Juni 389 in Rom (Cons. Const.).

Ein älterer *Bruder* HONORIUS (PLRE 441 Nr. 2).
Eine *Schwester* unbekannten Namens (Aurel. Vict., Caes. 48,18).
Eine *Nichte* SERENA (PLRE 824).
Verheiratet mit

1. AELIA FLAVIA FLACCILLA seit 376, Augusta seit 379, gest. Anf. 386, beigesetzt in Constantinopel (PLRE 341f. Stichel, Die röm. Kaiserstatue 90ff. Nr. 72f.);
2. GALLA seit Herbst 387, gest. Ende April 394, beigesetzt in Constantinopel (PLRE 382 Nr. 2).

Drei *Kinder* von der Aelia Flaccilla:

FL. ARCADIUS, geb. ca. 377, Augustus im Osten vom 19. Jan. 383 bis 1. Mai 408 (PLRE 99 Nr. 5), beigesetzt in der Apostelkirche in Constantinopel zus. mit seiner Frau Eudoxia Augusta (PLRE II 410 Nr. 1);

FL. HONORIUS, geb. 9. Dez. 384, nobilissimus puer bzw. iuvenis (AE 1973, Nr. 19), Augustus im Westen vom 23. Jan. 393 bis 15. (?) Aug. 423, beigesetzt im Mausoleum bei St. Peter zus. mit seinen beiden Frauen Maria und Thermantia (nobilissima puella?) (PLRE II 720 Nr. 1 und 1111 f.). (PLRE 442 Nr. 3);

PULCHERIA, geb. 377/8, gest. spätestens Anf. 386 (PLRE 755).

Drei (?) *Kinder* von der Galla:

GRATIANUS, geb. 388/89, gest. 394;

GALLA PLACIDIA, geb. ca. 392/3, Heirat mit dem Westgotenkönig Athaulfus (PLRE II 176 ff.) 414, mit dem späteren Constantius III. (PLRE II 321 ff. Nr. 17) 417, Augusta 421–450, gest. 27. Nov. 450, beigesetzt in ihrem Mausoleum in Ravenna und später nach Alt-St.-Peter in Rom übergeführt? (PLRE II 488 f. Nr. 4);

IOANNES (?), gest. 394?

PLRE 904 f. Nr. 4.
RE Suppl. XIII 1973, 837 ff. Nr. 10 (A. Lippold).
Kl P V 700 ff. Nr. 2 (A. Lippold).
RIC IX passim.
M. Wegner, Boreas 10, 1987, 117 ff. (zu den Bildnissen).
R. Delbrueck, Spätantike Kaiserporträts 200. 202. 227 f.
R. H. W. Stichel, Die römische Kaiserstatue 83 ff. Nr. 47 ff.
St. Rebenich, Historia 34, 1985, 372 ff. u. 88, 1989, 376 ff. (zu den Kindern der Galla).
K. G. Holum, Theodosian Empresses, Berkeley–Los Angeles 1982.
A. Lippold, Theodosius der Große und seine Zeit, München ^{2}1980.
H. Koethe, Röm. Mitt. 46, 1931, 9 ff. (zur Grabstätte des Honorius und seiner Frauen).
R. C. Blockley, Historia 36, 1987, 222 ff. (zu den persischen Gesandtschaften und zur Teilung Armeniens).
H. Kähler, Rom und seine Welt, München 1960, 417 f. (zur Beisetzung der Galla Placidia).
F. M. Ausbüttel, Athenaeum 66, 1988, 604 ff. (zum Gotenfoedus).
M. J. Johnson, Byzantion 61, 1991, 330 ff. (Begräbnis).

Gegenkaiser und Usurpatoren

Magnus Maximus

Geburtsjahr unbekannt. Aus Spanien, angeblich niederer Herkunft, aber vielleicht verwandt mit Theodosius I. [vgl. Paneg. Lat. II (XII) 24, 1].

Laufbahn: Kriegsdienst in Britannien unter dem Vater des Theodosius (367/8), dann unter demselben in Africa gegen Firmus (?), 376/7 in Thrakien (?) und unter Gratian in Britannien (als comes bzw. dux Britanniarum oder comes litoris Saxonici?), Sieg über Picten und Scoten.

Anf. 383	Taufe als orthodoxer Christ.
Frühj. 383	Erhebung zum Augustus in Britannien: D. N. MAGNUS MAXIMUS P. F. AUG. (Flavius Maximus nur Dessau 787). Gewinnung von Gallien und Spanien.
spätestens Anf. 384	Auch im Osten anerkannt. VICTOR AC TRIUMPHATOR SEMPER AUGUSTUS (AE 1985 Nr. 345).
Sommer/Herbst 387	Einmarsch in Italien.
Sommer 388	Bei Aquileia gefangengenommen.
28. Aug. (FVindob) oder 28. Juli (Cons. Const.) 388	*Gest.:* Von Theodosius hingerichtet. – DAMNATIO MEMORIAE (Namenserasion auf Inschriften. Vgl. Dessau 787).

cos. I	384	nur im eigenen Herrschaftsgebiet
cos. II	1. Jan.–28. Aug. (?) 388	

Britannicus maximus? (Vgl. CIL XI 6327.)

Ein *Bruder* MARCELLINUS (PLRE 547 Nr. 12).
Verheiratet mit einer unbekannten Frau.
Ein *Sohn* FLAVIUS VICTOR (s. unten).
Eine oder mehrere *Töchter* unbekannten Namens (Ambros. Epist. 40,32).

PLRE 588 Nr. 39.
RE XIV 2, 1930, 2546ff. Nr. 33 (W. Enßlin).
Kl P III 1114f. Nr. 8 (A. Lippold).
RIC IX passim.
R. Delbrueck, Spätantike Kaiserporträts, Berlin–Leipzig 1933, 93 und 203f.
A. R. Birley, Fasti of Roman Britain 346ff. (zur Laufbahn).
M. Sordi, Antichita altoadriatiche 22, 1982, 51ff. (mit Lit.).
L. Braccesi, Parola del Passato 23, 1968, 279ff. (zum Siegesnamen Britannicus maximus).
H. R. Baldus, Chiron 14, 1984, 175ff.

Flavius Victor

Geb.: ca. 380 als Sohn des Magnus Maximus.

384	Noch als unmündiges Kind (intra infantiae annos) zum Augustus erhoben (Chron. Min. I 461,

	1183. Vgl. Epit. de Caes. 48,6): D. N. FLAVIUS VICTOR P. F. AUG. (MAGNIUS [!] VICTOR MAXIMUS auf afrikanischem Meilenstein: AE 1967 Nr. 561). VICTOR AC TRIUMPHATOR SEMPER AUG.
Aug./Sept. 388	(Cons. Const.) *Gest.:* Von Arbogast in Gallien getötet. – DAMNATIO MEMORIAE.

PLRE 961 Nr. 14.
RE VIII A 2, 1958, 2060f. Nr. 15 (W. Enßlin).
RIC IX passim.
R. Delbrueck, Spätantike Kaiserporträts 93.
J. Lafaurie, in: M. Christol u. a., Institutions, Sociéte et vie politique, Paris 1992, 127ff.

Eugenius

Geburtsdatum und Herkunft unbekannt. Christ.

Laufbahn: Lehrer der Rhetorik in Rom. Als vir clarissimus 385 bezeugt. magister scrinii (vor 392).

22. Aug. 392	(Cons. Const.) Erhebung zum Augustus in Lyon durch Arbogastes (PLRE 95f.): D. N. EUGENIUS P. F. AUG. bzw. FLAVIUS EUGENIUS AUG. Anerkennung im Westen (außer in Africa? Vgl. oben unter Valentinian II.).
Frühj. 393	Einmarsch in Italien.
6. Sept. 394	(Socr., Hist. eccl. 5,25) *Gest.:* Nach Niederlage am Frigidus hingerichtet. Das Chronicon Paschale (I p. 565 Dind. vgl. II p. 405) nennt einen Empörer Diogenes. Offensichtlich ist jedoch Eugenius gemeint.

Consul I 393 (Inscr. christ. urb. Romae NS III 8159. 8430). Nur im Westen.

PLRE 293 Nr. 6.
RE VI 1, 1907, 986 Nr. 5 (O. Seeck mit Verweis auf Arbogastes).
RE II 1, 1895, 417ff. s. o. Arbogastes (O. Seeck).
Kl P II 413 Nr. 2 (A. Lippold).
Diz. Epigr. II 3, 1910, 2170 (E. De Ruggiero).
RAC VI 1966, 860ff. (J. Straub).
RIC IX 32ff. 52f. 70. 80ff. 107. 132ff.
G. Elmer, NumZ 69, 1936, 29ff.
R. Delbrueck, Spätantike Kaiserporträts, Berlin–Leipzig 1933, 93 und 202.
J. Szidat, Historia 28, 1979, 487ff.

KALENDER KAISERZEITLICHER DATEN

Die Angaben stellen einen Auszug und teilweise eine Ergänzung der ›Commentarii diurni‹ A. Degrassis (Inscr. Ital. XIII 2, Rom 1963, 388ff.) dar. Außer den kaiserzeitlichen Daten sind auch einige republikanische Daten, die in der Kaiserzeit noch im Kalender vermerkt waren, berücksichtigt worden. Zweifelhafte Daten wurden nicht aufgenommen oder als solche gekennzeichnet. Die Belege für die Daten findet man, falls nicht ausdrücklich angegeben, in der obigen Kaisertabelle oder über die dort genannte Literatur.

1. Januar
7 v. Chr. Triumph des Tiberius *ex Germania*.
14 n. Chr. Galba erhält *toga virilis*.
70 *restitutio memoriae* Galbas.
89 Erhebung des L. Antonius Saturninus in Mainz.
112 Einweihung des Forum Traiani und der Basilica Ulpia.

2. Januar
43 v. Chr. Oktavian erhält proprätorisches Imperium und wird in den Senat aufgenommen.
69 n. Chr. Erhebung des Vitellius.

3. Januar
106 v. Chr. Geburtstag Ciceros (Polem. Silv.).
Seit Tiberius: Jährliche *votorum nuncupatio* (AfA z. J. 59. Gaius, Dig. 50, 16, 233, 1).
Compitalspiele (bis 5. Jan.) (FPhiloc).

4. Januar
2. Tag der Compitalspiele.

5. Januar
3. Tag der Compitalspiele.

6. Januar

7. Januar
43 v. Chr. *dies imperii* des Oktavian/Augustus.
(?) Tiberius wird *VIIvir epulonum* (FPraen. Vgl. Degrassi 392).

	327 n. Chr. Gründung von Helenopolis in Bithynien.
8. Januar	13 Weihung des *signum Iustitiae Augustae* durch Tiberius. ? Geburtstag einer consecrierten Kaiserin (FD).
9. Januar	
10. Januar	69 Adoption des Piso. ? Geburt des Seius Sallustius? (vgl. oben unter Severus Alexander).
11. Januar	29 v. Chr. Schließung des Janus-Tempels. 347 n. Chr. (oder 346) Geburt des Theodosius I. 381 Einzug des Athanarich in Constantinopel.
12. Januar	42 Claudius I. wird *pater patriae*.
13. Januar	27 v. Chr. *restitutio rei publicae, corona civica* für Oktavian/Augustus. ca. 101 n. Chr. Geburtstag des L. Aelius Caesar. 5 v. Chr. Gaius Caesar *cos. design.*
14. Januar	ca. 82 v. Chr. Geburtstag des M. Antonius (FVerul) (bis auf Claudius = *dies vitiosus*).
15. Januar	69 Ermordung Galbas und Pisos, Erhebung Othos zum Kaiser.
16. Januar	27 v. Chr. Oktavian erhält den Namen Augustus, den *clupeus virtutis* und die *duo laurae*. 9 v. Chr. (?) *ovatio* des Tiberius *ex Pannonia*. 10 n. Chr. Weihung des Concordiatempels in Rom.
17. Januar	38 v. Chr. Oktavian heiratet die Livia. 6 v. Chr. Weihung der ara Numinis Augusti in Rom. 42 n. Chr. Consecratio der Livia. Beginn der *ludi Palatini* in der Spätantike (bis 22. Januar: FPhiloc). Vgl. Th. Mommsen CIL I^2 p. 308. 395 Tod Theodosius' I.

18. Januar	2. Tag der *ludi Palatini.* 350 Erhebung des Magnentius zum Augustus. 366 Geburt des Valentinianus Galates. 255 Valerian in Antiochia.
19. Januar	3. Tag der *ludi Palatini.* 379 Erhebung Theodosius' I. zum Augustus. 383 Quinquennalien des Theodosius I. und Erhebung des Arcadius zum Augustus.
20. Januar	175 Aufnahme des Commodus in alle Priesterkollegien. 225 (oder 226) Geburt Gordians III.
21. Januar	Seit 15 Beginn (?) der *ludi Palatini,* ursprünglich 3tägig, unter Caligula 4tägig (Dio 56, 46, 5. Joseph. Antt. Jud. 19, 1, 12. Vgl. jedoch H. Stern, Calendrier 89f. m. A. 6). 63 Geburt d. Claudia, Tochter des Nero. In der Spätantike 4. Tag der *ludi Palatini.*
22. Januar	2. bzw. 5. Tag der *ludi Palatini.*
23. Januar	3. Tag der *ludi Palatini.* 393 Erhebung des Honorius zum Augustus.
24. Januar	41 Ermordung des Caligula in Rom am 4. Tag der *ludi Palatini,* Thronerhebung des Claudius. 76 Geburt des Hadrian.
25. Januar	41 Anerkennung des Claudius durch den Senat. 98 Tod Nervas (oder 27. Jan.?)? 381 Tod und Beisetzung des Athanarich in Constantinopel.
26. Januar	1. Tag (?) der *ludi Adiabenici* (bis 31. Jan.) (Polem. Silv.), gestiftet wegen des Persersieges Constantius' II. 343 oder 344? (vgl. H. Stern, Calendrier 83ff. und Degrassi 404).
27. Januar	6 Weihung des Castor-Tempels. 98 Tod Nervas (oder 25. Jan.?)? 2. (?) Tag der *ludi Adiabenici.*

28. Januar	98 *dies imperii* Trajans. 198 Feier der Victoria Parthica des Severus in Rom, *dies imperii* des Caracalla. 3. (?) Tag der *ludi Adiabenici*.
29. Januar	1 v. Chr. Aufbruch des C. Caesar in den Osten? 4. (?) Tag der *ludi Adiabenici*.
30. Januar	58 v. Chr. Offizieller Geburtstag der Livia. 9 v. Chr. Einweihung der *ara Pacis*. 133 n. Chr. Geburt des Didius Iulianus. 5. (?) Tag der *ludi Adiabenici*.
31. Januar	36 v. Chr. Geburt der Antonia Minor. 6. (?) Tag der *ludi Adiabenici*.
1. Februar	
2. Februar	
3. Februar	
4. Februar	211 Tod des Septimius Severus in York. Caracalla wird *pontifex maximus*. Nach Caracallas Tod als dessen *dies imperii* gefeiert (FD). *ludi Gothici* (bis 9. Febr.: FPhiloc), gestiftet von Constantinus I. für Gotensieg von 315 oder 323? (vgl. Degrassi 406).
5. Februar	2 v. Chr. Augustus wird *pater patriae*. 63 n. Chr. Erdbeben in Kampanien. 2. Tag der *ludi Gothici*.
6. Februar	3. Tag der *ludi Gothici*.
7. Februar	4. Tag der *ludi Gothici*.
8. Februar	5. Tag der *ludi Gothici*.
9. Februar	6. Tag der *ludi Gothici*.

10. Februar	
11. Februar	41 Geburt des Britannicus (oder 12. Febr.). Zwischen 50 u. 55 Geburt der Domitia Longina. *ludi Genialici* (bis 12. Febr.), aus Anlaß der Aufstellung der Goldstatue des *Genius populi Romani* durch Aurelian (Chron. Min. I 148) gestiftet? Vgl. Degrassi 407f.
12. Februar	2. Tag der *ludi Genialici.*
13. Februar	194 Anerkennung des Septimius Severus in Ägypten.
14. Februar	
15. Februar	44 v. Chr. Lupercalia (FMaff. FVerul.). Angebot von *rex*-Titel und Diadem an Caesar (Cic. Phil. 2, 34, 87).
16. Februar	ca. 130 Geburt der Faustina II.
17. Februar	364 Tod des Iovianus.
18. Februar	391 Haupt Johannes' des Täufers nach Constantinopel übergeführt.
19. Februar	197 Niederlage und Tod des Clodius Albinus bei Lyon.
20. Februar	116 Trajan erhält vom Senat den Titel Parthicus (oder 21. Febr.).
21. Februar	4 Tod des C. Caesar in Limyra (oder 22. Febr.?). 382 Beisetzung Valentinians I. in der Apostelkirche.
22. Februar	
23. Februar	303 Beginn der großen Christenverfolgung in Nikomedeia.

(23. Februar)	358 Eintreffen einer persischen Gesandtschaft in Constantinopel.
24. Februar	
25. Februar	50 Adoption Neros durch Claudius. 116 *supplicatio pro salute Traiani.* 138 Adoption des Antoninus Pius durch Hadrian sowie des L. Verus und des Marc Aurel durch Antoninus Pius. 364 Erhebung Valentinians I. zum Augustus. 395 Trauerfeier für Theodosius I. in Mailand.
26. Februar	116 *supplicatio pro salute Traiani* (2. Tag).
27. Februar	272 oder 273 (?) Geburtstag Constantins I., *ludi votivi.* 380 Religionsedikt Theodosius' I.
28. Februar	2. Tag der *ludi votivi* wegen des Geburtstages Constantins. 116 *supplicatio pro salute Traiani* (3. Tag).
29. Februar	
1. März	293 Adoption und Caesarerhebung des Constantius I. durch Maximian (und des Galerius durch Diocletian?). 317 Erhebung des Crispus, des Constantinus Iunior und des Licinius Iunior zu Caesaren. 350 Erhebung des Vetranio.
2. März	
3. März	357 Überführung der Reliquien der Apostel Andreas und Lukas nach Constantinopel.
4. März	51 Nero wird *princeps iuventutis.*
5. März	51 Nero in alle Priesterkollegien cooptiert. 363 *profectio* Iulians in den Perserkrieg.

6. März	12 v. Chr. Augustus wird *pontifex maximus*.
7. März	149 Geburt der Lucilla, der Tochter Marc Aurels (und eines Zwillingsbruders?). 161 Tod des Antoninus Pius. *dies imperii* des L. Verus und des Marc Aurel. 189 Geburt Getas.
8. März	
9. März	
10. März	15 Tiberius wird *pontifex maximus*.
11. März	222 Ermordung des Elagabal (oder 12. März?).
12. März	30 Ehrenbogen für Drusus Minor in Rom geweiht.
13. März	222 *dies imperii* des Severus Alexander.
14. März	222 Severus Alexander erhält den Augustus-Titel.
15. März	44 v. Chr. Caesars Ermordung. 40 v. Chr. *arae Perusinae*. 351 Constantius Gallus wird zum Caesar erhoben und heiratet die Constantina.
16. März	37 Tod des Tiberius in Misenum.
17. März	45 v. Chr. Schlacht bei Munda in Spanien (FFarn). 136 n. Chr. Marc Aurel erhält die *toga virilis*. 180 Tod Marc Aurels in Bononia bei Sirmium.
18. März	37 Caligula wird Augustus.
19. März	363 Brand des palatinischen Apollon-Tempels.
20. März	

21. März	
22. März	
23. März	
24. März	260 Juthungensieg des Gallienus (24. und 25. März).
25. März	101 Aufbruch Trajans in den 1. Dakerkrieg (oder 26. März?). 235 Cooptation des Maximinus Thrax in alle Priesterkollegien.
26. März	
27. März	47 v. Chr. Sieg Caesars in Alexandria (FVerul).
28. März	37 n. Chr. *adventus* des Caligula in Rom. 193 Ermordung des Pertinax. Erhebung des Didius Iulianus zum Augustus. 364 Erhebung des Valens zum Augustus.
29. März	Überführung der Leiche des Tiberius nach Rom.
30. März	
31. März	ca. 250 Geburtstag des Constantius I., *ludi votivi*. 302 (?) Edikt Diocletians gegen die Manichäer.
1. April	286 Erhebung des Maximianus zum Augustus. 2. Tag der *ludi votivi* wegen des *natalis Constantii*.
2. April	
3. April	13 Testament des Augustus abgefaßt.
4. April	186 (oder 188?) Geburt des Caracalla in Lyon. 37 Beisetzung des Tiberius im Mausoleum Augusti.

5. April	
6. April	46 v. Chr. Sieg Caesars bei Thapsus (FPraen).
7. April	
8. April	217 Ermordung des Caracalla.
9. April	193 Erhebung des Septimius Severus zum Augustus. 370 Einweihung der Apostelkirche in Constantinopel.
10. April	
11. April	146 Geburt des Septimius Severus. 217 Erhebung des Macrinus zum Augustus.
12. April	
13. April	
14. April	43 v. Chr. Schlacht bei Forum Gallorum (Ser. Sulpicius Galba bei Cic. Ad. Fam. 10,30). 69 n. Chr. Erste Schlacht bei Bedriacum. 195 Iulia Domna erhält den Titel *mater castrorum*.
15. April	
16. April	43 v. Chr. Erste imperatorische Akklamation Oktavians. 69 n. Chr. Selbstmord Othos (oder 17. April).
17. April	
18. April	359 Geburt des Gratianus.
19. April	69 Vitellius in Rom anerkannt.
20. April	332 Gotensieg des Constantinus Iunior.

21. April	Parilia. Fest des *natalis Urbis*. 43 v. Chr. Schlacht bei Mutina. 37 n. Chr. *comitia imperii* des Caligula. 121 Inauguration des *templum Veneris et Romae*. 148 900-Jahr-Feier Roms. 248 1000-Jahr-Feier Roms (bis 23. April). 308 Weihung des Maxentius für Mars, Romulus und Remus.
22. April	248 2. Tag der 1000-Jahr-Feier Roms.
23. April	22 Weihung des *signum divi Augusti ad theatrum Marcelli*. 248 3. Tag der 1000-Jahr-Feier Roms.
24. April	27 v. Chr. Tiberius erhält *toga virilis*. 1. Tag der Geburtstagsfeier Marc Aurels. 177 n. Chr. Martyrium von Lyon.
25. April	2. Tag der Geburtstagsfeier für Marc Aurel.
26. April	121 Geburt Marc Aurels (3. Tag der Geburtstagsfeier).
27. April	
28. April	12 v. Chr. *signum et ara Vestae* auf dem Palatin geweiht. 32 n. Chr. Geburt Othos. 357 *adventus* Constantius' II. in Rom.
29. April	
30. April	311 Toleranzedikt des Galerius. 313 Niederlage des Maximinus Daia bei Adrianopel.
1. Mai	37 Tod der Antonia Minor. 295 Eheedikt Diocletians. 305 Abdankung des Diocletian und des Maximian. Erhebung des Constantius I. und des

Galerius zu Augusti, des Severus II. und des Maximinus Daia zu Caesares.
310 Erhebung des Maximinus Daia zum Augustus?
408 Tod des Arcadius.

2. Mai

3. Mai

4. Mai — 11 v. Chr. Einweihung des Marcellustheaters.
ludi Maximati (Constantins I.) bis 9. Mai (FPhiloc). Gestiftet wegen der Verleihung des Beinamens *maximus* an Constantin im J. 312? Vgl. Degrassi 454.

5. Mai — 2. Tag der *ludi Maximati.*

6. Mai — 3. Tag der *ludi Maximati.*

7. Mai — ? Geburt der Iulia Maesa?
4.Tag der *ludi Maximati.*

8. Mai — 44 v. Chr. Oktavian nimmt offiziell die Erbschaft Caesars an.
5. Tag der *ludi Maximati.*

9. Mai — 6. Tag der *ludi Maximati.*

10. Mai — 214? Geburt Claudius' II.

11. Mai — 14 Abschluß des letzten Census des Augustus.
330 Einweihung von Constantinopel.

12. Mai — 19 v. Chr. *dedicatio* des Mars-Ultor-Tempels auf dem Kapitol?
113 n. Chr. Einweihung des restaurierten Tempels der Venus Genetrix auf dem Caesarforum und der Trajanssäule.

13. Mai	*ludi Persici* (bis 17. Mai: FPhiloc) Constantius' II.? (vgl. Degrassi 457).
14. Mai	2. Tag der *ludi Persici*.
15. Mai	3. Tag der *ludi Persici*. 392 Tod Valentinians II.
16. Mai	218 Erhebung des Elagabal zum Kaiser in Emesa. 4. Tag der *ludi Persici*.
17. Mai	5. Tag der *ludi Persici*.
18. Mai	*natalis annonae* (FPhiloc), gestiftet von Commodus? (vgl. P. Herz, Untersuchungen 49 u. 208).
19. Mai	175 Aufbruch des Commodus nach Germanien.
20. Mai	325 Beginn des Konzils zu Nikaia.
21. Mai	194 (?) Imperatorische Akklamation des Septimius Severus (vgl. Yale Class. Stud. 7, 1940, 128ff. und 134ff.). 293 Erhebung des Galerius zum Caesar durch Diocletian?
22. Mai	337 Tod Constantins I.
23. Mai	
24. Mai	15 v. Chr. Geburt des Germanicus.
25. Mai	
26. Mai	17 Triumph des Germanicus *de Germanis*. 107 *adventus* Trajans in Rom und 2. Triumph über die Daker (oder 25. Juni, vgl. FOst).
27. Mai	366 Niederlage des Procopius bei Nakoleia.

28. Mai
20 n. Chr. *ovatio* des Drusus Minor *ex Illyrico*.
366 Hinrichtung des Procopius.

29. Mai
357 *profectio* des Constantius II. aus Rom.

30. Mai

31. Mai

1. Juni
17 v. Chr.
47 n. Chr.
88
204 } Saecularfeier (31. Mai/1. Juni: *ludi Latini saeculares* 1.–3. Juni: *ludi Latini in theatro*).

37 *congiarium* des Caligula.
193 Absetzung des Didius Iulianus. Anerkennung des Septimius Severus in Rom.

2. Juni
17 v. Chr.
47 n. Chr.
88
204 } 2. Tag der Saecularfeier.

193 Ermordung des Didius Iulianus.

3. Juni
17 v. Chr.
47 n. Chr.
88
204 } 3. Tag der Saecularfeier.

? Geburtstag der Galeria Fundana, der Gattin des Vitellius.
350 Erhebung des Nepotianus zum Augustus.

4. Juni
105 Aufbruch Trajans in den 2. Dakerkrieg.
204 *ludi Latini et Graeci honorarii* (4.–10. Juni).

5. Juni
17 v. Chr. *ludi Latini et Graeci honorarii* (5.–11. Juni).
204 n. Chr. 2. Tag der *ludi honorarii*.

6. Juni	17 v. Chr. 2. Tag der *ludi honorarii.* 86 n. Chr. *ludi Capitolini* (6.–12. Juni). 204 3. Tag der *ludi honorarii.*
7. Juni	17 v. Chr. 3. Tag der *ludi honorarii.* 20 n. Chr. Nero, der Sohn des Germanicus, empfängt die *toga virilis, congiarium* (FOst). 86 2. Tag der *ludi Capitolini.* 204 4. Tag der *ludi honorarii.*
8. Juni	17 v. Chr. 4. Tag der *ludi honorarii.* 68 n. Chr. Anerkennung Galbas in Rom? 86 3. Tag der *ludi Capitolini.* 204 5. Tag der *ludi honorarii.* 218 Niederlage und Flucht des Macrinus.
9. Juni	53 v. Chr. Schlacht bei Carrhae (Ovid. Fasti 6,461). 17 v. Chr. 5. Tag der *ludi honorarii.* 62 n. Chr. Hinrichtung der Octavia, der ersten Gattin Neros. 68 Selbstmord Neros (oder 11. Juni?). 86 4. Tag der *ludi Capitolini.* 193 *adventus* des Septimius Severus in Rom. 204 6. Tag der *ludi honorarii.*
10. Juni	17 v. Chr. 6. Tag der *ludi honorarii.* 38 n. Chr. Tod der Drusilla, der Schwester des Caligula. 86 5. Tag der *ludi Capitolini.* 204 7. Tag der *ludi honorarii.*
11. Juni	17 v. Chr. 7. Tag der *ludi honorarii.* 86 n. Chr. 6. Tag der *ludi Capitolini.* 204 *lusus Troiae.*
12. Juni	17 v. Chr. *venatio, ludi circenses, lusus Troiae.* 86 n. Chr. 7. Tag der *ludi Capitolini.*
13. Juni	313 Toleranzedikt des Licinius. 389 *adventus* des Theodosius I. in Rom.

14. Juni	
15. Juni	
16. Juni	
17. Juni	362 Julians Edikt über die Lehrtätigkeit.
18. Juni	
19. Juni	
20. Juni	
21. Juni	70 Grundsteinlegung für den Jupitertempel auf dem Kapitol.
22. Juni	109 Einweihung der Thermen Trajans.
23. Juni	79 Tod Vespasians.
24. Juni	79 Regierungsantritt des Titus *(dies imperii)*. 109 Einweihung der Aqua Traiana.
25. Juni	107 *adventus* Trajans in Rom und 2. Triumph über die Daker (oder 26. Mai, vgl. FOst).
26. Juni	4 Adoption des Germanicus durch Tiberius und Adoption des Tiberius und des Agrippa Postumus durch Augustus (oder 27. Juni?). 221 Adoption und Caesarerhebung des Severus Alexander? 363 (26./27.) Tod Julians bei Maranga am Tigris.
27. Juni	4 v. Chr. Wiederherstellung des Larentempels in *summa sacra via*. 310 Sarmatensieg des Licinius. 363 Erhebung des Iovianus zum Augustus.
28. Juni	

29. Juni	16 v. Chr. Wiederherstellung des Quirinustempels.
30. Juni	350 Tod des Nepotianus in Rom.
1. Juli	69 Erhebung Vespasians in Alexandria.
2. Juli	419 (?) Geburtstag Valentinians III. (Polem. Silv.).
3. Juli	69 Anerkennung Vespasians in Judaea. 324 Sieg Constantins bei Adrianopel über Licinius.
4. Juli	13 v. Chr. Stiftung der *ara pacis*. Vor 68 Geburt der Matidia d. Ä. (?).
5. Juli	
6. Juli	
7. Juli	175 Commodus erhält die *toga virilis*.
8. Juli	
9. Juli	118 Ankunft Hadrians in *Rom*. 193 Aufbruch des Septimius Severus in den Osten.
10. Juli	138 Tod Hadrians, *dies imperii* des Antoninus Pius.
11. Juli	
12. Juli	Feier des *natalis Caesaris* (FAmit FD). Vgl. Degrassi 481 f.
13. Juli	102 v. Chr. (?) Geburt Caesars.
14. Juli	218 Cooptation des Elagabal in alle Priesterkollegien.

15. Juli	*ludi Francici* (bis 20. Juli: FPhiloc) für den Sieg Constantins I. 306/7 oder für Frankensieg des Constans 342? (Vgl. H. Stern, Calendrier 82. Degrassi 483).
16. Juli	2. Tag der *ludi Francici.*
17. Juli	3. Tag der *ludi Francici.*
18. Juli	*dies Alliensis* (FAmit). 64 Brand Roms (18./19.–27. Juli). 69 Vitellius wird Augustus und *pontifex maximus.* 326 (oder 315?) *adventus* Constantins in Rom *(ludi votivi).*
19. Juli	37 *congiarium* Caligulas. 2. Tag der *ludi votivi* wegen des *adventus* Constantins.
20. Juli	44 v. Chr. *ludi Victoriae Caesaris* (bis 30. Juli). 4. Tag der *ludi Francici.*
21. Juli	44 v. Chr. 2. Tag der *ludi Victoriae Caesaris.* ca. 250 Geburt des Maximianus? 315 (oder 326?) *adventus* Constantins in Rom, *ludi votivi.* 365 Erdbeben in Nordafrica.
22. Juli	44 v. Chr. 3. Tag der *ludi Victoriae Caesaris.* 2. Tag der *ludi votivi* wegen des *adventus Constantini.*
23. Juli	44 v. Chr. 4. Tag der *ludi Victoriae Caesaris.*
24. Juli	44 v. Chr. 5. Tag der *ludi Victoriae Caesaris.*
25. Juli	44 v. Chr. 6. Tag der *ludi Victoriae Caesaris.* 306 Tod Constantius' I., *dies imperii* Constantins I., *ludi votivi.*

26. Juli	44 v. Chr. 7. Tag der *ludi Victoriae Caesaris*. 2. Tag der *ludi votivi* wegen des *dies imperii* Constantins I.
27. Juli	44 v. Chr. 8. Tag der *ludi Victoriae Caesaris*. Feier (*ob*) *victorias Sarmaticas* (FPhiloc), vorconstantinisch? Vgl. H. Stern, Calendrier 81. Degrassi 488.
28. Juli	44 v. Chr. 9. Tag der *ludi Victoriae Caesaris*. 388 Tod des Magnus Maximus (oder 28. Aug.?).
29. Juli	44 v. Chr. 10. Tag der *ludi Victoriae Caesaris*.
30. Juli	44 v. Chr. 11. Tag der *ludi Victoriae Caesaris*. Feier (*ob*) *victorias Marcomannas* (FPhiloc), vorconstantinisch? Vgl. H. Stern, Calendrier 81 und Degrassi 488.
31. Juli	
1. August	30 v. Chr. Einnahme Alexandrias durch Oktavian, Tod des Antonius. 12 v. Chr. Einweihung der *ara Romae et Augusti* in Lyon. 10 v. Chr. Geburt des Claudius. 2 v. Chr. Einweihung des Marstempels auf dem Forum Augusti. *ludi Martiales* (RgdA 22. Dio 60, 5, 3). 52 Einweihung der Aqua Claudia und des Anio Novus. 126 Geburt des Pertinax. 394 Kolossalstatue des Theodosius in Constantinopel geweiht.
2. August	49 v. Chr. Sieg Caesars in der Hispania Ulterior (FVall). 47 v. Chr. Sieg Caesars über Pharnakes (FAmit).
3. August	8 Sieg des Tiberius in Illyricum. 178 Aufbruch des Marc Aurel und des Commodus zur *expeditio Germanica II*.

4. August	
5. August	
6. August	
7. August	117 Tod Trajans in Selinus? (Tagesdatum unsicher.) 316 Geburt Constantins II.? (Tagesdatum unsicher.) 317 Geburt des Constantius II., *ludi votivi*.
8. August	2. Tag der *ludi votivi* wegen des *natalis Constantii*.
9. August	48 v. Chr. Schlacht bei Pharsalos (FAmit). 117 *dies adoptionis* Hadrians. 378 Tod des Valens bei Adrianopel.
10. August	7 Weihung der *ara Cereris Matris et Opis Augustae*. 353 Tod des Magnentius in Lyon.
11. August	117 *dies imperii Hadriani*. 355 Erhebung des Silvanus in Köln?
12. August	
13. August	29 v. Chr. Dreifacher Triumph des Oktavian (bis 15. August).
14. August	29 v. Chr. 2. Tag des dreifachen Triumphes Oktavians.
15. August	29 v. Chr. 3. Tag des dreifachen Triumphes Oktavians. 423 Tod des Honorius?
16. August	
17. August	

18. August	29 v. Chr. Divus-Iulius-Tempel geweiht. 353 Selbstmord des Decentius in Sens.
19. August	43 v. Chr. Oktavian tritt sein 1. Consulat an. *Lex curiata de adoptione.* 14 Tod des Augustus in Nola. 232 Geburt des Probus.
20. August	2 Tod des L. Caesar in Massalia.
21. August	
22. August	392 Erhebung des Eugenius zum Augustus.
23. August	
24. August	79 Vesuvausbruch. 358 Erdbeben zerstört Nikomedeia und andere Städte. 367 Erhebung des Gratian zum Augustus.
25. August	383 Tod des Gratianus.
26. August	
27. August	
28. August	29 v. Chr. Weihung der *ara Victoriae* in der Curia. 388 Tod des Magnus Maximus (oder 28. Juli?).
29. August	112 Tod und *consecratio* der Ulpia Marciana. Erhebung der Matidia zur Augusta.
30. August	37 *dedicatio* des *templum Augusti.*
31. August	12 Geburt des Caligula in Antium. 40 *ovatio* des Caligula in Rom. 161 Geburt des Commodus und des T. Aurelius Fulvus Antoninus.

1. September	22 v. Chr. Iuppiter Tonans-Tempel geweiht. 301 Beginn der neuen Censusperiode Diocletians.
2. September	31 v. Chr. Schlacht bei Actium.
3. September	36 v. Chr. Schlacht bei Naulochus. 112 Beisetzung der Ulpia Marciana.
4. September	
5. September	
6. September	394 Schlacht am Frigidus und Hinrichtung des Eugenius.
7. September	15 Geburt des Vitellius? (oder 24. Sept.). 350 Tod des Silvanus in Köln?
8. September	394 Selbstmord des Arbogastes.
9. September	3 n. Chr. Verwundung des C. Caesar vor Artagira. 214? Geburt Aurelians. 337 Constantin II., Constantius II. und Constans zu Augusti erhoben.
10. September	
11. September	
12. September	383 Leiche der Constantia, der Gattin Gratians, nach Constantinopel übergeführt.
13. September	16 Aufdeckung der Verschwörung des Libo. 81 Tod des Titus, imperat. Akklamation Domitians.
14. September	23 Tod des Drusus Minor. 81 Domitian erhält Augustustitel *(dies imperii)*. 208 Geburt des Diadumenianus? Vgl. 19. Sept., dazu s. oben S. 170.

15. September	
16. September	307 Tod des Severus II. in der Nähe von Rom.
17. September	14 *consecratio* des Augustus (und Erhebung des Tiberius zum Kaiser?), *imperium proconsulare* für Germanicus.
18. September	53 (?) Geburt Trajans. 96 Ermordung Domitians. *dies imperii* Nervas. 324 Sieg Constantins über Licinius bei Chrysopolis, später jährlich vom 18.–22. September (mit Ausnahme des 19. September) durch *ludi triumphales* gefeiert. 335 Ernennung des Delmatius zum Caesar.
19. September	86 Geburt des Antoninus Pius. 208 Geburt des Diadumenianus? Vgl. 14. Sept. 324 Abdankung und Verbannung des Licinius.
20. September	2. Tag der *ludi triumphales*.
21. September	37 Caligula wird *pater patriae*. 3. Tag der *ludi triumphales*.
22. September	36 v. Chr. Kapitulation des Lepidus. 11 n. Chr. *ara numinis Augusti* in Narbo Martius beschlossen. 4. Tag der *ludi triumphales*.
23. September	63 v. Chr. Geburtstag des Augustus. 25 v. Chr. Tempel des Neptun von Agrippa eingeweiht.
24. September	Zweiter Feiertag des *natalis Augusti*. 15 Geburt des Vitellius? (oder 7. Sept.).
25. September	233 Triumph des Severus Alexander über die Perser.
26. September	46 v. Chr. Weihung des Tempels der Venus Genetrix (FPraen. Dio 43, 22, 2).

27. September	315 *profectio* Constantins aus Rom.
28. September	351 Sieg des Constantius II. bei Mursa über Magnentius. 365 Erhebung des Procopius zum Kaiser in Constantinopel.
29. September	
30. September	
1. Oktober	208 (?) Geburt des Severus Alexander.
2. Oktober	
3. Oktober	*ludi Augustales scaenici* 3.–9. Okt. (von 19–23 n. Chr.) bzw. 5.–11. Oktober (von 11 n. Chr.–19 n. Chr. und seit 23 n. Chr.). Vgl. W. D. Lebek, ZPap 75, 1988, 59ff. 382 Gotenfoedus des Theodosius I.
4. Oktober	2. Tag der *ludi Augustales*.
5. Oktober	3. bzw. 1. Tag der *ludi Augustales*. *ludi Alamannici* (bis 10. Oktober FPhiloc), wegen Alamannensieg des Constantinus Junior 328? Vgl. Degrassi 517.
6. Oktober	4. bzw. 2. Tag der *ludi Augustales*. 2. Tag der *ludi Alamannici*.
7. Oktober	15 v. Chr. (?) Geburt des Drusus Minor. 5. bzw. 3. Tag der *ludi Augustales*. 3. Tag der *ludi Alamannici*.
8. Oktober	6. bzw. 4. Tag der *ludi Augustales*. 314 (316?) Sieg Constantins bei Cibalae. 4. Tag der *ludi Alamannici*.
9. Oktober	28 v. Chr. Weihung des palatinischen Apollo-Tempels.

	7. bzw. 5. Tag der *ludi Augustales*. 5. Tag der *ludi Alamannici*.
10. Oktober	19 Tod des Germanicus in Daphne bei Antiochia. 6. Tag der *ludi Augustales* 6. Tag der *ludi Alamannici*.
11. Oktober	7. Tag der *ludi Augustales*.
12. Oktober	19 v. Chr. Rückkehr des Augustus aus dem Osten. *ara Fortunae Reducis* beschlossen. *Augustalia* – 8. Tag der *ludi Augustales (Circenses)*. 166 Triumph des L. Verus über die Parther, Commodus wird Caesar. 386 Triumph Theodosius' I. über die Goten (Greuthungen).
13. Oktober	54 Tod des Claudius. *dies imperii* Neros.
14. Oktober	
15. Oktober	70 v. Chr. Geburt Vergils (Martial 12, 67, 1a. Donat., Vita p. 1. Hieron. Chron.).
16. Oktober	
17. Oktober	
18. Oktober	48 v. Chr. Oktavian erhält die *toga virilis* (so FCum. – 19. Okt. = FAntMin). 17 Ianus-Tempel *ad theatrum Marcelli* restauriert. 31 Hinrichtung des Seianus. 33 Tod der älteren Agrippina (Tac. ann. 6, 25, 3).
19. Oktober	
20. Oktober	127 *ludi votivi decennales pro salute Augusti*, 10tägig (FOst).

21. Oktober	
22. Oktober	362 Brand des Apollon-Tempels in Daphne bei Antiochia.
23. Oktober	42 v. Chr. Schlacht bei Philippi. 12 Triumph des Tiberius *ex Pannonis Dalmatisque*.
24. Oktober	31 Strabo, Sohn des Seianus, hingerichtet (FOst). 51 Geburt Domitians. 69 2. Schlacht bei Bedriacum (24./25. Okt.).
25. Oktober	
26. Oktober	*ludi Victoriae Sullanae* (bis 1. November: FArv). 31 Selbstmord der Apicata, der Gattin des Seianus (FOst).
27. Oktober	2. Tag der *ludi Victoriae Sullanae.* 113 Aufbruch Trajans in den Partherkrieg.
28. Oktober	3. Tag der *ludi Victoriae Sullanae.* 176 Erste imperatorische Akklamation des Commodus? (oder 27. Nov.?). 306 Erhebung des Maxentius. 312 Sieg Constantins I. an der Milvischen Brücke. Tod des Maxentius.
29. Oktober	4. Tag der *ludi Victoriae Sullanae.* 312 Einzug Constantins in Rom, *ludi votivi.*
30. Oktober	5. Tag der *ludi Victoriae Sullanae.* 130 (?) Gründung von Antinoopolis. 2. Tag der *ludi votivi* wegen des *adventus Constantini.*
31. Oktober	6. Tag der *ludi Victoriae Sullanae.*
1. November	82 v. Chr. Schlacht an der Porta Collina (Vell. Pat. 2, 27, 1).

(1. November) 7. Tag der *ludi Victoriae Sullanae*.
36 Brand Roms.

2. November

3. November 361 Tod Constantius' II. in Mopsukrenai bei Tarsos.

4. November

5. November

6. November 15 (oder 16?) Geburt der Agrippina Minor in Köln.
355 Erhebung des Julian zum Caesar.

7. November

8. November 30 Geburt Nervas.
324 Erhebung des Constantius II. zum Caesar, *ludi votivi*.
395 Beisetzung Theodosius' I. in Constantinopel.

9. November 2. Tag der *ludi votivi* wegen des *natalis Caesaris* des Constantius II.

10. November 391 *adventus* Theodosius' I. in Constantinopel.

11. November 109 Einweihung der Naumachia Traiani (FOst).
308 Erhebung des Licinius zum Augustus auf der Konferenz zu Carnuntum.

12. November

13. November 36 v. Chr. *ovatio* Oktavians *ex Sicilia*. Agrippa erhält die *corona rostrata*.

14. November

15. November

16. November	42 v. Chr. Geburt des Tiberius.
17. November	9 Geburt Vespasians. 375 Tod Valentinians I. 379 Gotensieg Theodosius' I. in Constantinopel gemeldet.
18. November	
19. November	
20. November	ca. 270 (oder 285?) Geburtstag des Maximinus Daia. 284 Erhebung Diocletians zum Kaiser. 303 Vicennalienfeier und gemeinsamer Triumph des Diocletian und des Maximian.
21. November	
22. November	375 Erhebung Valentinians II. zum Augustus.
23. November	
24. November	380 *adventus* Theodosius' I. in Constantinopel.
25. November	*ludi Sarmatici* (bis 1. Dez.: FPhiloc) für einen Sarmatensieg unter Constantin I.? (vgl. H. Stern, Calendrier 82 und Degrassi 532).
26. November	2. Tag der *ludi Sarmatici*.
27. November	43 v. Chr. *lex Titia de triumvirato*. ca. 110 n. Chr. Geburt des Antinoos. 176 erste imperator. Akklamation des Commodus? (oder 28. Okt.?). 3. Tag der *ludi Sarmatici*. 450 Tod der Galla Placidia.
28. November	67 (oder 66?) Freiheitsproklamation Neros in Korinth. 4. Tag der *ludi Sarmatici*.

29. November	5. Tag der *ludi Sarmatici.*
30. November	147 Geburt der Domitia Faustina, der Tochter Marc Aurels. 6. Tag der *ludi Sarmatici.*
1. Dezember	147 Faustina II. wird Augusta. 7. Tag der *ludi Sarmatici.* 383 Beisetzung der Constantia, der Gemahlin Gratians, in Constantinopel.
2. Dezember	
3. Dezember	313 (?) Tod Diocletians.
4. Dezember	
5. Dezember	
6. Dezember	
7. Dezember	80 Einweihung des Jupiter-Tempels auf dem Kapitol.
8. Dezember	
9. Dezember	384 Geburt des Honorius.
10. Dezember	
11. Dezember	361 Einzug Julians in Constantinopel.
12. Dezember	*ludi Lancionici* (bis 18. Dezember: [FPhiloc]). Wegen eines Sieges Constantins I. über den germ. Stamm der Lanciones [vgl. Paneg. IV (X) 18, 1. Dazu Degrassi 537].
13. Dezember	2. Tag der *ludi Lancionici.*
14. Dezember	3. Tag der *ludi Lancionici.*

15. Dezember	19 v. Chr. *ara Fortunae Reducis* geweiht. 37 Geburt Neros. 130 Geburt des L. Verus.
16. Dezember	4. Tag der *ludi Lancionici.*
17. Dezember	5. Tag der *ludi Lancionici.*
18. Dezember	6. Tag der *ludi Lancionici.*
19. Dezember	69 Brand des Kapitols in Rom.
20. Dezember	69 Einnahme Roms durch die Flavianer. Ermordung des Vitellius (oder 21. Dez.).
21. Dezember	69 Anerkennung Vespasians durch den Senat (oder 22. Dez.).
22. Dezember	ca. 245 Geburt Diocletians.
23. Dezember	176 Triumph des Marc Aurel (und des Commodus?) über die Germanen.
24. Dezember	3 v. Chr. Geburt Galbas.
25. Dezember	*natalis (solis) invicti* (FPhiloc). 274 *dedicatio* des *templum Solis* Aurelians? 333 Constans zum Caesar erhoben. 350 Abdankung des Vetranio. 390 Wiederaufnahme des Theodosius I. in die Kirchengemeinschaft.
26. Dezember	
27. Dezember	
28. Dezember	217 Cooptation des Macrinus in alle Priesterkollegien. 376 Leiche Valentinians I. nach Constantinopel übergeführt.

29. Dezember	
30. Dezember	39 (?) Geburt des Titus.
31. Dezember	192 Tod des Commodus. Thronerhebung des Pertinax.

STAMMTAFELN

Das iulisch-claudische Haus

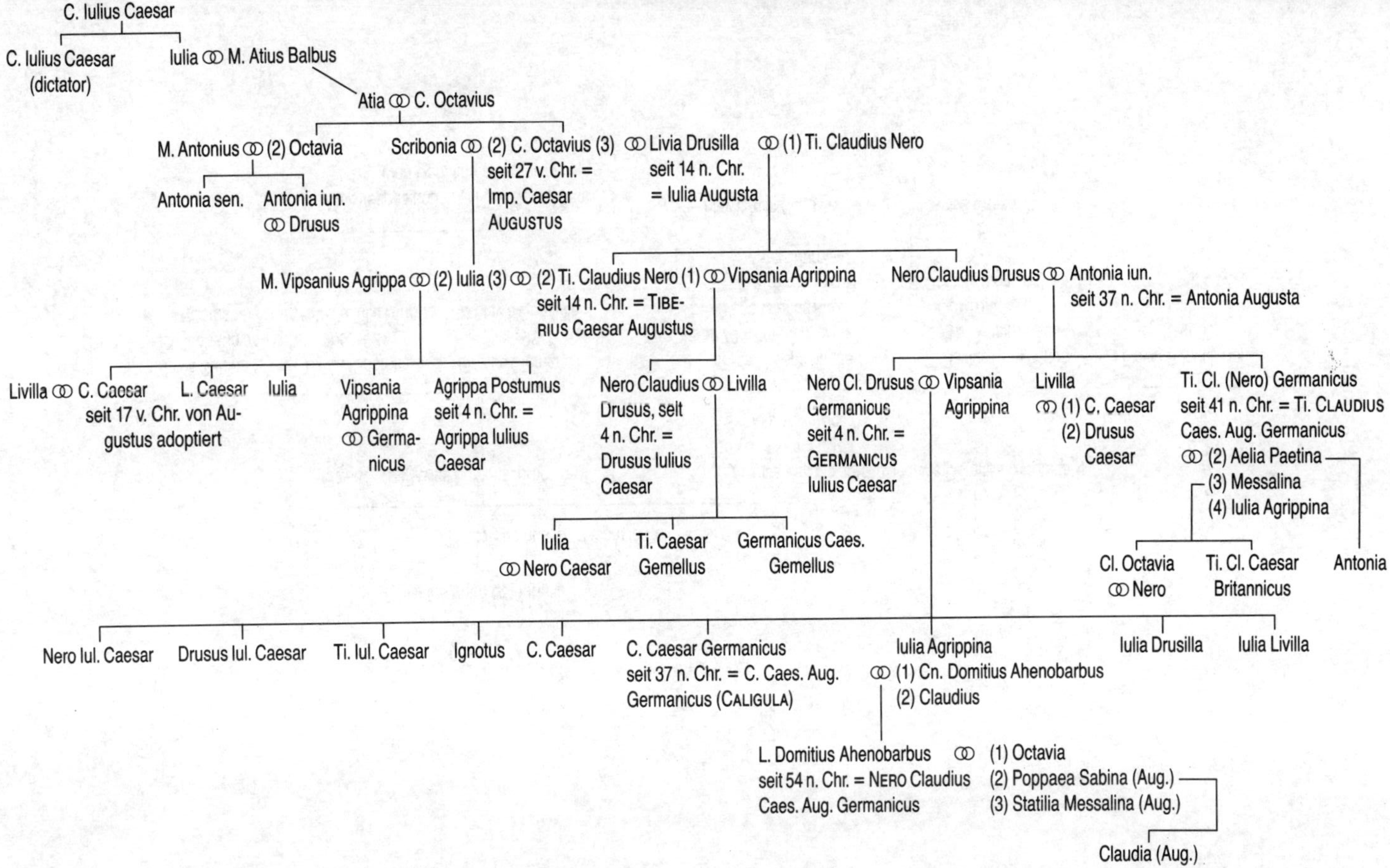

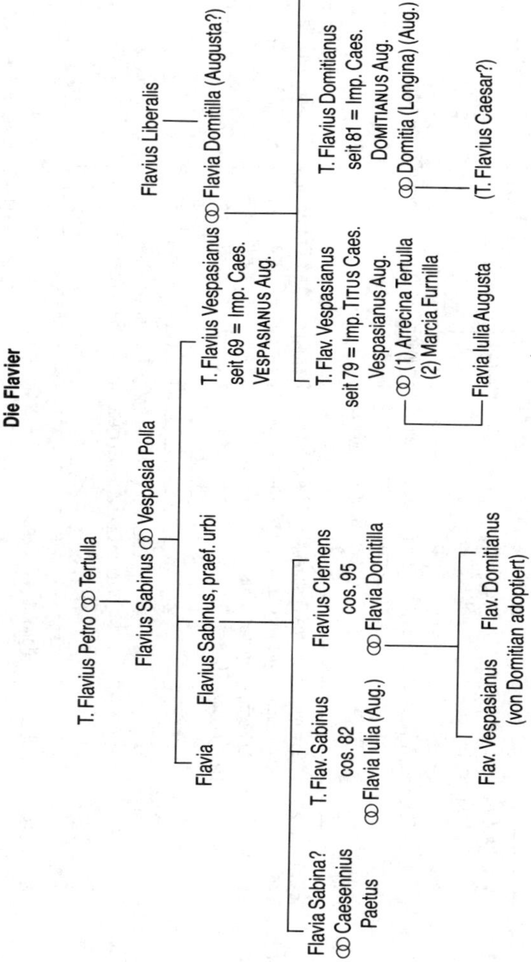
Die Flavier
T. Flavius Petro ∞ Tertulla
Flavius Liberalis
Flavius Sabinus ∞ Vespasia Polla
Flavia
Flavius Sabinus, praef. urbi
T. Flavius Vespasianus ∞ Flavia Domitilla (Augusta?)
seit 69 = Imp. Caes.
VESPASIANUS Aug.
Flavia Sabina?
∞ Caesennius
Paetus
T. Flav. Sabinus
cos. 82
∞ Flavia Iulia (Aug.)
Flavius Clemens
cos. 95
∞ Flavia Domitilla
T. Flav. Vespasianus
seit 79 = Imp. TITUS Caes.
Vespasianus Aug.
∞ (1) Arrecina Tertulla
(2) Marcia Furnilla
T. Flavius Domitianus
seit 81 = Imp. Caes.
DOMITIANUS Aug.
∞ Domitia (Longina) (Aug.)
Flavia Domitilla iun.
(† vor 69)
Flav. Vespasianus
Flav. Domitianus
(von Domitian adoptiert)
Flavia Iulia Augusta
(T. Flavius Caesar?)

Die Adoptivkaiser

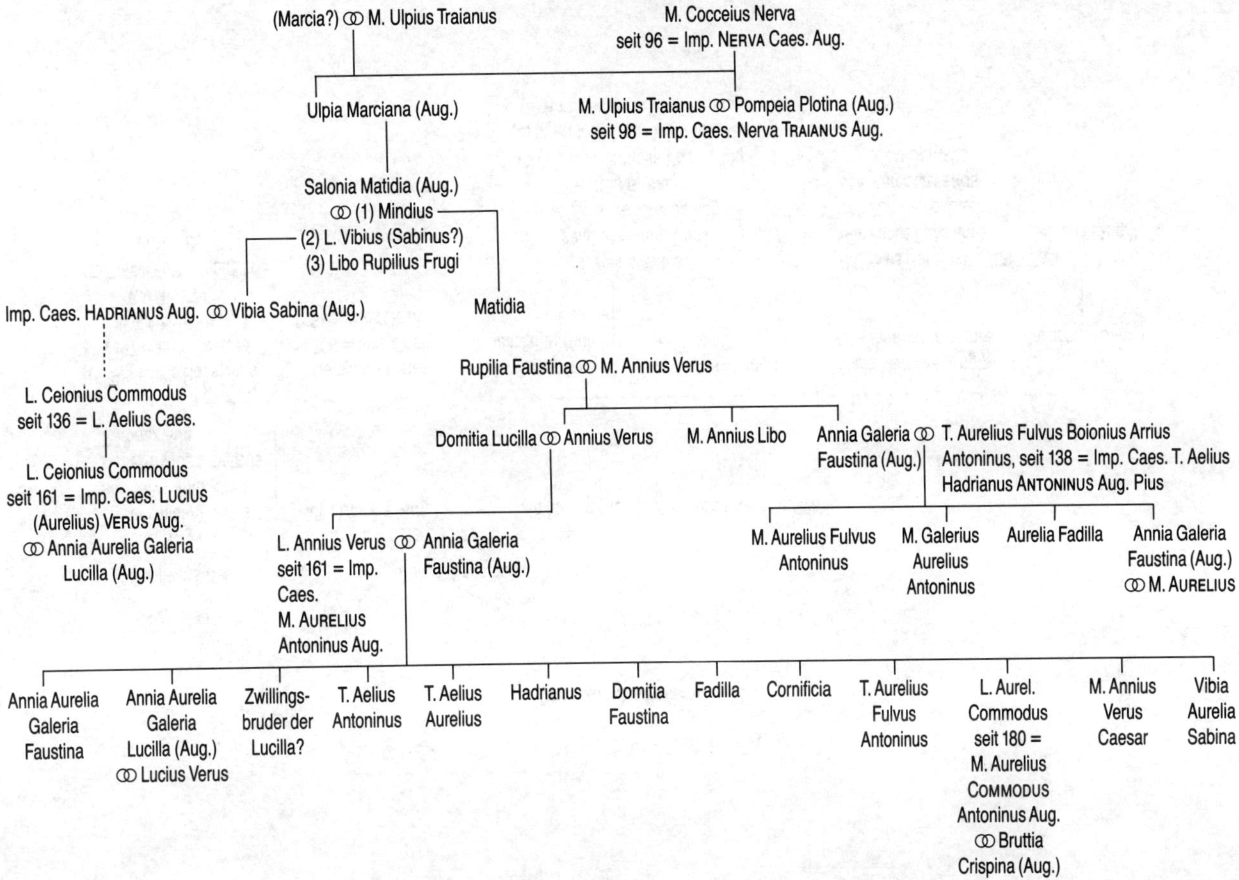

Das Haus der Severer

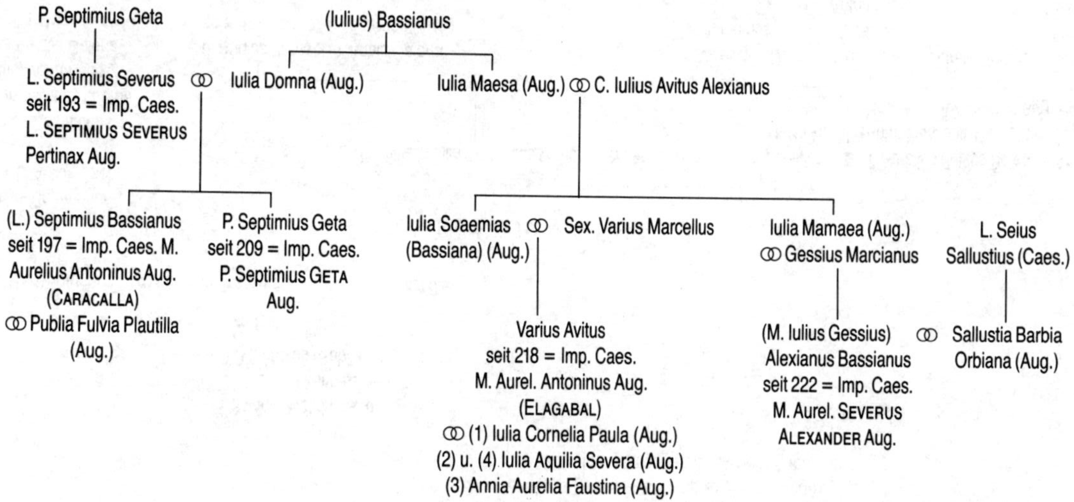

Die Tetrarchen und das Haus Constantins I.

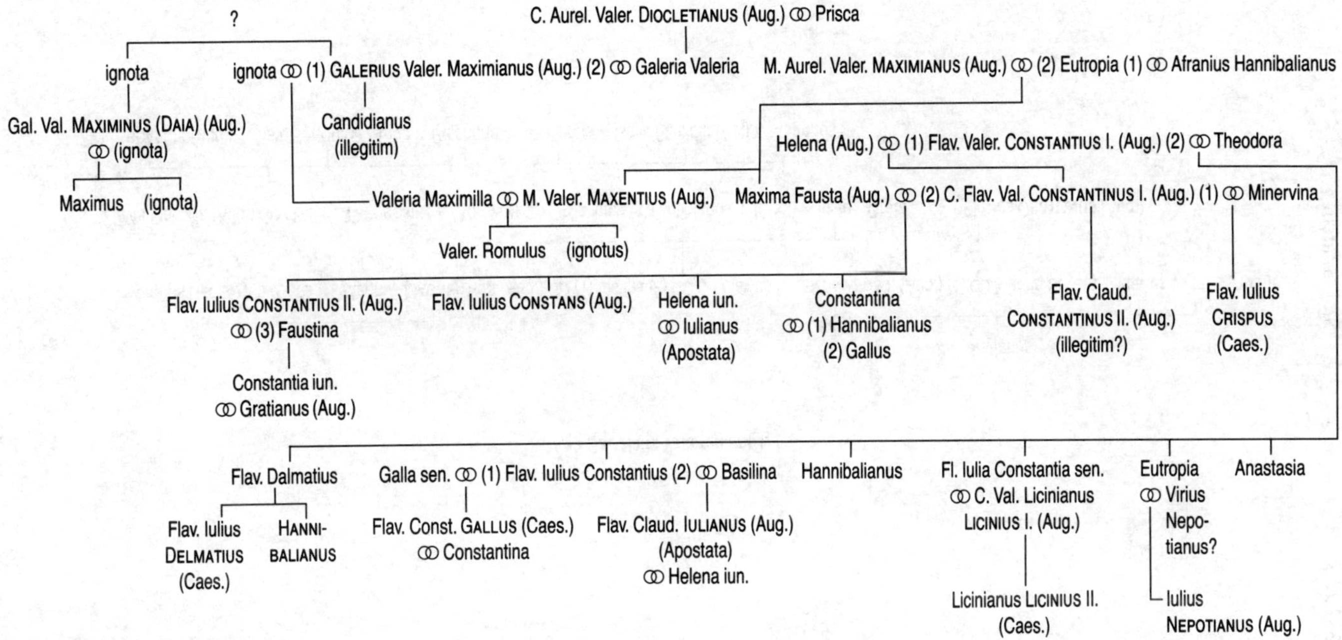

Das Haus Valentinians I.

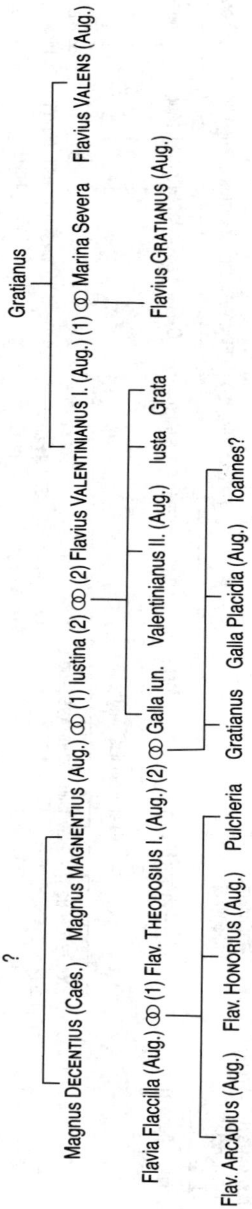

INDICES

Seltene oder bemerkenswerte Beinamen oder Titel

Eigennamen

Nicht aufgenommen sind die in der Einleitung genannten Quellenautoren. – Consecrationsnamen sind nur aufgeführt, wenn ihre Zuordnung Schwierigkeiten bereiten kann.